32cph Foto: rk

Vor der Reise

Reisetipps A–Z

Insel und Bewohner

Phuket Town

Sehenswertes

Strände

Ausflüge

Anhang

D1730476

Rainer Krack
Phuket und Umgebung

Nur törichte Menschen suchen
im Urlaub das große Erlebnis:
ein geglückter Urlaub besteht
aus lauter netten Kleinigkeiten.
(J. WARD)

Impressum

Rainer Krack
Phuket und Umgebung
erschienen im
REISE KNOW-HOW Verlag Peter Rump GmbH
Osnabrücker Straße 79, 33649 Bielefeld

9., komplett aktualisierte Auflage Juli 2009

Gestaltung
   Umschlag: Günter Pawlak, Peter Rump (Layout);
      Christina Hohenhoff (Realisierung)
   Inhalt: Günter Pawlak (Layout);
      Kordula Röckenhaus (Realisierung)
   Fotos: der Autor (rk)
   Karten: Bernhard Spachmüller (S. 29), der Verlag

Lektorat (Aktualisierung): Christina Hohenhoff
Druck und Bindung
   Media Print, Paderborn

ISBN 978-3-8317-1828-3
Printed in Germany

Dieses Buch ist erhältlich in jeder Buchhandlung Deutschlands, der
Schweiz, Österreichs, Belgiens und der Niederlande. Bitte informieren
Sie Ihren Buchhändler über folgende Bezugsadressen:
Deutschland
   Prolit GmbH, Postfach 9, D-35461 Fernwald (Annerod)
   sowie alle Barsortimente
Schweiz
   AVA-buch 2000, Postfach, CH-8910 Affoltern
Österreich
   Mohr Morawa Buchvertrieb GmbH, Sulzengasse 2, A-1230 Wien
Niederlande, Belgien
   Willems Adventure, Postbus 403, NL-3140 AK Maassluis

Wer im Buchhandel trotzdem kein Glück hat, bekommt unsere
Bücher auch über unseren **Büchershop im Internet:**
www.reise-know-how.de

Rainer Krack

Phuket
und Umgebung

REISE KNOW-HOW im Internet

Vorwort

Die Perle der Andamanensee wird sie oft genannt – Phuket, die beliebte Ferieninsel an der Westküste Südthailands, die größte der vielen Trauminseln des Landes.

Eine Perle ist Phuket in der Tat. Einige ihrer Strände gehören zu den schönsten Asiens und um sie herum hat sich eine touristische Infrastruktur angesiedelt, die ihresgleichen sucht. Man findet Unterkunft in einfachen Holzbungalows ebenso wie in verschwenderisch eingerichteten Luxushotels, und vom Golfspielen bis zum Spa-Kneippen oder Parasailing stehen zahllose Freizeitaktivitäten zur Auswahl. In den Tausenden von Restaurants wird großartige, internationale Küche geboten. Hinzu kommt das Nachtleben, das dafür sorgt, dass die Strände morgens relativ leer sind, denn viele Besucher befinden sich noch im tiefen Regenerationsschlaf. Wem die Strände auf Dauer zu langweilig werden – so etwas soll es gelegentlich geben – findet im Binnenland der Insel schattige Kautschukplantagen, dicht bewachsene, grüne Hügel und vom Tourismus unberührtes Dorfleben. Und wem irgendwann nach einer weniger großen Insel zumute ist, dem bieten sich um Phuket Dutzende kleiner Eilande, die zum Teil atemberaubende Strände aufweisen. Das eine oder andere davon ist sogar kaum vom Tourismus berührt. Kurzum: Phuket bietet ein dicht gebündeltes, weit gefächertes Urlaubsprogramm; für jeden Geschmack ist etwas dabei.

Als am 26.12.2004 ein Tsumani weite Teile Asiens heimsuchte, war Phuket plötzlich Thema in allen Medien. Zahlreiche internationale Fernsehstationen und Zeitungen hatten einen Korrespondenten, der zufällig gerade auf Phuket Urlaub machte, und so wurde überproportional viel von hier berichtet. Wer die anfängliche Berichterstattung von BBC und CNN verfolgte, konnte durchaus den Eindruck gewinnen, ganz Phuket sei von den Flutwellen zerstört worden – Nachrichten von der „devastated island of Phuket", wie es ein Korrespondent sagte, zeichneten das Bild einer biblischen Katastrophe; es schien, als sei kaum etwas heil geblieben auf der zu diesem Zeitpunkt von Abertausenden Touristen besuchten Insel. Die Wahrheit sah ganz anders aus: Allein der Strand von Kamala erlebte eine Totalverwüstung, und in Patong war die Strandpromenade mit ihren zahllosen Hotels, Restaurants und Geschäften schwer ramponiert; ein- bis zweihundert Meter vom Strand entfernt aber war von der Katastrophe rein gar nichts zu sehen. An den anderen Stränden waren die Schäden minimal, und wer etwa in Phuket City wohnte, wusste vom dem Ereignis nur aus dem Fernsehen. Leider waren viele Journalisten nicht mit der Geografie Thailands vertraut und vertauschten wahllos das über einhundert Kilometer weiter nördlich gelegene Khao Lak, das tatsächlich fast völlig zerstört wurde, mit dem relativ leicht betroffenen Phuket. Etwa 300 Menschen kamen jedoch auf Phuket ums Leben – bedenkt man aber die Verheerung, mit der z.B. Aceh (Indonesien) heimgesucht wurde, war die sensationslüsterne Berichterstattung über Phuket völlig fehl am Platze. Schon 2005 waren die meisten Tsunami-Schäden behoben, und heute ist rein gar nichts mehr davon zu sehen.

Phuket präsentiert sich heute wie zu besten Zeiten, was auch durch die Einreisen reflektiert wird: 2008 besuchten ca. 5 Millionen Urlauber die Insel, das war bis dahin die höchte Touristenzahl in der Geschichte der Insel. Phuket boomt wie nie zuvor.

Viel Spaß also im erlebnisreichen, wunderschönen und gastfreundlichen Phuket!

Rainer Krack, Juli 2009

Inhalt

Vorwort   7

Vor der Reise

unter Mitarbeit von *E. H. M. Gilissen*

Ein- und Ausreise-
  bestimmungen   14
Botschaften und
  Informationsstellen   20
Hin- und Rückflug   22
Anreise aus
  Thailand und
  den Nachbarländern   27
Rund ums Geld   33
Versicherungen   44

Reisetipps A–Z

unter Mitarbeit von *E. H. M. Gilissen*

Ankunft   48
Behinderte unterwegs   52
Einkaufen   53
Essen und Trinken   65
Fotografieren   73
Gesundheit   78
Golfplätze   82
Post, Telefon und Internet   83
Sicherheit   90
Tauchschulen   93
Unterkunft   94
Verhaltensregeln   99
Verkehrsmittel   102
Weiterreise   116

Exkurse

Mini „Flug-Know-how" 24
Bis vor 100 Jahren: zahlen mit Zinnbrocken 38
Obst auf Phuket 60
Im Namen des Tourismus:
  Ausbeutung von Baby-Elefanten 129
Gummi – ein Erzeugnis mit Tradition 132
Die Seezigeuner – Nomaden des Meeres 138
7 Tage Hitzequalen –
  ein fragwürdiger Ritus nach der Geburt 152
Das Fest der hungrigen Geister .162
Das Vegetarische Fest 166
Zerstörung, Tod und Geisterplage –
  der Tsunami in Thailand 180
Prostitution 224
Herstellung von Buddhafiguren .244
Symbol für Exotik – die Kokosnuss 276
Loy Rüa – das Fest der Seezigeuner 295
Paak Thai oder Süd-Thai 354
Die hinduistische Vergangenheit –
  indische Funde in der Gegend von Phuket 384

Insel und Bewohner

Geografie	122
Klima und Reisezeit	125
Flora und Fauna	127
Bevölkerung	135
Sprache	139
Medien	143
Religion	147
Feste und Feiertage	161
Geschichte	168
Wirtschaft	178
Verwaltung	183
Tourismus	184

Phuket City

Die Stadt	190
Sehenswertes	193
Praktische Tipps	210

Sehenswertes auf der Insel

Wat Chalong	238
Giant Buddha	240
Wat Phra Thong	241
Wat Tha Rüa	244
Heroines' Monument	247
Thalang National Museum	249
Wat Phra Nang Sang	249
Wat Don	253
Lak Muang & Wat Gao Phra Kao	254
Moschee von Bang Tao	256
Marine Biological Research Center	258
Khao-Phra-Thaew-Conservation-Center	259
Kathu-Wasserfall	263

Die Strände

Überblick	266
Ao Por	268
Bang Rong	272
Laem Yanu	274
Ao Sapam	275
Ko Siray	281
Ao Makham	283
Ao Chalong	286

Rawai Beach 292
Laem Promthep 299
Nai Harn Beach 301
Nui Beach 304
Kata Noi Beach 305
Kata Yai Beach 307
Karon Beach 315
Karon Noi Beach 321
Patong Beach 322
Kamala Beach 343
Laem Singh 349
Surin Beach 350
Pan Sea Bay 355
Bang Tao Beach 356
Nai Thon Beach 362
Nai Yang Beach 366
Mai Khao Beach 369

Surin Islands 390
Phang-Nga 392
Ko Yao Noi 397
Ko Yao Yai 403
Phi Phi Islands 409
Krabi 412
Strände um Krabi 420
Umgebung von Krabi 429
Ko Lanta Yai 430

Ausflüge in die Umgebung

Strände nördlich
von Phuket 375
Takua Pa 382
Ko Kho Khao 387
Similan Islands 390

Anhang

Lesetipps 438
Informationen
aus dem Internet 441
Gesundheits-
informationen 443
Register 452
Der Autor 456
Kartenverzeichnis 456

Vor der Reise

Ein- und Ausreise-bestimmungen

Visum und Aufenthaltsgenehmigung

Bürger der Bundesrepublik Deutschland, der Schweiz, Österreichs, der Niederlande sowie zahlreicher anderer Länder erhalten bei Einreise per Flugzeug eine **Aufenthaltsgenehmigung** von 30 Tagen. Seit 2006 werden diese Aufenthaltsgenehmigungen jedoch nicht mehr unendlich oft ausgestellt: Insgesamt kann man innerhalb von sechs Monaten 90 Tage mit den Genehmigungen im Lande bleiben, danach muss bei einer Auslandsvertretung ein Visum eingeholt werden (s.u). Man kann also maximal drei Aufenthaltsgenehmigungen erhalten, dann sind die 90 Tage um. Falls man dreimal eingereist ist, aber nicht die vollen 30 Tage geblieben ist, werden die Tage zusammengezählt, und man bekommt die restlichen Tage, bis die 90 Tage voll sind. Das ganze ist etwas kompliziert, und hat so manchen Touristen verwirrt. Wer eine längere Reise plant, sollte sich in der nächstgelegenen Auslandsvertretung Thailands ein Visum ausstellen lassen. Die Visa gibt es in den folgenden Kategorien: 60-Tage-Touristen-Visum und 90-Tage-Non-Immigrant-Visum (für Geschäftsreisen).

Achtung: Wer über Land einreist, bekommt (seit 2008) nur noch eine Aufenthaltsgenehmigung für 15 Tage.

Alle Visa können auch als Mehrfachvisum – „double entry" oder maximal „triple entry" – ausgestellt werden, d.h. sie berechtigen dann zum zwei- bzw. dreimaligen Aufenthalt von 60 oder 90 Ta-

Hinweis: Da sich die **Einreisebestimmungen kurzfristig ändern können,** ist es ratsam, vor Abflug die Webpages http://germany.usembassy.gov bzw. www.diplo.de/diplo/de/LaenderReiseinformationen.jsp (Auswärtiges Amt), in Österreich www.bmaa.gv.at oder in der Schweiz www.eda.admin.ch zu checken.

gen. Zu beachten ist, dass alle Visa ab dem Datum der Ausstellung 3 Monate gültig sind; eine zweite Einreise muss vor Ablauf dieser Frist erfolgen.

Visakosten: Derzeit werden Touristenvisa kostenlos ausgestellt. Dieses ist eine Maßnahme der Touristenbehörden, den Tourismus anzukurbeln, der nach einigen chaotischen politischen Ereignissen in Thailand Einbußen erlitt. Die Visa werden nach gegenwärtigem Plan bis März 2010 kostenlos erhältlich sein. Ansonsten dürften die Touristenvisa bei nur einer gewünschten Einreise 25 € kosten, bei 2 oder 3 Einreisen 50 bzw. 75 € – so wie es vor den kostenlosen Visa der Fall war. Man informiere sich bei der nächsten thailändischen konsularischen Vertretung über den neusten Stand.

Bei den Non-Immigrant-Visa, die zu einem Aufenthalt bis zu 1 Jahr berechtigen können, liegen die Kosten bei bis zu 120 €. Bei den Anträgen ist der Zweck der Reise anzugeben, also z.B. Geschäftsreise, wissenschaftliche Recherche o.Ä. Bei Einreise mit einem Non-Immigrant-Visa bekommt man einen 90-Tage-Stempel und muss nach 90 Tagen ausreisen – auch wenn es für 1 Jahr gültig ist. Man kann dann theoretisch am selben Tag wieder einreisen und bekommt wieder 90 Tage. Das Ganze geht so weiter, bis die Gültigkeit des Visums abgelaufen ist.

Zur Visumerteilung ist ein Reisepass vorzulegen, der mindestens für die Dauer der Reise gültig bleibt, dazu ein Passfoto und ein ausgefülltes **Antragsformular.** Zur Erteilung eines Non-Immigrant-Visums sind außerdem Bestätigungsschreiben des Arbeitgebers oder Lehrinstituts und/oder einer thailändischen Firma vorzulegen, die Aufschluss über den Reisezweck geben.

Die oben angeführten Unterlagen – samt Scheck oder Postüberweisungsquittung in Höhe der Visumsgebühr – und ein ausreichend frankierter Rückumschlag können auch per Post der Auslandsvertretung zugeschickt werden. Die Bearbeitung dauert je nach Saison 3-15 Tage.

Vor der Reise

Verlängerung

Sowohl die 15- und 30-tägigen Aufenthaltsgenehmigungen als auch die Visa können nur in Ausnahmefällen um 7 Tage verlängert werden. Zur Visumsverlängerung sind notwendig: 1900 Baht Gebühr, der Reisepass, 2 Passfotos sowie je eine Fotokopie der relevanten Seiten im Pass, d.h. die Seiten mit den Personalangaben, dem Visum, dem Einreisestempel und der Embarcation Card.

Die Visumsverlängerungen können bei jeder beliebigen Zweigstelle des **Immigration Office** beantragt werden. Im kleinen Immigrationsbüro in Patong gehen die Verlängerungen in der Regel sehr schnell und einfach über die Bühne.

Visa Runs

So genannte „Visa Runs", Touren, bei denen man nur kurzzeitig aus Thailand ausreist, um bei der erneuten Einreise wieder den 30-Tage-Stempel im Pass zu erhalten, werden von zahlreichen Reisebüros auf Phuket organisiert. Die Fahrten führen in der Regel nach Myanmar (Burma), das von Ranong aus per Boot angefahren wird. Die Touren kosten üblicherweise 1400-1500 Baht. Die Dauer der Tour beträgt ca. 8-12 Std., je nachdem, wie reibungslos Transfer (Bus und Boot) und Einreiseformalitäten vonstatten gehen.

Wer es sich leisten kann, kann alternativ auch nach Penang oder Singapur fliegen und am gleichen Tag wieder nach Phuket zurückkehren. Am Flughafen erhält man wieder den 30-Tage-Stempel (s.o. die neuen Restriktionen bezüglich der Aufenthaltsgenehmigungen).

Auf Phuket
●**Immigration Office,** 110 Thaweewong Road, Patong Beach, Tel. 076-340477, Mo-Fr (außer Fei), 8.30-16.30 Uhr.
●**Immigration Office,** Phuket Road, Tel. 076-212108, Mo-Fr (außer Fei) 8.30-12 und 13-16.30 Uhr. Leider legen einem die Beamten hier oft Hindernisse in den Weg, Verlängerungen in Patong oder Bangkok sind oft problemloser.

In Bangkok
●Hauptstelle: Soi Suan Phlu, Sathorn Tai Road, Bangkok, Tel. 02-2873101-10, geöffnet Mo-Fr (außer an Feiertagen) 8.30-16.30 Uhr

Achtung: Um Komplikationen zu vermeiden, sollten die Verlängerungen mindestens 1 Tag vor Ablauf des Visums beantragt werden.

„Overstay" Wer zur Ausreise auf dem Flughafen erscheint und sein Visum überzogen hat, muss pro Tag nach letztem Gültigkeitstermin des Visums 500 Baht **Strafe** zahlen. Ist das Visum 30 Tage oder mehr überzogen, droht gar eine Gefängnisstrafe! Auch wer ansonsten bei Polizeikontrollen ohne gültiges Visum erwischt wird, muss mit einer Gefängnisstrafe rechnen, egal, um wie viele Tage das Visum überzogen wurde. Nach Zahlen einer etwaigen Geldbuße wird die Überziehung in den Pass eingetragen.

Einfuhrbestimmungen

Streng **verboten** ist die Einfuhr von Schusswaffen, Munition, pornografischem Material (dazu gehören auch Magazine wie *Penthouse* oder *Playboy)* und Drogen. Auf **Drogenschmuggel** und -konsum stehen hohe Strafen, und in Extremfällen kann sogar die Todesstrafe ausgesprochen werden. Zu den verbotenen Drogen gehören Haschisch, Marihuana, Amphetamine, Ecstasy, Kokain, Opium, Morphium, Heroin und LSD sowie Kratom, die Blätter eines in Thailand verbreiteten Baumes. Ebenso untersagt ist die Einfuhr von Chemikalien, die bei der Herstellung von Drogen verwendet werden.

„Bestimmte Arten von Obst, Gemüse oder Pflanzen" – so der offizielle Wortlaut – unterliegen einer Einfuhrbeschränkung, im Zweifelsfalle gibt die *Agricultural Regulatory Division,* Bankhen Bangkok, Auskunft (Tel. 02-5971581, 02-5798516; von Deutschland: Vorwahl 0066).

Die Genehmigung zur Mitnahme von **Haustieren** wird im Ankunftsflughafen erteilt; bei der Anreise per Schiff ist das *Department of Livestock Development,* Bangkok (Tel. 02-2515136) zuständig.

Zollfrei können offiziell eingeführt werden: je **1 Film-** oder **1 Fotokamera** und **3 Filmrollen** (8 oder 16 mm) oder **5 Fotofilme.** In der Praxis interessiert es niemanden, wie viele Kameras man dabei hat. Zollfrei sind **200 Zigaretten** oder **250 g Tabak** sowie **1 Liter Wein** oder **Spirituosen.** Bei diesen Waren wird sehr oft sehr genau kontrolliert, und wer beim Schmuggeln erwischt wird, muss mit Geldstrafen rechnen, die ein Vielfaches des Preises der illegal eingeführten Waren ausmachen.

Ausfuhrbeschränkungen

Verboten ist die Ausfuhr von **Buddha-** und **Boddhisattva-Figuren** oder deren Teilen (*Boddhisattvas* sind Erleuchtete, die noch nicht ganz ins Nirwana hinübergehen, um den Menschen auf ihrem spirituellen Weg zu helfen).

Diese Regelung ist eine Schutzmaßnahme, da in der Vergangenheit Buddhastatuen zu Hutständern oder Briefbeschwerern umfunktioniert wurden oder auf ausländischen Trödelmärkten landeten.

Ausnahmen gibt es bei Kulturaustausch-Programmen zu Studienzwecken, oder wenn der Exporteur nachweislich praktizierender Buddhist ist.

Ausnahmegenehmigungen müssen beim *Department of Fine Arts,* Na Phralarn Road, Bangkok (Tel. 02-2241370, 02-2261661) oder beim *Songkhla National Museum,* Songkhla (Tel. 074-311728) beantragt werden. Dazu sind einzureichen: zwei postkartengroße Fotos des Objektes (Vorderansicht), Fotokopien der relevanten Seiten im Pass des Antragstellers (also die Seiten mit Personalangaben, Visum und Einreisestempel) sowie der Pass selber. Man muss mit einer Bearbeitungsdauer von 3 bis 7 Tagen rechnen.

Objekte, die den oben genannten Buddha- oder Boddhisattva-Figuren ähneln – z.B. hinduistische Götterfiguren – sollten vor der Ausreise in der Zweigstelle, die das *Fine Arts Department* in der Abflughalle des Don Muang Airports in Bangkok unterhält, zur Inspektion vorgelegt werden. Diese Objekte werden dann mit einer Ausfuhrgenehmigung versehen. Ohne die vorherige Inspektion könnten die Objekte bei der Röntgenkontrolle für Buddha-Figuren gehalten und aus dem Gepäck genommen werden.

Diese Ausfuhrbestimmungen gelten auch für **Antiquitäten, Kunstobjekte** und deren Duplikate.

Ausfuhrversuche ohne Genehmigung des *Fine Arts Department* können schwerwiegende Strafen nach sich ziehen. Zahlreiche thailändische Tempel sind durch Kunsträuber ihrer Schätze beraubt worden, und das strenge Reglement soll diesem Treiben einen Riegel vorschieben.

Die Ausfuhr von verbotenen **Drogen** wie Haschisch, Marihuana, Kokain, Opium, Morphium, Heroin, LSD und Kratom (siehe „Einfuhrbestimmungen") ist ebenfalls streng untersagt; Zuwiderhandelnde können auch bei der Ausfuhr nicht auf richterliche Milde hoffen.

Devisenbestimmungen

Devisen in bar oder Schecks dürfen in unbegrenzter Höhe eingeführt werden.

Ausländische Devisen können unbegrenzt wieder ausgeführt werden, thailändische jedoch nur bis zu 50.000 Baht. Baht können jederzeit im Flughafen oder in allen Banken mit Wechselservice in ausländische Währungen zurückgetauscht werden.

Einfuhrbestimmungen für Europa

Bei der Rückeinreise gibt es auch auf europäischer Seite Freigrenzen, Verbote und Einschränkungen. Folgende **Freimengen** darf man zollfrei einführen in die EU und die Schweiz:

- **Tabakwaren** (für Personen ab 17 Jahren): 200 Zigaretten oder 100 Zigarillos oder 50 Zigarren oder 250 g Tabak oder eine anteilige Zusammenstellung dieser Waren
- **Alkohol** (für Personen ab 17 Jahren) **in die EU:** 1 l Spirituosen (über 22 Vol.-%) oder 2 l Spirituosen (unter 22 Vol.-%) oder eine anteilige Zusammenstellung dieser Waren, 4 l

Vor der Reise

nicht-schäumende Weine und 16 l Bier; **in die Schweiz:** 2 l bis 15 Vol.-% und 1 l über 15 Vol.-%.
● **Andere Waren** (in die EU): 10 Liter Kraftstoff im Benzinkanister; für See- und Flugreisende bis zu einem Warenwert von insgesamt 430 €, über Land Reisende 300 €, alle Reisende unter 15 Jahren 175 € bzw. 150 € in Österreich; (in die Schweiz): neuangeschaffte Waren für den Privatgebrauch bis zu einem Gesamtwert von 300 SFr. Bei Nahrungsmitteln gibt es innerhalb dieser Wertfreigrenze auch Mengenbeschränkungen.

Wird die Wertfreigrenze überschritten, sind **Einfuhrabgaben** auf den Gesamtwert der Ware zu zahlen und nicht nur auf den die Freigrenze übersteigenden Anteil. Die Berechnung erfolgt entweder pauschal oder nach dem Tarif jeder einzelnen Ware zuzüglich sonstiger Steuern.

Einfuhrbeschränkungen bestehen u.a. für Tiere, Pflanzen, Arzneimittel, Betäubungsmittel, Feuerwerkskörper, Lebensmittel, Raubkopien, verfassungswidrige Schriften, Pornografie, Waffen und Munition; in Österreich auch für Rohgold und in der Schweiz auch für CB-Funkgeräte.

Nähere Informationen
● **Deutschland:** www.zoll.de oder beim Zoll-Infocenter Tel. 069-46997600
● **Österreich:** www.bmf.gv.at oder beim Zollamt Klagenfurt Villach Tel. 01-51433564053
● **Schweiz:** www.ezv.admin.ch oder bei der Zollkreisdirektion in Basel Tel. 061-2871111

Botschaften und Informationsstellen

Fremdenverkehrsbüros

In Europa kann man sich an folgende Stellen wenden:
● **Thailändisches Fremdenverkehrsamt,** Bethmannstr. 58, 60311 Frankfurt/Main, Tel. 069-1381390, Fax 069-13813950, www.thailandtourismus.de (zuständig für Deutschland, Österreich und die Schweiz).
● **Deutsch-Thailändische Gesellschaft e.V.,** Johann-Bensberg-Str. 49, 51067 Köln, Tel. 0221-6800210, Fax 0221-9690287, www.dtg-bonn.eu.

Vor der Reise

●**Thailändisches Fremdenverkehrsamt,** Zähringerstrasse 16, 3012 Bern, Tel. 031-3003088, Fax 031-3003077, www.tourismthailand.ch.
●**Österreichisch-Thailändische Gesellschaft,** c/o Frau Kathrin Geiszler, Pröllgasse 1/1, 1130 Wien, Tel. 0699-11154180, Fax 01-5852420-15, www.thaigesellschaft.at.

In Thailand geben die Büros der **TAT** *(Tourism Authority of Thailand,* www.tourismthailand.org*)* Auskunft:
●**TAT Bangkok,** Hauptbüro: 1600 New Phetburi Road, Makkasan, Rajathevee, Bangkok 10400, Tel. 02-22505500, Fax 22505511, Mo-Fr 8.30-16.30 Uhr, www.tourismthailand.org. Zweigstelle: 4 Ratchadamnoen Nok Avenue, Bangkok 10100, tgl. 08.30-16.30 Uhr. Call Center: Tel. 1672, tgl. 8.00-20.00 Uhr.
●**TAT Phuket,** 191 Thalang Road, Phuket 83000, Tel. 076-212213, 076-211036, Fax 076-213582, tgl. 8.30-16.30 Uhr, www.phukettourism.org.

Botschaften und Konsulate

In D/A/CH ●**Deutschland: Königlich Thailänische Botschaft Berlin,** Lepsiusstr. 64-66, 12163 Berlin, Tel. 030-794810, Fax 79481511, www.thaiembassy.de.
●**Österreich: Königlich Thailändische Botschaft,** Cotta-gegasse 48, 1180 **Wien,** Tel. 01-4783335, Fax 4782907.
●**Schweiz: Königlich Thailändische Botschaft,** Kirchstr. 56, 3097 **Liebefeld (Bern),** Tel. 031-9703030, -31, -32, -33, -34, Fax 9703035.

In Thailand ●**Embassy of Germany,** Bangkok, 9 South Sathorn Rd., Tel. 02-2879000, Notfallnummer außerhalb der Geschäfts-zeit 081-8456224.
●**Honorary Consulate of Germany,** Phuket, 100/425 Mu 3, Chalermprakiat Ror 9 Rd. (North Bypass Rd.), neben *Phu-ket Tourism Association,* Tel. 076-354119 oder 09668 3635.
●**Embassy of Austria,** Bangkok, 14 Soi Nantha, off Soi At-takarnprasit Soi 1, South Sathorn Rd., Tel. 02-3036057.
●**Honorary Consulate of Austria,** Phuket, 2 Virathongyok Road, M.4, Wichit District, Muang, Tel. 076-24833-4, -5, -6.
●**Embassy of Switzerland,** Bangkok, 35 North Wireless Rd., Skytrain-Station Chitlom, Tel. 02-25301-56, -57, -58, -59, -60.

Auswärtiges Amt

Informationen zur allgemeinen **Sicherheitslage** und War-nungen vor besonders gefährdeten Gebieten vermitteln die „Auswärtigen Ämter":

●**Deutschland,** www.auswaertiges-amt.de und www.diplo.de/sicherreisen unter „Länder- und Reiseinformationen", Tel. 030-5000-0, Fax 5000-3402.
●**Österreich,** ww.bmeia.gv.at (Bürgerservice), Tel. 05-01150-4411, Fax 05-01159-0 (05 muss immer vorgewählt werden).
●**Schweiz,** www.dfae.admin.ch (Reisehinweise), Tel. 031-3238484.

Informationen aus dem Internet

●Eine Liste mit Internetadressen zu Phuket bzw. Thailand allgemein findet sich im Anhang dieses Buches.

Hin- und Rückflug

Nonstopverbindungen aus dem deutschsprachigen Raum nach Phuket bietet derzeit Air Berlin (mit Flugzeugen von LTU) an, und auch nur in der Hauptsaison von November bis April, nicht in der Regenzeit. Air Berlin fliegt jeweils einmal wöchentlich von Berlin-Tegel und München nach Phuket (siehe www.airberlin.com). Darüber hinaus gibt es aber **Direktflüge** mit *Thai Airways* von Frankfurt nach Phuket (mit Zwischenlandung in Bangkok, ca. 1 Std. Aufenthalt) sowie im Winterhalbjahr mit *Condor* einmal wöchentlich ebenfalls von Frankfurt nach Phuket (hin nonstop und zurück mit Zwischenlandung in Antalya). Daneben gibt es **interessante Umsteigeverbindungen** nach Phuket, z.B. mit *Cathay Pacific Airways* (über Hongkong), mit *Malaysia Airlines* (über Kuala Lumpur) oder *Singapore Airlines/Silk Air* (über Singapur). Diese können zwar billiger sein als die Nonstop-Flüge, aber man muss hier auch eine längere Flugdauer einkalkulieren.

Die Dauer eines Nonstop-Fluges von Deutschland, Österreich und der Schweiz nach Phuket liegt bei **etwa 11 Stunden,** mit Zwischenlandung oder Umsteigen bei etwa 2-3 Stunden mehr.

Wenn das alles ausgebucht ist, kann man noch immer mit mehr als 20 Fluggesellschaften nach

Bangkok fliegen und dort dann mit einem **Anschlussflug** nach Phuket weiterreisen. Inlandsflüge nach Phuket gehen sowohl vom alten Don Muang Airport in Bangkok, als auch vom neuen Suvarnabhumi Airport aus. Die Preise sind gleich.

Vor der Reise

Stopover-Tipp

Cathay Pacific Airways, Singapore Airlines und *Thai Airways* bieten oft interessante Stopover-Programme, Transport vom/zum Flughafen, günstige Übernachtungen in guten Hotels, Stadtrundfahrten usw. an. Dies gilt aber nur dann, wenn man über den jeweiligen Heimatflughafen Hongkong, Singapur oder Bangkok weiter mit der gleichen Gesellschaft zu einem anderen Ziel fliegt.

Flugpreise

Je nach Fluggesellschaft, Jahreszeit und Aufenthaltsdauer in Phuket bekommt man ein Economy-Ticket von Deutschland, Österreich und der Schweiz hin und zurück nach Phuket **ab etwa 750 Euro** (inkl. aller Steuern, Gebühren und Entgelte).

Hauptsaison ist im Winterhalbjahr, in dem die Preise rund um Weihnachten und Neujahr besonders hoch sind und über 1000 Euro betragen können. Am niedrigsten sind die Flugpreise von nach Ostern bis Ende Juni.

Gabelflüge (z.B. hin nach Phuket und zurück von Bangkok oder Kuala Lumpur) sind in der Regel teurer, können aber für die Reiseplanung von Vorteil bei der Gestaltung von Rundreisen sein.

Preiswertere Flüge sind mit **Jugend- und Studententickets** (je nach Airline alle jungen Leute bis 29 Jahre und Studenten bis 34 Jahre) möglich. Außerhalb der Hauptsaison gibt es Hin- und Rückflug von Frankfurt nach Phuket **ab etwa 650 €.**

Kinder unter zwei Jahren fliegen ohne Sitzplatzanspruch für 10 % des Erwachsenenpreises, ansonsten werden für ältere Kinder die regulären Preise je nach Airline um 25-50 % ermäßigt. Ab dem 12. Lebensjahr gilt der Erwachsenentarif oder ein besonderer Jugendtarif (s.o.).

Von Zeit zu Zeit offerieren die Fluggesellschaften **befristete Sonderangebote.** Dann kann man z.B. mit *Thai Airways* für etwas über 600 Euro von Frankfurt, München oder Zürich über Bangkok nach Phuket und zurück fliegen.

Ob für die gewünschte Reisezeit gerade Sonderangebote für Flüge nach Phuket auf dem Markt sind, lässt sich im Internet auf der Website von Jet-Travel (www.jet-travel.de) unter „Flüge" entnehmen, wo sie als **Schnäppchenflüge** nach Asien mit aufgeführt sind.

In Deutschland gibt es von Frankfurt aus die häufigsten Verbindungen nach Phuket. Tickets für

Mini „Flug-Know-how"

Check-in

Nicht vergessen: Ohne einen **gültigen Reisepass** ko man nicht an Bord eines Fluzeuges nach Thailand. Vorsich Passagieren, die kein Rück- oder Weiterflugticket aus Tha vorweisen können und auch kein Visum haben, verwe manche Airlines das Einchecken. Sie befürchten, das thailändischen Behörden solche Passagiere möglicherw zurückweisen, und die Airline die Kosten für den Rückflug nehmen muss. Wer nur ein Hinflugticket nach Thailand ha ohne Touristen- oder sonstiges Visum einzureisen geden formiere sich zuvor bei seiner Airline. Das Problem läss umgehen, indem man ein Visum einholt.

Bei den meisten internationalen Flügen muss man zw **drei Stunden vor Abflug** am Schalter der Airline eingec haben. Viele Airlines neigen zum Überbuchen, d. h., sie bu mehr Passagiere ein, als Sitze im Flugzeug vorhanden sind wer zuletzt kommt, hat dann möglicherweise das Nachse

Das Gepäck

In der Economy-Class darf man in der Regel nur **Gepä zu 20 kg pro Person** einchecken (steht auf dem Flugticke zusätzlich ein Handgepäck von 7 kg in die Kabine mitneh welches eine Größe von 55 x 40 x 23 cm nicht übersch darf. In der Business Class sind es meist 30 kg pro Perso zwei Handgepäckstücke, die insgesamt nicht mehr als wiegen dürfen. Man sollte sich beim Kauf des Tickets üb Bestimmungen der Airline informieren.

Flüge von und zu anderen deutschen Flughäfen sind oft teurer. Da kann es für Deutsche attraktiver sein, mit einem **Rail-and-Fly-Ticket** per Bahn nach Frankfurt zu reisen (entweder bereits im Flugpreis enthalten oder nur 30 bis 60 € extra). Man kann je nach Fluglinie auch einen preiswerten **Zubringerflug** der gleichen Airline von einem kleineren Flughafen in Deutschland buchen. Außerdem gibt es **Fly & Drive-Angebote,** wobei eine Fahrt vom und zum Flughafen mit einem Mietwagen im Ticketpreis inbegriffen ist.

Reist man viel per Flugzeug, kann man als Mitglied eines **Vielflieger-Programms** auch indirekt

Aus Sicherheitsgründen dürfen **Taschenmesser, Nagelfeilen, Nagelscheren,** sonstige Scheren und Ähnliches nicht mehr im Handgepäck untergebracht werden. Diese sollte man unbedingt im aufzugebenden Gepäck verstauen, sonst werden diese Gegenstände bei der Sicherheitskontrolle einfach weggeworfen. Darüber hinaus gilt, dass Feuerwerke, leicht entzündliche Gase (in Sprühdosen, Campinggas), entflammbare Stoffe (in Benzinfeuerzeugen, Feuerzeugfüllung) etc. nichts im Passagiergepäck zu suchen haben.

Flüssigkeiten oder vergleichbare Gegenstände in ähnlicher Konsistenz (z.B. Getränke, Gels, Sprays, Shampoos, Cremes, Zahnpasta, Suppen) dürfen nur in der Höchstmenge von jeweils 0,1 Liter als Handgepäck mit ins Flugzeug genommen werden. Die Flüssigkeiten müssen in einem durchsichtigen, wiederverschließbaren Plastikbeutel transportiert werden, der maximal einen Liter Fassungsvermögen hat.

Rückbestätigung

Bei den meisten Airlines ist die **Bestätigung des Rückfluges** nicht mehr notwendig. Allerdings empfehlen alle Airlines, sich telefonisch zu erkundigen, ob sich an der Flugzeit nichts geändert hat.

Wenn die Airline eine Rückbestätigung *(reconfirmation)* **bis 72 oder 48 Stunden vor dem Rückflug** verlangt, sollte man auf keinen Fall versäumen, kurz anzurufen, sonst kann es passieren, dass die Buchung im Computer der Airline gestrichen wird. Das Ticket verfällt dadurch aber nicht, es sei denn, die Gültigkeitsdauer wird überschritten, aber unter Umständen ist in der Hochsaison nicht sofort ein Platz auf einem anderen Flieger frei.

Die **Rufnummer** kann man von Mitarbeitern der Airline bei der Ankunft, im Hotel, aus dem Telefonbuch oder auf der Website der Airline erfahren.

Vor der Reise

sparen, z.B. im Verbund der www.star-alliance.com (Mitglieder u.a. *Singapore Airlines, Thai Airways*) oder www.oneworld.com (Mitglieder u.a. *Cathay Pacific Airways*). Die Mitgliedschaft ist kostenlos und mit den gesammelten Meilen von Flügen bei Fluggesellschaften innerhalb eines Verbundes reichen die gesammelten Flugmeilen beim nächsten Flugurlaub vielleicht schon für einen Freiflug bei einer der Partnergesellschaften. Bei Einlösung eines Gratisfluges ist langfristige Vorausplanung nötig.

Buchung

Folgende **zuverlässigen Reisebüros** haben meistens günstigere Preise als viele andere:

●**Jet-Travel,** Buchholzstr. 35, D-53127 Bonn, Tel. 0228-284315, Fax 284086, info@jet-travel.de, www.jet-travel.de. Auch für Jugend- und Studententickets. Sonderangebote auf der Website unter "Schnäppchenflüge".
●**Globetrotter Travel Service,** Löwenstr. 61, 8023 Zürich, Tel. 044-2286666, www.globetrotter.ch. Weitere Filialen, siehe Website.

Die vergünstigten Spezialtarife und befristeten Sonderangebote kann man nur bei wenigen Fluggesellschaften in ihren Büros oder direkt auf ihren Websites buchen; diese sind jedoch immer auch bei den oben genannten Reisebüros erhältlich. Im Übrigen sollte man wissen, dass die günstigsten Flüge keineswegs immer online im Internet buchbar sind. Häufig haben *Jet-Travel* und der *Globetrotter Travel Service* auf Anfrage preiswertere Angebote.

Last-Minute

Wer sich erst im letzten Augenblick für eine Reise nach Phuket entscheidet oder gern pokert, kann Ausschau nach Last-Minute-Flügen halten, die von einigen Airlines mit deutlicher Ermäßigung **ab etwa 14 Tage vor Abflug** angeboten werden, wenn noch Plätze zu füllen sind. Diese Last-Minute-Flüge lassen sich nur bei Air Berlin (www.airberlin.com) und Condor (www.condor.com) direkt und ansonsten nur bei Spezialisten buchen:

● **L'Tur,** www.ltur.com, Tel. 00800-21212100 (gebührenfrei für Anrufer aus Europa); 165 Niederlassungen europaweit.
● **Lastminute.com,** www.lastminute.de, (D)-Tel. 01805-284366 (0,14 €/Min.), für Anrufer aus dem Ausland Tel. 0049-89-4446900.
● **5 vor Flug,** www.5vorflug.de, (D)-Tel. 01805-105105 (0,14 €/Min.), (A)-Tel. 0820-203085 (0,14 €/Min.).
● **Restplatzbörse,** www.restplatzboerse.at, (A)-Tel. 01-580850.

Flughafen-steuer   Bei der Ausreise mit dem Flugzeug ist eine **Flughafengebühr** *(airport tax)* von 700 Baht zu zahlen; ist seit einiger Zeit aber schon im Flugpreis mit enthalten.

Anreise aus Thailand und den Nachbarländern

Mit dem Flugzeug

Von Bangkok   Von Bangkok fliegt Thai Airways (www.thaiairways.com) bis zu zwölfmal täglich nach Phuket. Die Flüge gehen alle vom neuen Suvarnabhumi Airport östlich Bangkoks aus. Will man nach der Ankunft aus Europa gleich weiter nach Phuket fliegen, sollte man einen Weiterflug von Suvarnabhumi aus buchen, denn alle internationalen Flüge beginnen und enden in Suvarnabhumi. Bucht man den Weiterflug von Don Muang aus, muss man erst 40 km quer durch Bangkok fahren, um von Suvarnahbumi nach Don Muang zu gelangen.

Der Flug kostet einfach 3025 Baht, in der Business Class 4025 Baht. Dazu kommt noch eine Inlands-Flughafensteuer von 100 Baht sowie Spritzuschläge in häufig wechselnder Höhe. In der Regel dürften sie bei 100-300 Baht liegen.

Die Anschlussflüge aus Bangkok können schon von Europa aus gebucht werden, dies kann allerdings mit erheblichen Aufpreisen verbunden sein.

Es lohnt sich, bei der Buchung im Reisebüro oder bei Thai Airways selber nach Sondertarifen zu fragen. Bei diesen kosten die Flüge oft nur 1700-1800 Baht. Der Nachteil ist, das hierbei die Flüge nicht umgebucht werden können. Wer seinen Flug verpasst, hat damit auch sein Ticket verloren.

Während des Fluges (Dauer 1 Std., 5 Min.) wird dem Passagier ein kleiner Snack serviert, der – je nach Tageszeit – zwischen einem bescheidenen Sandwich und einer kleinen warmen Mahlzeit variieren kann. Essenssonderwünsche (z.B. vegetarisch, moslemisch, Diabetikerkost, salzfrei u.Ä.) müssen bei der Buchung mit angegeben werden. Diese Sonderwünsche können aber nicht kurzfristig erfüllt werden, d.h. der Flug sollte in diesem Falle mindestens 3 Tage vor dem Flugtermin gebucht werden.

In der Hauptsaison von November bis Februar sollten grundsätzlich alle Flüge so zeitig wie möglich gebucht werden, da es zu Engpässen kommen kann. Etwa 1 Woche vor dem Flugtermin dürfte ausreichen.

Beim Einchecken lohnt es durchaus, um einen Fensterplatz zu bitten, da es eine sehenswerte Szenerie zu bewundern gibt. Der Flug führt zunächst die Ostküste entlang bis in die Gegend von Chumphon, dann wird das Inland überquert, und zwar in der Gegend um Phang-Nga mit seinen zerklüfteten, bizarren Bergen. Kurz vor der Landung in Phuket kann man schon die ersten Strandblicke erheischen (Nai Yang Beach). Wer unbedingt einen Fensterplatz möchte, sollte möglichst als einer der ersten Passagiere einchecken. Der **Check-In** hat **mindestens 1 Std. vor Abflug zu** erfolgen.

In Bangkok können die **Flugtickets** in zahllosen Reisebüros gebucht werden (kein Aufpreis), auf jeden Fall aber in den Büros von **Thai Airways.** Die Fluggesellschaft ist rund um die Uhr unter der Telefonnummer 02-2800060 zu erreichen.

Niederlassungen von Thai Airways in Bangkok
● 69 Vibhavadi Rangsit Road, Bangkok 10900,
Tel. 02-5451000.
● 485 Silom Road, Bangkok 10500,
Tel. 02-2328000; Reservierung 02-2333810.

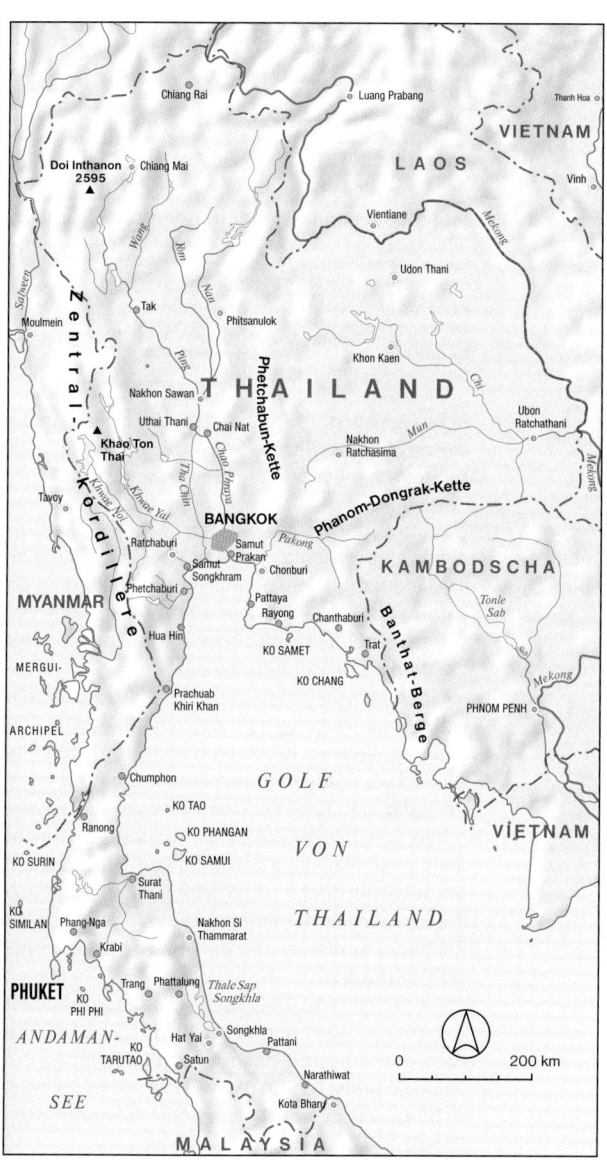

●45 Anuwong Road, Bangkok 10100, Tel. 02-2239602-8.
●6 Larn Luang Road, Bangkok 10100,
Tel. 02-2800100; Reservierung Tel. 02-6282000.
●Bangkok International Airport, Bangkok 10210,
Fluginformationen International Tel. 02-5352846,
Inlandsflüge Tel. 02-5352081-2.
●Asia Hotel, 296 Phyathai Road, Bangkok 10400,
Tel. 02-21520202-4.

Niederlassungen von Thai Airways im Süden Thailands:
●**Phuket:** 76 Ranong Road, Tel. 076-212400;
Reservierung Tel. 076-211195.
●**Trang:** 199/2 Wisetgul Rd., Trang 92000, Tel. 075-218066.
●**Hat Yai:** 182 Niphat Uthit 2 Road, Songkhla 90110,
Tel. 074-230445, Reservierung Tel. 074-233433.
●**Krabi:** 39 Tungfah Road, T. Paknam, Krabi 81000,
Tel. 075-622439.

Achtung: Auch für Buchungen, die Flüge von/zu diesen Zielorten betreffen, kann die Bangkoker Tel.-Nr. 02-2800060 genutzt werden!

Weitere Inlands-flüge

Die Privatgesellschaft *Bangkok Airways* (Tel. 076-225033, www. bangkokair.com) fliegt ab Bangkok für 2765 Baht, ab Ko Samui, für 2120 Baht und ab Pattaya für 3140 Baht nach Phuket. Die Tarife ändern sich oft kurzfristig, man informiere sich über die Website des Unternehmens.

Seit einigen Jahren bieten eine ganze Reihe Billigfluglinien Flüge von Phuket nach Bangkok und anderen Zielen in der Region an. Buchungen dieser Airlines erfolgen grundsätzlich über das Internet oder per Telefon. *Thai Airways* fliegt inzwischen von Phuket nur noch Bangkok an (nicht mehr nach Hat Yai, wie vor einigen Jahren noch). Es gibt zwar direkte Flüge von Chiang Mai nach Phuket, aber keine direkten Flüge in ungekehrter Richtung. In diesem Fall muss in Bangkok umgestiegen werden.

Nok Air ist eine preiswerte Tochtergesellschaft der *Thai Airways* und fliegt für Preise um 2000 Baht von Bangkok nach Phuket. Buchungen in Thailand unter Tel. 1318. Das Hauptbüro befindet sich in Pacific Place 1 Bldg., 140 Sukhumvit Rd., Bangkok 10100, www.nokair.com.

Air Asia (Chana Charoen Rd., AIS, Tel. Bangkok 02-515999, Phuket Tel. 076-351428, Flughafen: Tel. 076-328601, www.airasia.com) bietet täglich sehr preisgünstige Flüge von Bangkok nach Phuket (1000-2000 Baht). Je länger man im Voraus bucht, desto besser sind oft die Preise.

Abzuraten ist von der Airline *One-2-Go,* die im Jahr 2009 von den europäischen Behörden als unsicher eingestuft und mit einem Landeverbot in Europa bedacht wurden. 2007 war eine Maschine der Gesellschaft bei der Landung in Phuket abgestürzt.

Von Süd-ostasien   Phuket wird außerdem von **Singapur** und **Malaysia** (Kuala Lumpur) aus von *Thai Airways* angeflogen. (Flüge ab Singapur auch mit *Silk Air,* einer Tochtergesellschaft der *Singapore Airlines.*) *Tiger Air* (Tel. 02-3518888, 076-351352) fliegt ab ca. 2000 Baht ebenfalls von Singapur nach Phuket. Weitere Direktflüge aus dem südostasiatischen Raum gibt es ab **Hongkong** (*Thai Airways* und *Dragon Air*). Direktflüge *(Thai Airways)* außerdem ab Frankfurt, Taipei (Taiwan), Sydney, Melbourne, Perth (Australien) sowie Osaka und Tokio (Japan). *JetStar* fliegt preiswert von/nach Sydney.

Mit dem Bus

Von Bangkok   Ab dem Southern Bus Terminal in Bangkok (Nakhon Chaisi-Thonburi Road; Stadtteil Thonburi), auf Thai *sai tai,* fahren jeden Tag zahlreiche Busse nach Phuket. Diese sind AC-Busse 1. Klasse (720 Baht), AC-Busse 2. Klasse (je nach Bus 560-575 Baht) und die so genannten, komfortablen V.I.P.-Busse (1120 Baht). Da die Fahrzeit gut 12-14 Std. beträgt, macht sich ein möglichst bequemer Bus bezahlt.

Bei Fahrten in den AC- oder V.I.P.-Bussen sollte stets warme Bekleidung zur Hand sein, da die Klimaanlage oft zu kalt eingestellt ist. Da nützen dann auch die verteilten Decken nichts, die oft nur handtuchgroß sind.

Vor der Reise

Die AC- und V.I.P.-Busse haben eine Toilette an Bord sowie eine Videoanlage, auf denen thailändische oder auf Thai synchronisierte Filme aus Hongkong gezeigt werden. Das kann gelegentlich sehr laut sein, und ein Päckchen Oropax ist eine gute Investition.

Auf den Fahrten werden 1-2 längere Stopps eingelegt, und der Passagier erhält eine kostenlose Mahlzeit in einer Raststätte (jedoch nicht bei Fahrten in den Normalbussen!); an Bord werden außerdem Snacks und Getränke (alkoholfrei) angeboten, die von einer uniformierten Hostess verteilt werden. Alles ist meistens sehr gut organisiert, die Busse sind pünktlich, und hier bietet sich eine preiswerte Alternative zum Flug aus Bangkok.

Die Busse fahren i.d.R. am späten Nachmittag in Bangkok ab und kommen frühmorgens in Phuket an, was günstig für die Hotelsuche oder die Weiterfahrt zu einem der Strände ist.

Auskunft über die Abfahrtzeiten gibt der Informationsdienst des (New) Southern Bus Terminal an der Boromratchchonnai Road unter Tel. 02-24351200 und 24351199.

Von anderen Orten Phuket ist per Bus natürlich auch von zahlreichen anderen Orten aus zu erreichen, z.B. Surat Thani, Ranong, Krabi, Trang, Nakhon Si Thammarat, Trang, um nur einige zu nennen. Details dazu im Kapitel „Anreise" in der Städtebeschreibung Phuket City.

Mit Bahn und Bus

Phuket ist nicht an das Bahnnetz angeschlossen, und so ist es per Bahn allein nicht erreichbar. Die *State Railway of Thailand,* die staatlichen Eisenbahnbetriebe, bieten jedoch kombinierte **Bahn-/ Busfahrten von Bangkok** nach Phuket an. Dies ist die bequemste, aber auch teuerste Variante der Anreise über Land.

Am frühen Abend fahren die Züge von der Hualamphong Station in Bangkok ab und erreichen nach ca. 11 Std. Fahrzeit Surat Thani. Dort warten AC-Busse, die die Passagiere in weiteren 4 Fahrtstunden nach Phuket befördern.

Fahrten 2. Klasse Air Con mit Schlafkoje *(sleeper)* kosten 868 Baht für die untere Schlafkoje, 798 Baht für die obere Schlafkoje.

Natürlich kann man auch getrennt mit einem der täglich neun Züge von Bangkok nach Surat Thani und von dort per Bus anreisen. Von den obigen Preisen sind jeweils 200 Baht für das Busticket abzuziehen. Dazu kommt ein Zuschlag, der sich nach der Zugart richtet.

Die **Tickets** können in der Hualamphong Station in Bangkok, Rama 1 Road, gebucht werden. Die Ticketschalter (computerisiert) befinden sich links in der Bahnhofshalle (vom Eingang aus gesehen), geöffnet Mo-Fr 8.30-16.30 Uhr, Sa, So und an Feiertagen 8.30-13 Uhr.

Auskunft gibt es unter Tel. 02-2230341, extension (Anschluss) 4210 und 4217.

Rund ums Geld

Währung

Die thailändische Währungseinheit ist der **Baht,** der sich in 100 Satang unterteilt. Das Wort „Satang" ist etymologisch mit dem amerikanischen „Cent" verwandt – eine Sprachverwandtschaft, die auf den gemeinsamen Urahn vieler Sprachen zurückzuführen ist, das Sanskrit.

Von den thailändischen **Münzen** sind verwirrenderweise verschieden große Varianten in Umlauf, was die Identifizierung erschwert. Zudem sind die Wertangaben meist nur in Thai eingeprägt. Es gibt Münzen zu 25 und 50 Satang, zu 1 Baht, 2 Baht, 5 Baht und 10 Baht.

Vor der Reise

Banknoten gibt es zu 10 Baht (braun; sehr selten), 20 Baht (grün), 50 Baht (blau), 100 Baht (rot), 500 Baht (violett) und 1000 Baht (braungrau). Bei allen Scheinen ist der Wert in arabischen, also uns geläufigen Ziffern aufgedruckt.

Beim Geldwechsel sollte man sich nicht zu viele 500- oder 1000-Baht-Scheine geben lassen, da die nicht von jedem Straßenhändler oder Tuk-Tuk-Fahrer gewechselt werden können (und Tausender schon gar nicht!). Stark eingerissene oder beschädigte Scheine werden ebenfalls nicht von jedermann akzeptiert, diese sollten lieber bei einer größeren Bank gegen unbeschädigte Scheine eingetauscht werden.

Reisekasse

Plastik, Reiseschecks oder Bares? Die beste Antwort ist: eine Mischung von alledem. Oftmals ist die preiswerteste Art der Geldbeschaffung die Barabhebung mittels **Maestro-Karte** (EC-Karte) an einem Geldautomaten mit Maestro- oder Cirrus-Symbol unter Angabe der PIN. Je nach Hausbank wird dieser Service nicht zusätzlich in Rechnung gestellt, sondern ist im Grundpreis der Kontoführung enthalten. Manche Banken berechnen jedoch eine Gebühr von bis zu 1 % des Abhebungsbetrags. Mit der Postbank Sparcard kann man zumindest 10 Mal pro Jahr auch außerhalb der Euro-Länder kostenlos Bargeld an Automaten mit VISA- und Plus-Zeichen bekommen. Dazu kommt bei den meisten Banken in Thailand eine Gebühr von 150 Baht pro Geldentnahme. Die einzige Bank die diese Gebühr bisher nicht erhebt, ist die Bank of Ayudhya, zu erkennen an ihrem quittegelben Logo.

Für Barabhebungen per **Kreditkarte** kann das Kreditkartenkonto je nach ausstellender Bank mit einer Gebühr von bis zu 5,5 % belastet werden. Mit bestimmten VISA-Karten (z.B. der DBK-Bank)

Vor der Reise

geht es jedoch auch kostenlos. Für das bargeldlose Zahlen hingegen werden nur ca. 1-2 % für den Auslandseinsatz berechnet. Also am besten viel bargeldlos bezahlen und für Bargeld gleich größere Summen mit der Maestro-Karte, Postbank Sparcard oder günstigen Kreditkarte abheben.

Am besten man erkundigt sich vor der Reise noch einmal nach den konkreten Kosten bei seiner kartenausgebenden Bank, um die Kosten möglichst gering zu halten.

Das **bargeldlose Zahlen** ist inzwischen eine Selbstverständlichkeit. Plastikkarten der bekannten Geldinstitute *American Express, Visa, Mastercard* und auch *Diners Club* sind in Hotels, Restaurants, vielen Geschäften und bei Fluggesellschaften ein gern gesehenes Zahlungsmittel. Darauf wird mit entsprechenden Symbolen der Kreditkartenfirma oder auch nur mit dem blauen Cirrus-Symbol hingewiesen.

Damit man auch dort an Bargeld kommt, wo keine Kreditkarten akzeptiert werden und man mit EC-/Maestro-Karten kein Geld abheben kann, empfiehlt sich die Mitnahme von **Traveller Cheques** von *Travelex (VISA,* früher: *Thomas Cook)* oder *American Express.* Diese kann man bei seiner Hausbank bestellen. Für Thailand ist es egal, ob man sie in US-Dollar, Euro oder SFr. ausstellen lässt.

Bei der Einlösung eines Schecks wird üblicherweise eine Gebühr von 13 Baht einbehalten; nur in *American Express* bzw. *Travelex* Wechselstuben werden die entsprechenden Reiseschecks gebührenfrei gewechselt. Tipp: Bei *Travelex* müssen Inhaber eines **internationalen Jugendherbergsausweises** in Thailand grundsätzlich keine Kommissionsgebühr zahlen.

Daneben ist die Mitnahme von etwas **Bargeld** zu empfehlen (Euro, Schweizer Franken, US-Dollar oder andere harte Währungen), mit denen in Notfällen Rechnungen beglichen werden können. Bei baren US-Dollars erzielen größere Banknoten (50 $, 100 $) höhere Kurse als kleine Noten.

Geldwechsel

So gut wie jede **Bank** in Phuket City und den kleineren Ortschaften bietet einen Foreign Exchange, d.h. einen Wechselservice für ausländische Reisedevisen, bar oder in Schecks. Die Banken sind Mo-Fr von 8.30-15.30 Uhr geöffnet, an Feiertagen bleiben sie geschlossen. Phukets „Bankenviertel" befindet sich auf den Parallelstraßen Phang-Nga Road und Rasada Road im Zentrum von Phuket City, in denen alle großen Banken ihre Phuketer Hauptstellen haben.

Unabhängig von den üblichen Bankstunden operieren vor allem in Phuket City zahlreiche **Wechselstuben,** diese befinden sich häufig direkt neben oder an Banken und sind ihnen angeschlossen. Das Geschäft wird aber nicht im Gebäude getätigt, sondern quasi auf der Straße. Banken und Wechselstuben arbeiten äußerst effizient, Wechseln dauert nicht länger als 1 bis 2 Minuten. Die Wechselstuben haben unterschiedliche Öffnungszeiten, ca. von 8.30 bis 18 oder 20 Uhr, sieben Tage in der Woche.

**Banken,
Wechsel-
stuben**

Phuket City
- **Bangkok Bank,** Phang-Nga Rd.
- **Bangkok Metropolitan Bank,** Montri Rd.
- **Bangkok Bank of Commerce,** Phang-Nga Rd.
- **Bank of Ayudhya,** Rasada Rd.
- **Bank of Asia,** Phuket Rd.
- **Kasikorn Thai Bank,** Phang-Nga Rd.
- **Krung Thai Bank,** Rasada Rd. und Yaowarat Rd.
- **Siam Commercial Bank,** Rasada Rd. und Montri Rd.
- **Thai Military Bank,** Ranong Rd.

Patong
- **Siam Commercial Bank,** Thaweewong Rd.
- **Wechselstuben** von *Bank of Asia, Siam City Bank, Siam Commercial Bank, Bank of Ayudhya, Bangkok Metropolitan Bank, The Union Bank of Bangkok, Kasikorn Thai Bank.*

Kata
- **Wechselstuben** von *Siam Commercial Bank, Krung Thai Bank, Bank of Asia, Kasikorn Thai Bank.*

Karon
- **Wechselstuben** von *Siam Commercial Bank, Kasikorn Thai Bank.*

Vor der Reise

Wechselkurse (Stand Juli 2009):

1 Euro	....47-48 Baht
1 SFr.	....32-33 Baht
1 US-$	....33-34 Baht

Flughafen
●**Wechselstuben** von *Bangkok Bank, Krung Thai Bank, Thai Military Bank.*

Konto eröffnen

Wer einen längeren Aufenthalt auf Phuket plant, kann bei einer der größeren Banken in Phuket City ein Konto eröffnen, auf dem sich die Reisekasse sicher deponieren lässt. Am einfachsten ist die Kontoeröffnung bei der *Bangkok Bank,* es geht aber im Prinzip bei allen Banken. Bei Kontoeröffnung bei der *Bangkok Bank* sollte auch gleich eine **„Premier"-ATM-Karte** mitbeantragt werden (Gebühr 250 Baht). Diese Geldkarte kann innerhalb von wenigen Minuten ausgestellt werden, und damit lassen sich an Geldautomaten täglich bis zu 40.000 Baht abheben (2-mal 20.000). Das Abheben erfolgt nach Eingeben einer vierstelligen Code-Nummer. Bei der Kontoeinrichtung kann eine „Wunschnummer" angegeben werden, so dass man bei seiner Thailand-Geldkarte vielleicht dieselbe Code-Nummer hat wie bei seiner Karte daheim. Diese behält man halt besser.

Bei Verlust der ATM-Karte ist sofort die zuständige Bank zu benachrichtigen; für die betreffende Tel.-Nr. siehe das bei der ATM-Kartenerteilung ausgehändigte Merkblatt.

Die neue **„Be First!"-Karte** (Gebühr 300 Baht) erlaubt das Abheben von bis zu 150.000 Baht pro Tag, und mit der Karte kann in vielen Hotels, Restaurants und Geschäften auch elektronisch bezahlt werden („Visa Electron"). Die Maximalsumme beträgt 150.000 Baht, bei der Ausstellung lässt sich aber auch eine niedrigere Summe festlegen. Die Karte ist gut aufzubewahren, da mit ihr auch ohne Eingabe einer Code-Nummer bezahlt werden kann (eine Unterschrift reicht aus).

Mit der „Be-First!"-Karte lässt sich auch im Ausland Geld am Automaten abheben (z.B. Singapur, Malaysia und auch Europa). Man schaue nach der Ausschilderung „Plus" an den Automaten. Dabei wird pro Abhebung eine Gebühr von mindestens 75 Baht eingezogen; der berechnete Wechselkurs liegt u.U. etwas schlechter als der offizielle. An einigen Geldautomaten kann auch mit Visa-, Master- oder American-Express-Karte abgehoben werden; man achte auf die Ausschilderung am Automaten.

Geldüberweisungen

Um für alle Eventualitäten gerüstet zu sein, sollte schon vor der Reise ein Arrangement getroffen werden, das dann später eine mögliche Geldüberweisung vereinfacht. Zu diesem Zweck sollte man bei seiner Heimatbank nachfragen, welche **Verbindungsbanken** in Phuket mit ihr zusammenarbeiten.

Bis vor 100 Jahren: zahlen mit Zinnbrocken

Ende des 17. Jahrhunderts war das Zahlungsmittel auf Phuket der *bitsthin,* ein in alten Quellen nicht näher definiertes „Stück Zinn" Der Name bedeutete nichts anderes als „bits of tin". Der *bitsthin* war in $4^{3}/_{8}$ *mas* unterteilt, die ihrerseits wiederum aus 17 *sols* bestanden. 60 dieser *sols* ergaben eine weitere Währungseinheit, 1 *thahil.* Bei dieser komplizierten Währungsstückelung müssten eigentlich alle Bewohner der Insel hochgradig begabte Mathematiker gewesen sein.

Auch im 19. Jahrhundert war Zinn noch Zahlungsmittel. Es wurde in eine absonderliche Form gegossen, die aussah wie ein Konus, dem die Spitze abgesägt worden war. Der konische Zinnbrocken hieß *puut* und wog zu allem Übel um die drei Pfund – also nicht das, was wir heute als „Kleingeld" bezeichnen würden. Den *puut* gab es auch als Halb- und Viertelversionen, und der damalige „Wechselkurs" von 1 *puut* lag bei 4 *Indischen Annas* oder ¼ Rupie. Außerdem waren noch zahlreiche spanische und indische Münzen in Umlauf, was die allgemeine Währungsverwirrung noch erhöht haben dürfte.

Die **Telex-Überweisung** von der Heimatbank zu einer Verbindungsbank *(connecting bank)* wird meist in weniger als 48 Std. abgewickelt. Telex-Überweisungen kosten zwar eine Gebühr von nicht unter 30 € (!), vor den preiswerteren Normalüberweisungen sei aber ausdrücklich gewarnt: Das Geld ist nicht selten 4-6 Wochen unterwegs, und der Empfänger hat wahrscheinlich schon Kamera und Walkman versetzen müssen, um zu überleben! Preisgünstiger als das Telex sind die relativ neuen, computergesteuerten **Swift-Überweisungen.** Die Kosten liegen bei ca. 18 €. Fragen Sie bei Ihrer Bank nach, ob dort solche Überweisungen möglich sind.

Wer sich schon auf Phuket befindet und daheim noch kein Geldüberweisungs-Arrangement getroffen hat, sollte bei einer der größeren Banken in Phuket City *(Bangkok Bank, Thai Military Bank o.Ä.)* nachfragen, mit welchen Verbindungsbanken diese im Heimatort zusammenarbeiten. Dann kann man einen Angehörigen bitten, das benötigte Geld von einer dieser Banken an die Bank in Phuket zu überweisen (Telex). In zwei Tagen – Wochenenden und Feiertage nicht eingerechnet – dürfte die Notlage behoben sein.

Beim Abholen des Geldes ist der Reisepass vorzulegen; falls das Geld nach zwei Tagen noch nicht eingetroffen sein sollte, so bitte man die Angestellten, noch einmal genau unter Vor- und Nachnamen des Empfängers nachzuchecken. Die Angestellten können in ausländischen Pässen oft Vor- und Nachnamen nicht unterscheiden.

Bei der Geldauszahlung wird von diversen Banken eine **Gebühr** einbehalten; die Höhe richtet sich nach der Überweisungssumme (ca. 300-500 Baht).

Man kann sich aber auch weltweit über **Western Union** Geld schicken lassen. Dazu muss man lediglich die Person, die das Geld schicken soll, vorab benachrichtigen. Diese muss dann bei einer Western Union Vertretung (in Deutschland u.a. bei der Postbank) ein entsprechendes Formular ausfüllen und Ihnen den Code der Transaktion übermitteln. Dann geht man mit diesem Code und dem Reisepass zu einer beliebigen Vertretung von Western Union in Thailand. Nach Ausfüllen eines Formulars wird das Geld binnen Minuten ausgezahlt. Je nach Höhe der Summe wird eine Gebühr ab derzeit 10,50 Euro erhoben. Die nächstgelegene Repräsentanz kann man im Telefonbuch oder unter **www.westernunion.com** nachschlagen.

Geld weg – was nun?

Ein Taschendieb hat zugeschlagen, das gesamte Bargeld und die Schecks sind weg – eine extrem unbehagliche Situation, egal wo man sich befindet. Ein paar Tipps, wie man solche „Schicksalsschläge" von vornherein unwahrscheinlicher macht, finden sich im Kapitel „Sicherheit".

Wenn es nun aber doch passiert ist? Auf jeden Fall sollte zunächst die **Tourist Police** verständigt werden, die speziell für die Verfolgung von Straftaten an Touristen zuständig ist. In Phuket befindet sich deren Büro etwas versteckt in einer Seitengasse der Maeluan Road, direkt gegenüber dem Eingang des *Phuket Pavilion Resort Hotels* in Phuket City. Leider ist das Schild, das an der Gassenabzweigung auf das Büro hinweist, meist durch eine davor platzierte Singha-Bier- und Pub-Reklame verdeckt! Die Tourist Police ist 24 Std. geöffnet, Tel. 1155. Die Thai-Bezeichnung für die Tourist Police ist *thamruat torng-tiau*.

Der Polizeitruppe sind auch einige freiwillige Helfer angeschlossen, die *Tourist Police Volunteers*. Dies sind Thais ebenso wie Ausländer. Viele der Ausländer leisten gute Dienste, da sie unter anderem bei der Übersetzung hilfreich sein können; es sind aber auch unlautere Zeitgenossen darunter, die sich von der Korruption zahlreicher thailändischer Polizisten haben anstecken lassen. Einige hilfreiche Informationen finden sich vielleicht auf ihrer Website http://www.phuket-tourist-police-volunteers.com/index.html.

Ist die Tourist Police aus irgendeinem Grunde nicht zu erreichen, so kann die normale **Polizei** landesweit unter Tel. 191 gerufen werden. Bei der Polizei wird dann ein Verlust- oder Diebstahlsprotokoll erstellt – leider nur in Thai, aber das kann später für eventuelle Schadensersatzansprüche übersetzt werden.

Bei der Tourist Police sollte man nur, wenn man wirklich des letzten Pfennigs beraubt wurde, um eine freie Passage nach Bangkok bitten. Die dortige **Deutsche Botschaft** leistet zwar nur in den seltensten Fällen direkte finanzielle Hilfe, lässt den Hilfe Suchenden aber nach Deutschland telefonieren, um so eine Geldüberweisung zu arrangieren. Das Telefonat muss später nach deutschen Fernsprechtarifen bezahlt werden. In extremen Notlagen wird eine bescheidene Überbrückungshilfe gezahlt, die ebenfalls zurückzuzahlen ist. (Die jeweiligen Adressen der Botschaften Deutschlands, Österreichs und die der Schweiz finden sich am Anfang dieses Kapitels.)

Verlust von "Plastikkarten"

Bei Verlust oder Diebstahl der Kredit- oder Maestro-Karte sollte man diese umgehend sperren lassen. Für deutsche Maestro-(EC-) und Kreditkarten gibt es die einheitliche **Sperrnummer 0049-116116** und im Ausland zusätzlich 0049-30-40504050. Für österreichische und schweizerische Karten gelten:

● **Maestro-Karte,** (A)-Tel. 0043 1 2048800; (CH)-Tel. 0041-44 2712230, UBS: 0041-848 888601, Credit Suisse: 0041-800 800488.
● **MasterCard,** internationale Tel. 001-636 7227111
● **VISA,** Tel. 0043-1-7111 1770; (CH)-Tel. 0041-58 958 8383.
● **American Express,** (A)-Tel. 0049-69 9797 1000; (CH)-Tel. 0041-44 6596333.
● **Diners Club,** (A)-Tel. 0043-1-501350; (CH)-Tel. 0041-58 7508080.

Verlust von Reiseschecks

Nur wenn man den Kaufbeleg mit den Seriennummern der Reiseschecks sowie den Polizeibericht vorlegen kann, wird der Geldbetrag von einer größeren Bank vor Ort binnen 24 Stunden zurückerstattet. Also muss der Verlust oder Diebstahl umgehend bei der örtlichen Polizei und auch bei *American Express* bzw. *Travelex/Thomas Cook* gemeldet werden. Die Rufnummer für ihr Reiseland steht auf der Notrufkarte, die Sie mit den Reiseschecks bekommen haben.

Preise und Kosten

Aufgrund des Wohlstandes der Insel liegt das **Preisniveau** sowohl für die einheimische Bevölkerung als auch für Touristen seit Jahren über dem thailändischen Durchschnitt. Der auf die Insel strömende Tourismus sorgt für eine spürbare Inflation, und Phuket ist heute die teuerste (da ja auch reichste!) Provinz des Landes. Patong ist der wohl **teuerste Ort Thailands.**

Doch das soll nicht abschrecken. Schließlich liegt das Preisniveau für die touristisch wichtigen Ausgabenposten wie Unterkunft, Verpflegung, Transport, Einkäufe, Vergnügungen etc. immer noch deutlich unter dem der westlichen Länder.

Die Preise für die Unterkünfte an Phukets Stränden können je nach **Saison** stark variieren – ein Zimmer, das in der Hauptsaison (Nov.-April) z.B. 2000-3000 Baht kostet, ist in der Nebensaison oft für 1200 oder 1500 Baht zu haben. Manche Unterkünfte ändern ihren Tarif sogar von Monat zu Monat, je nachdem, wie groß der Zulauf gerade ist.

Im Folgenden einige **Preisbeispiele** von Alltäglichem, in Phuket City gekauft. Die Preise an den Stränden sind sehr flexibel, aber leider meistens nach oben! An den Stränden sind deshalb fast doppelt so hohe Preise zu erwarten.

Portion Obst	10-20 Baht
einfaches Nudelgericht	30-40 Baht
Tasse Tee	10-60 Baht
westliches Frühstück	80-200 Baht
Shorts	80-150 Baht
einfache, leichte	
Baumwollhose	150-250 Baht

Unteres Ausgabenniveau/Tag

Unterkunft	7-12 €
Essen	7-12 €
Transport (öffentl. Verkehrsmittel)	1-3 €
gesamt:	15-27 €

Mittleres Ausgabenniveau/Tag

Unterkunft	15-40 €
Essen	10-15 €
gemietetes Moped oder Motorrad	4-7 €
gesamt:	29-62 €

Hohes Ausgabenniveau/Tag

Unterkunft	40-100 €
Essen	30-50 €
gemietetes Auto bzw. Jeep	25-35 €
gesamt:	95-185 €

In geringerem Maße treten Preisunterschiede bei den Verleihfirmen für Motorräder oder Jeeps auf.

Die Übersicht zeigt, mit welchen Kosten man für **Unterkunft, Essen und Transportmittel** rechnen muss. (Ausgaben für Einkäufe und Vergnügungen sind bekanntlich nach oben keine Grenzen gesetzt.) Den Kalkulationen liegt ein Kurs von 1 € = 47-48 Baht zugrunde.

Billig Reisen

Reisende mit engem Budget tun gut daran, statt an einem der Strände in **Phuket City** zu wohnen, wodurch alle Kosten sinken: Die Unterkünfte sind hier weitaus billiger und es lässt sich preiswert in den von Thais besuchten Lokalen essen. Das Preisniveau dieser Lokale liegt erheblich unter dem der Strandlokale, die fast ausschließlich Touristen bedienen. In Phuket City findet man durchaus akzeptable **Zimmer ab 7 €,** und mit weiteren 6-8 € lässt es sich dreimal täglich recht gut speisen. Wohlgemerkt, das so erhältliche Niveau wird nur für Rucksackreisende akzeptierbar sein. Aber selbst in der Hotelmittelklasse lässt es sich in Phuket City sehr viel besser wohnen als an den Stränden.

Wer in der Stadt wohnt, kann dann tagsüber zu den Stränden fahren und lebt auch nicht unbedingt schlechter als jemand, der das Dreifache für Unterkunft und Essen ausgibt.

Versicherungen

Tipp: Für alle abgeschlossenen Versicherungen
die Notfallnummern notieren und mit der Police-
nummer gut aufheben! Bei Eintreten eines Notfal-
les sollte die Versicherungsgesellschaft unverzüg-
lich telefonisch verständigt werden.

Der Abschluss einer **Jahresversicherung** ist in
der Regel kostengünstiger als mehrere Einzelversi-
cherungen. Günstiger ist auch die **Versicherung
als Familie** statt als Einzelpersonen. Hier sollte
man nur die Definition von „Familie" genau prüfen.

**Kranken-
versiche-
rung**

Die Kosten für eine Behandlung in Thailand werden
von den gesetzlichen Krankenversicherungen in
Europa nicht übernommen, daher ist der Abschluss
einer privaten **Auslandskrankenversicherung** un-
verzichtbar. Bei Abschluss der Versicherung – die
es mit bis zu einem Jahr Gültigkeit gibt – sollte auf
einige Punkte geachtet werden. Zunächst sollte
ein **Vollschutz ohne Summenbeschränkung** bestehen, im Falle einer schweren Krankheit oder eines Unfalls sollte auch der **Rücktransport** übernommen werden. Wichtig ist, dass im Krankheitsfall der **Versicherungsschutz über die vorher
festgelegte Zeit hinaus** automatisch verlängert
wird, wenn die Rückreise nicht möglich ist.

Schweizer sollten bei ihrer Krankenversiche-
rungsgesellschaft nachfragen, ob die Auslandsdeckung auch für Thailand inbegriffen ist. Sofern
man keine Auslandsdeckung hat, kann man sich
kostenlos bei Soliswiss (Gutenbergstr. 6, 3011
Bern, Tel. 031-3810494, info@soliswiss.ch, www.
soliswiss.ch) über mögliche Krankenversicherer informieren.

Die Behandlungskosten beim Arzt sind in der
Regel vorab bar zu zahlen. Ausführliche **Quittun-
gen** (mit Datum, Namen, Bericht über Art und
Umfang der Behandlung, Kosten der Behandlung
und Medikamente) sind Voraussetzung, damit die
Auslagen von der Versicherung erstattet werden.

Weitere Versicherungen

Ob es sich lohnt, weitere Versicherungen abzuschließen wie eine Reiserücktrittsversicherung, Reisegepäckversicherung, Reisehaftpflichtversicherung oder Reiseunfallversicherung, ist individuell abzuklären. Gerade diese Versicherungen enthalten viele **Ausschlussklauseln,** sodass sie nicht immer Sinn machen.

Die **Reiserücktrittsversicherung** für 35-80 € lohnt sich nur für teure Reisen und für den Fall, dass man vor der Abreise einen schweren Unfall hat, schwer erkrankt, schwanger wird, gekündigt wird oder nach Arbeitslosigkeit einen neuen Arbeitsplatz bekommt, die Wohnung abgebrannt ist u.Ä. Nicht gelten hingegen: Terroranschlag, Streik, Naturkatastrophe etc.

Die **Reisegepäckversicherung** lohnt sich seltener, da z.B. bei Flugreisen verlorenes Gepäck oft nur nach Kilopreis und auch sonst nur der Zeitwert nach Vorlage der Rechnung ersetzt wird. Wurde eine Wertsache nicht im Safe aufbewahrt, gibt es bei Diebstahl auch keinen Ersatz. Kameraausrüstung und Laptop dürfen beim Flug nicht als Gepäck aufgegeben worden sein. Gepäck im unbeaufsichtigt abgestellten Fahrzeug ist ebenfalls nicht versichert. Die Liste der Ausschlussgründe ist endlos. Überdies deckt häufig die Hausratsversicherung schon Einbruch, Raub und Beschädigung von Eigentum auch im Ausland. Für den Fall, dass etwas passiert ist, muss der Versicherung als Schadensnachweis ein Polizeiprotokoll vorgelegt werden.

Eine Privathaftpflichtversicherung hat man in der Regel schon. Hat man eine Unfallversicherung, sollte man prüfen, ob diese im Falle plötzlicher Arbeitsunfähigkeit aufgrund eines Unfalls im Urlaub zahlt. Auch durch manche (Gold-)Kreditkarten ist man für bestimmte Fälle schon versichert. Die Versicherung über die Kreditkarte gilt jedoch meist nur für den Karteninhaber!

Vor der Reise

Praktische
Reisetipps A–Z

Ankunft

Einreise

Bei der Einreise wird der Besucher neuerdings auf der „arrival card" nach seinem Jahresgehalt gefragt. Welche Box man da antickt, ist eigentlich egal – außer vielleicht die Rubrik „Kein Einkommen"!

Auf dem Flughafen

Nach der Ankunft auf Phukets Flughafen passiert man die Gepäckhalle mit den Rollbändern und gelangt dann zum Ausgang der Ankunftshalle. Dort befindet sich ein Schalter, an denen **Bus- oder Limousinen-Fahrten** nach Phuket City, zu den Stränden, oder zu Zielen außerhalb von Phuket gebucht werden können (z.B. Khao Lak, Bang Sak, Krabi). Die Gesellschaft, die den zur linken Seite gelegenen Schalter betreibt, scheint im Allgemeinen zuverlässiger zu sein. Die Fahrer sind extrem höflich, versuchen nicht, irgendein Hotel aufzuschwatzen, und die Wagen sind in Topzustand.

Busse nach Phuket City kosten 120 Baht/Pers. nach Patong 150 Baht/Pers. Limousinen (bis zu 4 Passagiere) nach Phuket City kosten 400 Baht, nach Patong und zu den wichtigsten anderen

083:ph Foto: rk

Einige Fahranweisungen in Thai-Aussprache

Phuket City	müang phuket (ph nicht etwa wie f, sondern eher p-h)
... Hotel	roongrääm ...
Büro der *Thai Airways*	samnak ngaan thai ärweh
... -Strand	tschaihat ...
Busbahnhof	bokosor
Songthaew-Haltestelle (zu den Stränden)	talaat sot
Pier von ...	tha rüa ...
Reisebüro ...	bolisat thua ...

Stränden 550-650 Baht. Fahrten zum Strand von Khao Lak in der Provinz Phang-Nga kosten 1200 Baht, nach Bang Sak, je nach genauem Zielort dort, ca. 100-300 Baht mehr. Die Preise sind auf einer Anzeigentafel am Schalter angegeben. Die Zahlung erfolgt am Schalter.

Die Busse sind nicht sonderlich zu empfehlen, da die Fahrer oft an einer Reiseagentur anhalten, wo die Fahrgäste bedrängt werden, irgendwelche Buchungen vorzunehmen. Wegen Beschwerden über diese Busse betreibt die Stadtverwaltung von Phuket City nun einen eigenen Minibus-Service. Diese Busse pendeln jede Stunde zwischen Flughafen und Phuket City hin und her. Es ist zu befürchten, dass dieser Service wegen Phukets berüchtigter Taxi-Mafia nicht lange bestehen bleibt.

Buchung der Limousinen des *Phuket Limousine and Business Service* unter Tel. 076-351347. Es empfiehlt sich, bei der Hinfahrt vom Flughafen gleich die **private Handynummer des Fahrers** zu notieren, um ihn für die Rückfahrt direkt anzurufen – in der Zentrale nimmt leider oft niemand das Telefon ab. Außerdem könnte man so die Fahrt

Surin Beach: ankommen und wohlfühlen

zum Flughafen für 360-380 Baht bekommen, denn in diesem Falle muss der Fahrer keine Gebühr an die Zentrale entrichten (40 Baht).

Etwa 100 m vor dem Ankunftsgebäude parken **Taxis mit Taxameter.** Die Limousinen-Mafia hat es bisher geschafft, dass ihnen kein Buchungsschalter im Flughafen eingerichtet wurde. Das soll sich jedoch in Zukunft ändern – zumindest wird es seit Jahren angekündigt. Viele Reisende wissen gar nichts von den Taxis, da sie sie gar nicht finden. Vom Ausgang des Flughafens gehe man 100 m in halblinke Richtung.

Die Taxis sind nur unerheblich billiger als die Limousinen, da bei Fahrten ab dem Flughafen ein **Zuschlag von 100 Baht** erhoben wird. Bei Fahrten nach Phuket City z.B. kommt man so auf 380-390 Baht – ein paar Baht unter dem Preis der Limousinen.

Mit dem Bus Vom Flughafengebäude fahren sowohl ein **Airport-Bus** (85 Baht) als auch ein **öffentlicher Bus** (52 Baht) nach Phuket City, Bus Nr. 8411. Die Fahrzeit beträgt jeweils etwa eine Stunde. Der etwas

schnellere Airport-Bus fährt ab dem Flughafen um
5.30, 7.00, 8.00, 9.00, 10.00, 11.00, 11.30, 13.00,
14.30, 15.30, 16.30, 17.30 und 18.30 Uhr; die
öffentlichen Busse fahren etwa jede Stunde. Alle
Busse **enden am Busbahnhof in Phuket City,**
schräg gegenüber dem *Phuket Royal City Hotel*
und wenige Schritte von einigen preiswerteren
Unterkünften entfernt (*Ban Nai Inn* und *Nawaporn
Inn*). Wer dort wohnt, hat's dann gut. Ansonsten
geht's vom Busbahnhof **per Motorrad-Taxi oder
Tuk-Tuk** in Phuket City weiter. Fahrten bis zu 2 km
per Tuk-Tuk sollten nicht mehr als 30 Baht kosten,
per Motorrad-Taxi 20 Baht. Leider versuchen die
Fahrer gerade am Busbahnhof stark überhöhte
Preise zu bekommen, oft horrende 100 Baht. Handeln! Die meisten Hotels in der Innenstadt sind
vom Busbahnhof nur 1-2 km entfernt.

Oft kommt es unter den Tuk-Tuk-Fahrern zu Strei-
tigkeiten, da sie sich untereinander die Passagiere
abspenstig zu machen versuchen. Dabei geht es
nicht nur um die zu erwartenden Fahrteinnahmen,
sondern auch um Hotelkommissionen. Es empfiehlt sich, bei der Ankunft in Phuket eine Vorstel-
lung davon zu haben, wo man wohnen möchte,
und sich dann von dem Plan nicht abbringen zu
lassen. (Siehe dazu Hotelempfehlungen im Kapitel „Phuket City".)

Wer direkt dorthin möchte, von wo die **Songthaews** zu den einzelnen Stränden fahren, gebe
als Fahrtziel *talaat sot* („Frischemarkt") an. Genau
vor diesem Markt an der Ranong Road stehen die
Songthaews. Einige Songthaews nach Patong fahren gleich ab dem Busbahnhof los; von dort geht's
aber erst zum „Frischemarkt", wo sie gut eine halbe Stunde rumstehen und auf Passagiere warten.
Dann geht's nach Patong.

Reisetipps A–Z

Bus auf der Strecke Phuket – Patong

Behinderte unterwegs

Wie die meisten Länder Asiens ist Thailand nicht gerade behindertenfreundlich; kaum ein Gebäude und schon gar kein Verkehrsmittel ist bewusst so eingerichtet, dass Rollstuhlfahrer erleichterten Zugang finden. Das liegt zum einen daran, dass in Thailand Behinderte kaum am öffentlichen Leben teilnehmen und so im Bewusstsein der Bevölkerung fast gar nicht existieren. Eine gute Portion Verdrängung dürfte ebenfalls mit im Spiel sein.

Ausländische Rollstuhlfahrer werden viel Verwunderung oder gar Unverständnis dafür ernten, dass sie überhaupt reisen. Andererseits ruft der Anblick eines Behinderten in vielen Thais auch Mitgefühl hervor – eine der Haupttugenden im Buddhismus –, und es werden sich oft helfende Hände anbieten.

Reisetipps A–Z

Einkaufen

Souvenirs

Die Geschäfte auf Phuket, vor allem in Phuket City, bieten eine Vielzahl von Souvenirs, die aber zum großen Teil **nicht Phuket-typisch** sind, sondern aus anderen Gegenden Thailands stammen. Darunter sind Figuren und Masken, die eindeutig zentralthailändischen Stil aufweisen oder sogar Umhängetaschen oder Kleidungsstücke, so wie sie von einigen Volksgruppen in der fernen Bergwelt des Nordens getragen werden.

Souvenir: Mörser und Stößel

Farbenfrohe Stoffe in einem Textilgeschäft

Wer Phuket-Typisches möchte, muss sich an Souvenirs aus dem Ozean halten. So gibt es alle möglichen Arten von **Muscheln,** die in den meisten Fällen mit einer schützenden Glasur oder einer Färbung und Bemalung versehen werden. Die Preise dieser Muscheln richten sich nach der Größe, der Art der Muschel und nach dem für ihre Bearbeitung aufgewendeten Arbeitseinsatz. Viele Meerestiere, darunter auch Muscheln, sind mittlerweile ausgestorben oder **vom Aussterben bedroht!** Dies ist nicht zuletzt die Schuld von Touristen, die unbedingt ein paar exotische Souvenirs haben mussten. Man sollte deshalb vor dem Kauf von Muscheln überlegen, ob man nicht auch ohne sie auskommt!

Eine weitere Spezialität Phukets sind **Batikarbeiten,** die vor allem in Geschäften in Phuket City angeboten werden. Diese sind preiswert und von durchweg guter Qualität.

Perlen

Das wohl geschätzteste Souvenir aus dem Meer dürften Perlen sein, die in Phuket in Farmen gezüchtet werden. Aufgrund des durch sie erzielten

---

Vorsicht: „Freundliche" Mitmenschen, die einen auf der Straße mit einem fröhlichen „Hallo, wie geht's, kennst du mich noch vom letzten Jahr?" etc. ansprechen, sind meistens **Schlepper.** Sie versuchen durch nettes Geplauder, das Vertrauen des Touristen zu erschleichen, um ihn dann in ein Geschäft zu bugsieren, das ihnen eine fürstliche Kommission zahlt. Der Kunde zieht dabei in jedem Fall den Kürzeren. Die beste Antwort auf obige Frage ist somit sicherlich „Na sicher, du warst doch der, der mich letztes Jahr so übers Ohr gehauen hat!"

Auch viele Tuk-Tuk- oder Songthaew-Fahrer versuchen, Passagiere zu Geschäften zu schleppen, bei denen sie eine Kommission verdienen. Oft bieten sie preiswert eine Rundfahrt an, alleine mit dem Ziel, die Passagiere zu bestimmten Geschäften zu lotsen. Die Fahrer erhalten 100-200 Baht vom Geschäft, egal ob die Passagiere etwas kaufen oder nicht. Unter dem Strich rentiert sich die Abmachung für die Geschäftsinhaber.

hohen Gewinnes sind Fälschungen natürlich nicht auszuschließen. Zum Kauf von Perlen empfiehlt sich so entweder eine gewisse Sachkenntnis, oder man kann sich bei einem Besuch auf der **Perlenfarm** von Ko Nakha Noi (siehe „Ao Por") etwas kundig machen. Der dort dozierende Fachmann gibt einige Tipps, wie man echte von falschen Perlen unterscheiden kann, und auf der Farm selber können Perlen – ohne Gefahr eines Betrugs – erstanden werden.

Außer dieser Möglichkeit gibt es noch einige von der TAT empfohlene **Perlengeschäfte,** bei denen die Möglichkeit eines Betruges fast ausgeschlossen ist. Eine andere Sache ist selbstverständlich der Preis, um den in jedem Fall ordentlich geschachert werden sollte. Um ein Drittel sollte der zuerst veranschlagte Preis mindestens heruntergehandelt werden.

Auf keinen Fall sollten Perlen oder andere Schmuckstücke, Edelsteine etc. von „fliegenden Händlern" am Strand gekauft werden. Die Gefahr, dabei minderwertige Waren aufgeschwatzt zu bekommen, ist allzu hoch.

Beim seriösen Perlenkauf wird eine Expertise ausgestellt, die die erstandenen Perlen als „echt" ausweisen. Sie ist natürlich noch keine Garantie, dass man auch einen günstigen Preis erhalten hat; das zeigt sich erst beim Fachmann daheim.

Antiquitäten

In den letzten Jahren hat sich Phuket zu einem wichtigen Markt von qualitativ hochwertigen **Handwerksartikeln und Antiquitäten** entwickelt. Eine ganze Reihe von Geschäften bieten handgefertigte Textilien, Keramikwaren, Teppiche, Bastwaren und antike Möbel. Die meisten Geschäfte befinden sich im zentralen Bereich von Phuket City, der alten „Chinatown" der Stadt.

● **Antique Arts,** 68 Phang-Nga Rd., Tel. 076-213989, Phuket City; chin. Porzellanwaren, Kunstobjekte aus Metall, Lackarbeiten.

Reisetipps A–Z

- **Ancient Art Gallery,** 100/41 Bypass Rd., Tel. 076-254699, Phuket City; Keramikwaren, Ming-Vasen und Buddha-Figuren aus Kambodscha.
- **Ban Boran Antiques,** 24 Takua Pa Rd., Tel. 076-212473, Phuket City; Kunstobjekte, Buddha-Figuren aus Sri Lanka und Myanmar, Silberartikel aus Pakistan und Ägypten.
- **Ban Boran Textiles,** 51 Yaowarat Rd., Phuket City; Kleidungsstücke und Stoffe aus mehreren asiatischen Ländern.
- **Banburi,** Phang-Nga Rd., Tel. 076-223966, Phuket City; Kleidung und Souvenirs.
- **Private Collection,** 265 Yaowarat Rd., Tel. 076-212113, Phuket City; Teppiche und Kunst, präsentiert in schönem Stadthaus.
- **Soul Of Asia,** 37-39 Rasada Rd., Tel. 076-211122; außergewöhnliche chinesische, thailändische und europäische Antiquitäten.
- **Touch Wood Antique,** 14 Rasada Rd., Tel. 076-256407, Phuket, antike Möbel, zum Teil aus der Kolonialzeit.
- **The Loft,** 36 Thalang Rd., Phuket City; Antiquitäten aus mehreren Ländern der Umgebung, antike Möbel und chinesisches Porzellan.

Souvenir-läden

- **Mook Koh Kaew,** 41/6 Wichit Sonkram Rd., Phuket City.
- **Mook Phuket,** Mu 1, Jhawfar d., Tumbol Vichit.
- **Phuket South Sea Pearl,** 20/20 Maeluan Rd., Phuket City.
- **Phuket Treasure Shell,** 65/1 Chaofa Rd., Tel. 076-213766, Phuket City.
- **Pui Fai Souvenir Shop,** 10 Rasada Rd., Tel. 076-222263.
- **Rang Yai Pearl Centre,** 31/5 Mu 1, Koh Kaew, Amphur Muang.
- **Thai Handicraft,** 102 Rasada Rd., Tel. 076-211628.
- **Yong Chu Chang Goldsmith,** 29 Thalang Rd., Tel. 076-212051, Phuket City.

Kaufhäuser

Direkt im Zentrum von Phuket City befinden sich der **Ocean Department Store** und – gleich daneben – **Robinson's,** beide mit dem üblichen Kaufhaus Rundumangebot.

2004 wurde an der Straße nach Patong, neben der Kreuzung mit der Bypass Road das gewaltige **Central Festival** eröffnet, das die Einkaufsmöglichkeiten im Stadtzentrum in den Schatten stellt In dem Department-Store finden sich Dutzende

/Uboph Foto: rk

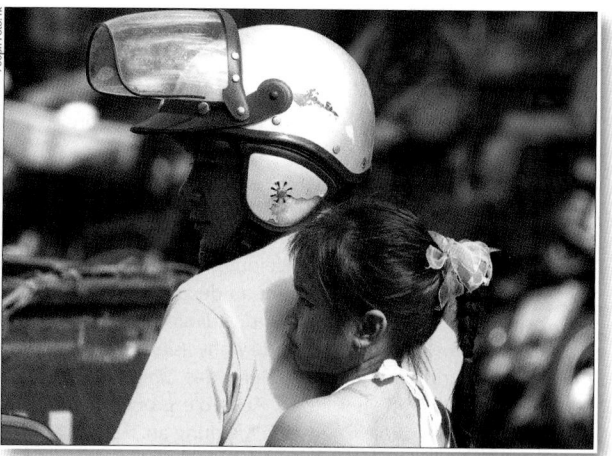

von Läden, und von Kleidung über Fotoausrüstung hin zu Gourmet-Food gibt es so ziemlich alles, was man bei einem Aufenthalt auf der Insel benötigen könnte. Sehr gut bestückt ist der im Untergeschoss gelegene **Supermarkt Market Place,** der auch eine exzellente Auswahl an Weinen führt. Angeschlossen ist zudem ein **Kino,** das auch Hollywood-Filme in der englischen Originalfassung zeigt. Reichlich Parkraum ist vorhanden. Geöffnet ist das Kaufhaus täglich von 10 bis 22 Uhr. Alle Songthaews, die von Phuket City nach Patong fahren (bzw. umgekehrt), kommen auch am Central Festival vorbei. Preis ab dem Haltepunkt am Markt in Phuket City 15 Baht. Das ist zwar auch schon ein überzogener Fahrpreis, aber so umgeht man zumindest die Tuk-Tuk- und Motorrad-Haie in Phuket City, die oft Wucherpreise zum Shopping-Center verlangen. Die Tuk-Tuks nehmen nicht unter 100 Baht für die 4 km ab Phuket City-Mitte, dafür kann man in Bangkok 10 km Taxi fahren. Die Motorrad-Taxis verlangen 50 Baht.

Weitere 500 Meter in Richtung Patong haben im Frühjahr 2005 zudem der gigantische **„Big C" Supermarkt** und das **„Tesco Lotus"** eröffnet. Beide sind eher für Hausfrauen auf Spareinkauf konzipiert; im „Big C" gibt es aber auch eine preiswerte Elektronikabteilung.

Kleidung

Einfache Strandbekleidung wird an allen Stränden angeboten, vor allem an der Thaweewong Road, der parallel zum Strand verlaufenden Straße in Patong. Eine große Auswahl asiatischer Kleidung und Handtaschen bietet das *Oriental Closet* auf der 99 Dibuk Road. Auch die großen Kaufhäuser (s.o.) bieten natürlich Kleidung an.

Raub-CDs, DVDs und Software

... werden von zahlreichen kleinen Geschäften in Patong angeboten, zu Preisen ab 80 Baht. Der Import dieser Piratenprodukte kann bei der Einreise in Europa allerdings großen Ärger bereiten. Der Verkauf von Raub-CDs ist vor allem in Patong so weit verbreitet, dass legale Geschäfte wie z.B. eine Filiale von *Tower Records* in Patong schließen musste.

Wein

Phukets am besten bestückter Weinladen ist **Wine Connection,** ein paar Hundert Meter nördlich des Kreisverkehrs in Chalong bzw. ca. 7 km südlich von Phuket City gelegen (Fischerman Business Center, 90/55 Mu 8, Chao Fah Rd., Chalong, Phuket 83130, Tel. 076-282411, Fax 076-282414, www.wineconnection.co.th). Es gibt eine recht gute Auswahl französischer, italienischer, kalifornischer, chilenischer und australischer Weine jedoch zu den in Thailand (aufgrund hoher

Importzölle) ziemlich gesalzenen Preisen. Hier decken sich viele Hotels und Restaurants mit Weinen ein. Ein halbwegs trinkbarer, importierter Wein kostet etwa ab 500 Baht.

Weniger gut sortiert, dafür relativ nahe der Innenstadt von Phuket City, liegt **M M Wine** (9/19 Thepkassatri Rd., Tel. 076-213739, Fax 076-2137 99; sonntags geschlossen). Das Geschäft befindet sich ca. 3 km nördlich des Zentrums, unweit des Mission Hospitals und gleich neben den BMW- und Volvo-Vertretungen. Hier kann auch gleich die Flasche entkorkt und an Ort und Stelle geleert werden; es gibt eine kleine Sitz- und Zechecke. Der Autor empfiehlt dazu einen der legendären australischen Penfolds Grange 1998, der aber leider mit 60.000 Baht zu Buche schlägt (gut viermal so teuer wie in seinem Ursprungsland).

Sehr gut bestückt sind die Weinabteilungen des **Market Place** Supermarkts im Central Festival Department Store und des **Villa Supermarket** in Chalong.

Handeln

Handeln ist an Straßenständen fast obligatorisch. Zwar empfinden viele Thais das Handeln bei Touristen als Zeichen eines tief verwurzelten Geizes, aber daran sollte man sich nicht stören. Das Adjektiv *ki-niau* („geizig") wird so manch schachernder Tourist zu hören bekommen.

Viele Thais handeln wenig oder gar nicht, da sie damit preisgeben würden, dass sie nicht jede Summe bezahlen können. Da die thailändische Gesellschaft statusbewusst ist, versuchen viele Thais durch Verzicht auf jegliches Schachern den Anschein des Reichtums zu erwecken!

Nicht gehandelt werden kann in Kaufhäusern und anderen größeren Geschäften, in denen die Waren mit Preis ausgezeichnet sind.

Obst auf Phuket

Ananas

Südthailand bietet ideale klimatische Verhältnisse für eine Vielzahl von Obstsorten. So ist die Provinz Chumphon für ihre köstlichen Bananen bekannt, Surat Thani für ihre leuchtend roten Rambutans *(Nephelium lappaceaeum)*, Nakhon Chaisi (30 km westlich von Bangkok) für seine Pomelos *(Citrus grandis)* und Phuket für seine Ananas *(Ananas comosus)*. Sie reift dort zu einer perfekten Ausgewogenheit zwischen süß und sauer, mit einem festen, aber nicht harten Fruchtfleisch.

Die Ananas ist eigentlich ein Fremdling in Südostasien. Ihre Heimat ist Südamerika, wo ihr die Guarani-Tapi-Indianer den Namen *nana* verliehen. *Christoph Columbus* brachte die Frucht als erster nach Europa, wo sie schnell zu einem Statussymbol der besseren Gesellschaft wurde. Wer auf sich hielt, bot seinen Gästen Ananas aus der Neuen Welt an. Die Portugiesen führten sie im 16. Jahrhundert in Asien ein. Hier wurde sie schnell heimisch. Wie die deutschsprachigen Länder übernahmen auch viele Völker Asiens dabei eine nahe Variante des südamerikanischen Namens: Die Malaien nennen sie *nanas* und die Inder *annanas*. Der englische Name *pineapple* („Pinienapfel") rührt von der Ähnlichkeit der Ananas mit einem Pinienzapfen her. In Thailand heißt die Frucht *sapparot*.

Die Ananas, die über 2 kg schwer werden kann, enthält neben Wasser und Fruchtzucker die Vitamine A und B. Der in der Mitte der Frucht befindliche Strunk kann Darmbeschwerden hervorrufen. Unreife Ananas verursachen nicht selten Durchfall, der Saft der reifen Frucht gilt als verdauungsfördernd. Aber abgesehen davon schmeckt sie ganz besonders, und Ananas von Phuket besonders. Aus diesem Grunde verkauft mancher Obsthändler in Bangkok die Früchte als *sapparot phuket* oder „Ananas aus Phuket", auch wenn sie in Wirklichkeit ganz woanders gewachsen sind.

Im Jahre 1886 machte ein Konservenfabrikant namens *J. Nicholson* Einweck-Geschichte, indem er die Ananas zum ersten Male in Dosen verpackte. *Nicholson* schickte seine konservierten Ananas auf eine Ausstellung in London, und bald konnte er sich vor Lieferwünschen nicht mehr retten.

Thailand ist mit ca. 2 Mio. Tonnen pro Jahr der größte Ananasproduzent der Welt. Neben Phuket wird die Ananas hauptsächlich in der Provinz Hua Hin angebaut. Auf Phuket nehmen Ananasplantagen eine Fläche von 700-800 Hektar ein, mehr als jede andere Frucht. Die Größe der Anbaufläche schwankt, da die Ananas auch in junge und noch nicht ertragbringende Gummiplantagen gepflanzt wird, um so das Land nicht ungenutzt zu lassen.

Cashew-Nüsse

Wenn Thais in andere Landesteile fahren, so bringen sie ihren daheimgebliebenen Freunden oder Verwandten ein typisches essbares Produkt der besuchten Gegend mit. Fährt jemand nach Phuket, so wird man ihn wohl auffordern, möglichst viele Cashew-Nüsse mitzubringen, die dort preiswerter sind als anderswo.

Die Cashew-Nuss ist im Grunde gar keine Nuss, sondern der Samenkern der Cashew-Frucht (*Anarcadium occidentale*). Er befindet sich merkwürdigerweise aber nicht inmitten der Frucht, wie man erwarten sollte, sondern außerhalb. Für diese Absonderlichkeit hat die Thai-Folklore eine logische Erklärung bereit: Der Legende nach trat einst ein wandernder Mönch auf eine am Boden liegende Cashew-Frucht, der Samenkern wurde herausgedrückt. Von der spirituellen Kraft des Mönches beeinflusst, wuchsen von nun an alle Cashew-Früchte mit ihrem Kern nach außen.

Botaniker mögen ihre berechtigten Zweifel an dieser Version hegen. Sicher ist, dass die Frucht im 16. Jahrhundert von den Portugiesen aus ihrer südamerikanischen Heimat zur malaiischen Halbinsel gebracht worden ist. Dort erwies sich die Cashew als eine ideale Frucht in Gebieten, in denen aufgrund nährstoffarmer Böden nichts anderes zu gedeihen vermochte.

Auf Phuket wird die Cashew heute kaum in kommerziellen Plantagen angebaut, viel eher in kleinen Privatgärten, die das Haushaltsgeld aufzubessern helfen. Der Ertrag von jeweils nur einer Nuss pro Frucht rechtfertigt keinen groß angelegten Anbau. Aus diesem Grunde ist die Nuss auch auf Phuket kaum billiger als beispielsweise in Europa. Abseits der Anbaugebiete – so z.B. in Bangkok – kann sie sogar sehr, sehr teuer sein.

Der Thai-Name der Cashew-Frucht ist übrigens *mamuang himaphan*, was soviel wie „Mango des Waldes" bedeutet. Tatsächlich sind Cashew und Mango eng miteinander verwandt. Auf die Mango ist bisher nur noch kein Mönch getreten.

Durian

Für viele ist sie die „Königin der Früchte", für andere nichts als ein übelriechender Irrtum der Natur – gemeint ist die Durian, Thailands mit Abstand teuerste Frucht.

Die heftig umstrittene *Durio zibethinus* (Thai: *thurian*) wird in zahlreichen Obstplantagen auf Phuket und anderswo in Südthailand angebaut und hat vielen Plantagenbesitzern zu einem soliden Bankkonto verholfen.

Reisetipps A–Z

Und das bei ihrem Geschmack, den westliche Reisende von jeher in warnenden Tönen beschrieben. So drängt sich auch dem Touristen von heute der Vergleich mit faulendem Käse auf, während so mancher seine Abneigung kaum in Worte zu fassen und nur mit einem verzerrten Gesicht auszudrücken vermag.

Die Durian ist eine ovale Frucht von 2-3 kg Gewicht, die mit einer hell- bis braungrünen, mit kurzen und kräftigen Stacheln versehenen Schale gepanzert ist. Der Name der Frucht stammt vom malaiischen Wort *duri* für „Dorn" ab. In ihrem Inneren enthält sie ein mildgelbes, cremiges Fruchtfleisch, das durch Fruchtkammern in Segmente aufgeteilt ist. Aus diesen Fruchtkammern wird das Fruchtfleisch gelöst, und so ergeben sich perfekt dosierte kleine Durian-Happen, die z.B. von Straßenhändlern zum Kauf angeboten werden.

Die Heimat der von den Thais mit fast religiöser Hingabe verehrten Durian ist der malaiische Regenwald. Die Durian benötigt einen sehr fruchtbaren, gut bewässerten Boden. Thailand, mit seinen langen Trockenperioden zwischen den wasserreichen Monsunen, bietet ihr einen soeben noch akzeptablen Vegetationsraum.

Der Kauf einer Durian, die auf dem Markt durchaus 200-300 Baht kosten kann, ist eine langwierige Angelegenheit, die einigen Sachverstand erfordert. Zur Feststellung des Reifegrades und der Qualität der Frucht wird sie von ihrem potenziellen Käufer abgeklopft, wobei das Ohr nahe der Schale gehalten wird. Mit den Fingernägeln wird die Schale angekratzt, um so Rückschlüsse auf das Fruchtfleisch ziehen zu können.

Von den zahlreichen Durian-Sorten ist die Variante *mon thong* oder „Goldkissen" angeblich die beste und dementsprechend auch die teuerste. In der Durian-Saison von März bis Mai kann man Thais beobachten, die stolz und voller Vorfreude mit ihren „Goldkissen" den Markt verlassen. Die Durian wird dann entweder pur gegessen oder zusammen mit dem allgegenwärtigen *khao niu* oder „sticky rice". Das Fruchtfleisch kann aber auch püriert und dann als Grundlage für Eiscremes oder Füllung für Kuchen verwendet werden.

In der Vergangenheit haben die als leidenschaftliche Glücksspieler bekannten Thais auch noch eine andere Verwendung für sie gefunden: In Spielrunden musste von den Teilnehmern die Anzahl der Kerne in einem Fruchtsegment erraten werden, wobei Unsummen ihre

Besitzer wechselten. Diese Art von Glücksspiel ist heute – wie alle Glücksspiele – in Thailand streng verboten.

Die Durian ist aber auch noch anderweitig verbannt. So z.B. an Bord von Flugzeugen oder in den Bussen der BMTA (Bangkok Municipal Transport Association), die eine entsprechende Verordnung erlassen hat.

Wer dann aber seine Durian nach Hause gebracht hat – zu Fuß oder per Taxi! –, sollte nach deren Genuss keinen Alkohol zu sich nehmen. Die Kombination von Alkohol und Durian ist Garant für übelste Magenkrämpfe. Ansonsten: Guten Appetit bei der stinkenden, fauligen, wohlschmeckenden Durian!

Weitere Obstsorten

Mango (ma-muang)
Saison: März-Mai. Wird am Anfang der Erntesaison in unreifer Form verzehrt, später erst die vollgelben, saftigen Mangos. Werden dann oft mit „sticky rice" *(khao niu)* zusammen gegessen.

Guave (falang)
Saison: das ganze Jahr. Grüne, leicht raue Schale und weißes Fruchtfleisch. Dazu Kerne, die sich gerne in Zahnhöhlen ansiedeln und nicht mehr raus wollen. Der Thai-Name dieser Frucht, *falang,* bedeutet auch „Ausländer". Ein Hinweis darauf, dass diese Frucht nicht immer in Thailand heimisch war.

Jackfruit (ka-nun)
Saison: das ganze Jahr. Optisch der Durian ähnlich, auch ihr Geschmack ist umstritten. In der Frucht befinden sich kleine Fächer mit gelbem Fruchtfleisch.

Reisetipps A–Z

Rambutan (ngork)	Saison: Juli-September. Rot-grüne, runde Frucht mit einer Art langem Stachelpelz (weich!). Die Schale ist recht dick, das Fruchtfleisch klar/weiß und sehr süß. Erinnert etwas an die Lychee.
Pomelo (som-o)	Saison: das ganze Jahr. Ähnelt vom Aussehen der Grapefruit, ist aber weniger bitter, dafür etwas trocken.
Mangostine (mangkhut)	Saison: April-September. Die Schale ist blaurot und färbt beim Aufbrechen enorm schnell ab. Das Fruchtfleisch ist weißlich und mild-süß.
Longan (lamyai)	Saison: Juli-Oktober. Kleine, runde Frucht mit hellbrauner Schale, die beim Aufbrechen stark klebt. Das Fruchtfleisch ist klar/weiß und herrlich sauer-süß. Beim Verzehr geraten die Kerne leider oft zwischen die Zähne und geben einen unangenehmen bitteren Geschmack ab.
Custard Apple (noina)	Saison: Juli-September. Die Schale ist dick und hellgrün und wie mit pyramidenförmigen Wülsten behaftet. Das Fleisch ist weiß und schmeckt leicht feigenartig.
Rose Apple (chomphu)	Saison: April-Juli. Hellrosa oder grüne Frucht, innen weiß und mit etwa der Konsistenz eines Apfels. Schmeckt auch ein bisschen so. Wird von Straßenhändlern oft eisgekühlt verkauft.
Papaya (malakor)	Saison: das ganze Jahr. Kürbisartige Frucht mit orangefarbigem Fleisch. Der Feind jedweder Verstopfung! Am besten in Fruchtsalaten. Wird von jedem Obsthändler angeboten, ist wie die Ananas eine Art Standardfrucht.
Banane (gluey)	Saison: das ganze Jahr hindurch. Thailand bietet über 100 verschiedene Sorten Bananen, und fast so vielfältig sind die Zubereitungsmöglichkeiten: Sie werden an Straßenständen geröstet oder gebacken, mit „sticky rice" vermengt oder in dünnen Scheiben gebraten.
Lychee (linchi)	Saison: April-Mai. Die thailändische Lychee ist durch Züchtung in den letzten Jahren erheblich gewachsen, und ebenso wurde sie durch die Manipulatoren von Mutter Natur um einiges süßer gemacht. Die Thais hatten die Frucht als zu sauer befunden, und entsprechend schlecht ließ sie sich verkaufen.
Lesetipp	Wer sich eingehender mit der „fruchtigen Materie" beschäftigen möchte, dem sei der informative und unterhaltsame REISE-KNOW-HOW-Praxisband „Essbare Früchte Asiens" von Roland Hanewald ans Herz gelegt.

Essen und Trinken

Was isst man?

Es hat sich womöglich schon herumgesprochen: Die thailändische Küche gehört zu den raffiniertesten, aber auch den schärfsten der Welt. Wer sich auf kulinarische Abenteuerfahrt begibt, wird so manch lukullischen Genuss entdecken, sich zu Anfang zumindest aber auch einer wahren Feuerprobe aus Gewürzen ausgesetzt sehen. Die Thai-Vokabel *pet maak-maak,* etwa „tierisch scharf", wird dem Speisenden häufig über die verbrannten Lippen kommen. Die südthailändische Küche wiederum ist noch schärfer als die anderer Gebiete. Chilis und andere **Gewürze** werden in großzügigen Dosierungen verwendet, und anders als z.B. in Zentralthailand wird den Gerichten nur selten ein „kühlender" Schuss Kokosmilch zugesetzt.

Das typisch südthailändische Gericht ist ein **Curry** *(käng),* d.h. ein Fleisch-, Fisch- oder Gemüsegericht, das unter Zuhilfenahme oft komplizierter Gewürzsoßen zubereitet wird. Typische Phuket-Gerichte sind so z.B. *käng lüang* oder „Gelbes Curry", ein säuerliches Fisch-Curry mit fermentierten Bambussprossen, Fischpaste, Gelbwurz, Knoblauch und Chili. Das *käng tai plaa* ist ein Fisch-Curry aus den fermentierten Eingeweiden von Fischen, die mit Bambussprossen und einem Sortiment von feurigen Gewürzen schmackhaft gemacht werden.

Wem dieses doch zu exotisch klingt, der versuche es mit einem *käng muu sapparot,* einem Curry mit Schweinefleisch und Ananasstücken. Besonders beliebt in Phuket (und in ganz Südthailand) ist das *gung sot phat s'tor,* ein Gericht aus frischen Prawns und einem Gemüse namens *s'tor.* Letzteres sieht aus wie überdimensionale Bohnenschoten und lässt beim Kochen einen üblen Geruch entstehen. Das soll aber noch kein Vorurteil erzeugen: Die Einwohner des Südens lieben dieses

Reisetipps A–Z

Gerichte

kaeng phet gai	scharfes Hühnercurry
kaeng som	Fisch- und Gemüsecurry
kaeng nüa	Beef-Curry
kaeng phanaeng	mildes Hühner- oder Beef-Curry
khao phat	gebratener Reis mit Gemüse
khao phat muu	gebratener Reis mit Schweinefleisch
khao phat gai	gebratener Reis mit Huhn
kuay tio naam	Reissuppe mit Gemüse und Fleisch
phat thai	Reisnudeln, mit Gemüse gebraten
phat siyu	gebratene dünne Nudeln m. Sojasauce
bami naam	Weizennudeln in Brühe mit Gemüse und Fleisch
plaa prior waan	süß-saurer Fisch
hau chalaam	Haifischflossensuppe
kung tort	gebratene Prawns (Garnelen)
plaa phao	gegrillter Fisch
puu nüng	gedämpfte Krabben
por pia	Frühlingsrolle
pet yang	geröstete Ente
gai yang	geröstetes Huhn
som tam	Papaya-Salat
gai phat khing	gebratenes Huhn mit Ingwer
naam yaa	Nudeln mit Fisch-Curry
gai sap tua ngork	Huhn mit Sojasprossen
khai tom	gekochtes Ei
khai dao	Spiegelei
khai jior	Omelette

Getränke

naam plao	einfaches Wasser
tschaa yen	Eistee
naam soda	Soda-Wasser
naam däng	Limonade
naam chaa	Tee
naam som	Orangenlimonade
gafää	Kaffee
naam maphrao	Kokoswasser
tschaa dam	schwarzer Tee
nomm	Milch
gafää dam	schwarzer Kaffee
bia	Bier
tschaa djin	chinesischer Tee

Gemüse über alles, und man sieht Hausfrauen, die voller Stolz und Vorfreude mit ihrem Bündel *s'tor* den Markt verlassen.

Das verbreitete **Saté** (oft *satay* transkribiert) ist malaiischen Ursprungs und eine Art würziger Fleischspieß, der über einem schwachen Holzkohlefeuer gegrillt wurde.

Spezialitäten wie **Vogelnester- oder Haifischflossensuppe,** die nicht gerade billig sind, entstammen der chinesischen Küche. Zur Zubereitung der Vogelnestersuppe werden die gereinigten Nester einer winzigen Seglervogelart, *Collacalia esculenta,* verwendet, die aus den hohen Kalksteinfelsen in der Bucht von Phang-Nga abgebaut werden. Wie von so vielen erlesenen Speisen, versprechen sich die Chinesen auch von dieser Suppe gesundheitsfördernde und potenzsteigernde Eigenschaften.

Der *yam ma-muang* ist ein typisch südthailändischer, würziger **Salat** aus grünen Mangos, und der *khao yam pa tai* ist ein südthailändischer „Reissalat". Dieser wird zum Frühstück serviert und mit einer Sauce namens *budu* verfeinert, die aus dem oben erwähnten *s'tor,* anderen Gemüsen, getrockneten Shrimps und Kokosraspeln zubereitet wird.

Wie isst man?

Nun geht es um das praktische Probieren der Speisen Südthailands oder Phukets. Wie wird gegessen? Nun, die schwer zu meisternden **Essstäbchen** (*ta-kiap*) werden gerne bei flüssigen Nudelgerichten (*kwitiau*) eingesetzt, um die Nudeln aus dem Sud zu fischen. Der Tourist, der so gut eine Stunde brauchen wird, bis die Schüssel leer ist, kann aber auch zu dem ihm vertrauteren Essbesteck greifen. Auch die Thais essen heutzutage meist mit **Löffel und Gabel,** allerdings nie mit Messern. Dessen Aufgabe übernimmt die Gabel, die die ohnehin nie sehr harten Bestandteile der

Reisetipps A–Z

Nahrung zerstückelt. Ansonsten wird das Essen mit der Gabel auf den Löffel geschoben und dann zum Mund geführt.

An dieser Stelle ist aber eine Warnung an alle gierigen Esser angebracht: Die Thais empfinden es als verabscheuungswürdige Raffgier, wenn jemand die Gerichte direkt aus der präsentierten Schüssel auf seinen Teller aufhäuft. Die dezente Thai-Art will es, dass man nur immer ein paar Happen auf seinen Teller legt, um dann bald wieder nachzufüllen.

Was trinkt man?

Als Getränke zu thailändischen Gerichten bietet sich vielerlei Flüssignahrung an, alkoholische wie alkoholfreie. Die **Biermarken** Singha (bia sing) und Kloster (bia kloster) erfreuen sich auch bei Touristen großer Beliebtheit. Neben diesen „Edelmarken" gibt es noch die preiswerteren Biere der Marken Chang (bia tschaang) und Leo (bia lio).

Eine Spezialität von Phuket ist das auf der Insel gebraute Phuket Island Lager, das in vielen Strandlokalen ausgeschenkt wird.

Sollen es härtere **Spirituosen** sein, so greifen Thais gerne zum so genannten Thai-„Whisky" der Marken **Mekhong,** Saeng Som oder Saeng Thip. Dieser „Whisky" ist allerdings nichts anderes als Reisschnaps, gebraut aus fermentiertem „klebrigem Reis" (khao niau), Melasse, Hefe und einem Schimmelpilz vom Typ Rhyzophus.

Das üblichste Getränk zum Essen wäre aber wohl das (zum Löschen des Durstes) unübertroffene **Wasser.** Zahlreiche Firmen bieten gereinigtes Wasser in Glas- oder Plastikflaschen an. Die bekanntesten Marken sind Polaris (naam polaris) und Singha (naam sing).

In den westlich ausgerichteten Restaurants gibt es Kaffee (meistens instant) und Beuteltee (fast ausnahmslos Marke *Lipton*) sowie verschiedene Sortimente von Fruchtsäften. In den einfachen Thai- oder chinesischen Restaurants wird ein dünner **Eistee** *(naam-khäng plao)* ausgeschenkt, der prinzipiell nur einen Baht kostet und ein ausgezeichneter Durstlöscher ist. Warmen Tee *(tschaa ron)* gibt es in diesen Lokalen sogar kostenlos, er ist aber milder als z.B. der Beuteltee. Wer letzteren wünscht, ordere *tschaa lipton,* also „Tee der Marke Lipton", was aber auch generell als „Beuteltee" übersetzt werden kann.

Milch *(nomm)* gibt es selbstverständlich auch, aber leider meist nur als homogenisierte Packungs- oder überzuckerte Dosenmilch. Vor 20 Jahren noch schüttelten sich die meisten Thais beim Geruch von Milchprodukten vor Abscheu. Erst im letzten Jahrzehnt wurde die Milch – unter dem Einfluss westlicher Lebensweise – populärer und entledigte sich ihres ehemaligen Ekel-Images. Heute gilt Milch auch in Thailand als gesund.

Soft Drinks internationaler und einheimischer Firmen sind überall erhältlich, und nicht selten sieht man sogar Mönche, die – cool an eine Tempelmauer gelehnt – ihre *Coca Cola* genießen.

Wo isst man?

**Essens-
stände**

Phukets einfachste und preiswerteste Essensmöglichkeiten bieten die zahlreichen Essensstände, die sich besonders in Phuket City, aber auch z.B. am Patong Beach angesiedelt haben. Diese Stände sind oft nichts weiter als eine Art Wagen oder Karre, um die Tische und Stühle aufgestellt werden, und von denen solide thailändische oder chinesische „Hausmannskost" ausgehändigt wird. Der Vorteil dieser Stände sind die ungemein niedrigen Preise, und so gibt es schon durchaus sättigende und schmackhafte Speisen **ab 20-30 Baht.** Einige Essensstände sind so beliebt, dass sie von einheimischen Stammkunden geradezu umlagert werden, und das ist wohl das beste Zeichen für Qualität.

Der Nachteil ist die nicht ganz perfekte **Hygiene,** denn die meisten der Stände verfügen nicht über fließendes Wasser, sodass die benutzten Teller und Essbestecke in einer Plastikschüssel in stehendem Wasser gespült werden müssen. Furcht erregende Epidemien sind aus dieser Reinigungsmethode – soweit bekannt – noch nicht hervorgegangen, doch ist die Gefahr einer Darminfektion höher als in Restaurants mit besseren hygienischen Gegebenheiten. Im Allgemeinen besteht dennoch kein Grund zur Sorge, und die Essensstände können durchaus besucht werden.

Auch wenn es an den Ständen oft hervorragendes Essen gibt, eines haben sie nicht – eine Speisekarte. Der Hungrige hat so auf die vor ihm ausgelegten Gerichte zu zeigen und so seinen Speisewunsch kundzutun. Dabei können durchaus die Deckel von geschlossenen Gefäßen gehoben werden, auch die Thais sind neugierige Topfgu

cker! Zum Lüften des Deckels muss nicht einmal um Erlaubnis gefragt werden, das gehört zum selbstverständlichen Recht des Kunden.

Versammeln sich zahlreiche Essensstände an einer Stelle, so spricht man von einem „Essensmarkt" *(talaat ahaan)*. Da viele der Stände erst etwa ab 18 Uhr geöffnet sind (bis 22, 23 oder 24 Uhr), ist aber auch der Ausdruck **„Nachtmarkt"** *(talaat khüün)* geläufig. Die größten Essensmärkte auf Phuket befinden sich um das *Paradise Cinema* herum (abends und nachts) und am Morgenmarkt an der Ranong Road in Phuket City.

**Restau-
rants**

Teurer als die Stände sind natürlich Restaurants. Auch sie können für europäische Verhältnisse sehr preiswert sein, mit Gerichten ab 30 oder 40 Baht. Andererseits gibt es Spezialitätenrestaurants, in denen Speisen einige Hundert Baht kosten.

Alle Restaurants verfügen über **Speisekarten,** die in Thai und zumeist auch in Englisch ausgedruckt sind. Chinesische Restaurants offerieren ihre Speisen zudem noch in Chinesisch. Zu beachten ist, dass einige Restaurants mehr als nur eine Speisekarte besitzen, so z.B. eine für Seafood und eine andere für sonstige Gerichte. Im Zweifelsfall also immer nachhaken, ob nicht vielleicht noch eine zweite Menükarte existiert!

In sehr teuren Restaurants (z.B. in Luxushotels) wird auf die Gerichte noch eine Luxussteuer (oft 8,25 %) erhoben, was bei der Preiskalkulation zu bedenken ist. Und darauf wird dann selbstverständlich noch ein **Trinkgeld** (5-10 %) erwartet!

An den belebtesten Stränden, also Patong, Kata und Karon, gibt es zahlreiche Restaurants, die speziell auf die Gaumen von Touristen ausgerichtet

sind; so gibt es dort deutsche, skandinavische, italienische, aber auch koreanische, japanische und indische Küche. Da die Zutaten für diese den thailändischen Verhältnissen „fremden" Speisen oft importiert werden müssen, ergeben sich relativ hohe Preise, die aber immer noch unter dem europäischen Level liegen. Hinzu kommen die oft horrenden Mieten, die die Gastronomen an den o.g. Stränden (besonders Patong!) zu zahlen haben, und so sind die Restaurants mit „Heimatküche" die teuersten der Insel.

Vegetarische Küche Vegetarier dürften in Phuket nicht allzu viele Probleme haben. In Phuket City gibt es derzeit fünf vegetarische Restaurants (siehe Phuket City, Essen), dazu eines in Patong und ein weiteres an der Thepkasattri Road in Thalang, ca. 100 m nördlich der Zufahrt zu Wat Phra Thong. Diese Restaurants bieten leckere thailändische Gerichte, bei denen Fleisch durch **Sojaprodukte** ersetzt wird. Darunter sind sogar täuschend echt aussehende „Schweinswürste" oder Entenfleisch-Imitationen aus Soja.

Ansonsten erhält man vegetarische Gerichte in den **italienischen Restaurants,** die überall auf Phuket anzutreffen sind, oder in indischen. In Patong gibt es gut ein Dutzend **indische Restaurants,** ein weiteres findet sich in Karon.

Fotografieren

Die weltweite Verbreitung der **Digitalfotografie** hat das thailändische Zollgesetz, das lediglich die Einfuhr von fünf Filmen erlaubt, praktisch ins Antiquariat redigiert. Ohnehin wird man bei der Ankunft nicht nach Filmen gefragt. Man kann auch

Reisetipps A–Z

Roti-Bäcker bei der Arbeit:
Rotis sind indisch inspirierte Fladenbrote, die mit einer Linsen- oder Fleischsoße serviert werden

Literaturtipp:
„Reisefoto-
grafie digital"
aus der
Praxis-Reihe
des REISE
KNOW-HOW
Verlags

ruhig einen ganzen Beutel voll mitnehmen. Und wer Filme in Thailand kaufen will, findet diese noch in zahlreichen Geschäften, z.B. in Patong und Phuket City. Die meisten Läden sind heute aber eher darauf eingestellt, **Urlaubsfotos auf CDs** zu brennen. Eine CD kostet ca. 100 Baht.

Die Röntgengeräte in thailändischen Flughäfen sind filmsicher. Wer trotzdem ganz sicher gehen will, kann die Beamten um einen „hand-check" bitten.

Ein paar wichtige **Vokabeln,** die man vielleicht beim Fotografieren braucht: *Khoo thai ruup?* heißt „Darf ich fotografieren?" „Bitte recht freundlich!" heißt auf Thai *yim noy!,* wörtlich „Lächle mal ein bisschen!" Englischsprechern wird die folgende Aufforderung bekannt vorkommen: *act noy!* oder *action noy!,* zu Deutsch: „Bitte'n bisschen Äkschn!"

Die besten Fotospots auf Phuket

Auf Phuket bieten sich allerorten faszinierende Anblicke, und die Auflistung aller Fotomöglichkeiten ist sicherlich unmöglich. Die folgenden Fotospots stellen also nur eine kleine Auswahl dar.

Alte Häuser

Die sino-portugiesischen Häuser entlang der Krabi-, Thalang-, und Yaowarat Road in Phuket City mit ihren pastellfarbenen Fronten sind herrliche Motive für architekturbegeisterte Fotografen. Am besten frühmorgens oder spätnachmittags!

Khao Rang

Ein guter Überblick über Phuket City ergibt sich vom Khao Rang, dem Hügel am Nordrand der Stadt. Am besten spätnachmittags und mit einem Braun-Filter *(Weather Filter)* vor der Linse, dabei je nach Filterstärke 1-1,5 Blenden über- oder unterbelichten! Das schafft unglaubliche goldene Sonnenuntergangsszenerien.

Abendstimmung in Patong

Wat Siray Von dem liegenden Buddha an diesem Wat in Phuket City aus ergeben sich ebenfalls spätnachmittags herrliche Bilder. Guter Ausblick aufs Meer!

Luftaufnahmen Kaum jemand wird sich einen Hubschrauber zur Luftfotografie leisten können. Beim An- bzw. Abflug auf/von Phuket bietet sich für einige Minuten ein herrlicher Ausblick auf die Buchten von Nai Yang und Mai Khao, die in unmittelbarer Nähe des Flughafens liegen. Beim Anflug auf der linken Flugzeugseite sitzen, beim Abflug auf der rechten!

Sonnenuntergang Der Ort auf Phuket, einen Sonnenuntergang einzufangen, ist **Laem Promthep** an der Südspitze der Insel. Das wissen andere Fotografen allerdings auch, und so versammeln sich allnachmittäglich Hunderte von *Nikons, Canons, Yashicas* u.a. hier, um die legendären Sonnenuntergänge einzufangen. Leider bedecken aber oft Wolken den Himmel, und man sieht gar nichts, oder aber der Untergang ist nicht so spektakulär wie erhofft. Da hilft die Tricktechnik: Mit dem zuvor erwähnten Braun-Filter *(Weather Filter)* und einer Über- bzw. Unterbelichtung von 1, 1,5 oder gar 2 Blenden lassen sich fantastische Sonnen„untergänge" kreieren. Das Ergebnis verblüfft.

Wer beim Sonnenuntergang am Laem Promthep nicht auf seine fotografischen Kosten gekommen ist, sollte noch einen Versuch an der Südseite der **Nai-Harn-Bucht** unternehmen. Links sieht man Laem Promthep, rechts die Bucht von Nai-Harn. Die hier zu beobachtenden Sonnenuntergänge sind spektakulär.

Reisetipps A–Z

Nicht weniger schön sind sie in der Nai-Harn-Bucht selber, wo zahlreiche ankernde Segelboote vor der untergehenden Sonne als schemenhafte Schatten erscheinen. Ansonsten bieten fast alle Strände an Phukets Westseite fotografierenswerte Sonnenuntergänge, so vor allem die Strände von Surin, Nai Yang und Mai Khao.

Laem Singh

Dieser kleine Strand ist einer der schönsten und auch fotogensten. Wunderbare Ausblicke aus der Höhe auf diesen Strand ergeben sich von der Straße aus, die von Kamala nach Surin führt. Von einer Lichtung aus sieht man vor sich Laem Singh, im Hintergrund den Kamala Beach. Am besten bei klarem Sonnenschein mit Pol-Filter!

Bang Tao, Surin und Kamala

Dies ist ein Fotoexkurs für Fotografen mit guter Kondition: Rechts neben der großen Moschee in Bang Tao (Songthaews ab Phuket City) führt ein Weg in eine auf einem Berg gelegene Gummiplantage; mit zunehmender Höhe wird der Weg schlechter, er ist gelegentlich kaum noch als solcher auszumachen. Zwischen den Gummibäumen gedeiht üppige Vegetation, und – Vorsicht! – Schlangen gibt es dort auch. Nach ca. 30 Minuten steilen Aufstiegs ergibt sich ein hervorragender Ausblick auf die Bucht von Bang Tao; wer weiter bis zum Gipfel vordringt (ca. 15 Min.), überblickt dann die Buchten von Surin und Kamala. Neben dem Pol-Filter die Wasserflasche nicht vergessen!

„Drei-Strände-Blick"

Den markantesten Strandausblick erhält man von einer Aussichtsplattform an der Straße zwischen Nai Harn und Karon. Von hier aus bietet sich freie Sicht auf die Buchten von Kata Noi, Kata und Karon bis hin zur Landzunge, hinter der sich Patong erstreckt. Ein imposanter Aussichtspunkt, an dem sich in guter thailändischer Manier gleich einige Erfrischungsstände angesiedelt haben.

Wandgemälde

Phukets schönste Wandgemälde befinden sich an Wat Phra Nang Sang (Songthaews ab Phuket City), fast comicbook-hafte Allegorien von Teufeln, der Hölle und darin schmorenden Sündern. Das Ganze ist enorm farbenprächtig und fast bizarr. Zum Fotografieren der zum Teil hoch an den Innenwänden angebrachten Malereien empfehlen sich ein mittelstarker Zoom und ein Blitzgerät.

Vegetarian Festival

Wer das Glück hat, sich gerade zu diesem Ereignis in Phuket aufzuhalten (Sept./Okt.; siehe auch Kapitel „Die Insel und ihre Bewohner/Feste und Feiertage"), wird ob der fakirhaft durchstochenen Wangen der Festteilnehmer in ei-

Immer wieder gerne fotografiert: die drei Strände

nen wahren Fotografierrausch verfallen. Zur Ablichtung der unglaublichen Zeremonie empfiehlt sich ein Zoom (z.B. 35-105 mm, 70-200 mm), um den einhermarschierenden Prozessionen gerecht werden zu können. Da oft schnell fotografiert werden muss, die Kamera auf Automatik-Funktion stellen!

In den Fotoläden von Phuket City lassen sich recht passable Fotos vom Vorjahresfest kaufen. Man frage nach *luup tetsakaankin jää,* den „Bildern vom Vegetarischen Festival".

Buddha Seit Jahren im Bau und auch Mitte 2009 noch nicht ganz fertig ist der riesige Buddha bei Karon/Chalong – ein tolles Fotoobjekt stellt er aber auch schon jetzt dar. Siehe „Sehenswerts auf der Insel".

Kamera-Reparatur

Der beste Ort ist das kleine Fotogeschäft *Camera Clinic* rechts neben dem Bang Niew-Tempel an der Phuket Road in Phuket City. Der Besitzer ist selber passonierter Fotograf und kennt sich auch mit der Innerei einer Kamera gut aus. Bei größeren Komplikationen – vor allem bei Digitalkameras – kann aber nur das Service-Center der betreffenden Kameramarke in Bangkok einspringen.

Kleine Reparaturen erledigt auch *Fuji Express* in der Montri Road gegenüber dem *Pearl Hotel.*

Gesundheit

Siehe auch „Gesundheitsinformationen" im Anhang.

Thailand gehört zu den saubersten Ländern Asiens, und gesundheitliche Probleme sind auf Phuket nicht häufiger zu erwarten als daheim. **Impfungen** sind für die Einreise nicht notwendig, es sei denn, man reist aus derzeit akuten Seuchengebieten ein. Über die aktuelle Situation kann man sich vor Reiseantritt auf www.travelmed.de informieren.

Tropenkrankheiten

Malaria gibt es weder auf Phuket noch in Bangkok, und wer nur diese Orte besucht, kann auf die Malaria-Prophylaxe verzichten. Wer aber Ausflüge plant – z.B. in die Dschungelgebiete nahe der Grenze Burmas, auf die östlich von Bangkok gelegenen Inseln Ko Samet und Ko Chang oder in die Waldgebiete des Nordens – sollte unbedingt Vorsorge betreiben. Vereinzelte Malaria-Fälle wurden sogar von den Phi Phi Islands gemeldet.

Da nach Angaben thailändischer Gesundheitsbehörden zahlreiche Mittel durch Resistenz des Krankheitserregers wirkungslos geworden sind, sollte man sich vor der Abreise bei seinem örtlichen Gesundheitsamt (noch besser wäre ein Tropeninstitut) nach dem letzten Stand der Dinge erkundigen. Das Gesundheitsamt empfiehlt dann Mittel, die im besuchten Gebiet und gegen die auftretenden Erreger noch wirksam sind.

Die **Tollwut** fordert jährlich ca. 100 Tote in Thailand, was eine der höchsten Risikoraten der Welt bezüglich dieser Krankheit darstellt. Bei Bissen durch Hunde, Affen oder andere Säugetiere (nur sie können die Krankheit übertragen) sollte die Wunde 15 Minuten lang mit Seife und fließendem Wasser ausgewaschen und dann sofort ein Arzt aufgesucht werden.

Hepatitis, bzw. eine ihrer Varianten, ist in Thailand weiter verbreitet als in westlichen Ländern. Es gibt mindestens drei Arten: die relativ milde Hepatitis A, die in Asien stark verbreitet ist, die schwerere Hepatitis B und der Non-A-Non-B-Typus.

Man nimmt an, dass 10 % aller Thais Träger des B-Virus sind, ohne jedoch selber akut krank zu sein. Dieser Virus wird durch Blut, unsterile medizinische Instrumente und Geschlechtsverkehr übertragen. Gegenüber dem A-Virus sind viele Thais immun, da sie ihn sich wie die meisten Asiaten in ihrer Kindheit zuziehen und dann lebenslang genügend Abwehrkräfte besitzen. Es empfiehlt sich die Schutzimpfung mit Gammaglobulin, das zwar keinen absoluten Schutz bietet, die Abwehrkräfte aber entscheidend steigert.

Krankenhäuser (Auswahl)

● **Phuket International Hospital,** By-Pass Rd., Tel. 076-249 400 (24 Std.) www.phuketinternationalhospital.com; Phukets modernstes Krankenhaus, mit zumeist im Westen ausgebildeten Ärzten, die gut Englisch sprechen. Der PR-Manager des Krankenhauses, *Hugo Fluri,* ist Schweizer und kann bei etwaigen Sprachproblemen helfen.
● **Wachira Hospital,** Yaowarat Rd., Phuket City, Tel. 076-217294, 076-211114; 8.30-16 Uhr, Notdienst 24 Std.
● **Kathu Patong Hospital,** Sai Nam Yen Rd., Patong, Tel. 076- 344225, 076-342633; 8.30-16 Uhr, Notdienst 24 Std.
● **Phya Thai Phuket Hospital,** 28/36-37 Sri Sena Rd., Phuket City, Tel. 076-252603-6.
● **Bangkok Phuket Hospital,** 2/1 Hongyok Utis Rd., Phuket City, Tel. 076-254421, www.phukethospital.com; hat eine Dekompressionskammer für verletzte Taucher.
● **Thalang Hospital,** Thalang, Thepkasattri Rd., Soi Ekwanit, Tel. 076-311033; 8.30-16 Uhr.

Zahnkliniken (Auswahl)

Zahnabteilungen finden sich auch im Phuket International Hospital und Bangkok Phuket Hospital.
● **City Park Dental Clinic,** 183/36 Phang-Nga Rd., Phuket City, Tel. 076-233241.
● **Dental Health Clinic,** 143/6 Rat-U-Thit Rd., Patong, Tel. 076-340713.
● **Dental Home Clinic,** 89/2 Phuket Rd., Phuket City, Tel. 076-213314.

● **Patong Beach Dental Clinic 1990,** 132/2 Ratuthit Rd., Patong Beach, Tel. 076-344096.
● **Phuket Dental Center,** 371/95 Yaowarat Rd., Phuket City, Tel. 076-255336.

Vorsichtsmaßnahmen

Jetlag

Die **Zeitverschiebung** zwischen Deutschland und Thailand beträgt zur Sommerzeit (März-September) 5 Stunden, zur Winterzeit (Oktober-Februar) 6 Stunden. Diese Zeitdifferenz kann den so genannten Jetlag hervorrufen und den Körperrhythmus erheblich stören, je nach Konstitution und Naturell mehr oder weniger.

Möglicherweise kann der Neuankömmling trotz großer Müdigkeit um 24 Uhr Thai-Zeit nicht einschlafen, da seine Körperuhr erst 19 bzw. 18 Uhr „anzeigt". Dieses Problem regelt sich innerhalb von ein paar Tagen von selbst – pro Stunde Zeitverschiebung sollte man mit einem Tag Umgewöhnungszeit rechnen.

Da der Körper also einiges zu verkraften hat (zusätzlich das heiße Klima und die fremden Speisen), sollten in den ersten Tagen nach der Ankunft größere Anstrengungen vermieden werden!

Wasser und Obst

Das **Leitungswasser** auf Phuket ist i.d.R. sauber (gechlort!) und nicht gefährlich. Leute mit empfindlichem Magen und Darm sollten jedoch besser zu den überall erhältlichen Flaschen mit gereinigtem Trinkwasser oder Mineralwasser greifen, die ca. 10-15 Baht pro Liter kosten. Es gibt sie von verschiedenen Firmen und in verschiedenen Größen, in Plastik- oder in Glasflaschen. Man frage nach *naam dörm,* dem „Trinkwasser". Da die bekannteste Wasser vertreibende Firma *Polaris* heißt, wird das Wasser auch häufig *naam polaris,* also „Polariswasser" genannt.

Ungeschältes Obst und Salate sind potenzielle Krankheitsverursacher, und Asienneulinge sollten diese vielleicht besser meiden. Bei eventuell auftretenden Durchfällen helfen Kohletabletten (bei leichten Attacken) oder stärkere Mittel wie z.B. *Immodium*.

Sonne

Zum Schutz vor der tropischen Sonne sollten die exponierten Körperteile mit einer Sonnenschutzcreme eingeölt werden, mindestens mit Lichtschutzfaktor 15 oder (bei sehr empfindlicher Haut) gar 20-30. Die am Strand vorhandene Brise (oder der Gegenwind beim Motorradfahren) täuscht allzu oft über die wahre Stärke der Sonnenstrahlung hinweg, und das Resultat ist ein fürchterlicher **Sonnenbrand.** Vorsicht besonders in den ersten Tagen nach der Ankunft!

Sonnencremes sind in zahlreichen Geschäften in Phuket City und am Patong Beach erhältlich (z.B. in den Filialen der Apothekenketten *Watson's* und *Boots*); sie sind hier aber etwas teurer als in der Heimat.

Baden

Das Schwimmen im Monsun (Mai-September) kann lebensgefährlich sein. Jedes Jahr sind einige ertrunkene *farang* zu beklagen, die die Warnschilder am Strand missachtet hatten. Während des Monsuns bilden sich oft tückische **Unterwasserströmungen,** die den Schwimmer ins offene Meer ziehen. Besonders viele Opfer fordert der Kalim Beach am Nordende von Patong, den manche Einheimische deshalb für „verflucht" halten. Aber auch der Patong Beach selbst ist im Monsun gefährlich, ebenso die Strände von Nai Harn, Surin und Karon. Am Strand aufgestellte Warnschilder sollten unbedingt beachtet werden.

Straßenverkehr

Vorsicht beim Motorrad- oder Autofahren! Die herrliche Landschaft und die relativ verkehrsarmen Straßen scheinen manchen Urlauber zur Raserei zu verleiten, und so gibt es auch hier regelmäßig Verletzte und Tote, auch unter Touristen. Bei sehr vielen Touristen ist leider Alkohol mit im Spiel. Zudem ist der Verkehr in Thailand nicht so diszipliniert wie z.B. in den westlichen Ländern, und besonders Bus- und Lastwagenfahrer neigen

oft zu gewagten Aktionen, die eher eines Stunt-
mans würdig erscheinen. Risikoreiches Fahrverhalten gilt in diesen Kreisen leider als bewunderns-
wert. Als Tourist sollte man unbedingt ein sehr **de-
fensives, vorsichtiges Fahrverhalten** zeigen.

**HIV und
AIDS**

In Phuket leben **über 5000 Personen,** die HIV-positiv sind. Zahlreiche HIV-Träger werden den Touristen in den Vergnügungsbereichen in Patong
oder anderswo auf der Insel unbewusst begegnen,
aber auch einige auf Phuket lebende Ausländer
sind betroffen. Bei Sex, käuflich oder auch nicht,
ist – wie die Thais sagen – ein „Sturzhelm" oder
ein „Regenmantel" aufzusetzen. Sex ohne Kon-
dom kann fatale Folgen haben. Insgesamt ist ca.
1 % der thailändischen Bevölkerung HIV-positiv.

Golfplätze

Phuket hat sich zu einer herausragenden Golf-
Destination gemausert. Es locken einige Golfplätze internationalen Formats. Als *Tiger Woods* 1998
beim „Johnnie Walker Classic" auf dem Blue
Canyon Golf Club den Siegerpokal einsackte,
zeigte er sich von dem Platz begeistert.

●**Laguna Phuket Golf Club** (dem Banyan Tree Phuket Resort angeschlossen), 34 Mu 4 Srisunthorn Rd., Cherng Talay, Tel. 076-362300, Fax 076-362301, E-Mail: info@laguna
phuket.com, www.lagunaphuket. com; 18 Löcher; Green
Fees bei 18 Loch für Hotelgäste 3060 Baht, für Besucher
3600 Baht; Caddy Fee 250 Baht. Ausrüstung kann angemietet werden. Saisonal variable Preise. Luxuriöse Hotelun-
terbringung ab 400 US$.
●**Blue Canyon Country Club,** 165 Mu 1, Thepkasattri Rd.,
Mai Khao, Tel. 076-328088, Fax 076-328068, E-Mail: reser-
vation@bluecanyonclub.com, www.bluecanyonclub.com.
36 Löcher; Green Fee 5300 Baht (Canyon Course & Lake
Course), bzw. 3600 Baht (Lake Course); Caddy Fee: 230
Baht. Unterkunft ab ca. 15.000 Baht
●**Loch Palm Golf Club,** 5 Vichit Songkhram Rd., Kathu,
Tel. 076-321929-34, Fax 076-321928, E-Mail: info@loch
palm.com, www.lochpalm.com. 9 und 18 Löcher; Green
Fee 2100 bzw. 3500 Baht, Caddy Fee 150/250 Baht.

●**Phuket Country Club,** 80/1 Vichit Songkhram Rd., Kathu, Tel. 076-319200-4, Fax 076-319206, E-Mail: booking@ phuketcountryclub.com; www.phuketcountryclub.com. 9, 18 und 27 Löcher; Green Fee ab 2500 Baht, Caddy Fee ab 150 Baht.

●**Mission Hills Phuket Golf Resort & Spa** (Platz entworfen von *Jack Nicklaus*) (195 Mu 4, Pha-Khlok, Thalang, Phuket 83110, Tel. 076-310888, Fax 076-260489, E-Mail: info@missionhillsphuket.com, www.missionhillsphuket.com; 9 und 18 Löcher, Green Feees 1900/3800 Baht, Caddy Fee 150/250 Baht. Unterbringung in der Nebensaison ab ca. 4000 Baht, ansonsten ab ca. 6000 Baht.

Provinz Phang-Nga

●**Thai Muang Beach Golf Course & Marina,** nördlich von Phuket, ruhig im Südwesten der Provinz Phang-Nga gelegen, 157/12 Mu 9, Limdul Rd., Thai Muang, Provinz Phang-Nga, Tel. 076-571533-4, Fax 076-571214. 18 Löcher; Green Fee 2200 Baht, 9 Löcher 1100 Baht; Caddy Fee 100/200 Baht; Ausrüstung kann angemietet werden. Die Bungalow-Unterkunft kostet ab 2200 Baht, mit Preisnachlässen in der Nebensaison.

Provinz Krabi

●**Pakasai Country Club,** Mu 2, Klong Khanan, Nuea Klong, Provinz Krabi, Tel. 075-612173-4, 086-8103413, E-Mail: info@pakasaicountryclub.com, www.pakasaicountryclub.com; 18 Löcher, Green Fee ab 2700 Baht/Pers. bei Buchung von 2 Pers., inkl. Caddy Fee und Transfer.

Internet-Buchung

●Golftouren lassen sich per Internet buchen bei www.golforient.com, www.golfphuket.com und www.phuketgolfservices.com.

●Auch *Krabi Golf Tours* (Tel. 084-05708603, www.krabigolftours.com) bietet attraktive Golftouren in ganz Thailand, mit besonderen Angeboten für die Phuketregion.

Post, Telefon und Internet

Post

Briefe

Die thailändische Post ist im Allgemeinen recht zuverlässig. Luftpostbriefe oder -pakete ab Phuket kommen innerhalb von 7-10 Tagen bei ihren Empfängern in Europa an. Briefe, die am Postschalter abgegeben werden, sind in der Regel schneller als solche, die in die roten Briefkästen geworfen werden – einige Briefkästen scheinen von den Beamten gelegentlich „übersehen" zu werden.

Im Gegensatz zu einigen anderen asiatischen Ländern brauchen die am Postschalter abgegebenen Briefe nicht vor den Augen des Postkunden abgestempelt zu werden. In anderen Ländern werden die Marken manchmal von diebischen Postbeamten wieder abgelöst und weiterverkauft, aber dazu wäre selbst der schlechtbezahlteste thailändische Beamte zu stolz. Abgesehen davon haben thailändische Postämter im Zeitalter des Internet heute nur sehr wenig zu tun, am besten floriert der Einschreibe- oder Paketdienst.

Die Kosten für das Verschicken von Postkarten und Briefen sind minimal, auf mehr als 20 oder 25 Baht wird es auch der dickste Brief nicht bringen. Teurer wird es bei den sogenannten EMS-Sendungen (Express), die sich vor allem für wichtige Dokumente anbieten. In diesem Falle liegen die Kosten ab ca. 1000 Baht, dafür trifft die Sendung schon nach 3-4 Tagen sicher beim Empfänger ein.

Auch müssen die Briefe bzw. Karten in den richtigen Schlitz gesteckt werden, denn thailändische Briefkästen haben meist zwei Schlitze, einen für Briefe, die an Adressaten im Ort gehen und einen für „other places", worunter ja auch die Heimatadresse des Touristen fällt.

Pakete

Das Abschicken von Paketen stellt ebenfalls kein Problem dar. In den Postämtern gibt es einen **Packservice,** und die zu verschickenden Waren/Geschenke/sonstigen Objekte werden von den Beamten in vorgefertigte Pakete gepackt, die es preiswert in verschiedenen Größen zu kaufen gibt. Der Kilo-Preis sowohl bei Luft- als auch Seepostpaketen richtet sich nach dem Gesamtgewicht des Paketes: Je höher das Gewicht, desto niedriger der Preis pro Kilogramm. 5 kg Seefracht nach Deutschland kosten z.B. 1600 Baht. Pakete dürfen ein Maximalgewicht von 20 kg haben.

Postämter

●**G.P.O.** (Hauptpost), Montri Rd., Phuket City, Tel. 076-211020
●**Rasada Branch,** Bangkok Rd., Phuket City

●Weitere **Zweigstellen** in Chalong, Patong Thalang, Kathu, Phuket International Airport
Die in Thailand üblichen Poststunden sind Mo-Fr 8.30-12
und 13-16.30 Uhr, Sa 8.30-12 Uhr; So u. Fei geschlossen.

Telefonieren

Zum Telefonieren innerhalb der Insel oder innerhalb Thailands stehen zahlreiche öffentliche **Tele-
fonhäuschen** zur Verfügung. Es gibt blaue Telefon-
zellen für Inlandsgespräche und rote für Ortsgespräche (d.h. in diesem Fall für die gesamte Insel).
Für Ortsgespräche an Münzautomaten können
1- und 5-Baht-Münzen eingeworfen werden
(1 Baht = 3 Min. Sprechzeit). Die Münzautomaten
werden jedoch zunehmend durch Karten-Auto-
maten ersetzt. Die dazu benötigten Telefonkarten
werden in vielen Geschäften verkauft, so etwa in
den Filialen von *7-Eleven,* in Zeitschriftenläden und
in den Kaufhäusern von Phuket City.
Wichtig! Seit 2001 müssen auch bei allen Orts-
gesprächen in Thailand die entsprechenden **Vorwahlnummern** des betreffenden Ortes mit gewählt werden! Bei Gesprächen innerhalb von Phuket ist somit immer die Vorwahl 076 mit zu
wählen, innerhalb von Bangkok die Vorwahl 02.
Die Umstellung des Telefonsystems wurde nötig,
um so mit einem Schlag Millionen weiterer An-
schlussnummern zu schaffen.

Wichtige Telefonnummern

Polizei-Notruf	191
Tourist Police	1699
Polizei	076-212046, 076-212115
Feuerwehr	076-211111, 199
Krankenwagen und Seerettung	1555, 076-383907
Phuket Airport	076-327230-5
Hauptpost (G.P.O.)	076-211020
TAT (Tourism Authority Thailand)	076-212213
Telefonauskunft, Inland	1133
Telefonauskunft, Ausland	100
Vorwahl Phuket	076
Vorwahl Bangkok	02
Vorwahl Chiang Mai	053

Reisetipps A–Z

Gespräche nach Deutschland werden mit der Landesvorwahl 00149 angewählt, darauf folgt die Stadtvorwahl ohne die Anfangs-Null, dann die Nummer des gewünschten Anschlusses.

Die Vorwahlnummern 081, 083, 084, 085, 086, 087, 088 oder 089 gelten **für Handys.** Keine Vorwahlnummern sind nötig für die drei- oder vierstelligen Sondernummern wie die der Polizei oder der Touristenpolizei.

Auslandsgespräche können per Karte *(Lenso)* von Fernsprechautomaten geführt werden. Die normalen Tarife der staatlichen thailändischen Telefonbehörde sind relativ hoch. Alternativ bietet sich die Benutzung einer **Auslands-Telefonkarte** an, so wie die *Hatari PhoneCard, CAT PhoneNet* oder die *ThaiCard.* Bei beiden muss zunächst eine Kontaktnummer angewählt werden, und nach Aufforderung durch eine automatische Ansage ist die auf der Karte vermerkte Code-Nummer einzugeben; danach die Nummer des gewünschten Fernsprechteilnehmers im Ausland. Ein einminütiges Telefonat nach Deutschland kostet auf diesem Wege nur 6 Baht. Auch diese Karten sind in den oben genannten Geschäften erhältlich.

Telefax (fax): siehe den Abschnitt zum Telecommunications-Office im Kapitel „Phuket City".

Mobil telefonieren

Das eigene **Mobiltelefon** lässt sich in Thailand nur nutzen, wenn man ein Dualband- oder Triband-Handy hat, das auch auf GSM 1800 MHz funktioniert, was von den meisten thailändischen Mobilfunkgesellschaften verwendet wird. Wegen hoher Gebühren sollte man bei seinem Anbieter nachfragen oder auf dessen Website nachschauen, welcher der Roamingpartner günstig ist und diesen per **manueller Netzauswahl** voreinstellen. Nicht zu vergessen sind die **passiven Kosten,** wenn man von zu Hause angerufen wird (Mailbox abstellen!). Der Anrufer zahlt nur die Gebühr ins heimische Mobilnetz, die teure Rufweiterleitung ins Ausland zahlt der Empfänger.

Je nachdem, welchen Provider man hat, kann man sein Mobiltelefon auch in Thailand einsetzen. Dort nutzt man vor allem GSM 1800 MHz, aber auch die in Europa üblichen GSM 900 MHz. Wenn man ein Dualband-Mobiltelefon hat, kann man beide Frequenzen nutzen. Bei Nutzung eines europäischen Gerätes in Thailand muss man jedoch mit **hohen Roaming-Kosten** rechnen. Preiswerter geht es, wenn man bei seinem Provider nachfragt oder auf der Website nachschaut, welcher der Roamingpartner in Thailand am preiswertesten ist und diesen per manueller Netzauswahl voreinstellt.

Nicht zu vergessen sind auch die **passiven Kosten,** wenn man von zu Hause angerufen wird. Ein in ihrem Heimatland befindlicher Anrufer, zahlt nur die Gebühr ins inländische Mobilnetz und die Rufweiterleitung nach Thailand findet man später auf der eigenen Mobilrechnung wieder.

Extrem ärgerlich sind die Kosten vor allem, wenn man nur vergessen hat, die **Rufumleitung** auf die Mailbox zu deaktivieren. Wenn man dann nicht zu erreichen ist oder es besetzt ist, schlägt die Rufumleitung nach Thailand und dann zurück nach Europa sich doppelt auf Ihrer Rechnung nieder.

Wesentlich preiswerter ist es sich von vornherein auf das **Versenden von SMS** zu beschränken. Tipp: Man lasse sich von allen wichtigen Personen eine SMS schreiben, sodass man im Ausland nicht zu wählen braucht, sondern nur auf „Antworten" drücken muss. Der Empfang von SMS ist in der Regel kostenfrei, der von Bildern per MMS nicht nur teuer, sondern je nach Roamingpartner auch gar nicht möglich.

Falls das Mobiltelefon SIM-lock-frei ist (keine Sperrung anderer Provider vorhanden ist) und man viele Telefonate innerhalb Thailands führen möchte, kann man sich ein **thailändisches Prepaid-Starter-Kit** besorgen (z.B. bei *AIS* (GSM 900), *DTAC* (GSM 1800) oder *True* (GSM 1800)) und dann bei Bedarf immer wieder aufladen.

Die **Vorwahlen bei Handys** in Thailand sind 081, 083, 084, 085, 086, 087, 088 oder 089, bei Gesprächen aus dem Ausland muss aber die Null weggelassen werden. Wer einen Handy-Anschluss vom Ausland aus anruft, hat die Vorwahl 0066-81, -83, -84-, 85, -86, -87, -88 bzw. -89 zu wählen (0066 für Thailand), dann die Nummer des gewünschten Teilnehmers.

Kurierdienste

- **DHL International,** 61/4 Thepkrasattri Rd., Amphur Muang, Tel. 076-258500-2
- **TNT Express Worldwide,** 12 Nimit 1 Rd., Amphur Muang, Tel. 076-220799

Internet

Internet-Cafés

Internet-Cafés erfreuen sich in Thailand immer größerer Beliebtheit, und auch die Surf-Preise sind in den letzten Jahren erheblich gesunken. In Patong und an den anderen Stränden sind die Preise noch relativ hoch, ca. 1 Baht/Min. In Phuket City kostet eine Stunde meist 15-30 Baht.

Internetläden kommen und gehen, die folgenden haben sich jedoch bisher als ausdauernd erwiesen:

- **Butterfly IT Service,** 192/36 Karon Rd., Tel. 076-396548, E-Mail: info@butterfly-it-service.com
- **Speed Net Shop,** 179/2 Rat-U-Thit Rd., Patong Beach, Tel. 076-292754, E-Mail: speednetshop@hotmail.com
- **Blue.com Internet Café,** 50/4 Sai Yuan Rd, Rawai, Tel. 076-288167, E-Mail: bluecomthai@hotmail.com
- **The Tavern,** 64/3-4 Rasada Rd., Phuket City, Tel. 076-223569, E-Mail: creative@phuket.ksc.co.th
- **Holiday Plaza,** 174 Phuket Rd., Phuket City, Tel. 076-218424

Restaurant mit kostenlosem Wireless-Internetzugang am Kamala Beach

Mit eigenem Laptop

Wer seinen Laptop auf Reisen mitnimmt, in Thailand aber keinen ISP (International Service Provider) hat, kann sich einen **temporären Anschluss** verschaffen. Zahlreiche Provider bieten Internet-Packs an, die eine Benutzung des Webs für eine bestimmte Anzahl von Stunden erlauben. In den Packs sind eine User-Nummer und eine Code-Nummer enthalten, die nach Einwählen in das Netz eingegeben werden – und fertig ist die Verbindung! Die Packs sind in Internet- oder Telekommunikations-Läden in Phuket erhältlich. In Bangkok findet man sie im Mahboonkrong Centre (Phya Thai Rd.; 4. St.) und im Panthip Plaza (Petchaburi Rd.), dem Computer-Mekka der Stadt. Ein Internet-Pack mit 50 Std. Benutzerzeit kosten zurzeit, je nach Geschäft, ca. 300 Baht.

WiFi-Internetverbindungen sind auf Phuket noch relativ rar. Einige wenige Hotels, Bars und Restaurants bieten kostenlosen WiFi. In den Hotelbeschreibungen etc. ist dies gegebenenfalls angemerkt. In den Filialen von *Starbucks* kostet WiFi teure 150 Baht/Std.

Reisetipps A–Z

Sicherheit

Literaturtipp:
„Schutz vor
Gewalt und
Kriminalität
unterwegs"
aus der
Praxis-Reihe
des REISE
KNOW-HOW
Verlags

Phuket ist im Allgemeinen eine sehr sichere Insel,
und Diebstähle oder schlimmere Straftaten an
Touristen sind selten, kommen aber – wie überall –
vor. Hier noch ein paar Hinweise im Detail:

Zu den unangenehmsten Zeitgenossen auf Phuket gehören die **Tuk-Tuk-Fahrer** an den Stränden,
die mit ihren roten Tuk-Tuks oft die Strandstraßen
vollparken. Sie fordern für kurze Strecken von
1-2 km ungeniert 200 Baht oder mehr. Zudem
sind viele von ihnen Raubeine, mit denen man
sich besser nicht anlegt. Das Beste: die Tuks-Tuks
so weit wie möglich meiden, stattdessen ein eigenes Fahrzeug mieten (Auto oder Motorrad) oder
Kurzstrecken einfach laufen. Muss man partout
ein Tuk-Tuk nehmen, dann auf jeden Fall kräftig
handeln! Wenn man eine Strecke von z.B. 10 km
für 250 Baht bekommt, ist man nach Phuket-Verhältnissen gar nicht schlecht bedient. Taxis in
Bangkok sind nicht halb so teuer.

Die Tuk-Tuks parken meist an den günstigsten
Stellen in den Strandorten, und wenn man „ihren"
Parkplatz belegt, werden sie bitterböse und es
kann zu Konflikten kommen. Kurzum: Die Tuk-Tuk-
Fahrer sind wohl die Leute in Phuket, die den
schlechtesten Eindruck im Gedächtnis hinterlassen.

Von **nächtlichen Spaziergängen** an einsamen
Stränden ist abzuraten. Einige Sexualdelikte an
Frauen sind vorgekommen und Raub ist ebenfalls
nicht auszuschließen. Das Tragen von teuren Uh-
ren oder teurem Schmuck kann eine „Einladung"
dazu sein. Man sollte sich generell ähnlich vorsich-
tig verhalten wie in einem Strandort in Europa.

Diebstähle im Hotel kommen vor, sind aber
nicht sehr häufig. Manche Zimmer verfügen über
Safes, aber auch diese sind nicht hundertprozen-
tig sicher; so mancher Gast hat sein verstautes

Polizistenfigur am Wat Phra Nang Sang

Geld verloren, und gelegentlich wird echtes Geld gegen Falschgeld ausgetauscht. Um dem entgegenzuwirken, sollte man so wenig Bargeld wie möglich deponieren. Traveller-Schecks oder Bankkarten, mit denen bei Bedarf Geld abgehoben wird, sind eine bessere Lösung. Schmuckstücke oder andere Wertsachen sollten besser im Gepäck weggeschlossen werden.

Einladungen zum Mitzechen von angetrunkenen Thais sollten höflich-lächelnd abgelehnt werden. Manche Trunkesfreunde laden Touristen ein, bei denen am Ende dann die gesamte Rechnung hängenbleibt. Außerdem sind betrunkene Thais sehr leicht reizbar und eine gute Stimmung kann in Sekundenschnelle in Aggression umschlagen.

Prostituierte mischen ihren Freiern gelegentlich ein **Schlafmittel** unter, und wenn „mann" aufwacht, ist von den Wertsachen nicht mehr viel vorhanden. Immer ein Auge auf das werfen, was man gerade trinkt! Das kann u.U. auch in dubiosen Bars angebracht sein.

Ähnlich agieren manche „Ladyboys" oder Transvestiten – auf Thai *gathoey* –, von denen besonders in Patong viele ihr Unwesen treiben. Manche sind sehr aggressiv oder unberechenbar, einige verdingen sich neben ihrer „normalen" Tätigkeit auch als Taschendiebe oder Gelegenheitsräuber.

Polizei

Bei Straftaten, die an Touristen begangen wurden, ist sofort die **Tourist Police** (*thamruat torng-tiau*) zu benachrichtigen, die speziell für die Klagen von Touristen eingerichtet worden ist. Die Abteilung der Tourist Police von Phuket ist 24 Std. geöffnet. Die **Hauptstelle** befindet sich in 100/31-32 Chaloermphakriat Rd., nahe Bypass Rd., Tel. 076-254693, 076-225361, 076-355015 oder Notrufnummer 1699. E-Mail: phukettouristpol@phuket police.com, Internet: http://phuketdir.com/pkt touristpolice/. Eine kleine Zweigstelle befindet sich etwas versteckt in einer Seitengasse der Mae-luan Road, direkt gegenüber dem Eingang des *Phuket Pavilion Resort Hotels* in Phuket City. Eine weitere Außenstelle befindet sich an der Thawe-wong Road in Patong.

Ist die Tourist Police aus irgendeinem Grunde nicht zu erreichen, so kann die normale **Polizei** landesweit unter Tel. 191 gerufen werden.

**Ausweis-
verlust/
dringender
Notfall**

Wird der **Reisepass** oder Personalausweis **im Ausland gestohlen,** muss man diesen bei der örtlichen Polizei melden. Darüber hinaus sollte man sich an die nächste diplomatische Auslandsvertretung seines Landes wenden, damit man einen Ersatz-Reiseausweis zur Rückkehr ausgestellt bekommt (ohne kommt man nicht an Bord eines Flugzeuges!).

Auch in dringenden **Notfällen,** z.B. medizinischer oder rechtlicher Art, Vermisstensuche, Hilfe bei Todesfällen, Häftlingsbetreuung o.Ä. sind die Auslandsvertretungen bemüht, vermittelnd zu helfen.

Notrufnummern

Polizei-Notruf 191
Tourist Police 1699

●**Deutschland:** German Embassy, 9 South Sathorn Rd, **Bangkok,** Tel. 02-2879000 oder 8456224 außerhalb der Geschäftszeit;

German Honorary Consulate-General, 100/425 Mu 3, Chalermprakit R. 9 Rd (North Bypass Rd), Rassada, neben *Phuket Tourism Association,* **Phuket,** Tel. 076-354119.
●**Schweiz:** Swiss Embassy, 35 North Wireless Rd, **Bangkok,** Skytrain-Station Chitlom, Tel. 02-2530156.
●**Österreich:** Austrian Embassy, 14 Soi Nandha, off Soi 1, Sathorn Tai Rd, **Bangkok,** Tel. 02-3036057;

Austrian Honorary Consulate, 2 Virathongyok Rd, M.4, Wichit District, **Phuket,** Tel. 076-2483346.

Tauchschulen

●**Calypso Divers,** 109/17 Taina Rd., Kata, Tel./Fax 076-330869 oder Patong Beach, Tel./Fax 076-344337, E-Mail: info@calypsophuket.com, www.calypsophuket.com
●**Chalong Sea Sport,** 43/53 Mu 5, Chaofa Rd., Chalong Bay, Tel. 081-7874690, E-Mail: dive@chalongseasport.com, www.chalongseasport.com
●**Holiday Diving Club,** 69/131 Phuket Villa 3, Chaofa Rd., Phuket City, Tel. 076-244484, E-Mail: seawalk@phuket.ksc.co.th
●**Kingfisher Diving Company,** 189/3 Rat-U-Thit Rd., Patong Beach, Tel. 076-340625, E-Mail: info@kingfisherdiving.com, www.kingfisherdiving.com
●**Kon-Tiki Diving School,** 42/14-15 Mu 5, Rawai, Amphur Muang, Tel. 076-280366, E-Mail: kontiki@loxinfo.co.th
●**Marina Divers,** Marina Cottages, P.O. Box 143, Kata-Karon Beach, Tel. 076-330272, 076-330625, 076-330517, Fax 076-330516, E-Mail: info@marinadivers.com

180ph Foto: rk

●**Ocean Divers,** 142/6 Thaweewong Rd., Patong Beach, Tel. 076-341273, E-Mail: prasert@oceanphuket.com, www.oceanphuket.com

●**Santana Diving and Canoing Center,** 49 Thaweewong Rd., Patong Beach, Tel. 076-294220 Fax 076-340360 E-Mail: info@santanaphuket.com, www.santanaphuket.com

●**Scuba Cat,** 94 Thaweewong Rd., Patong, Tel. 076-293120/1, Fax 076-219647, E-Mail: info@scubacat.com, www.scubacat.com

●**Sea Hawk Divers,** 92/21 Sawadirak Rd., Tel./Fax 076-341179, 076-344151, E-Mail: seahawkd@samart.co.th

●**Sea Bees Diving,** 1/3 Vised Rd., Ao Chalong, Tel./Fax 076-381765, 076-381943, Tel. 081-7230893, E-Mail: info@sea-bees.com, www.sea-bees.com

●**South East Asia Liveaboard Divers,** 225 Rat-U-Thit 200 Year Road, Patong Beach,Tel. 076-340406, Fax 076-340586, E-Mail: info@seal-asia.com, www.seal-asia.com

●**Westcoast Divers,** 135/1 Rat-U-Thit Rd. Patong Beach, Tel. 076-341673, E-Mail: info@westcoastdivers.com, www.westcoastdivers.com

●**White & Blue Harmony Dive Club,** 71/5 Chaofa Rd., Chalong, Tel. 076-281008, E-Mail: harmony@white-bluedive.com, www.white-bluedive.com

Literaturtipp: „Tauchen in warmen Gewässern" aus der Praxis-Reihe des REISE KNOW-HOW Verlags

Unterkunft

Das Spektrum der Unterkünfte reicht vom einfachen Holz-Bungalow bis zur Luxusvilla mit TV, Video, Kühlschrank und suitengroßem Badezimmer, und ebenso unterschiedlich sind die Preise.

Bungalows   Die Bungalows sind hölzerne oder steinerne Konstruktionen, die zumindest ein paar Meter voneinander entfernt stehen und so eine gewisse Privatsphäre sichern; sie sind also so etwas wie Mini-Eigenheime auf Zeit. **Holz-Bungalows** haben den Nachteil, dass sie schneller verwittern und auch Getier anziehen; **Stein-Bungalows** hingegen können sehr heiß werden, eine Klimaanlage ist daher ein Muss. Die meisten Bungalows haben ein **Badezimmer mit Toilette,** nur wenige – die billigsten! – gruppieren sich um Gemeinschaftsbäder. In Phuket ist so etwas heute kaum noch zu finden, eher auf Inseln wie Ko Tao oder Ko Phangan.

Zur Minimal-Einrichtung gehört ein Decken-oder Tischventilator, der für die nötige Kühlung sorgt. Bungalows können sehr stickig sein, und die (sehr wenigen) ohne Ventilator sind zwar sehr preiswert, aber nicht gerade wohnlich. Wer länger zu bleiben gedenkt, kann sich in diesem Fall aber auch selber einen Tischventilator kaufen (ab ca. 500 Baht), eine Investition, die sich beim Aufenthalt von zwei Wochen oder mehr schon lohnt.

Die meisten Bungalows bieten Doppelbetten, da sie als Einzel- und Doppelzimmer vermietet werden. Der Preis ist in den allermeisten Fällen der gleiche! Es ist also billiger, zu zweit zu wohnen.

Viele Bungalows besitzen eine kleine Veranda mit Sitzgelegenheiten, von der aus man die Aussicht genießen kann. Gelegentlich ist aber kein Türschloss vorhanden, und so empfiehlt sich das Mitführen eines eigenen Schlosses.

Hotels   Hotelzimmer können sich in ihrer Einrichtung erheblich voneinander unterscheiden. Dieser Unterschied drückt sich natürlich auch im Preis aus. Je-

Kamala Dreams Hotel

Standardausstattungen der Unterkünfte

Strandunterkünfte

● **bis 300 Baht:** gelegentlich kein eigenes, sondern nur Gemeinschaftsbad; Ventilator, es sei denn, Billigstunterkunft von ca. 150-200 Baht; extrem schlichte Einrichtung

● **300-800 Baht:** eigenes Bad; Deckenventilator; recht komfortable Einrichtung; ab ca. 400/500 Baht wahrscheinlich TV

● **800-1500 Baht:** Bad mit möglicherweise auch warmem Wasser; AC; komfortable Einrichtung

● **über 1500 Baht:** Bad mit warmem Wasser; Klimaanlage; Satelliten-TV; Hausbar, sehr komfortable Einrichtung; möglicherweise Swimmingpool und Sportgelegenheiten

In Phuket City

● **bis 200 Baht:** meist kein eigenes, sondern nur Gemeinschaftsbad; Ventilator; schlichte Einrichtung

● **200-300 Baht:** eigenes Bad; Deckenventilator; halbwegs ordentliche Einrichtung

● **300-600 Baht:** eigenes Bad; AC; Deckenventilator; komfortable Ausstattung mit Teppich u.Ä.; ab ca. 400 Baht TV

● **über 600 Baht:** eigenes Bad mit Warm-Wasser; AC; sehr komfortable Einrichtung; TV; in den höheren Preislagen Hausbar sowie gelegentlich hoteleigener Swimmingpool

Preiskategorien

Zur Kennzeichnung des Preisniveaus der **in diesem Buch** beschriebenen Unterkünfte wird die folgende Einteilung verwendet. Sie bezieht sich lediglich auf die Preisgruppe und nicht auf Ausstattung oder Qualität und hat nichts mit dem offiziellen Sterne-System zu tun.

*	bis 200 Baht
**	200-400 Baht
***	400-800 Baht
****	800-1200 Baht
*****	1200-2400 Baht
LLL	Luxusklasse, über 2400 Baht

des Hotelzimmer hat zumindest einen **Ventilator,** jedes etwas bessere hat eine **Klimaanlage (AC).** Der Sprung von Ventilator zu Klimaanlage macht aber meist auch einen erheblichen Preisunterschied aus. Es gibt allerdings auch Ventilator-Bungalows, die über Gebühr teuer sind, vor allem an sehr populären Stränden. Zumeist sind die AC-

Räume auch komfortabler eingerichtet, z.B. mit Teppich ausgelegt und mit relativ lärmdichten Fenstern ausgestattet. **AC-Räume** haben zudem immer ein eigenes Bad.

Die teuerste Klasse von Hotelzimmern bietet **Satelliten-TV,** häufig zusätzlich ein hauseigenes **Videoprogramm** (englisch) und möglicherweise einen **DVD-Player;** dazu steht ein Kühlschrank mit Getränken, Süßigkeiten oder Snacks bereit, die so genannte **Mini-Bar.** Deren Inhalt muss bei Verzehr in den meisten Fällen auch bezahlt werden; im Zimmer liegt eine entsprechende Preisliste aus. Die Hotels spendieren meist nur zwei kleine Flaschen Wasser pro Tag, die sie kostenlos in den Kühlschrank stellen.

Da Hotels und Bungalows in Thailand keiner Klassifizierung in „Sterne" unterliegen, lässt meistens nur der Zimmerpreis einen Rückschluss auf den zu erwartenden Standard zu. Aber natürlich auch nicht immer, da einige Unternehmen – wie in anderen Branchen auch – zu unangemessenen Hochpreisen neigen.

Privatunterkünfte Neben den Hotel- und Bungalow-Unterkünften gibt es vereinzelt noch Privatunterkünfte, vor allem am Kamala Beach. Dies sind Privathäuser, deren Zimmer zu **Gästezimmern** umfunktioniert wurden, oder die in ihrer Gesamtheit vermietet werden. Die Ausstattung ähnelt der der besseren Hotelunterkünfte – eigenes Bad und Ventilator sind zumindest vorhanden, oft auch AC. Diese Unterkünfte kosten 500-1000 Baht, mit erheblichen **Nachlässen bei Langzeitgästen** (ab 1 Monat) und in der Off-Season.

Buchung über das Internet Zahlreiche, zumeist preislich höher angesiedelte Hotels lassen sich übers Internet buchen. Dabei ergibt sich oft eine Preisersparnis gegenüber dem „Walk-In"-Preis. Web-Adressen von Anbietern siehe im Anhang des Buches unter „Informationen aus dem Internet".

Reisetipps A–Z

Preise

Zu beachten ist, dass die Unterkünfte am **Patong Beach** teurer sind als an anderen Stränden. Immer häufiger gibt es auch **ganze Häuser** zu mieten, man beachte diesbezüglich die Hinweisschilder, die in den Strandorten, aber auch anderswo dafür werben. Die Häuser kosten je nach Lage, Größe und Zustand ca. 3000-30.000 Baht. Handeln!

Wie überall, so haben auch die Preise in Phuket die Angewohnheit zu steigen. Hotel- und Bungalow-Unternehmen erhöhen gelegentlich ihre Preise auch kurzzeitig, so z.B. zu **Weihnachten/Neujahr** und (in Phuket City) anlässlich des „Vegetarischen Festivals". Einige Unternehmen klammern dabei die schon bei ihnen wohnenden Gäste von der Preiserhöhung aus, andere informieren diese, dass sie „ab morgen" eine höhere Miete zu zahlen hätten. Die einzig richtige Reaktion ist es (meiner Ansicht nach), sofort das Haus zu verlassen.

Zu Weihnachten und Neujahr veranstalten einige Hotels (vor allem in Patong) **Buffets,** die natürlich bezahlt werden müssen. Das ist an sich noch nichts Schlimmes, leider teilen einige Hotels ihren Gästen aber mit, dass sie am Buffet teilzunehmen (und zu zahlen!) hätten, ansonsten müssten sie sofort ihre Zimmer räumen! Auch dieses Verhalten sollte durch einen sofortigen Wohnboykott quittiert werden. Leider wechseln die Namen der Übeltäter jährlich, und es ist schwer, vor derartigen Hotels namentlich zu warnen.

Preisnachlässe gibt es aber auch, so in der Regenzeit von Mai bis September, die als „Off-Season" oder Nebensaison gilt. An den Stränden sind dann Ermäßigungen von bis zu 50 % die Regel, möglicherweise lässt sich noch ein weiterer Preisnachlass aushandeln. Diese Preisstürze gibt es aber nur an den Stränden, nicht in Phuket City.

Wer in einer **Oberklasse-Unterkunft** an einem der Strände zu wohnen gedenkt, der ist zumeist mit der Buchung eines **Tour-Pakets** besser bedient, als wenn er sich eine Unterkunft vor Ort sucht. Die „Walk-In"-Preise der Top-Unterkünfte (d.h. die Preise, die man zu zahlen hat, wenn man unangemeldet als Individualreisender im Hotel aufkreuzt) sind oft horrend. Preise von über 10.000 oder 15.000 Baht sind durchaus keine Seltenheit. Bei Buchung einer Package-Tour zahlt man meist weniger als die Hälfte des „Walk-In"-Preises. Bei den teureren Hotel ist zumeist das Frühstück – oft in Form eines Frühstücks-Buffets – eingeschlossen.

Verhaltensregeln

Der **Kopf** eines Menschen gilt den Thais als heilig, und so sollte man niemanden dort anfassen, egal wie gut die Geste gemeint sein mag. Von den Thais würde dies als schwere Missachtung der Person oder gar als bewusste Beleidigung aufgefasst werden.

Die **Füße** einer Person gelten als unrein, und man sollte nie mit den Fußsohlen auf jemanden zeigen, da dies einer Erniedrigung gleichkommt. Es gilt also stets so zu sitzen, dass die Fußsohlen nicht sichtbar sind, die ja sonst früher oder später auf irgendjemanden weisen würden. Auf keinen Fall darf so auf Buddha-Statuen gezeigt werden!

Beim Betreten eines Hauses gehört es zum guten Ton, die **Schuhe** vor der Schwelle auszuziehen. Das hat erstens hygienische Gründe, und zweitens gelten auch Schuhe als unrein, da sie den „untersten" Körperteil bekleiden.

Das **Zeigen mit dem Finger** auf eine Person ist eine Beleidigung, da in früheren Zeiten so nur Herren auf ihre Sklaven deuteten. Besser ist es, kurz mit dem Kopf in Richtung der betreffenden Person zu nicken.

Wutanfälle sind völlig zu unterdrücken, auch wenn man sich im Streitfalle vollkommen im Recht fühlt. Herumgeschrei gilt in den Augen der Thais als Ausdruck von bemitleidenswertem Wahnsinn.

Entweder ziehen sie sich verschreckt zurück, oder sie „machen dicht", und der so Agierende wird automatisch als die schuldige Partei angesehen.

Im schlimmsten Falle fördert dieses Benehmen aggressive und gar gefährliche Situationen, da die Thais sich in einer solchen ungewohnten Situation bedroht fühlen. Die thailändische Methode, solche Momente zu meistern, ist die des *jai yen* oder „kühlen Herzens", das in jeder Lage überlegen, geduldig und unerschütterlich ruhig bleibt.

Lautes Gehabe im Restaurant, im Bus oder an anderen öffentlichen Orten gilt als Ausdruck von Grobschlächtigkeit und trägt nicht dazu bei, Freunde zu gewinnen. Die Thais lieben sanfte, ruhige Stimmen und Menschen, die sich nicht aus der Fassung bringen lassen. Lautes Gelächter ist ebenfalls zu vermeiden.

Geiz ist eine der verhasstesten Eigenschaften in Thailand, und wer sich nicht allzu unbeliebt machen will, muss gelegentlich die Rechnung für die gesamte Tischrunde begleichen. Das „going Dutch", das penible Aufteilen der einzelnen Anteile an der Rechnung, empfinden die Thais als verabscheuungswürdig kleinkariert. Das Wort *ki-niau* (= geizig) ist wahrscheinlich eines der ersten, das der Ausländer in Thailand lernen wird.

Das **Werfen von Gegenständen** gilt als unhöflich und derbe. Wer gar Essen oder Essensreste durch die Gegend wirft, schockiert damit seine Umwelt und stempelt sich zum Grobian.

Das **Anfassen von Personen** in der Öffentlichkeit gilt als unhöflich, es sei denn in einer Mutter-Kind-Beziehung o.Ä. Männer, die Frauen so berühren, degradieren diese zu unrespektablen Personen und eventuell sogar zu Prostituierten. Nebenbei stellt der Mann sich damit selber als „ungehobelter Klotz" dar.

Die **Königsfamilie** genießt höchste Verehrung, und abfällige Kommentare dazu sind absolut zu unterlassen. Nicht nur, weil damit die Thais aufs Tiefste beleidigt würden, sondern weil auf die Ma-

Reisetipps A–Z

jestätsbeleidigung eine Höchststrafe von 15 Jahren Gefängnis steht! Am besten macht man es wie viele Thais und enthält sich jeder öffentlichen Stellungnahme, da eine falsch verstandene Bemerkung sehr viel Ärger einbringen könnte.

Das **Sitzen auf Buddhastatuen,** z.B. beim Posieren für Fotos etc., kann ebenfalls mit Gefängnis bestraft werden, da es als eine bewusste Verhöhnung der Religion aufgefasst werden kann.

Klagen über Personen oder Zustände werden alles andere als gern gehört. Thais beklagen sich öffentlich so gut wie nie. Das Klagen erfüllt auch nur selten seinen Zweck, wahrscheinlicher ist, dass man als schlechter, übelredender Mensch angesehen wird. Die Thais neigen zum extremen Gegenteil des Klagens und sind allzu schnell mit **Schmeicheleien** und Süßholzraspelei bei der Hand. Die Schmeicheleien haben den generellen Zweck, das Gegenüber friedlich zu stimmen und das soziale Leben so reibungslos wie möglich zu gestalten.

Tragen von **Strandkleidung** bei Besuchen von Tempeln, Moscheen etc. ist unstatthaft und wird als Missachtung der betreffenden Religion gewer-

Aufforderung die Schuhe auszuziehen
am Jui Tui Temple in Phuket City

tet. Auch beim Stadtbummel sollte „ordentliche Kleidung" getragen werden, die kein Übermaß an Haut zur Schau stellt. Das Umherschlendern im Bikini, mit großzügig ausgeschnittenen Blusen oder mit bloßem Oberkörper (Männer) wird von den Thais als barbarisch und unästhetisch empfunden. Kein Thai – mit Ausnahme von gesellschaftlichen Außenseitern wie Bargirls oder „asozialen Elementen" – würde sich so in der Öffentlichkeit zeigen. Frauen sollten abseits des Strandes auch einen BH tragen, alles andere gilt als „hässlich".

Trinkgelder sind in den einfachen Restaurants nicht üblich und schon gar nicht an Essensständen oder Garküchen. In gehobeneren Restaurants werden sie dagegen erwartet; zehn Prozent der zu zahlenden Summe sind in jedem Fall ausreichend. Einige Restaurants schlagen automatisch eine „service charge" auf den Preis auf, und dort sind dann keine Trinkgelder mehr nötig (wenn auch dennoch gern gesehen!). Bei Taxi- oder Tuk-Tuk-Fahrten werden keine Trinkgelder gegeben.

Verkehrsmittel

Songthaews

Eines von Thailands ureigensten Nahverkehrsmitteln sind die Songthaews (songthäo), umfunktionierte **Last- oder Kombiwagen,** auf deren Ladefläche sich zwei Sitzreihen gegenüber stehen (song thäo = „zwei Reihen"), auf denen die Passagiere Platz nehmen. Diese Songthaews können bedrückend eng sein, auf Phuket sind sie jedoch ausgesprochen groß und haben bis zu 30 Sitze – das heißt, wenn man etwas nachhilft: Sind die zwei Sitzreihen voll belegt, so wird eine dritte, eine Art Behelfsbank, eingesetzt, die normalerweise auf dem Dach des Fahrzeugs aufbewahrt wird. Das song thäo wird somit zum saam thäo, d.h. einem Gefährt mit drei Sitzreihen. Zu den Haupt-

Fahrpreisrichtwerte Songthaews (ab Phuket City)

Ao Chalong	25 Baht
Ao Makham	25 Baht
Ao Por (Bootspier nach Nakha Noi Island)	35 Baht
Aquarium	25 Baht
Bang Rong (Boote nach Ko Yao Noi)	35 Baht
Bang Tao	30 Baht
Heroines' Monument	20 Baht
Kamala Beach	35 Baht
Karon Beach	30 Baht
Kata Beach	35 Baht
Kata Noi Beach	40 Baht
Kathu	20 Baht
Ko Siray (nur wenige Songthaews frühmorgens)	15 Baht
Laem Panwa	25 Baht
Laem Singh	30 Baht
Nai Harn Beach	40 Baht
Nai Yang Beach	50 Baht
Patong Beach	25 Baht
Rawai Beach	30 Baht
Sarasin-Bridge	30 Baht
Sapam	15 Baht
Surin Beach	30 Baht
Thalang	20 Baht
Tha Rüa	20 Baht

Reisetipps A–Z

verkehrszeiten werden die Passagiere zudem dicht an dicht gedrängt, und so mancher verbringt die Fahrt stehend auf dem Trittbrett, was bei den Temperaturen aber gar nicht so unangenehm ist.

Routen

Phuket verfügt über ein Songthaew-Netz, das auf mehr oder weniger festgesetzten Routen operiert. Mehr oder weniger, da gelegentlich dem Wunsch eines (vielleicht gut bekannten) Passagiers entsprochen und ein kleiner Umweg zu dessen Haus gemacht wird. Alle Songthaew-Routen haben ihren **Ausgangspunkt** in Phuket City, am **Morgenmarkt** *(talaat sot)* in der Ranong Road. Einige wenige fahren auch von der Südostseite des Kreisverkehrs zwischen der Ranong und der Rasada Road ab, also nur wenige Schritte vom Markt entfernt.

Die Songthaews fahren täglich von 7 bis 17 Uhr, halbstündlich. Ist das Fahrzeug jedoch schon vorher einigermaßen voll, geht's auch früher los. Vor ihrer endgültigen Abfahrt aus Phuket City drehen die Songthaews meist noch einige Runden durch die Innenstadt, um noch weitere Passagiere zu finden. Der Vorteil ist, dass auch der Tourist nicht immer gleich zum Haltepunkt am Markt muss, sondern das Fahrzeug mit dem Zielort seiner Wahl auch an der Straße stoppen kann. Die meisten Songthaews vermerken ihren Zielort in Englisch und Thai auf Schildern am Dach.

Von einigen Zielorten fahren oft schon früh nachmittags keine Songthaews mehr zurück. Das gilt besonders für die Songthaews ab Mai Khao Beach, Nai Yang Beach und Ao Por. Für diesen Fall sollte schon bei der Hinfahrt mit dem Fahrer geklärt werden, wann etwa der letzte Songthaew zurückfährt. Auch diese letzten Rückfahrzeiten können aufgrund von lokalen Gegebenheiten (z.B. Wochenmarkt) variieren.

Nicht sehr gut bestellt ist es um die Rückfahrt vom Nai Harn Beach, zu dem aufgrund seiner „Endstationslage" – die Straße endet hier – nur

wenige Songthaews fahren. Wartezeiten von einer Stunde für die Rückfahrt sind nicht ungewöhnlich. Es kommt auch vor, dass die Fahrer überhöhte Preise nehmen, um dann mit weniger Passagieren zurückzufahren.

Fahrpreise Die Fahrpreise für bestimmte Zielorte sind von der Provinzregierung festgesetzt worden, gelegentlich versuchen die Fahrer aber, dem unbedarften Touristen ein paar Baht mehr zu entlocken. Bei Zielorten, die irgendwo auf der Strecke liegen, können bei verschiedenen Fahrten schon einmal verschiedene Preise verlangt werden. Das liegt daran, dass die Fahrer dann selber nicht wissen, wie viel sie für die Strecke nehmen sollen. Bezahlt wird immer beim Aussteigen.

Tuk-Tuks

Die Tuk-Tuks, deren Name von dem Geräusch stammt, das sie verursachen, sind eigentlich kleine, dreirädrige **Minitaxis.** Phukets Version des Tuk-Tuk ist jedoch um eine Klasse besser: Die Fahrzeuge sind so etwas wie eng gebaute, vierrädrige Minibusse mit zwei Sitzreihen. So gesehen könnte man sie auch „Songthaew" nennen, aber da entstünden Verwechslungen mit den zuvor beschriebenen Vehikeln.

Die Tuk-Tuks fahren **ohne feste Routen** oder Haltestellen und nehmen die Passagiere auf, die an der Straße ihren Mitfahrwunsch (durch Handzeichen) signalisieren. Dann nennt man dem Fahrer seinen Zielort und, falls dieser auf dessen augenblicklicher Strecke liegt, fährt mit. Ist das Tuk-Tuk leer, so bestimmt man natürlich selber in gewisser Weise die Route.

Die Tuk-Tuks sind somit ein geniales Nahverkehrsmittel, in Phuket City sind sie Ersatz für Taxi und Bus zugleich. Ein Busnetz gibt es noch nicht,

Reisetipps A–Z

**Fahrpreisrichtwerte Tuk-Tuks
(außer bei der Fahrt zum Flughafen Preise
für Hin- und Rückfahrt, inkl. Wartezeit von
1-2 Std.) ab Phuket City**

Airport	250-300 Baht
Ao Chalong	250-300 Baht
Ao Makham	250-300 Baht
Heroines' Monument	300 Baht
Kamala Beach	600-700 Baht
Karon Beach	500-600 Baht
Kata Beach	500-600 Baht
Kathu	250 Baht
Laem Panwa	300-400 Baht
Laem Sing	600-700 Baht
Mai Khao Beach	700-750 Baht
Nai Harn Beach	500 Baht
Nai Thon Beach	700-800 Baht
Nai Yang Beach	700-800 Baht
Patong Beach	600 Baht
Rawai Beach	400-500 Baht
Surin Beach	600-700 Baht
Thalang	500 Baht

wer möchte, kann ein Tuk-Tuk auch zu längeren Fahrten außerhalb der Stadt chartern. Dazu ist der **Preis** im Voraus auszuhandeln. Bei allen in diesem Buch aufgeführten Sehenswürdigkeiten oder anderen Zielorten ist jeweils der zu erwartende Fahrpreis angegeben.

Innerhalb des Stadtbereiches von Phuket City aber kosten alle Tuk-Tuk-Fahrten 15 Baht pro Person. Das ist der offiziell festgesetzte Preis. Bei einigen Zielen innerhalb der Stadt, die entweder eine außergewöhnliche Fahrstrecke erfordern oder von denen aus der Fahrer wahrscheinlich keinen Passagier für die Rückfahrt erwarten kann, werden meistens 30-50 Baht verlangt.

Vorsicht vor den Tuk-Tuk-Fahrern, die vor den teuren Hotels auf Passagiere warten, um ihnen dann Wucherpreise abzuknöpfen! Auch für sie gilt die offizielle 10-Baht-Regel! Wenn nach 18 Uhr die Songthaews ihren Dienst eingestellt haben, verdienen einige der Tuk-Tuk-Fahrer Unsummen, indem sie die Touristen, die die letzte Abfahrt verpasst haben, zu den Stränden befördern.

Der in Nähe des Songthaew-Standes wandelnde Tourist wird dann von unzähligen Fahrern mit dem Ruf „Hello – Patong!" ins Tuk-Tuk gelockt. Für die Fahrten zu den Stränden werden dann Fantasiepreise von 400-500 Baht, und je später die Stunde, desto höher der Preis. Die normalen Preise sind den Kapiteln über die Strände, Rubrik „Anfahrt" zu entnehmen.

Taxis

Vor einigen Jahren wurden in Phuket Taxameter-Taxis (Farbe gelb-blau) eingeführt, die von einer Privatfirma betrieben werden. Der Taxameter-Anschlag liegt bei 50 Baht (bis zu 2 km), jeder weitere Kilometer kostet 7 Baht.

Motorrad-Taxis

An vielen Stellen in Phuket City, besonders an belebten Straßenecken, finden sich Halteplätze für **Motorrad-Taxis.** Die Fahrer sind an ihren roten Westen samt Registriernummer zu erkennen. Fahrten innerhalb der Stadt kosten meist 20-30 Baht, bei Strecken über 3 oder 4 km auch mehr. Offiziell ist der **Mimimalpreis** von der Stadtverwaltung zwar auf 30 Baht festgesetzt, aber selbst viele der Fahrer sehen ein, dass vielen Touristen das für eine Strecke von 1 km zu viel ist – ganz zu schweigen von den Bewohnern Phukets, denen ebenfalls dieser Preis abverlangt wird. Kurzstrecken (1-1,5 km) sind immer noch zu 20 Baht zu haben. Die meisten Fahrer sind ganz nette Kerle, und wenn man öfter mit ihnen fährt, machen sie ganz passable Preise. Nicht alle sind übrigens „Kerle" – an Kreisverkehr in der Yoawarat Rd./Rasada Rd. in Phuket City befindet sich ein Motorradtaxi-Stand, der ausschließlich von einigen burschikos aussehenden Damen „bemannt" wird.

Bussystem

Es gibt ein kleines Bussystem in Phuket City. Von Sapan Hin fahren Busse auf vielen Schlenkern und Schlängelungen zum „Big C"-Shopping-Center. Die Fahrt dauert zwar lange, man kann das ganze aber auch als touristische Rundreise oder Stadtrundfahrt ansehen, und dann ist es nicht mehr so schlimm. Preis je nach Entfernung 10-20 Baht.

Selbstfahren mit gemietetem Fahrzeug

Phuket ist mit öffentlichen Verkehrsmitteln relativ problemlos zu erkunden, am einfachsten ist es jedoch mit dem geliehenen Motorrad, Auto oder Jeep. Zahlreiche Unternehmen in Phuket City oder an den Stränden bieten diese Fahrzeuge an. Die **Preise** (Mopeds 150, Motorräder 250, Jeeps 800-1000 und Autos ab 1200 Baht/Tag) können selbstverständlich variieren; saisonale Einflüsse spielen dabei eine Rolle, aber mit etwas Verhandlungsgeschick lässt sich der Preis meist drücken. Das gilt besonders beim Mieten für mehrere Tage.

Ein **internationaler Führerschein** ist nur bei einigen Verleihern erforderlich, häufig wird sogar ohne Nachweis irgendeines Führerscheines ausgeliehen. Unter keinen Umständen sollte man den Reisepass als „Pfand" hinterlegen, so wie es einige Unternehmen verlangen. Eine Kopie soll genügen.

Vor der Fahrt sollten die Fahrzeuge – wenn möglich – auf eventuelle Schäden überprüft werden, die einem sonst später angelastet werden könnten. Es ist am besten, solche Schäden im Mietvertrag festzuhalten. Ebenso ist eindeutig zu klären, wer bei Unfallschäden haftbar ist.

Viele Unternehmen versprechen unlautererweise eine **„volle Versicherung",** in den Mietverträgen finden sich dann aber Klauseln wie „Im Schadensfalle übernimmt die Mietpartei alle Kosten" etc. Solche Verträge nicht unterzeichnen! Die Klauseln sind dahingehend abzuändern, dass der Mietende

von allen Schadensansprüchen am Wagen freige-
stellt wird. Derartige Verträge gibt es automatisch
bei den großen und seriösen Firmen wie *Avis,
Hertz* etc., die allerdings fast doppelt so teuer sind
wie die kleinen Vermieter. Bei *Avis* und *Hertz* ist im
Schadensfall lediglich eine pauschale Unfallscha-
densbeteiligung von 1000 Baht zu zahlen.

Beim Motorradfahren besteht in Thailand **Helm-
pflicht,** auch wenn es nicht immer so scheint –
die Hälfte der Bevölkerung Phukets scheint ohne
Helm durch die Lanschaft zu brausen. Die Polizei
macht aber besonders gern Jagd auf Touristen, die
ohne Helm fahren, um ihnen 100-200 Baht „Ta-
schengeld" abknöpfen zu können. Besonders ak-
tiv in dieser Beziehung sind die Polizisten an der
Kreuzung Thaweewong Rd./Soi Bangla in Patong.
Bei der Miete eines Motorrads immer auch einen
Helm mitnehmen!

Wer Mitglied im ADAC, ÖAMTC oder TCS ist,
kann sich auch in Thailand im Falle einer Panne
durch den thailändischen Partner helfen lassen:

Ohne Helm ertappt: Der freundliche Herr in Schwarz darf sich freuen

●**Royal Automobile Association,** 151, Ratchadapisek
Road, Jatujak, Bangkok 10900, Tel. 02-9395770,
Fax 02-5112230, www.raat.or.th (leider nur auf thailän-
disch). Die Highway Patrol, die bei Pannen weiterhilft hat
die Telefonnummer 1193. Auf Phuket wird die *Royal Automobile Association* von *Phuket Honda Service* (Phangnga
Rd., Tel. 076-214700) vertreten.

Ansonsten kann man sich in Notsituationen aller
Art aber auch an die kostenfreie Telefonnummer
der Tourist Police wenden: Tel. 1155.

**Verleih-
firmen**

●**Adam's Car Rent:** 35/54 Chao Fa Rd., Chalong Bay,
Tel. 076-263449
●**Avis:** *Le Meridien Hotel,* Karon, Tel. 076-340480
Phuket International Airport, Tel. 076-351243
●**Budget:** Patong Merlin Hotel, Patong, Tel. 076-205396
●**Budget Car and Truck Rental:** 36/1 Mu 6
(gegenüber Flughafen), Mai Khao, Tel. 076-205396
●**Davids Car Rent,** Dusit Laguna, Bang Tao Beach,
Tel. 076-324320
●**Nim Car Rent:** Rasada Road, Tel. 076-221845
●**Phuket Atipong Co.:** 20/86 Maeluan Rd.,
Phuket City, Tel. 076-212543

Schilderwald in Phuket-City

●**Pure Car Rent:** 75 Rasada Rd. (gegenüber *Thavorn Hotel),* Tel. 076-211002. Sehr zuverlässiges Unternehmen, die Fahrzeuge sind in gutem Zustand. Suzuki-Caribian-Jeeps je nach Mietdauer und Saison ab 800 Baht/ Tag; Mopeds und Motorräder sind ebenfalls erhältlich.
●**Via Rent-a-Car:** 120/16 Rat-U-Thit Rd., Patong, Tel. 076-341660, 076-385719

Entfernungen ab Phuket City

Ao Chalong	11 km
Ao Por	26 km
Ao Sapam	8 km
Bang Tao	22 km
Bang Tao Beach	25 km
Bang-Pae-Wasserfall	19 km
Heroines' Monument	12 km
Kamala Beach	26 km
Karon Beach	20 km
Kata Beach	22 km
Kata Noi Beach	24 km
Kathu	8 km
Kathu-Wasserfall	9 km
Ko Siray	4 km
Laem Ka	17 km
Laem Panwa	10 km
Laem Promthep	19 km
Laem Singh	25 km
Mai Khao Beach	34 km
Marine Biological Research Center	10 km
Nai Harn Beach	20 km
Nai Yang Beach	30 km
National Museum Thalang	12 km
Pan Sea Bay	24 km
Patong Beach	15 km
Phuket Airport	32 km
Rawai Beach	17 km
Sarasin-Brücke	42 km
Surin Beach	24 km
Thalang	19 km
Ton-Sai-Wasserfall	22 km
Wat Chalong	8 km
Wat Phitak Tham	3 km
Wat Phra Nang Sang	19 km
Wat Phra Thong	20 km
Wat Sawang Arom	16 km
Wat Tha Rüa	11 km

Straßen-netz

Phukets wichtigste Straße ist die **Thepkasattri Road,** die auch Highway 402 genannt wird. Sie hat ihren südlichen Ausgangspunkt in der Innenstadt von Phuket City und führt vorbei am markanten Heroines' Monument weiter Richtung Norden bis zur Sarasin-Brücke und damit außerhalb des Bereiches der Provinz Phuket. Die Straße ist recht verkehrsreich, und eine vorsichtige Fahrweise ist anzuraten.

Die **wichtigsten Seitenstraßen** des Highway 402 zweigen direkt am Heroines' Monument ab, das somit der wichtigste Verkehrsknotenpunkt der Insel ist. Nicht umsonst sieht man hier alle paar Minuten Motorrad fahrende Touristen, die stirnrunzelnd ihre Landkarten befragen.

In **Richtung Westen** zweigt hier die Straße Nr. 4025 ab, die über die Ortschaften Choerng Thale und Bang Tao zu den Stränden von Surin, Laem Singh und Kamala führt.

Nach Osten zweigt die Straße Nr. 4027 ab und verläuft entlang der Südseite des Phra-Thaew-Nationalparks (mit Abzweigung zum Bang-Pae-Wasserfall) vorbei an der Bucht Ao Por (mit Abzweigung zum Pier von Ao Por) um den Nationalpark herum und endet nach einer Westwendung wieder im Ausgangspunkt, der Thepkasattri Road.

Uferstraße

Die **schönste Strecke** ist jedoch die Uferstraße, die vom Rawai Beach über Laem Promthep, Nai Harn, Kata, Karon, Patong und Kamala, Surin, Bang Tao zum einsamen Nai Thon Beach führt. Die Fahrt ist ein touristisches Erlebnis. Die meiste Zeit befindet man sich in Sichtweite des Strandes, und nur gelegentlich macht man einen kurzen Schlenker ins dicht bewachsene Binnenland. Hier zeigt sich Phuket von seinen allerschönsten Seiten. Zwischen den einzelnen Buchten sind oft mehr oder weniger steile Hügel zu überwinden. Am schwierigsten befahrbar ist die Anhöhe, die sich direkt südlich von Kamala befindet. Fährt man von Patong in Richtung Kamala, fällt die Straße

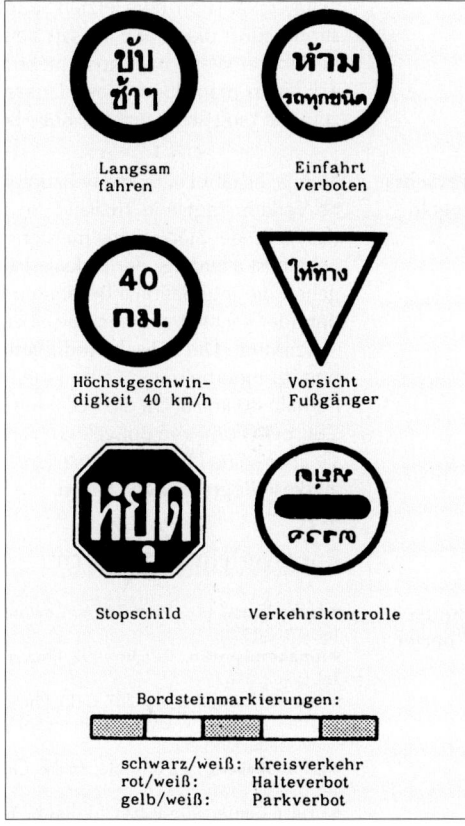

ขับ ช้าๆ
Langsam fahren

ห้าม รถทุกชนิด
Einfahrt verboten

40 กม.
Höchstgeschwindigkeit 40 km/h

ให้ทาง
Vorsicht Fußgänger

หยุด
Stopschild

ตรวจ ค้นรถ
Verkehrskontrolle

Bordsteinmarkierungen:

schwarz/weiß: Kreisverkehr
rot/weiß: Halteverbot
gelb/weiß: Parkverbot

kurz vor Kamala steil ab, das ist aber noch ganz gut zu handhaben; relativ schwierig ist der Aufstieg, wenn man in umgekehrter Richtung fährt. Abgesehen davon ist die Strecke sehr leicht befahrbar.

Wer statt mit dem Leihfahrzeug die Strecke per **gechartertem Tuk-Tuk** abfahren möchte, sollte sich 4-5 Stunden Zeit dafür nehmen, da an vielen Stellen die Aussicht einen längeren Stopp verlangt. Der Preis dafür sollte – je nach Verhandlungsgeschick – bei 800-900 Baht liegen.

Hinter Nai Thon, dem letzten Strand an der Uferstraße, führt die Straße ins satt bewachsene Landesinnere. Wenn man noch mehr Strände sehen
will, kann man durch einen Linksschwenk noch
zum Nai Yang Beach und Mai Khao Beach gelangen.

**Verkehrs-
regeln**

Nun ja, es gibt Leute, die behaupten, es gäbe keine Verkehrsregeln in Thailand. So ganz falsch ist
das nicht, der Stärkere hat meistens Recht. Zu beachten ist allerdings der **Linksverkehr!** Ansonsten
gelten die international bekannten Verkehrsschil-
der oder leichte Varianten derselben.

Achtung! Die **Geschwindigkeitsbegrenzung**
beträgt innerhalb von Ortschaften 60 km/h, außerhalb 80 km/h. Da die Polizisten sich gerne ein
Zubrot in Form von Bußgeldern verdienen, für die
sie aber keine Quittung ausstellen, sollte man sich
an diese Begrenzungen halten.

Bootsverleih und -touren

**Boots-
Charter**

- **Aloha Tours,** 44/1 Viset Rd., Ao Chalong,
Tel. 076-381215
- **Amancruises Co.,** P.O. Box 292, Phuket City,
Tel. 076-271162
- **Asia Yachting,** PO Box 207, GTO, Phuket, 83000,
Tel. 086-2743060, www.asiayachting.com,
www.sailthailand.info
- **Coral Seekers,** P.O. Box 450, Phuket City,
Tel. 076-354074
- **Cruise Center,** 90 Saiyuan Rd., Rawai, Tel. 076-383585
- **Dacha Tour,** 20/1 Mu 4, Chao Fa Rd., Rawai,
Tel. 076-288571
- **Fantasea Divers,** 43/20 Mu 5, Wiset Rd., Rawai,
Tel. 076-281387, Fax 076-281389
- **Faraway Sail & Dive Expeditions,** 116 T. Taina Karon,
Tel. 076-280701
- **Phuket Offshore Sevices,** 43/20 Mu 5, Wiset Rd.,
Rawai, Tel. 076-281387
- **Phuket Submarine Company,** 64/423 Rasada Pier,
Mu 7, Anupasphuketkarn Rd., Tel. 076-253215
- **Phuket Water Taxi Co.,** P.O.Box 397, Phuket City,
Tel. 076-270562
- **PP Family Company,** 20 Soi 5, Phang-Nga Rd.,
Tel. 076-220847

Reisetipps A–Z

Yacht-Charter

● **Amancruises Co.,** P.O. Box 292, Phuket City, Tel. 076-271162
● **Asia Yachting,** PO Box 207, GTO, Phuket, 83000, Tel. 086-2743060
● **Big-A Yachting Swan 55,** 67/18 Mu 4, Soi Sermsuk, Wiset Rd., Tel. 076-381934
● **Cruise Center,** 90 Saiyuan Rd., Rawai, Tel. 076-383585
● **Siam Sailing,** 6/3 Mu 8, Vichit, Phuket City, Tel. 076-200507. E-Mail: info@sailing-charter-thailand.com
● **The Junk,** 235 Rat-U-Thit 200, Pee Rd, Phuket City, Tel. 076-342186

Kanu-Touren

● **Andaman Sea Kayak,** 20/75 Maeluan Rd., Phuket City, Tel. 076-235353
● **Santana,** 49 Thaweewong, Patong, Tel. 076-294220
● **Sea Canoe Thailand,** 367/4 Yaowarat Rd., Phuket City, Tel. 076-212252, E-Mail: info@seacanoe.net, www.seacanoe.net. Mehrfach preisgekröntes, ökologisch ausgerichtetes Unternehmen. Sehr zu empfehlen.
● **Sea Cave Canoe,** 2/2 Chumporn Rd, Phuket City, Tel. 076-234419, E-Mail: seacave@phuket.ksc.co.th

Flugzeug-/Hubschrauber-Charter

● **Blue Water Air,** 39/18 Mu 5, Vichitsongkram Rd. Kathu, Tel. 076-351438

Luxusschiff vor Patong

Weiterreise

Mit dem Flugzeug

Das **Büro der Thai Airways International** (www.thaiair.com) befindet sich in Phuket City in 76 Ranong Road, ggü. dem „Frischmarkt" (*talaat sot*); Tel. 076-211195 (oder 24 Std. in Bangkok Tel. 02-2800 060). Hier können In- und Auslandsflüge gebucht werden (Auslandsflüge sind allerdings sehr teuer – besser in ein Reisebüro gehen). *Thai Airways* ist eine Partner-Airline der Lufthansa und Teilnehmer des *Miles and More*-Vielfliegerprogramms der Lufthansa. Vielflieger bekommen ihre Meilen von *Thai-Airways*-Flügen angerechnet (bei Buchung oder Einchecken *Miles and More*-Karte vorlegen).

Wer sein Rückflugticket nach Bangkok oder anderswo schon in der Tasche hat, braucht dieses nicht mehr rückzubestätigen. Die lästigen **Rückbestätigungen** *(reconfirmation),* sind aufgrund der heute üblichen, zuverlässigen Computer-Buchungen überflüssig geworden.

Bitte beachten: Alle **Inlandsflüge** der *Thai Airways* sind **Nichtraucherflüge.** Die *Thai Airways* war eine der ersten Gesellschaften, die die rauchlosen Flüge einführte.

Zwecks Flugplans aller internationaler und Inlandsflüge in Thailand lohnt sich die Anschaffung des **Thailand Airline Timetable.** Dieses kleine Buch erscheint monatlich und kostet 95 Baht. In Bangkok ist es in allen größeren Buchhandlungen erhältlich. In Phuket City versuche man es im *Seng Ho Bookshop* an der Montri Road.

Anfahrt zum Flughafen

Am einfachsten ist es, ein vorbeifahrendes **Tuk-Tuk** anzuhalten und damit zum Flughafen zu fahren. Die Fahrer verlangen aber mindestens 300 Baht (und das sind sie nicht wert). Zudem sind die Tuk-Tuks langsam und – da an fast allen Seiten offen – sehr windig und staubig. Bei der langen Strecke zum Flughafen sind sie nicht die optimale Lösung.

Ansonsten kann man sich von einer Airport-Limousine von seinem Hotel abholen lassen. Tel. 076-351347 bis -9. Die Preise zum Flughafen sind jeweils 40 Baht niedriger als die ab Flughafen. Siehe dazu auch Kap. „Ankunft".

Airlines

● **American Airlines,** c/o Pacific Leisure, 156/13 Phang-Nga Rd., Phuket City 83000, Tel. 076-232511-9
● **Asiana Airlines,** c/o Pacific Leisure, 156/13 Phang-Nga Rd., Phuket City 83000, Tel. 076-2325119
● **Bangkok Airways,** 158/2-3 Yaowarat Rd., Phuket City 83000, Tel. 076-225033, www.bangkokair.com
● **Dragonair,** 156/14 Phang Nga Rd., Phuket City, Tel. 076-215734
● **Emirates Air,** c/o Phuket Centre Tour, 27 Rasada Rd., Tel. 076-212892, 076-213218
● **Eva Air,** c/o Phuket Centre Tour, 31 Rasada Rd., Phuket City 83000, Tel. 076-212892
● **LTU,** Phuket International Airport, Mai Khao, Phuket 83140, Tel. 076-327432, www.airberlin.com
● **Malaysian Airlines,** 1/8-9 Tungka Rd., Phuket City 83000, Tel. 076-216675
● **Silk Air,** 183/103 Phang-Nga Rd., Phuket City 83000, Tel. 076-213891
● **Singapore Airlines,** 183/103 Phang-Nga Rd., Phuket City 83000, Tel. 076-213891
● **South African Airways,** c/o Pacific Leisure, 156/13 Phang-Nga Rd., Phuket City 83000, Tel. 076-232511 bis -9
● **Thai Airways,** 76 Ranong Rd., Phuket City 83000, Tel. 076-211195

Mit dem Bus

In Phuket City gibt es **zwei große Busterminals.** Der ältere befindet sich in der östlichen Innenstadt an der Phang-Nga Road. Der zweite Busterminal war zur Drucklegung noch im Bau; dieser befindet sich ca. 4 km nördlich der Innenstadt an der Thepkasattri Road, schräg gegenüber dem Verbrauchermarkt *Supercheap.* Dieser Terminal soll im Herbst 2009 in Betrieb genommen werden.

Höchstwahrscheinlich werden alle Kurztreckenbusse – d.h. Busse, die in die benachbarten Provinzen Krabi und Phang-Nga fahren – weiterhin vom alten Busbahnhof aus fahren. Fahrten zu allen weitergelegenen Zielen werden vom neuen Terminal ausgehen. Über den gegenwärtigen Stand informiere man sich bei der thailändischen Touristenbehörde TAT unter Tel. 076-211036, 076-218 731, Fax 076-213582, E-Mail: tatphket@tat.or.th.

Kombinierte Bus-/Zugreise

Phuket besitzt keinen Bahnhof, die nächstgelegenen Bahnstationen befinden sich in Trang und Surat Thani. Einige Reisebüros auf Phuket bieten kombinierte Bus- und Zugreise über Surat Thani nach Bangkok an. Die Fahrten dauern bei günstigster Verbindung ca. 15 Std., etwa genau so lange wie mit den Bussen. Gemessen am Aufwand lohnt sich diese Reisemethode aber nicht sonderlich (vor allem, wenn man sich stattdessen einen der komfortablen VIP-Busse mit nur 24 Passagieren leistet). Und billiger als mit diesen kommt man auch nicht davon.

Mit gechartertem Bus

Die Reisebüros in Phuket City offerieren Fahrten in gecharterten Mini-Bussen (AC) **nach Penang,** Kostenpunkt ab ca. 800 Baht. Dabei ist es egal, wie viele Leute mitfahren. Fahrzeit ca. 10 Std.

Fahrpreise ab Phuket Busbahnhof

Zielort	Fahrzeit	Preis (Baht)
Bangkok	12-14 Std.	alle AC, je nach Bus 560-1120
Hat Yai	6-8 Std.	180; AC 307-610
Ko Samui	8 Std.	–; AC 370
(Tickets: *Pantip*, Tel. 081-5693290)		
Krabi	3½-4 Std.	AC, je nach Bus 127-164
Nakhon Si Thammarat	7-8 Std.	AC 330
Phang-Nga	2½ Std.	AC 110-120
Ranong	5-6 Std.	AC.209-270
Surat Thani	4½-5 Std.	AC 210-214
Takua Pa	3 Std.	AC 90-120
Trang	5-6 Std.	120; AC 214-275

Reisetipps A–Z

Mit dem Schiff

Nach Penang

Lange war eine Schiffsverbindung zur malaysischen Insel Penang geplant, wohin schon Anfang dieses Jahrhunderts ein regelmäßiger Bootsverkehr schipperte. Die neuerliche Verbindung lässt derzeit aber noch auf sich warten.

Eine unkonventionelle Möglichkeit einer Schiffsreise bietet sich eventuell ab der Chalong Bay (Ao Chalong): Das ist Phukets wichtigster Yachthafen, und in den umliegenden Bars und Restaurants (z.B. im Phuket Yachting Club) trifft man auf Segler aus aller Herren Länder. Mit etwas Glück kann man auf einen Törn mitgenommen werden.

Phi Phi Islands

Ansonsten kommt als reguläre Reisemöglichkeit per Schiff die Fahrt zu den Phi Phi Islands in Betracht (siehe Kap. „Ausflüge in die Umgebung"). Von allen anderen Inseln, die von Phuket aus angefahren werden können, muss man erst wieder zurück nach Phuket, um weiterzureisen.

Verladung von Motorrädern auf eine Fähre

Die Insel und
ihre Bewohner

Geografie

Phuket liegt an der **thailändischen Westküste,** etwa zwischen 7°45' und 8°15' nördlicher Breite. Mit einer Fläche von 539 km² ist sie die größte Insel Thailands und seit 1967 durch die Sarasin-Bridge mit dem nur wenige hundert Meter entfernten Festland verbunden, das zur Provinz Pha-Nga gehört. Inzwischen ist gleich neben dieser Brücke eine weitere hinzugekommen.

Einschließlich der 39 kleineren Inseln, die Phuket umlagern, umfasst die gesamte Provinz Phuket eine Fläche von 570 km². Damit ist sie etwa sechs mal so groß wie Hongkong (94 km²), doppelt so groß wie Ko Samui oder Penang (250 bzw. 266 km²), etwas kleiner als Korfu (595 km²) und bringt es nur auf ein Zehntel der Fläche von Bali (5582 km²).

Etwa 77 % der Fläche sind **hügeliges Terrain,** das im Gebiet um Kathu mit 530 m seinen höchsten Gipfel findet. Hier befinden sich auch einige weitere Gipfel mit Höhen um die 500 m. Der von Norden nach Süden verlaufende Höhenzug von Phra Thaew (weiter im Norden der Insel) erreicht eine Höhe von 450 Metern.

In Phuket gibt es keine bedeutenden Flüsse, sondern lediglich 9 kleinere Flüsse oder Bäche, mit zum Teil attraktiven **Wasserfällen,** so der Ton-Sai- oder der Bang-Pae-Wasserfall.

Phuket lässt sich in **vier geografische Zonen** unterteilen, die im Heroines' Monument an der Thepkasattri Road in Thalang ihren Schnittpunkt finden. Hier treffen sich die Thepkasattri Road, die in Nord-Süd-Richtung verläuft, und die östlich bzw. westlich verlaufenden Straßen nach Ao Por bzw. Surin, und bilden so vier Sektoren.

Das Zentrum des **Nordostens** ist der auf Granitboden befindliche Khao-Phra-Thaew-Wildlife-Conservation-Centre, an dessen Rändern sich Dörfer samt Obstplantagen und Reisfeldern angesiedelt haben. Die etwas schlammige Küste beherbergt

Mangrovenwälder und Plantagen. Die vorgelagerten Inseln werden zum Teil zur Perlenzucht genutzt. Die sie umgebende, flache See begünstigt diesen einträglichen Wirtschaftszweig.

Der **Nordwesten** bietet unendlich lange Sandstrände, an deren Rand Kasuarina-Bäume ihr Blattwerk ausbreiten. So am Strand von Nai Yang, der die Heimat einer vom Aussterben bedrohten Wasserschildkrötenart ist und deshalb zum Naturschutzpark erklärt wurde. Weiter im Süden des Gebietes schließen sich weite, sandige Buchten an (so die Bucht Bang Tao), die ertragreiche Muschel- und Fischgründe bieten. Oder geschützte, von Granitfelsen umrahmte Paradiesbuchten (z.B. Laem Singh), die nur über steile Pfade und durch dichte Vegetation zu erreichen sind.

Das Paradies hat aber schon seine Narben abbekommen – so ist der Meeresboden zum Teil durch andauernden Zinnabbau aufgerissen, und vereinzelte, der Küste vorgelagerte, stählerne Schürfinseln stören das Auge des Betrachters.

Im **Südosten** liegen Phuket City, die Hauptstadt der Provinz Phuket, und einige verschlickte Strände, die besonders bei Ebbe sichtbar werden. Auf einigen Hügeln findet sich noch dichter Wald, sogar am Ostrand von Phuket City. In den Ebenen hat der Zinnabbau einige zerklüftete Mondlandschaften hinterlassen.

Der Tourist, der das Naturwunder Phuket sucht, wird sich so eher an den Westen der Insel halten. Der **Südwesten** ist der raueste Teil der Insel, mit endlosen Granitklippen, die ins Meer vorspringen, jedoch nur, um zwischen sich einige der herrlichsten Strände der Welt zu verbergen – weißer, feiner Sand, zu dem das türkisfarbene Meer den richtigen Kontrast bildet.

Bis ins Hinterland findet man sandigen Boden, der mit Kokos- und Zuckerpalmen und Kasuarina-Bäumen bepflanzt ist. Dahinter ergrünen die immer präsenten Reisfelder. Es folgen dicht aneinander gedrängte, satt bewachsene Hügel, die nur

Insel und Bewohner

zwei nennenswerte Durchlässe freigeben, die Pässe von Patong und Kata. Vor einigen Jahrzehnten noch, als es nur rudimentäre Straßen gab, galt der Landweg nach Patong – über einen ungesicherten Pass und durch eine ungezähmte Dschungellandschaft – als ein lebensgefährliches Unterfangen.

Der Südwest-Sektor findet mit dem Kap Promthep *(laem promthep)* – ein fingerähnlicher, palmenbewachsener Granitfelsen – seinen südlichsten Punkt, der auch das südlichste Stück von Phuket darstellt. Ihm sind einige kleinere, von bunt schillernden Korallenbänken umgebene Inseln vorgelagert.

Einige geografische Begriffe

Die folgenden Thai-Begriffe tauchen häufig auf Stadtplänen und Landkarten von Phuket auf.

amphoe (sprich *amphö*)	Distrikt
ao	Bucht
ban/baan	Dorf, Siedlung, Haus
baan	Siedlung an einem Fluss
changwat	Provinz
hat	Strand
khao	Berg
king-amphoe	Unterdistrikt
ko	Insel
laem (sprich *läm*)	Kap
mae nam/mae naam	Fluss
(*mae* sprich *mä*)	
müang	Stadt
nam/naam	Wasser
nam tok/naam tok	Wasserfall
paknam/paknaam	Mündung
pukhao	Hügel
sapan	Brücke
soi	Gasse
suan	Park, Garten
talat/talaat	Markt
tha	Pier
tha ruea (*ruea* sprich *rüa*)	Bootspier
thalé	See, Meer
thanon	Straße

Klima und Reisezeit

„Heiß, sehr heiß" – so lautet die Kurzformel, die Phukets Klima wohl am treffendsten definiert, wie Millionen von Urlaubern schon am eigenen verschwitzten Leib erfahren haben. Die relativ äquatornahe Lage der Insel sorgt das ganze Jahr hindurch für Temperaturen, die man in Europa bestenfalls in einem „Traumsommer" erleben kann.

So liegen die Tageshöchsttemperaturen in den „kühlen" Monaten **Dezember** und **Januar** noch bei 32 °C, und in der Nacht sinkt das Quecksilber nicht unter die 23°-Marke. In den o.g. Monaten ist die Luftfeuchtigkeit mit 74 bzw. 71 % aber relativ niedrig, und so ist dies die günstigste Reisezeit. Dementsprechend voll sind dann auch die Unterkünfte, und manch profitversessener Hotelier lässt seine Zimmerpreise in den blauen Himmel schießen. Ab **Februar** wird es merklich wärmer, und die Tageshöchsttemperaturen liegen bei etwa 34 °C. In den folgenden Monaten **März** und **April** kann es gelegentlich 37 °C heiß werden, doch sind solche Hitzerekorde nicht die alltägliche Regel. Wahrscheinlicher sind Höchsttemperaturen um die 35 °C.

Im April brauen sich allmählich die Monsunwolken zusammen, und die Temperaturen sinken wieder ein wenig. Gewitter und Schauer können hereinbrechen, dennoch scheint überwiegend die Sonne. Der **Mai** ist dann der erste große Regenmonat, mit durchschnittlich 21 Regentagen, doch sind die Schauer meist nur von kurzer Dauer, und die Sonne kämpft sich immer wieder durch die Wolkendecke hindurch. **Juni** und **Juli** bringen etwa die gleichen mäßigen Regenmengen, und so richtig nass ist der Monsun eigentlich nur Ende **August** und im **September.** Schwere Wolkenbrüche, die halbe Tage dauern können, sind nicht auszuschließen.

Im **Oktober** reduzieren sich die Wassermassen allmählich wieder, und die Sonne hat die Ober-

Insel und Bewohner

Temperaturen in °C

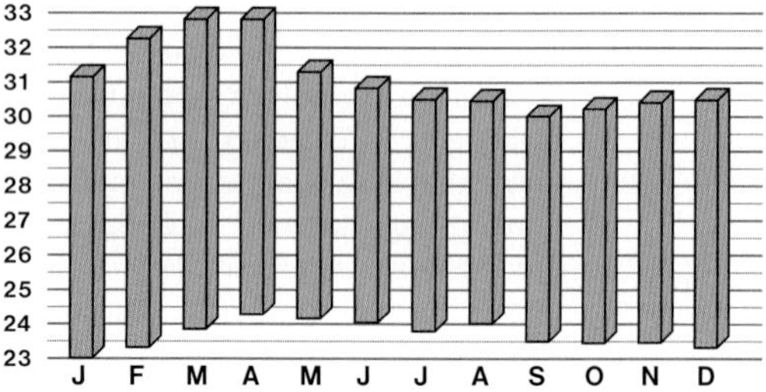

	J	F	M	A	M	J	J	A	S	O	N	D
°C	31	32	33	33	31	30	30	30	29	30	30	30

Niederschläge in mm

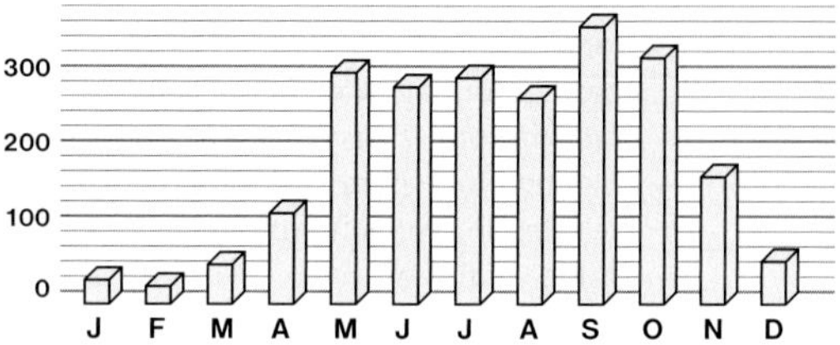

	J	F	M	A	M	J	J	A	S	O	N	D

Anzahl der Regentage

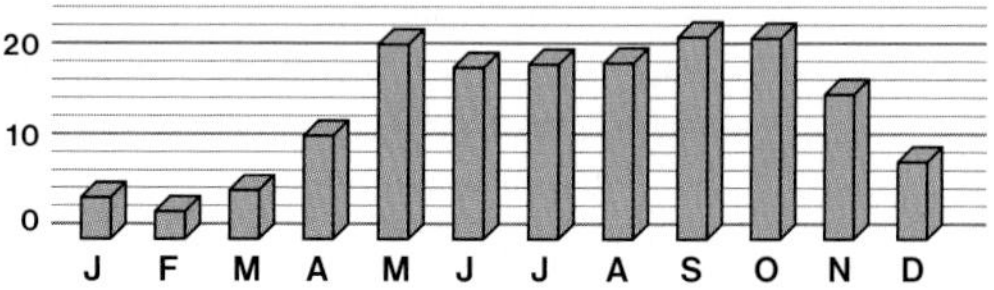

	J	F	M	A	M	J	J	A	S	O	N	D

Luftfeuchtigkeit in %

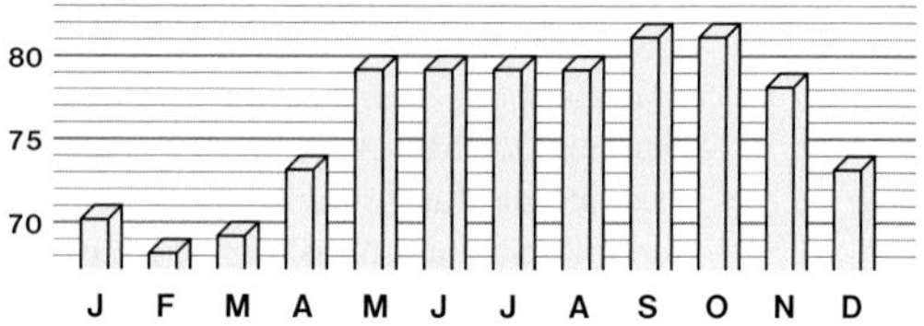

	J	F	M	A	M	J	J	A	S	O	N	D

Windgeschw. in Knoten

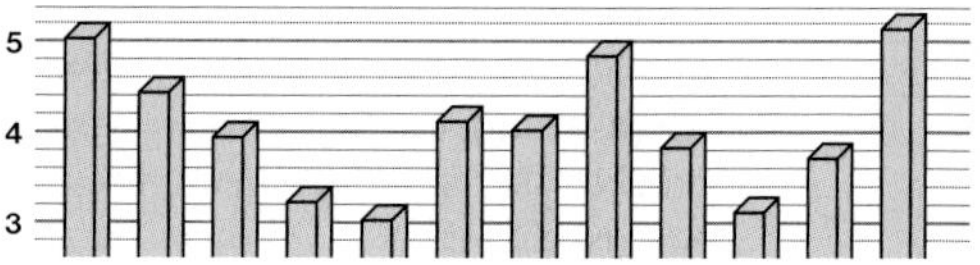

	J	F	M	A	M	J	J	A	S	O	N	D
vorherrschende Windrichtung	NO	O	O	O	W	W	W	W	W	W	NO	NO

hand. Von **November** bis **Februar** ist dann wieder Hochsaison.

Im Gegensatz zur Vergangenheit lassen sich heute viele Touristen nicht mehr von der **Regenperiode** Mai-September abschrecken, und von offizieller Seite wird betont, dass es eine touristenarme „Off-Season" nicht mehr gibt. In der Tat hat auch die nasse Zeit ihre guten Seiten (z.B. fallen die Zimmerpreise bis zu 50 %!), und der stetige Wechsel von Regen und Sonne schafft einen kurzweiligen Kontrast. Auch wenn Mitteleuropäer sich dies vielleicht nicht vorstellen können, so kann permanenter Sonnenschein – da frage man mal die Thais – ganz schön öde und ermüdend sein!

Einige kleinere Guest Houses an den Stränden stellen in der Off-Season von Mai bis September/ Oktober den Betrieb ein. Die meisten bleiben aber in diesen relativ touristenarmen Monaten geöffnet, und von den größeren Hotels schließt so gut wie keines.

Die Zeit unmittelbar nach dem Monsun, also die Monate Oktober und November, ist sicher die schönste, denn die Natur ist in frischem Grün erblüht, und die Flüsse und Wasserfälle sind reichlich mit Wasser gefüllt.

In den folgenden Monaten trocknet der Boden zunehmend aus und kann im April, vor dem ersten großen Regen, bedenklich staubig und rissig werden. Der darauf eventuell vorhandene Grasteppich verfällt dann zu lückenhaftem, trockenbraunem Stroh.

Flora und Fauna

Die Tierwelt

Nachdem der dänische Botaniker *Dr. Koenig* Phuket im Jahre 1779 zu Forschungszwecken besucht hatte, konnte er von vielerlei Getier und Pflanzen berichten:

Insel und Bewohner

„Ein Tiger stattete unserem Haus einen Besuch ab", schrieb er, „für dieses Mal begnügte er sich aber mit nur einer Gans, die er in sein Versteck schleppte, das sich etwa 200 m hinter dem Haus im dichten Waldrand befand." Und weiter: „Gegen Abend stieß ich auf einen wilden Elefanten, vor dem ich flüchten musste." Die **Elefanten** wurden, so *Koenig*, besonders von Phukets Reichtum an Bambus und Zuckerrohr angelockt, und überall im Dschungel stieß man auf die Spuren der Dickhäuter. Ebenso durchquerten Herden von **Nashörnern** die Insel, von denen *Koenig* sogar einmal ein Stück Haut zum Frühstück serviert wurde. Seine kurze Notiz über dieses Mahl endet leider ohne eine geschmackliche Beurteilung. Der Botaniker fand zahlreiche ihm unbekannte Baumarten auf der damals dschungelüberwucherten Insel, die er in seinem Forschungsbericht beschrieb.

Nur wenig später, im Jahre 1785, schrieb *Captain Forrester* über Phukets Fauna: „Es gibt eine Menge Elefanten, die sie aus Mergui bekommen, aber keine wilden; Pferde gibt es nicht; zur Arbeit werden Ochsen und Büffel eingespannt; es gibt Wildschweine und Hirsche, ein paar zahme Ziegen, keine Schafe, Haushunde oder -katzen. Es gibt gewöhnliches Geflügel, aber nicht im Übermaß."

In den wenigen Jahren zwischen den Besuchen von *Koenig* und *Forrester* scheinen also die wilden Elefanten von der Insel verschwunden zu sein; die einzigen Elefanten, die es heute noch zu sehen gibt, sind die Showelefanten der Crocodile Farm in Phuket City und der Elefanten-Camps, und die ehemals zahlreichen Nashörner sind gar völlig verschwunden. Letzteres beruhte zum Teil auf dem Glauben vieler Bewohner Südostasiens, Nashornpulver habe die Eigenschaft, Vergiftungen entgegenzuwirken. Oder, um es in den Worten eines *Leutnant Barker* zu sagen, der da im Jahre 1592 vermerkte: „Also dieses Abath (Nashorn) ist ein Viech, das nur ein Horn auf der Stirn trägt und für

Im Namen des Tourismus: Ausbeutung von Baby-Elefanten

In den letzten Jahren sind auf Phuket zahllose Elefanten-Camps aus dem Boden geschossen, die Ritte auf dem Rücken von Elefanten anbieten. Bei Touristen erfreuen sich diese Elefanten-Treks verständlicherweise großer Beliebtheit, und den Elefanten und ihren Hütern, die durch ein in Thailand ausgesprochenes (und nicht immer eingehaltenes) Baumfällverbot zumeist arbeitslos geworden sind, verhelfen sie zu einem neuen Einkommen. Derzeit gibt es in Thailand noch etwa 5000 Elefanten, 1000-1500 davon leben in freier Wildbahn.

Kritisch wird der Touristenspaß allerdings, wenn Baby-Elefanten zum Einsatz kommen: Manche Elefanten-Hüter treiben ihre Jung-Elefanten durch die Strandorte, um so Bettelgelder einzutreiben. Die Touristen, hocherfreut über die possierlichen Dickhäuter, lassen sich meist nicht lumpen. Die jungen Elefanten werden sogar auf die heißen Strände geschickt, wo sie – von der Physiognomie nur für schattige Wälder geschaffen – enorme Qualen erleiden.

Ebenso verwerflich ist der Einsatz der Jung-Elefanten nachts, denn Elefanten sind von Natur aus Tagtiere und schlafen vom Anbruch der Dunkelheit bis zum Morgengrauen. Baby-Elefanten können nachts nur durch aufputschende Drogen wach gehalten werden. Die Hüter laufen mit den Tieren durch das nächtliche Patong, wenn besonders viele amüsierfreudige Touristen anzutreffen sind. Auch bei Arbeitselefanten in den Wäldern ist seit langem bekannt, dass viele Hüter ihnen Amphetamine verabreichen, um sie über Gebühr schuften zu lassen. Nach ein paar Jahren dieser Behandlung sind die Tiere physisch und psychisch ruiniert.

Kurzum: Wer den Hütern der Baby-Elefanten Geld spendiert, macht sich ungewollt der Tierquälerei mitschuldig.

Insel und Bewohner

das weibliche Einhorn gehalten wird, (dessen Horn) von allen Mohren in jenen Gebieten als ein äußerst wirksames Mittel gegen Vergiftungen geschätzt wird." Dieser Irrglaube rottete die Nashörner schließlich aus.

Ein ähnliches Schicksal hätte fast die **Riesenmeeresschildkröten** von Phuket ereilt, hätte sich das Marine Biological Research Center nicht speziell deren Erhaltung verschrieben. Das Schildkrötenfleisch und die Eier der Tiere galten bei vielen Phuketern als Delikatesse.

Der **Seegrashüpfer,** ein nur wenige Zentimeter großes Krustentier, wird von Fischern aus dem Sand des Mai Khao Beach gegraben und landet ebenfalls in den Kochtöpfen der Gourmets. Da das Fangen der Tiere eine aufwendige und zeitraubende Arbeit ist, sind die Kilopreise für den Seegrashüpfer entsprechend hoch.

Warnung vor bissigen Affen auf dem Khao Rang in Phuket City

Kokospalmen sind weit verbreitet

Schuld an der Dezimierung von Flora und Fauna ist aber auch der Gummianbau, dem riesige Areale **tropischen Regenwaldes** geopfert wurden.

Mit der Errichtung des **Khao-Phra-Thaew-Conservation-Center** im Herzen von Phuket wurde dem Regenwald eine letzte Zuflucht geboten. Hier findet sich heute neben Bengalkatzen *(Prionailurus bengalensis)*, Gibbons *(Hylobates lar)*, Makaken *(Macaca)*, Languren, Malaienbären *(Helarctos malayanus)* und Wildschweinen *(Sus barbatus)* eine ungeheuer artenreiche Flora.

Die Pflanzenwelt

Dazu gehören **Bäume** der Gattung *Araceae, Araliaceae, Zingiberaceae, Rubiaceae, Euphorbiaceae, Tiliaceae* oder *Moraceae* ...

Oder **Palmenarten** wie *Calamus, Deamonorops, Plectocomia* und *Korthalsia.* Der Nationalpark ist die einzig bekannte Heimat der Palmenart *Kerriodoxa elegans,* die aus allen anderen Regenwaldgebieten verschwunden ist.

Gummi –
ein Erzeugnis mit Tradition

Angefangen hatte alles mit einem gewissen *Phraya Rasadanuprasit Mahisarapakdi* aus Trang. Dieser Provinzgouverneur hatte im Jahre 1901 Gummibaumsetzlinge vor seinem Haus in Kantang bei Trang gepflanzt, und mit missionarischem Eifer überzeugte er die örtliche Bevölkerung von den guten Verdienstmöglichkeiten durch Gummi. 1903 wurden die ersten Gummibäume auf Phuket in den fruchtbaren Boden gesetzt, und der Wohlstand, den man bisher hauptsächlich dem Zinn zu verdanken hatte, sollte auf ein zweites Standbein gestellt werden. Phuket wurde noch ein Stückchen reicher.

Etwa 80 % der Gummierzeugung ist heute in den Händen von Kleinplantagenbesitzern, die 1–4 Hektar mit Gummibäumen bepflanzen. Auf einem Hektar können ca. 400 Gummibäume angepflanzt werden – genug, um ein sicheres Auskommen zu garantieren. Die Großplantagenbesitzer mit mehreren Dutzend Hektar gehören zu den reichsten Bewohnern der Provinz.

Doch alles braucht seine Zeit. Sechs bis sieben Jahre vergehen, ehe der erste Gummi von den jungen Bäumen gezapft werden kann. Bis dahin werden zwischen den heranwachsenden Gummibäumen Ananas- oder Reisfelder angelegt, um das Land nicht ungenutzt zu lassen.

Haben die Gummibäume ihr notwendiges Mindestalter erreicht, ist der Arbeitsgang jeden Tag der gleiche: Vor dem Morgengrauen begeben sich die Arbeiter in die Plantage und ritzen dort die Bäume mit einem speziellen Messer an. Dazu tragen sie eine Karbidlampe an ihrer Stirn, die die Szenerie in ein fast unwirkliches Licht taucht. Unter der Einritzstelle wird ein Auffangbehälter befestigt, der aus einer Kokosnussschale gefertigt ist. Hier hinein tropft nun langsam das blendend weiße, zähe **Harz** des Baumes. Etwa drei Stunden nach dem Anritzen werden die Gefäße in einen Eimer geleert und das gesammelte Harz zur Weiterverarbeitung zum „Hauptquartier" der Plantage gebracht, meistens einem einfachen Arbeitsschuppen. Das Gummiharz (oder Latex) wird nun in flache Formen gegossen, eine Schwefelsäure-Lösung wird zugegeben. Zwanzig Minuten lang reagiert das Harz mit der Säure und verfestigt sich. Die so entstandenen **Kautschukmatten** werden in einer Walze in die gewünschte Form gepresst und danach zum Trocknen für 24 Stunden auf Tischen ausgelegt. Danach werden sie für einige Tage auf „Wäscheleinen" in die Sonne gehängt, wo sich ihr ursprüngliches strahlendes Weiß schnell in ein schmuddeliges Braun verwandelt. Die Kautschukmatten werden dann an Zwischenhändler verkauft, die sie ihrerseits weiter an die Industrie leiten.

Nach 25 bis 30 Jahren sind die Bäume alt und werden abgeholzt. Das freigewordene Land wird nun mit neuen Gummisetzlingen bepflanzt, und der Turnus beginnt von vorn.

Die Preise für Gummi fluktuierten stark in den letzten Jahren. Brachte das Kilogramm Mitte der 1980er Jahre (eine Matte wiegt 1-1,5 kg) nur

35 Baht ein, Ende der 1980er Jahre gar nur 15 Baht, so stieg der Preise Anfang der Jahrhundertwende auf bis zu 90-100 Baht. Derzeit bringt ein Kilo ca. 45 Baht ein.

Jeden Morgen, nachdem die Plantagenarbeiter ihr Werk verrichtet haben, kommen die „Abfallsammler". Personen ohne andere Beschäftigung sammeln Holzstücke auf, an denen noch das wertvolle Harz klebt und kratzen die Auffanggefäße aus, in denen immer noch ein Rest zu finden ist. Den Plantagenbesitzern ist diese allmorgendliche Reinigungsaktion durchaus willkommen. Die Abfallsammler aber können sich dadurch ein bescheidenes Einkommen sichern. Die gesammelten Harzreste bringen den Sammlern ca. 100-200 Baht pro Tag, eine Summe, die zum Überleben reicht. Preisstürze des Gummis treffen sie aber am schlimmsten.

Junge Kautschuk-Plantage

Insel und Bewohner

Überall anzutreffen ist die **Kokospalme** *(Cocos nucifera),* die ein regenreiches Klima und einen sandigen, gut durchwässerten Boden benötigt. Die Kokosnuss ist in Südostasien beheimatet und gelangte vor 3000 Jahren nach Indien – gemäß der „Kokosfolklore" trieben einige Nüsse über den Ozean an die indische Küste, wo sie Wurzeln schlugen und bald die *Palmyra* verdrängten. Alte Reiseberichte, darunter auch von *Marco Polo,* sprachen daher fälschlicherweise von der *nux indica,* der „Indischen Nuss". Später brachten indische Händler wieder Kokosnüsse aus ihrer Heimat an die thailändische Westküste, aber diese Variante wies mittlerweile einige Abweichungen von der südostasiatischen auf. Kokospflanzer in der Gegend von Takua Pa, nördlich von Phuket, die von Indern besiedelt worden war, unterscheiden heute zwischen diesen beiden Varianten. Die indische und „reimportierte" soll an einer längs verlaufenden Kerbe zu erkennen sein.

Die tropischen Baumarten *Alstonia scolaris, Shorea gratissima, Heritiera sumatrana, Dipterocarpus grandiflorus, Parashorea stellata* und *Scaphium schaphigerum* wachsen bis in Höhen von 50 m und breiten so ein undurchdringliches Dach über der niedrigeren Vegetation aus.

Wohin man heute auch auf Phuket blickt, sieht man schattige, in schachbrettartiger Ordnung angelegte Plantagen. Dies sind die *suan yaang* oder **Gummiplantagen,** die 29 % der Fläche von Phuket einnehmen.

Phukets immer-feuchtes, heißes Klima ist aber auch die Grundlage von florierenden **Obstgärten,** die ihren Besitzern einen geruhsamen Wohlstand bescheren und Obstfreunde mit den köstlichsten **Früchten** Thailands versorgen. Allen voran steht die **Ananas** *(Ananas comosus),* die hier in perfekt süß-saurer Ausgewogenheit gedeiht. Die *sapparot phuket* oder „Ananas aus Phuket" ist landesweit berühmt. Zu ihr gesellen sich die **Papaya** *(Carica papaya),* **Rambutan** *(Nephelium lappaceum)* und die **Guave** (Psidium guajava). Die **Zalacca** (Salacca edulis) ist die von einer roten, stacheligen Schale umgebene Frucht der gleichnamigen Palme, die auch wild im o.g. Nationalpark wächst.

Die bombengroße, mit einer Stachelschale umhüllte **Durian** (Durio zibethinus) wird dagegen nur in Obstgärten angebaut und ist Thailands begehrteste Frucht. Das hellgelbe Fruchtfleisch hat jedoch einen stark fauligen Geruch und Geschmack, und nur wenige Ausländer können sich überhaupt zu einer Kostprobe überwinden.

Bevölkerung

2009 zählte man etwa **320.000 Einwohner** auf Phuket, davon ca. 80.000 in Phuket City. Nach Ranong (150.000 Einwohner) ist Phuket damit die bevölkerungsmäßig zweitkleinste Provinz des Landes.

Der jährliche **Bevölkerungszuwachs** beträgt ca. 1,2 % (750 Todesfällen stehen 3000 Geburten gegenüber), was knapp unter dem thailändischen Durchschnitt liegt (1,3 %). In den 1960er Jahren verzeichnete Thailand noch ein Wachstum von jährlich 3 %, die darauf folgenden Geburtenkontroll-Programme – aber vor allem die „Popularisierung" des Kondoms – haben den Zuwachs auf ein für Asien relativ niedriges Niveau absinken lassen.

Die tatsächliche Bevölkerungszahl für Phuket dürfte aber noch etwas höher liegen, da die Provinz eine starke und unregistrierte **Zuwanderung** aus anderen Provinzen erlebt, besonders aus den südlichen Regionen Thailands und aus der Nordost-Provinz Issaan.

Zahlreiche Zuwanderer finden Beschäftigung in der Tourismus-Industrie, und der damit verbundene, anhaltende Bau-Boom zieht weitere Arbeitskräfte an. Letztere stammen fast ausschließlich aus dem Issaan, dem „Armenhaus" Thailands.

Diesem starken Zuzug sehen die „eingeborenen" Bewohner Phukets allerdings mit einer gehö-

Insel und Bewohner

232ph Foto: rk

rigen Portion Missmut entgegen. Phukets Insel-
lage und die relative Ferne zur Hauptstadt des
Landes, die noch Anfang des 20. Jahrhunderts nur
mit vielen Mühseligkeiten auf dem Landweg erreicht werden konnte, hat ein sehr starkes Unab-
hängigkeitsgefühl vom „Rest" Thailands heranwachsen lassen.

Dabei ist Phuket ohnehin ein Schmelztiegel son-
dergleichen, Thailands facettenreichster ethni-
scher Cocktail.

Hatte die **ursprüngliche Bevölkerung** wahrscheinlich noch aus Negritos und Abkömmlingen
der Mon und Khmer bestanden, so gesellten sich
bald **südindische Einwanderer** dazu. Als im 17. Jh.
der Zinnabbau zahlreiche Arbeitsplätze schuf,
strömten **Chinesen und Malayen** hinzu.

Alle diese Rassen vermischten sich zu einer toleranten **Vielvölkergesellschaft.** Diese ethnische
Vielfalt ist noch heute überall im Bild der Insel prä-

Insel und Bewohner

sent, und der hellhäutige, untersetzte Chinese ist nicht weniger „Phuketer" als sein dunklerer, schnauzbärtiger Nachbar malaiischer Abstammung oder der beturbante Sikh aus Indien, der das Land seiner Vorväter nur von Erzählungen her kennt. Sie alle sind gleichwertige Teile der Bevölkerung Phukets.

Dennoch haben sich in vielen Fällen Stadtteile oder Ortschaften herangebildet, die fast ausschließlich eine bestimmte Landsmannschaft beherbergen. Dies hilft aber, die Identität zu erhalten. So werden die Orte Bang Tao, Kamala und Makham hauptsächlich von Moslems malaiischer Abstammung bewohnt sowie von einigen Nachfahren von indischen oder pakistanischen Moslems.

Mobile Familie

Mädchen in Schuluniform

Die Seezigeuner – Nomaden des Meeres

Die Seezigeuner unterteilen sich in drei ethnische Gruppen, die Moken, Moklen und Urak Lawoi, die jeweils auch ihre eigene Sprache sprechen. Der Begriff „Zigeuner" zur Bezeichnung aller drei Gruppen ist eigentlich falsch, da in der Vergangenheit nur die Moken einen nomadischen Lebensstil auf See führten, die anderen beiden Gruppen sich dagegen in relativ festen Siedlungen an Land niedergelassen hatten.

Die thailändische Bezeichnung ist *chao 'le; chao* bedeutet „Leute" oder „Volk", und *'le* ist südthailändische Mundart für *thale,* „Meer". (Im Südthai werden Anfangssilben häufig verschluckt.)

In den vergangenen Jahrhunderten waren die *chao 'le* gefürchtete **Piraten,** die die Gewässer um Phuket zu den unsichersten Asiens machten, auch wenn einige Historiker die These vertreten, die *chao 'le* seien nur durch andere Seeräuber in den Piratendienst gepresst worden.

Heute bezeichnen sich die *chao 'le* selber als *thai mai* oder „Neuthais", da viele von ihnen erst in den letzten Jahren oder Jahrzehnten die thailändische Staatsbürgerschaft erhalten haben. Sie als „sea gipsies" (Seezigeuner) zu bezeichnen, gilt zumindest als äußerst grob und kann im schlimmsten Falle sogar als bewusste Beleidigung aufgefasst werden.

Die *chao 'le* arbeiten heute hauptsächlich als Fischer, Perlentaucher oder Sammler von Vogelnestern, aus denen eine Suppendelikatesse bereitet wird. Die Perlentaucherei, die mit primitivstem Gerät betrieben wird, hat so manchen zum Frühinvaliden gemacht, und beim Abbau der Vogelnester in luftiger Höhe kommt es nicht selten zu tödlichen Stürzen. Zahlreiche *chao 'le* finden heute glücklicherweise im Tourismus ein sicheres Auskommen, vor allem auf den Phi Phi Islands.

Seit Jahrtausenden abhängig von den Naturgewalten, haben sich die *chao 'le* einer religiösen Kultform verschrieben, die ihnen Schutz ver-

Literaturtipp:
„Thailands Bergvölker und Seenomaden" aus der PANORAMA-Reihe des REISE KNOW-HOW Verlags

Die Nachfahren der hinduistischen Südinder mussten sich zwangsläufig über Phuket City verteilen, nachdem das Gelände, das sie besiedelt hatten, zu einem Park umgewandelt worden war.

Viele chinesische Wohnkolonien gründeten sich um chinesische Tempel, die so nun in jeder Hinsicht zum „Mittel"-Punkt der Volksgruppe wurden.

Doch da sind noch die **„Seezigeuner".** Vermutlich stammen sie von den Andamanen oder aus der Gegend um Sumatra, sicher ist man sich da nicht. Auch sie leben heute in ihren eigenen Siedlungen, so auf Ko Siray und in Rawai. Nach amtli-

spricht: dem Animismus. Zwar haben sich viele von ihnen mittlerweile dem Buddhismus zugewandt und einige dem Christentum, der Animismus ist jedoch nach wie vor eine Kraft, der sich kaum jemand entziehen kann – auch, wenn er offiziell vielleicht in der Statistik als Buddhist geführt wird.

Zweimal jährlich, nach Ende und zu Beginn des Monsuns, zelebrieren die *chao 'le* ihr **Fest loy rüa** (wörtl. „schwimmende Boote"). Dazu werden hölzerne Miniaturboote samt Opfergaben auf dem Meer ausgesetzt. Zu diesen Gaben gehören abgeschnittene Fingernägel und Haare ebenso wie Imitationen von Waffen. All dies soll die Geister der Meere gütig stimmen, auf dass sie den *chao 'le* ein friedvolles und glückliches Leben bescheren mögen. (Zum Fest der Seezigeuner siehe auch „Rawai Beach").

Denn ganz so glücklich ist das tatsächliche Leben nicht immer. Im Bewusstsein ihrer niedrigen sozialen Stellung haben sich viele *chao 'le* der Resignation und dem Alkohol ergeben. Wer die Siedlung auf Ko Siray besucht, kann nicht umhin, die allumgebende Tristesse zu spüren, die auf langwährender Isolation vom wohlhabenderen Thai-Leben beruht. Eine auffallende Ähnlichkeit, auch in ihrem Äußeren, scheint sich zu den australischen Ureinwohnern zu zeigen.

Etwas extrovertierter sind die *chao 'le* in der Siedlung Rawai, in der man sich auch an die fotografierenden Touristen gewöhnt hat. Die Kinder fordern ihren Fototribut in Form von ein paar Baht oder Süßigkeiten.

Die Provinzregierung versucht, die *chao 'le* zu integrieren, und dazu gehört auch die Teilnahme der Kinder am Schulunterricht, der in Thailand sechs Mindestschuljahre umfasst. Viele Eltern aber, die zum Teil kaum Thai, sondern nur *urak lawoi* sprechen, versagen ihren Kindern den Schulgang. Bei der Arbeit, so sagen sie, nützen sie ihnen mehr.

An manchen Tagen fährt so mancher hinüber nach Ko Lanta auf der anderen Seite der Bucht von Phang-Nga, um Freunde oder Verwandte zu besuchen. Die relative Isolation von der thailändischen Gesellschaft macht die Bande untereinander um so wichtiger.

Insel und Bewohner

chen Schätzungen machen sie 4-5 % der Gesamtbevölkerung der Provinz Phuket aus. Leider sind sie inzwischen zu einer etwas traurigen Touristenattraktion geworden.

Sprache

Die offizielle Landessprache Thailands ist **Thai** *(phaasa thai),* das der sino-tibetischen Sprachfamilie zuzuordnen ist. Ein erheblicher Wortschatz stammt zudem aus dem Sanskrit-Ableger Pali, das auch heute noch die heilige Sprache der Buddhisten ist. Alle wichtigen religiösen Schriften der Buddhisten sind in Pali verfasst, und diese ansonsten „tote" Sprache gehört somit zum Pflichtfach eines jeden thailändischen Mönches.

Der **Sanskrit- bzw. Pali-Einfluss** macht sich vor allem bei den Familiennamen bemerkbar, bei den offiziellen Bezeichnungen für Ämter oder Würdenträger. Aber auch der ganz alltägliche Wortschatz ist von Sanskrit- oder Pali-Vokabeln durchdrungen, die auch vom Laien schon an ihrer Mehrsilbigkeit erkannt werden können. Das Thai ist ansonsten in erster Linie einsilbig und bildet kompliziertere Vokabeln durch Aneinanderreihung von einzelnen Worten. Beispiel: ein *khrüang fay-faa* ist eine „Maschine-Feuerblau", das ist nichts anderes als ein Elektroartikel, wobei „Feuer-blau" eine bildhafte Umschreibung der Elektrizität darstellt.

Da das Deutsche als indogermanische Sprache ebenfalls ein Ableger des Sanskrit ist, kommt es tatsächlich zu Vokabel-Ähnlichkeiten zwischen dem Deutschen und dem Thai. Wer schon gehört hat, wie das Thai klingt, dürfte nicht wenig erstaunt darüber sein! Der Sprachlaie wird sicherlich Schwierigkeiten haben, diese Ähnlichkeiten in einem Gespräch mit Thais herauszuhören.

Was das Thai für europäische Zungen und Ohren so schwierig macht, sind die darin vorkommenden **5 verschiedenen Tonhöhen.** Ein Wort

Beispiele für Sprachgemeinsamkeiten

Deutsch	Sanskrit	Thai
Zahn	danta	fan
Gans	hansa	hongse
Saal	sala	sala
Minister	mantrin	montri
Nase	nasika	nasik
Wissenschaft	vidhya	wittayasaat
Weste	vastra	pastraporn
	(formell für „Kleidung")	

kann praktisch 5 verschiedene Bedeutungen haben, je nachdem, in welchem Tonfall es ausgesprochen wird. Diese Tonfälle können sein: steigend, fallend, steigend und dann abfallend, abfallend und dann steigend oder gleich bleibend. Klingt konfus? Nun, als Ausgleich präsentiert das Thai eine enorm **simple Grammatik** – nicht wenige, die sich am Thai versucht haben, sind sogar zu der Erkenntnis gekommen, es habe „überhaupt keine Grammatik".

Wie jede Landessprache, so verfügt auch das Thai über regionale Dialekte. Das Thai wird in **vier Hauptdialekte** unterteilt: Das Zentral- oder Hoch-Thai *(phaasaa klaang)*, das Nord-Thai *(pak nüa)*, das Thai des Nordostens *(phaasaa issaan)* und das Süd-Thai *(pak tai)*. Diese Dialekte können sich enorm voneinander unterscheiden, und besonders das Thai des Nordens und des Nordostens weisen zahlreiche eigene Vokabeln auf, die in anderen Landesteilen nicht verstanden werden. Das Zentral-Thai, das in Zentralthailand und in Bangkok gesprochen wird, gilt als „Hoch-Sprache", in der die Schulkinder unterrichtet werden, und in der Radio und TV ihre Sendungen verbreiten. Die vier Hauptdialekte des Thai sind ansonsten fast so verschieden wie z.B. Spanisch und Portugiesisch!

Auf Phuket und in den meisten anderen Teilen von Südthailand wird der **Süd-Dialekt** *pak tai* gesprochen, eine stakkatoschnell hervorgeschossene Version des Thai. An den Wortenden werden die Silben rasant hochgezogen, und diese Eigenschaft gilt als „urtypisch Süd-Thai". Wer diesen ansteigenden Endton beherrscht, kann den Dialekt parodieren und wird überall in Südthailand vor Lachen geschüttelte Zuhörer finden. Außerdem weist das Süd-Thai einige **eigene Vokabeln** auf, die von Thais aus anderen Regionen nicht verstanden werden.

Eine weitere Eigenschaft des Süd-Thai ist das Weglassen von Anfangssilben – fast könnte man meinen, die Süd-Thais hätten es überaus eilig und suchten Abkürzungen, wo es nur geht! So werden Vokabeln fast bis zur Unkenntlichkeit verkürzt. Aus *talaat* („Markt") wird so *'laat,* aus dem Phuket umgebenden *thalé* („Meer") wird *'lé.* Die vielgehörte Vokabel *farang* für den (westlichen) „Ausländer" wird so zu einem kurzen *'rang;* in Phuket-Thai werden Ausländer aber auch häufig *pang* genannt, eine Titulierung, die in anderen Landesteilen nicht verstanden wird.

Die Entstehung der **Thai-Schrift** ist nicht ganz unumstritten. Der allgemein akzeptierten Version zufolge wurde sie Ende des 13. Jahrhunderts von *König Ramkamhaeng* aus dem Devanagari-Alphabet entwickelt, in dem das Sanskrit geschrieben wurde. Eine steinerne Inschrift aus dem Jahre 1283 gilt als das älteste bekannte und noch erhaltene Beispiel der Thai-Schrift.

Da das Thai über **44 Konsonanten** und **25 Vokale** verfügt, ergeben sich enorme Schwierigkeiten bei der **Transkription** von Thai-Begriffen in unser lateinisches Schriftsystem. Soviel nur als Entschuldigung, falls einige Thai-Begriffe in diesem Buch eine andere Schreibweise aufweisen als in anderen Büchern! Es gibt kaum eine allgemein akzeptierte Transkriptionsweise von Thai-Vokabeln in unser System, und selbst die Thais sind sich nicht einig, wie sie uns ihre Vokabeln zu präsentieren gedenken. So kommt es auf offiziellen Landkarten und Stadtplänen oft zu den konfusesten und haarsträubendsten Namensversionen.

Wer sich bereits vor der Reise am Computer mit der Sprache Thailands beschäftigen möchte, dem ist der bei REISE KNOW-HOW erschienene **„Kauderwelsch digital – Thai"** sehr zu empfehlen. Unterwegs leistet das ebenfalls bei REISE KNOW-HOW erschienene Bändchen **„Thai – Wort für Wort"** (Kauderwelsch Bd. 19) wertvolle Hilfe bei der Kommunikation mit der Bevölkerung.

Insel und Bewohner

Medien

Radio

In Thailand senden **über 300 UKW-Stationen,** fünf davon in Phuket. Die meisten Stationen senden Programme mit thailändischer Popmusik und Nachrichten in Thai, unterbrochen von Werbung für lokale Geschäfte, Restaurants oder Hotels. Die fünf UKW-Stationen, die auf Phuket empfangen werden können, senden auf Thai und haben leider nichts Besonderes zu bieten. Auf 89,00 und 101,50 MHz gibt's gelegentlich etwas Pop und Rock, das war's aber auch schon. Besser, man bringt einen guten Kurzwellenempfänger mit. Wer einen Laptop dabei hat, kann über Websites wie www.publicradiofan.com zahlreiche deutsche UKW-Stationen abhören, dazu zahlreiche weitere Sender aus aller Welt.

Fernsehen

Die Sender **Channel 3, 5, 7, 9** und **11** senden allesamt thailändische Programme, wobei dramatische Seifenopern und Ulkprogramme die meisten Zuhörer in den Bann schlagen. Gelegentlich sind auf Thai synchronisierte Hollywood-Filme dabei.

Der private Sender **Nation TV** gehört denselben Besitzern wie die **Tageszeitung** *The Nation* und geht besonders kritisch mit dem politischen Tagesgeschehen um. Einige Sendungen sind auf Englisch.

Der Sender **TiTV** war zuvor als *iTV* bekannt und war unter diesem Namen zuletzt mehrheitlich im Besitz des ehemaligen Premierministers *Thaksin Shinawatra*. Nach dessen Amtsenthebung durch einen **Putsch im September 2006** und drohen-

dem Lizenzentzug aufgrund unbezahlter Gebühren, wurde der Sender restrukturiert und umbenannt. *TiTV* steht für *Thai Independent TV*.

Ausländische Sender

Die besseren Hotels auf Phuket sind mittlerweile alle verkabelt oder haben eine Satellitenschüssel auf dem Dach, und so bieten sich zahlreiche Alternativen zu den thailändischen TV-Stationen. Zu empfangen sind das Fernsehen der Deutschen Welle (DW-TV), BBC-TV, CNN, die diversen Programme von Star TV (Star Plus, Star Movies, Star Sports), die Musiksender MTV und Channel [V], ABN (Asian Business News), die Movie-Kanäle HBO und Cinemax, National Geographic, History Channel, der indische Unterhaltungssender Zee Smile und noch der eine oder andere. In manchen deutschen Kneipen in Patong gibt es ebenfalls DW-TV zu sehen, das etwa alle zwei Stunden abwechselnd in Englisch und Deutsch ausgestrahlt wird.

Insel und Bewohner

Zeitungen/Magazine

Überall in Phuket City, aber auch an einigen Stränden erhältlich sind die hervorragenden englischsprachigen **Tageszeitungen** *The Nation* (www.nationmultimedia.com) und *Bangkok Post* (www bangkokpost.com), die jeweils 30 Baht kosten. Letztere ist für ihre ausgezeichnete Auslands-Berichterstattung bekannt.

Nachrichten aus Phuket und Umgebung bietet die zweiwöchentlich erscheinende *Phuket Gazette* (30 Baht), die auch mit einer täglich aktualisierten Website im Internet vertreten ist: www.phuketgazette.com. Das *Farang Magazine* (www.farang online.com) ist vom Reiseblatt für Rucksacktouristen zur besten monatlichen Veröffentlichung für Besucher Thailands aufgestiegen. Jede Ausgabe bietet ein paar Seiten Nachrichten und Reisetipps aus Phuket. *Lifestyle+Travel* ist ein zweimonatlich erscheinendes englischsprachiges, foto-orientiertes Reisemagazin, das regelmäßig Thailands Urlaubsinseln vorstellt.

Hinzu kommt eine ganze Reihe thai-sprachiger Tageszeitungen, so z.B. die *Siam Rath, Thai Rath, Daily News* oder *Matichon*. Von diesen ist die *Thai Rath* (Auflage 700.000) die populärste, was sie ihrem sensationslüsternen Boulevard-Stil zu verdanken hat.

Noch eine Stufe brutaler sind die so genannten **„Crime Magazines"** namens *Nüng-Gau-Nüng* und *Ashyagam*. Diese Monatsmagazine präsentieren schauerliche Fotos von Mord- und Unfallopfern, die mit einem passend makabren Text versehen werden, der kein Detail auslässt. Dazwischen schlüpfen auch ein paar erotische Geschichtchen und schaffen so die altbekannte und verkaufsträchtige Mischung von „Sex & Crime". *Ashyagam* (im Hoch-Thai: *atyagam*) bedeutet übrigens soviel wie „Mord" oder „Verbrechen", und *Nüng-Gau-Nüng* („1-9-1") ist die landesweit übliche Rufnummer der Polizei.

Ausländische Zeitungen
Einige Zeitungshändler in der Innenstadt von Phuket City und Patong vertreiben die amerikanischen Nachrichtenmagazine *Newsweek* und *Time*. Die Geschäfte befinden sich in der Rasada Road, Phang-Nga Road und Thalang Road und der Bangla Road in Patong. Diese Händler bieten auch zwei bis drei Tage alte Ausgaben der *Welt* oder der *Bildzeitung* an (ca. 250 Baht), dazu *Stern* und *Spiegel* (380 Baht).

Zeitungen im Internet
Webportale wie z.B. www.thepaperboy.com führen zu den Websites zahlreicher deutschen Tageszeitungen sowie Publikationen aus der ganzen Welt. Zugang zu Websites deutschen Zeitungen auch über www.netzzeitung.de.

Religion

Buddhismus

Etwa 95 % der Thais sind Buddhisten der **Therava-da-** (oder Hinayana-) **Tradition,** die restliche Bevölkerung besteht aus Moslems, Christen, Hindus, Sikhs und einer verschwindend geringen Anzahl von Animisten.

Auf Phuket beträgt der Anteil der Buddhisten nur 60 %, und dabei sind in dieser Zahl noch die *chao 'le* oder „Seezigeuner" miteinbezogen, die offiziell als Buddhisten gelten, in Wirklichkeit aber einer animistischen Lebensweise folgen.

Buddha, auf den der Buddhismus zurückgeht, wurde um das Jahr 543 v. Chr. in Lumbini im heutigen Grenzgebiet von Indien und Nepal geboren. Der Name, der ihm gegeben wurde, war *Siddharta Gautama,* die ehrfurchtsvolle Bezeichnung Buddha („Der Erleuchtete") wurde ihm erst später, am Ende seines langen religiösen Lebensweges verliehen. *Siddharta* war in einer fürstlichen Familie zur Welt gekommen und genoss in seinem Palast, abgeschirmt vom Elend der Welt, ein Leben in Freuden und Luxus. Früh wurde er verheiratet, und eines Tages entschloss er sich aus Neugier, hinaus in die ihm bis dahin verborgene Welt zu gehen. Der Anblick, der sich ihm bot, erschreckte und verunsicherte ihn. Wohin er blickte, offenbarte sich ihm Krankheit, Alter, Tod und unsägliches Leid. *Siddharta* beschloss, nach den Ursachen des menschlichen Leidens zu suchen und nach einem Weg, der den Menschen permanent von seinem Leid erlösen könnte. In einer dunklen Nacht schließlich verließ er die Geborgenheit seines Palastes für immer und schlich sich heimlich hinaus in die Welt des Leids. Zurück ließ er seine junge Frau und einen gerade erst geborenen Sohn – ein Anzeichen, wie ernst es ihm mit seiner Suche war. Nach langen Jahren der Askese und Meditation, in denen er manches Mal einem falschen Weg ge-

Insel und Bewohner

folgt war, wurde ihm schließlich unter einem Baume meditierend die Erleuchtung zuteil.

Siddharta Gautama hatte die **„vier edlen Wahrheiten"** entdeckt und war zum Buddha oder „Erleuchteten" geworden. Diese vier Wahrheiten umschrieb er wie folgt:

1. Alles Leben ist Leiden *(dukkha)*.

2. Alles Leiden wird durch Begierden hervorgerufen *(samudaya)*.

3. Das Leiden kann an seinen Wurzeln durch Zerstörung von Begierden für immer ausgelöscht werden *(nirodha)*.

4. Die Begierden können durch das Befolgen eines „achtfachen Pfades" zerstört werden, was somit das Leid an der Wurzel ausrottet *(magga)*.

Der **„Achtfache Pfad"** besteht – so befand der Buddha – aus:

1. rechter Erkenntnis, d.h. dem Erkennen der Grundprobleme aller Existenz

2. rechtem Denken, d.h. einem Denken, ohne zu verletzen, oder dem Hegen edler Gedanken

3. rechter Rede, d.h. Rede, ohne zu verletzen oder der Lüge aus eigennützigen Motiven

4. rechten Taten, d.h. dem Unterlassen schädlicher Handlungen wie töten, stehlen etc.

5. rechtem Lebenswerk, d.h. einem Lebenserwerb, der nicht auf Kosten anderer geht

6. rechter Bestrebung, d.h. mit eigener Kraft die unheilvollen Gedankenströme zu überwinden

7. rechter Aufmerksamkeit, d.h. aus durch Meditation und Kontemplation gewonnener Selbsterkenntnis

8. rechter Konzentration, d.h. Konzentrationskraft, die es ermöglichst, einen einzigen Gedanken zu verfolgen, ohne davon abzuschweifen.

Das Endziel des so vorgeschriebenen Pfades ist das **Nirwana** *(Pali: nibbana)*, das Auslöschen aller Wurzeln des Leidens, was den Suchenden auch

Buddha-Figur mit schlafender Katze

endgültig aus dem Kreislauf der **Wiedergeburt** befreit.

Gemäß der buddhistischen Lehre werden alle Wesen so lange in verschiedenen Körpern wiedergeboren, bis sie – nach Abertausenden von Geburten – ihre Befreiung, das Nirwana, erreicht haben. Das Schicksal, das sie in ihrem Leben erleiden, wird durch das **Karma** bestimmt, d.h. aus der Summe der guten oder bösen Taten, die sie im vorangegangenen Leben begangen haben. Gute Taten fördern ein glückliches Schicksal, schlechte ein böses und unglückliches. In diesem Prinzip von *karma* (Pali: *kam*) liegt die thailändische Philosophie des *tham buun* begründet, dem „Gute-Taten-tun", das Pluspunkte für die nächste Geburt gewinnen hilft.

Das wohl sichtbarste und alltäglichste Beispiel von *tham buun* ist die frühmorgendliche Speisung von Mönchen *(phra),* die mit einem Bettelgefäß *(baat)* durch die Städte und Dörfer ziehen. Die Gläubigen füllen die Gefäße mit Speisen, ohne dabei jedoch den Almosengang *(bin tha baat)* der Mönche als Bettelei zu betrachten. Ganz im Gegenteil: Man ist den Mönchen dankbar, dass sie den Laien die Möglichkeit geben, sich durch ihre Gaben Verdienste für ihre nächste Geburt zu erwerben.

Geschichte In den ersten fünf Jahrhunderten nach Buddhas Erleuchtung verbreitete sich die neue Lehre vom Leid und dessen Beseitigung über ganz Indien. Im 3. Jh. vor unserer Zeitrechnung erfasste diese frühe Form des Buddhismus, der **hinayana** (=„Kleines Fahrzeug") oder **theravada** („Der Weg der Älteren"), Sri Lanka und weite Teile Süd- und Südostasiens.

In Indien bildete sich jedoch bald eine neue Variante des Glaubens heraus, der **mahayana** („Großes Fahrzeug"), der sich später über Zentralasien, China, Japan, Vietnam, Kambodscha und andere Teile Südostasiens ausbreiten sollte. Im Gegensatz zum *hinayana* setzte der *mahayana* nicht den Schwerpunkt auf die Erlangung eines persönlichen Nirwana, sondern auf eine universelle Liebe für alle leidenden Kreaturen, denen der Weg aus dem Kreislauf der Leiden aufgezeigt werden sollte. Die perfekte Ausdrucksform dieses unendlichen Mitgefühls war der *boddhisattva,* ein vor der endgültigen Befreiung stehendes Wesen, das anstatt selber ins Nirwana einzugehen, es vorzog, andere durch ihren Leidensweg hindurch zur Erlösung zu führen.

Insel und Bewohner

Nach Thailand kam der Buddhismus im 3. Jahrhundert v. Chr., noch bevor er sich in seine zwei Glaubensrichtungen aufgespalten hatte. Der indische Herrscher *Ashoka,* der Buddhist mit Leib und Seele geworden war, sandte zwei Missionare in ein nebulöses Suwannaphum oder „Land aus Gold", das wahrscheinlich das Mon-Königreich Dvaravati („Ort der Pforten") war, dessen Zentrum beim heutigen Nakhon Pathom lag. So waren die Grundlagen des neuen Glaubens in Thailand gelegt, und als im 13. Jahrhundert, zur Zeit des Königreiches von Sukhothai, buddhistische Mönche aus Sri Lanka das Land besuchten, fand der *hinayana* Verbreitung.

König Ramkamhaeng (1279-1298) von Sukhothai machte unter dem Einfluss der Mönche auf Sri Lanka den *hinayana* schließlich zur Staatsreligion.

Als im Jahre 1767 die damalige Hauptstadt Ayutthaya von den Burmesen geplündert und zerstört wurde, wurden so gut wie alle religiösen und säkulären Dokumente vernichtet, und von den einst so prächtigen Tempeln, die Buddha geweiht worden waren, blieben nur triste Ruinen.

7 Tage Hitzequalen – ein fragwürdiger Ritus nach der Geburt

In den ländlichen Gebieten Südthailands, auch auf Phuket, besteht bis heute ein Brauch, der dem westlichen Touristen nur ungläubiges Stirnrunzeln entlocken dürfte.

Nach der Geburt eines Kindes wird die frisch gebackene Mutter mindestens 7 Tage lang in einem Zimmer eingeschlossen, dessen Türen und Fenster fast luftdicht verriegelt sind. Kein Luftzug darf in das Zimmer dringen. Überall im Zimmer werden nun Holzkohleöfen aufgestellt, die den Raum auf eine schier unerträgliche Temperatur erhitzen. Die Frau verbringt die gesamte Zeit liegend auf einem Bett, unter dem sich ebenfalls ein brennender Ofen befindet. Auf ihrem Bauch hält sie einen glühend heißen größeren Stein, der in Tücher gewickelt ist. Hat sich der Stein abgekühlt, so wird er in einem der Holzkohleöfen wieder erhitzt und auf den Bauch gelegt.

Die gesamten qualvollen 7 Tage lang bekommt die Frau nur wenig zu essen und darf sich weder waschen noch die Haare kämmen oder sonstige Körperpflege betreiben. Nur die Kleidung darf gewechselt werden.

Der Grund der Prozedur liegt in der Annahme, dass die Frau ohne deren Befolgung an Seh- und Hörkraft einbüßen würde; außerdem wäre sie ansonsten für immer ein *ki-nao*, d.h. jemand, der bei dem geringsten Luftzug zu frieren beginnt.

In einigen Familien wird die „Hitzebehandlung" sogar auf 15 Tage ausgedehnt, um ganz sicher zu gehen, dass der Körper durch die vorangegangene Geburt nicht dauerhaft geschwächt wird. Noch Anfang des letz-

Der Buddhismus in Thailand erlitt so einen Rückschlag, von dem er sich erst ein Jahrhundert später erholen sollte. *König Mongkut,* Rama 4. (1851-1868), war ein tief religiöser Herrscher, der vor seiner Thronbesteigung 27 Jahre als Mönch verbracht und sich ein ungeheures Wissen in vielerlei Disziplinen angeeignet hatte. So zum buddhistischen wie weltlichen Gelehrten herangewachsen, beschloss er, den Buddhismus wieder zu stärken und gründete zu diesem Zwecke einen neuen, strengeren Mönchsorden, den *thammayut-nikai.* Dieser besteht bis heute neben dem älteren Orden *maha-nikai* fort.

In seiner Alltagsform präsentiert der thailändische Buddhismus heute aber eine Mischform, in der auch zahlreiche hinduistische, brahmanisti-

ten Jahrhunderts dauerte die Tortur bis zu 30 Tagen, und der englische Thailand-Reisende *Reginald le May* konnte sich die zynische Bemerkung nicht verkneifen, dass sie sicherlich eine Wirkung auf den späteren Gesundheitszustand der Frau habe, nämlich den, dass „wenn ein ansehnliches, attraktives Mädchen Mutter wird, ... es nach sieben oder acht Jahren plötzlich zusammenbricht und alt, ausgemergelt und verrunzelt wirkt. Ganz als ob der Lebensfunke plötzlich erloschen ist."

Früher wie heute wird die Prozedur von der Familie der frisch gebackenen Mutter und vom *mor tham yä*, einer Art Geburtshelfer, überwacht. Dieser Geburtshelfer ist kein ausgebildeter Arzt, sondern ein Dorfbewohner, der sich in altüberlieferten Geburtsritualen auskennt. Dabei ist er mehr Schamane als Mediziner, und eine seiner wichtigsten Aufgaben ist die Beschwichtigung der bösen Geister, die dem Neugeborenen ein Leid tun könnten. Dabei wird der *mor tham yä* selber als mit den Geistern im Bunde angesehen und muss durch kleine Geldgeschenke zufrieden gestellt werden. Ohne diesen Sold könnte Mutter und Kind großes Unheil widerfahren.

Einige Tage nach der Geburt muss den Geistern der Vorfahren der Neuzugang in der Familie berichtet werden. Zu diesem Zweck wird eine Kugel aus gekochtem Reis geformt, die an einen Zwirnsfaden gehängt wird. Dann werden die Geister einzeln mit ihren Namen angerufen, und falls die Reiskugel bei der Nennung eines bestimmten Namens sich zu bewegen beginnt, so nimmt man an, der angerufene Vorfahre habe sich im Neugeborenen reinkarniert.

Auf Phuket werden jährlich ca. 3000 Kinder geboren (die Rate der Totgeburten liegt landesweit bei über 0,6 %); in wie vielen Fällen deren Mütter das „Röstritual" über sich ergehen lassen müssen, ist statistisch leider nicht erfasst.

sche und animistische Elemente vorhanden sind. Das Gebiet des heutigen Thailand hatte schon zu Anbeginn unserer Zeitrechnung unter starkem hinduistischen Einfluss gestanden, und aus Indien stammende Hofastrologen hatten brahmanische Rituale eingeführt. Dazu kamen animistische Elemente, die sich – trotz der ablehnenden Haltung des reinen Buddhismus ihnen gegenüber – im Volksglauben nicht haben auslöschen lassen.

Und so ist es für den Thai-Buddhisten heute kein Unding, vor einer Statue von Hindugöttern wie Vishnu und Shiva zu beten. Vielerorts werden heilige Bäume, denen Geister oder Götter innewohnen sollen, mit Opfergaben bedacht. Die allgegenwärtigen Geisterhäuschen *(san phra phuum)* werden in aufwendigen Zeremonien eingeweiht

Insel und Bewohner

und dem Erdgeist *phra phuum* gewidmet, der dem Haushalt Glück und Wohlergehen sichern soll. Dazu wird er mit regelmäßigen Opfergaben „bestochen". So haben sich die toleranten Thais eine Form des Buddhismus geschaffen, die ein weites, schwer definierbares Spektrum bietet – darin findet der asketische Einsiedlermönch ebenso seinen Platz wie die Erdgeist-verehrende Hausfrau, die sich nicht etwa die Erleuchtung, sondern den endlich fälligen Lotteriegewinn verspricht.

Islam

Literaturtipp: „Islam erleben" aus der Praxis-Reihe des REISE KNOW-HOW Verlags

Schon zu Beginn unserer Zeitrechnung lebten die Vorfahren der heutigen Moslems in Südthailand, die auch bald über ein eigenes Königreich namens *Lankasuka* herrschten. In späteren Jahrhunderten kamen moslemische Kaufleute und Missionare nach Thailand, und Anfang des 17. Jh., zur Zeit der legendären Hauptstadt Ayutthaya, wurde ein gewisser *Sheik Ahmed*, seines Zeichens persischer Kaufmann, vom damaligen König zum Minister erhoben. So begann eine wohlwollende Tradition religiöser Freiheit, die bis heute uneingeschränkt fortbesteht. Der heutige König *Bhumipol Adulyadej* (Rama 9.) ist der offizielle Schutzpatron jeder Religionsgemeinschaft im Lande.

Der Islam ist die vom Propheten *Mohammed* zwischen den Jahren 610 und 632 gestiftete Religion, deren einziger Gott **Allah** ist, der über das Schicksal der Menschen richtet. Gute und böse Taten werden nach einem Jüngsten Gericht durch Paradies oder Hölle vergolten. Zu einem gottgefälligen Leben verlangt der Islam seinen Anhängern die Einhaltung von **5 Grundpflichten** ab:

1. Das Bekenntnis zur Einheit Gottes und der Prophetenschaft *Mohammeds*

2. Das fünfmalige tägliche Gebet

3. Das Geben von Almosen

4. Das Fasten im Fastenmonat Ramadan

5. Die Pilgerreise nach Mekka, dem heiligen Ort der Religion, sofern die finanzielle und gesundheitliche Lage des Gläubigen dies erlaubt.

Weiterhin wird das tägliche Leben durch einen strengen **Moralkodex** geregelt, der beispielsweise den Genuss von Schweinefleisch und Alkohol, das Glücksspiel oder das Nehmen von Schuldzinsen untersagt.

Ein Moslem darf bis zu vier Frauen ehelichen, denen in der Gesellschaft traditionell eine untergeordnete Rolle zufällt. Während sich die arabischen Moslemfrauen hinter Schleiern und Gesichtsmasken verbergen, hat sich in Thailand aber eine gemäßigte Variante dieser strengen Sittenregel herangebildet, und thailändische Moslems tragen bestenfalls ein Kopftuch, unter dem sie ihr Haupthaar züchtig verhüllen. Der Einfluss des toleranten Buddhismus hat offensichtlich eine sehr weltoffene Form des Islam herangedeihen lassen.

Allwöchentlicher Höhepunkt des religiösen Lebens ist das **Freitagsgebet,** das mit Lesungen aus dem Koran, der heiligen Schrift des Islam, begangen wird. Dazu findet sich die gesamte Gemeinde – getrennt in separate Veranstaltungen für Männer und Frauen – in den Moscheen ein.

Heute sind 4 % aller Thais und 35 % der Einwohner Phukets Moslems. Gut 75 % aller Moslems leben im thailändisch/malaiischen Grenzgebiet, in den Provinzen Pattani, Yala, Satun und Narathiwat. Gerade in diesen Südprovinzen kommt es regelmäßig zu **Unstimmigkeiten** zwischen der moslemischen Mehrheit und der Obrigkeit, und versprengte moslemische Freischärler kämpften sogar für einen separaten moslemischen Staat. Durch politische Ereignisse seit dem 11. September 2001 und brutale Eingriffe der Armee kam es im April 2004 zu **schweren Auseinandersetzungen** zwischen Soldaten und moslemischen Jugendlichen, bei denen in einer Nacht über hundert kaum bewaffnete Demonstranten erschossen wurden. Im Oktober 2004 kamen über 80 mosle-

Insel und Bewohner

mische Jugendliche nach der Festnahme bei einer Demonstration um – sie erstickten in überfüllten militärischen Gefängniswagen. Richtig belangt wurde für diese Grausamkeit weder die Regierung noch das Militär. Der Integration der Moslems war hiermit nicht gedient, und die Attentate der Extremisten häuften sich – oft waren sie als Rache für das obige Geschehen oder andere Ungerechtigkeiten gegen die Moslems, vermeintlich oder wahr, gedacht. Unter der durch den Putsch im September 2006 an die Macht gekommenen neuen Regierung verbesserte sich die Situation nicht. In den Jahren 2008/9 kam es vermehrt zu Anschlägen, und es sieht nicht so aus, als ob die Situation in den nächsten Jahren in den Griff zu bekommen wäre.

Phuket ist von Gewalttaten bisher verschont geblieben und die Moslems auf der Insel sind weitaus besser integriert als die Gemeinden weiter südlich.

Insgesamt gibt es in Thailand 2340 Moscheen. Die größte auf Phuket ist die Moschee von Bang Tao, in der sich Hunderte von Einwohnern zum Freitagsgebet einfinden.

Christentum

Seit dem 16. Jahrhundert waren immer wieder **katholische Missionare** – hauptsächlich Spanier, Portugiesen und Franzosen – zum fernen Siam gesegelt, um dem Christentum ein paar neue Schäflein zuzuführen. Der Erfolg rechtfertigte aber kaum den Aufwand. Mit einer unchristlichen Portion von List und Tücke und unter Mitwirkung des legendären *Constantine Phaulcon* – eines griechischen Abenteurers, der es bis zum Posten des Ersten Ministers am Hofe *König Narais* in Ayutthaya gebracht hatte – versuchte man, den altersschwachen *Narai* zum Christentum zu bekehren. Der

Etwa 1000 Christen leben auf Phuket

Versuch endete im Jahre 1688 mit der Exekution *Phaulcons* und der Vertreibung der Europäer.

Kurz zuvor, um das Jahr 1671, hatte der in Ayutthaya weilende Bischof von Beirut mit der Genehmigung *König Narais* einen portugiesischen Priester nach Phuket entsandt, der dort eine christliche Gemeinde gründen sollte. Zahlreiche portugiesische Händler scharten sich bald um den Missionar, der aber schon im Jahre 1673 nach Ayutthaya zurückberufen wurde – nicht wegen mangelnden Erfolges, sondern „aufgrund eines Arbeitskräftemangels im Hauptquartier", wie ein Geschichtsschreiber vermerkte.

Die christliche Siedlung florierte zunächst weiter, und im Ort Tha Rüa gründeten die Portugiesen einen umsatzträchtigen Markt, den die Einheimischen *talaat farang* oder „Markt der Europäer" nannten. Anfang dieses Jahrhunderts schien es mit dem religiösen Eifer der Portugiesen vorbei, und ein Archäologe namens *Walter Bourke* stellte befremdet fest, dass sie „scheinbar ohne jegliche Religion sind, aber sonntags nicht arbeiten und ihnen der Freitag heilig ist."

Heute leben ca. 300.000 Christen in Thailand, davon bestenfalls 1000 auf Phuket.

Der **Misserfolg** christlicher Missionare in Thailand lässt sich durch die hedonistische, lebensbejahende Grundhaltung der Thais erklären: Im Denken ist zwar Platz für ein ewigwährendes, erlösendes Nirwana, aber nicht für eine Furcht erregende Hölle, wie kurz man darin auch schmoren mag!

Sikhismus

Der Sikhismus ist eine monotheistische Religion, die im 16. Jh. von *Guru Nanak* (1469-1539) in **Nordindien** begründet worden war. In ihr verbanden sich moslemische und hinduistische Elemente.

Anders als der streng hierarchische, in Kasten gegliederte Hinduismus aber ist der Sikhismus streng egalitär und sieht alle Menschen als gleichwertig an. Dies ist auch der Grund, warum der thailändische König den Haupttempel der Sikhs in Bangkok nicht besucht hat und möglicherweise nie besuchen wird: Im Gebetsraum müsste er wie alle anderen Sterblichen auch mit bedecktem Kopf auf dem Boden sitzen. Der König selber wäre jederzeit dazu bereit – einige Buddhisten könnten dies aber als „Beleidigung" ihres Monarchen auffassen, und somit wäre die Basis für einen interreligiösen Zwist gegeben.

Auf dem indischen Subkontinent schufen sich die Sikhs einen Ruf als tapfere Krieger, aber auch als fleißige Händler. Im 19. Jahrhundert wanderten viele Sikhs nach Thailand aus und wurden Soldaten, Polizisten oder Kaufleute, die hauptsächlich mit Textilien Handel trieben. Nach der indischen Teilung im Jahre 1947 kamen Tausende weiterer Sikhs ins Land.

Heute leben ca. 30.000 Angehörige dieser Religion in Thailand, die meisten davon in Bangkok. Auf Phuket leben einige Dutzend Sikh-Familien; die meisten sind erst in den letzten Jahren zugezogen und betreiben Schneidergeschäfte an den Stränden. Die wenigen Sikhs in Phuket City sind in der Regel Alteingesessene. In der Suthat Road in Phuket City unterhalten die Gemeinden einen eigenen, im Jahre 2001 prächtig ausgebauten Tempel; zuvor hatte sich an der Stelle nur ein recht bescheidenes Gebäude befunden. Sikh-Tempel heißen *gurudvara* = „Die Pforte zum Guru". Ihr Glaube schreibt ihnen vor, überall dort einen Tempel zu errichten, wo fünf oder mehr Sikh-Familien beisammen leben.

Die Sikhs sind interessanterweise die **reichste Bevölkerungsschicht in Thailand,** mit einem durchschnittlichen Pro-Kopf-Einkommen, das fünffach über dem Landesdurchschnitt liegt. Dieser Erfolg liegt nicht zuletzt an ihrer Flexibilität und der Bereitschaft, zur Erlangung des wirtschaftlichen Erfolges auch in ferne Länder zu ziehen. In diesem Sinne kursiert unter Sikhs ein selbstironischer Scherz: Frage – welche zwei Dinge findet man auch im letzten Winkel der Erde? Antwort – erstens Kartoffeln und zweitens Sikhs!

Hinduismus

Schon vor dem ersten Jahrtausend unserer Zeitrechnung waren südindische Händler an die thailändische Westküste gesegelt, wo sie blühende Handelskolonien gründeten. Aus ihrer Heimat brachten sie ihre Religion, den Hinduismus, mit, und errichteten zahlreiche Schreine und Tempel.

Insel und Bewohner

Literaturtipp:
"Hinduismus erleben" aus der Praxis-Reihe des REISE KNOW-HOW Verlags

Statuen hinduistischer Gottheiten wurden bei Krabi, Phang-Nga und auf Phuket gefunden, vor allem aber in der Gegend um Takua Pa, zweieinhalb Busstunden nördlich von Phuket City. Der Name *Takua Pa* stammt von *Takkola*, das bedeutet "Kardamom-Markt" und gibt Aufschluss darüber, womit die Hindus zum großen Teil handelten.

Im Laufe der Zeit verschmolzen die hinduistischen Siedler mit der Bevölkerung des Gebietes, und der Hinduismus verlor an Bedeutung. Heute leben nur noch wenige Hindu-Familien auf Phuket; diese sind die Nachfahren der frühen Einwanderer und zum Teil noch an ihren indischen Gesichtszügen zu erkennen.

Eine kleine Hindu-Kolonie gab es bis vor wenigen Jahren auf dem Gebiet des heutigen Rama-9.-Parks *(suan luang rama gau)* in Phuket City. Mit Beginn der Parkanlegung zogen die Hindus in andere Stadtteile. An der Westseite des Parks lebt heute noch eine einzige Hindu-Familie tamilischer Herkunft. Insgesamt gibt es 200 Hindus auf Phuket, fast ausschließlich Tamilen.

An der Suthat Road, wenige Schritte südlich des Sikh-Tempels, befindet sich ein kleiner Hindu-Tem-

pel *(Thandayuthapani Temple)*. Ein Schild (in Thai) am Eingang des Tempels bittet die Besucher, die Schuhe vor der Schwelle auszuziehen und verbietet Personen in schwarzer Trauerkleidung sowie Frauen während der Menstruation den Zutritt. Der Tempel wurde im Jahre 2001 für 720.000 Baht renoviert und erweitert, ein Projekt, auf das die kleine Hindu-Gemeinde seit gut zehn Jahren hingespart hatte.

Feste und Feiertage

Bis in die jüngste Vergangenheit war Thailand wohl eines der Länder auf der Welt mit den meisten Feiertagen. Heute sind es nicht mehr ganz so viele, aber immer noch genug. Das merken vor allem die Touristen, die Geld auf der Bank wechseln wollen und wieder mal vor geschlossenen Pforten stehen. Die vielen Feiertage, die die Thais oft zu Verwandtenbesuchen nutzen, gleichen in bescheidenem Maße die nur knappen Urlaube aus, die thailändische Arbeitgeber ihren Angestellten gewähren. Es ist durchaus normal, nur eine Woche Urlaub pro Jahr zu haben. Wer gar zwei Wochen bekommt, kann sich zu den Privilegierten zählen.

Thailändische Feste sind oft sehr übermütige Angelegenheiten, und selbst die religiösen Feste fallen nicht so ernst aus, wie man vielleicht befürchten könnte. Viele der Feiertage richten sich nach dem **Mondkalender** und liegen eine bestimmte Anzahl von Tagen vor/nach Voll- oder Neumond.

Zu den unten genannten gesetzlichen Feiertagen sind alle Regierungsämter und die Banken geschlossen. Wechselstuben in den Tourismusgegenden sind von dieser Regel i.A. nicht betroffen.

Insel und Bewohner

Auf der Suche nach den Ahnen auf einem Kulturfest in Phuket City

Mit ihrem Sinn fürs Feiern haben sich die Thais auch etwas ganz Besonderes ausgedacht: Fällt ein Feiertag auf einen Samstag oder Sonntag, ist der nachfolgende Montag arbeitsfrei. So verhindert man, dass ein wertvoller freier Tag durch einen (für Beamte) ohnehin arbeitsfreien Tag verloren geht.

Januar   Der 1. Januar ist **Neujahrstag,** den auch die Thais in vielen Fällen zum Auskurieren eines Katers benötigen. Der Jahresbeginn des westlichen Kalenders wird eigentlich erst seit der jüngeren Vergangenheit so richtig gefeiert; wichtiger ist

Das Fest der hungrigen Geister

Eines der wichtigsten **chinesischen Feste** auf Phuket ist das *sart*, das „Fest der hungrigen Geister". Da es bei Phukets allgemeinem Überangebot an Nahrungsmitteln schwer fällt, sich hungrige Geister vorzustellen, bedarf dieses einiger Erläuterungen.

Nach chinesischem Glauben öffnen sich am letzten Tag des 6. Mondmonats des chinesischen Kalenders (**Juli/August**) die Pforten der Hölle für genau einen Monat, und zahllose hungrige Geister begeben sich zur Erde. Diese bedauernswerten Kreaturen sind auf der Suche nach Nahrung, denn ihre Angehörigen haben sie vernachlässigt und ihnen nicht genügend Opfergaben dargebracht. Die geplagten, ausgehungerten Seelen durchstreifen die Welt und sind dabei zu allerlei Missetaten aufgelegt. Mit einem leeren Magen ist es halt ein Leichtes, grantig zu sein, auch für die Bewohner der Geisterwelt.

Um Schabernack zu verhindern, müssen die ungerufenen Geister also besänftigt werden. Doch das ist gar nicht so einfach. Aufgrund von schlechten Taten während ihres vormaligen, menschlichen Daseins auf Erden haben die Geister nur einen Mund schmal wie ein Nadelöhr – eine beträchtliche Einschränkung bei dem Versuch, den Hunger zu stillen, wie leicht einzusehen ist. Die Opfergaben, die die Menschen den Geistern darbieten, haben sich also dementsprechend schwer zu befriedigenden Munde anzupassen. Aus diesem Grunde wird eine spezielle Süßspeise bereitet, das *khanom laa*. Dieses sind fadendünne Nudeln aus dem Mehl des *sticky rice* und braunem Zucker, die hergestellt werden, indem man den dünnflüssigen Teig durch zahlreiche nadelfeine Löcher in einer Kokosnuss sickern lässt. Durch die Löcher tropft der Teig in siedendes Öl, in dem er sich zu den haardünnen Nudeln verfestigt. Diese werden nun den hungrigen Geistern dargeboten, in der Hoffnung, dass sie die schmalen Münder passieren können.

Während ihres Monats auf Erden halten sich die Geister vor allem auf Friedhöfen oder an anderen abgelegenen Orten auf. Die Geistergläubigen zeigen zu dieser Zeit somit noch weniger Neigung als sonst, über

den Thais ihr eigenes Neujahrsfest im April (siehe unten).

Februar   Am Vollmondabend wird **Makha Puja** gefeiert, ein religiöser Feiertag, der an den Tag erinnern soll, an dem sich 1250 Jünger des Buddha spontan versammelt hatten, um ihrem Meister zu lauschen. Abends werden Kerzenprozessionen, das so genannte „Kerzenlaufen" *(wien tien),* abgehalten, zu dem die Gläubigen die buddhistischen Tempel Phukets mit brennenden Kerzen in den Händen im Uhrzeigersinn umlaufen.

Insel und Bewohner

Friedhöfe zu gehen. Hierbei ist zu erwähnen, dass die Chinesen im Gegensatz zu ihren thailändischen Mitbewohnern ihre Toten nicht verbrennen, sondern begraben. Nachts verstecken sich die hungrigen Geister auch gerne hinter Kokospalmen, wo sie sich nur durch eine lange, hervorstehende Nase und eine nach Speisung lechzende Zunge verraten. Gelegentlich stoßen sie auch schrille Schreie aus, die den Menschen das Blut in den Adern gefrieren lassen.

Zur Zeit des Festes der hungrigen Geister wird auch dem **„Gott der Teufel"** gehuldigt, dem *Por Tor Kong.* An der Nordseite der Grundschule von Bang Niu *(rong-rian tetsabaan bang niu)* in Phuket City ist ihm ein Schrein gewidmet, an dem ihm *likay*-Vorstellungen geboten werden. *Likay* ist eine rustikale und rudimentäre Theaterform, oft nicht mehr als eine Aneinanderreihung von Possen, zu denen die Darsteller in kunterbunte und zum Teil bizarre Kostüme gekleidet sind.

Als Opfergabe wird dem Teufelsgott ein spezieller Kuchen aus Reismehl und Zucker dargebracht, der rot gefärbt und in die Form von Schildkröten gepresst wird. Die Schildkrötenform symbolisiert ein langes und glückliches Leben. Wer nach den Zeremonien einen dieser (oft quadratmetergroßen) Kuchen wieder mit nach Hause nehmen möchte, bedarf der „Erlaubnis" des Gottes. Zur Entscheidung, ob diese Erlaubnis gegeben wird oder nicht, werden zwei nierenförmige, handliche Orakelsteine, die *puey,* auf den Altar geworfen. Die Art und Weise, wie diese Steine dabei fallen, gibt Aufschluss über den Willen des Teufelsgottes.

Am letzten Tag des „Monats der hungrigen Geister" wird diesen eine Art Abschiedsfest bereitet. Da sie sich nun ausgiebig satt gegessen haben, bringt man ihnen keine Speisen mehr – wer weiß, ein überfressener Geist ist ja möglicherweise noch unausstehlicher als ein hungriger. Stattdessen verbrennt man in den an chinesischen Tempeln angebrachten Brennöfen Utensilien, die ein jeder Geist in der Grauzone seiner Geisterwelt benötigt: Papiergeld, Papierkleidung und andere papierne Gegenstände des täglichen Gebrauchs. Und damit haben die hungrigen Geister für die nächsten elf Monate ihre Ruhe.

Das wollen wir zumindest hoffen. Aber was war das für eine merkwürdige Gestalt, die da hinter der Kokospalme hervorlugte ...?

April

Am 6. des Monats wird der **Chakri Day** begangen, der an die Gründung der bis heute fortdauernden Chakri-Dynastie erinnert. Der heutige König *Bhumipol Adulyadej* ist der neunte Monarch in dieser Dynastie.

In der Regel vom 13. bis zum 15. April feiern die Thais ihr allereigenstes Neujahrsfest, das **Songkran.** Dazu bespritzen sie sich gegenseitig mit Wasser und werfen buntes Farbpulver. Touristen, die zu den beliebtesten Zielscheiben dieser gut gemeinten Attacken zählen, sind gut beraten, die Fotoausrüstung an diesem Tage im Hotel zu lassen, da sie die Wasserüberfälle möglicherweise nicht überlebt. Die Thais zählen ihre Jahre übrigens vom (vermutlichen) Jahr der Geburt Buddhas, und so ist unser 2008 das thailändische Jahr 2551.

In Phuket lauern die Songkran-Wasserbespritzer übrigens an jeder Ecke, nirgendwo ist man ganz sicher. Besonders viele „Wasserwerfer" versammeln sich bei Sapan Hin in Phuket City, dessen weitläufiges Gelände den ausgelassenen Mengen ein gutes Spielfeld bietet.

Mai

An einem Tag, der von den königlichen Hofbrahmanen bestimmt wird, feiert man den Beginn der alljährlichen Pflanzsaison. Bei dieser **„Zeremonie des Pflügens"** (*ploughing ceremony;* Thai: *wan phüt mongkhon*) werden heilige Ochsen zu einer rituellen Pflügezeremonie eingespannt, und die Brahmanen segnen Saatgut, das an Farmer verteilt wird, die aus allen Landesteilen angereist sind. Der Austragungsort dieses alljährlichen Rituals ist der Sanam Luang in Bangkok, eine weite Rasenfläche im Herzen der Altstadt, die traditionellerweise zu wichtigen Feierlichkeiten genutzt wird.

Der 1. Mai ist der allgemein bekannte **„Tag der Arbeit"** (*wan räng ngaan häng chart);* der 5. Mai ist der **„Tag der Krönung"** (*coronation day;* Thai: *wan chat monkhon*), der an die Krönung des gegenwärtigen Königs erinnert.

Am Vollmondabend wird **Visakha Puja** begangen, der wichtigste buddhistische Feiertag des Landes, der zugleich an Geburt, Erleuchtung und Tod des Buddha erinnert, die allesamt am selben Tag stattgefunden haben sollen. Zur Würdigung des Tages werden Kerzenprozessionen *(wien tien)* um die Tempel abgehalten.

Juli

Am Vollmondtag wird **Asanha Puja** gefeiert, die an den Tag erinnert, an dem Buddha seine erste Predigt vor 5 seiner Schüler gehalten hat. Mit diesem Fest beginnt auch die buddhistische Fastenzeit *(khao phansa),* in der die Mönche verstärkt meditieren und auch nicht ihre ansonsten üblichen morgendlichen Bettelgänge *(bin tha baat)* durchführen.

August

Am 12. des Monats wird der **Geburtstag von Königin Sirikit** gefeiert, und überall werden große, mit Lichterketten behangene Portraits der Königsgemahlin aufgestellt.

Oktober

In diesem Monat wird **Ok Phansa,** das Ende der Fastenzeit begangen. Dieser Tag erinnert an Buddhas Rückkehr aus dem Himmel, nachdem er dort drei Monate in tiefer Meditation verbracht hatte. Das Ende dieser Periode ist der Beginn von Kathin, der traditionellen Zeit, in der Mönche von den Gläubigen neue Roben oder andere Utensilien überreicht bekommen. Auch der König übergibt zu dieser Gelegenheit – demütig wie jeder andere Gläubige – Mönchen neue Gewänder.

Der 14. Oktober ist **Nationalfeiertag** und erinnert an die getöteten Studenten der Unruhen von 1973. Am dunkelsten Tag der Geschichte Thailands eröffneten Soldaten und Privatmilizien in Bangkok das Feuer auf Demonstranten, die den Rücktritt der damaligen Militärdiktatur forderten. Mehr als 200 Menschen kamen um, tausende flohen nach weiteren Morden 1976 in die Dschungel im Norden des Landes, bis 1979 von der Regierung eine Amnestie ausgerufen wurde.

Das Vegetarische Fest

Phukets herausragendste Sehenswürdigkeit ist sicherlich das „Vegetarian Festival" *(tetsankan kin jää)*, das **jedes Jahr im September oder Oktober** stattfindet. Während des neun Tage dauernden Festes haben sich alle Teilnehmer einer vegetarischen Diät zu unterziehen, und Alkohol, Sex, Streit und Lügen sind zu meiden. Auf diese Art sollen Geist und Körper von Unreinheiten befreit werden. Als Zeichen dieser angestrebten Läuterung kleiden sich alle Festteilnehmer ganz in Weiß.

Das Vegetarische Fest beginnt am letzten Tag des 8. Mondmonats des chinesischen Kalenders. In einer nächtlichen Zeremonie werden die *kiu ong iah* angerufen, die neun „Kaiser-Götter", die die Schutzpatrone des Festes sind.

Gemäß verschiedener Legenden waren diese neun Schutzgeister ursprünglich neun chinesische Kaiser, die China 45.600 Jahre beherrscht hatten, oder aber neun untereinander Krieg führende Landesfürsten, die aufgrund des Rates eines Weisen Vegetarier wurden und das Töten einstellten. Anderen Versionen zufolge waren sie neun Herrscher, die durch ein magisches Schwert enthauptet worden waren, wonach weißes Blut aus ihren Rümpfen floss, und die Köpfe gen Himmel flogen; oder sie werden als die Inkarnationen von neun Sternen betrachtet.

Wie dem auch sei – nach der Anrufung der neun Schutzgeister werden zwei nierenförmige Orakelsteine, genannt *puey*, geworfen, um festzustellen, ob die Geister die Einladung angenommen haben. Die Steine haben jeweils eine gewölbte und eine glatte Seite. Fallen sie so, dass jeweils verschiedene Seiten nach oben zeigen, so ist die Antwort positiv.

Nun kann das eigentliche Fest beginnen. Prozessionen von Festteilnehmern ziehen unter dem ohrenbetäubenden Klang von Trommeln, Schellen und Gongs durch die Straßen von Phuket. Dabei tragen sie Sänften, auf die Figuren oder Bilder von wichtigen chinesischen Göttern gesetzt sind. Zahlreiche Teilnehmer, die als Medien für die neun Schutzgeister fungieren und die nun von ihnen „besessen" sind, durchstoßen sich die Wangen mit den abstrusesten Gegenständen. Einige benutzen Schwerter, Messer, Eisenstangen oder Rohre, andere Draht, Nadeln oder Fahrradspeichen. Der Fantasie sind keine Grenzen gesetzt. Nachdem die Objekte durch die Wangen gestoßen wurden, ziehen die Festteilnehmer nun durch die Straßen, zur allgemeinen Bewunderung der zahlreichen Zuschauer. Blut fließt dabei seltsamerweise nicht, und die Wunden sind in kürzester Zeit verheilt. Das bewirkt angeblich die Kraft der Schutzgeister, die den Medien für die Dauer des Festes innewohnt.

Doch es werden nicht nur Wangen durchstochen. An den neun Abenden des Festes werden Feuerlauf-Zeremonien abgehalten, bei denen die Medien barfuß durch Gruben brennender Holzkohle laufen, ohne sich Verbrennungen zuzuziehen. Am 7. Abend des Festes werden hohe Leitern errichtet, deren Sprossen mit scharfen Messern oder Rasierklingen gespickt sind. Die Medien besteigen diese Leitern barfuß, gehen hoch bis zur Spitze und beten dort zu den neun Schutzgeistern, um dann wieder hinabzusteigen und anderen den gefährlichen Weg nach oben freizumachen. Wer glaubt, dies sei nur ein geschickter Zirkustrick oder Ho-

kus-Pokus, der sei gewarnt: Das thailändische Fernsehen zeigte Bilder
von westlichen Touristen, die genau das vermutet hatten und die Leitern
selber bestiegen. Danach waren ihre Füße zerschnitten, und die folgenden Interviews wurden im Krankenhaus gemacht!

Am 9. Tag des 8. Mondmonats wird die letzte Zeremonie abgehalten,
mit der die neun Schutzgeister von ihrem Aufenthalt auf Erden verab-
schiedet werden. In langen Prozessionen, die wieder von lautem Ge-
trommel und Feuerwerkskörpern begleitet werden, schickt man die
Schutzgeister zurück in ihren Himmel.

Ist auch die Herkunft der Schutzgeister umstritten, so hat die Tradition
des Vegetarischen Festes auf Phuket aber historische Belege:

Mitte des 19. Jahrhunderts war der Zinnabbau im Distrikt Kathu in vollem Gange, und die chinesischen Minenarbeiter hatten sich mit ihrer harten Arbeit einen beneidenswerten Wohlstand geschaffen. Um sich den
tristen Arbeitsalltag ein wenig aufzuhellen, beschlossen sie, eine Theater-
truppe aus China kommen zu lassen. Die Truppe reiste an und spielte fast
ein Jahr vor begeisterten Minenarbeitern. Eines Tages jedoch wurden die
Schauspieler von einem mysteriösen Fieber befallen. Die Vorstellungen
fielen aus, und bald hatte das Fieber auch auf die übrige Bevölkerung
übergriffen. Nachdem Pulver und Tinkturen keine Besserung verschafft
hatten, begannen die Schauspieler, die Ursachen der Krankheit in ihrer
Missachtung der religiösen Riten zu sehen; in ihrem Jahr auf Phuket – so
glaubten sie –, hatten sie die religiösen Pflichten allzu sehr vernachlässigt.
Also beschloss man, das neuntägige Vegetarische Fest abzuhalten, das
sie aus ihrer chinesischen Heimat kannten. Und das Wunder geschah.
Die Schauspieler und die örtliche Bevölkerung waren in kürzester Zeit ge-
nesen. Man kam nun überein, das heilsame Fest jedes Jahr zu begehen.

Zur exakten Befolgung der Rituale fehlten aber noch einige kultische
Gegenstände, die aus China herbeigebracht werden mussten. Einer der
Minenarbeiter erklärte sich bereit, sie aus der Heimat zu holen. Es vergin-
gen zwei, drei Jahre. Dann endlich kehrte der längst verschollen Geglaub-
te zurück; mit sich führte er wie versprochen die rituellen Gegenstände,
die nun in einer triumphalen Prozession nach Kathu gebracht wurden.

Die größten Feierlichkeiten während des Vegetarischen Festes finden
heute im chinesischen Tempel (sanjao) Jui Tui an der Ranong Road und im
Tempel von Bang Niu an der Phuket Road statt. Im gleichen Zeitraum werden ähnliche Zeremonien in der Stadt Trang abgehalten, die wie Phuket einen hohen chinesischen Bevölkerungsanteil aufweist. Trang befindet sich
ca. 5 Busstunden von Phuket entfernt und ist die Hauptstadt der gleichnamigen Provinz. Am Sri-Mariamman-Tempel an der Silom Road in Bangkok
werden am letzten Tag des Vegetarischen Festes ähnliche Riten zelebriert.

In vielen chinesischen Tempeln werden gelegentlich Feste gefeiert, die
der Göttin Mae Tabtim geweiht sind und bei denen gleichfalls Wangen
durchstoßen und Feuergruben durchlaufen werden. Die Ausübenden
sind dabei häufig durchs Land reisende Truppen mit Heimat Phuket oder
Trang, die wohl die beste Erfahrung auf diesem Gebiet haben.

Wer das Vegetarische Fest einmal selber miterleben möchte, sollte sein
Hotelzimmer so früh wie möglich buchen. Eventuell kurzfristig erhöhte
Zimmerpreise sind dabei in Kauf zu nehmen. Die nächsten Termine sind
bei der TAT in Phuket City zu erfragen.

Insel und Bewohner

November In der Vollmondnacht wird **Loy Krathong** gefeiert, das malerischste aller thailändischen Feste und ein Festtag für jeden Fotografen (siehe in diesem Zusammenhang unter „Sehenswürdigkeiten in Phuket City", Kapitel „Sapan Hin").

Der 23. des Monats ist **„Chulalongkorn-Tag"** (*Chulalongkorn day*; Thai: *wan po ja maharaat*), der dem Todestag von *König Chulalongkorn* gedenkt. Vor Bangkoks Parlamentsgebäude und der dort befindlichen großen Statue des Königs werden Zeremonien abgehalten, zu denen auch der jetzige Herrscher erscheint.

Dezember Am 5. des Monats wird der **Geburtstag des gegenwärtigen Königs** begangen, und öffentliche und private Gebäude sind schon lange vorher mit Portraits des geliebten Monarchen geschmückt.

Der 10. Dezember ist der **„Tag der Verfassung"** (*constitution day*; Thai: *wan rattha thamanuun*), ein allgemeiner Feiertag, ebenso wie der altbekannte 31. Dezember, der letzte Tag des Jahres.

Geschichte

„Die frühe Geschichte der Insel ist in ein tiefes Mysterium gehüllt", schrieb im Jahre 1905 ein gewisser *Colonel G.E. Gerini* über Phuket, „und wir können nur aus vagen Anhaltspunkten ableiten, wie deren Zustand vor der Dämmerung des 13. Jahrhunderts gewesen sein mag, als sie ihren ersten Auftritt auf der Bühne der Weltgeschichte zu feiern hatte."

Die ersten Bewohner der einst Dschungel überwucherten Insel waren wahrscheinlich Negritos, die möglicherweise schon vor Anfang unserer Zeitrechnung die malaiische Halbinsel bevölkerten. Die Sakai, ein im thailändisch/malaiischen Grenzgebiet lebender Volksstamm, und die Bewohner der Andamanen im Indischen Ozean sind die heutigen Nachfahren dieser frühen Siedler.

Zu dieser Urbevölkerung gesellte sich ein Volksstamm, der von den Mon und Khmer abstammte und der aus der Gegend um Pegu im heutigen Burma zugewandert war. Nicht vergessen wollen wir die „Wassermenschen" (chao naam), die ein nomadenhaftes Dasein auf den Meeren führten und von westlichen Reisenden dafür „Seezigeuner" getauft wurden. Dieses wasserfahrende Volk stammte wahrscheinlich aus der Inselwelt Sumatras oder der Andamanen – sicher ist, dass sie ihren Lebensunterhalt häufig durch Piraterie bestritten und dafür als „Saleiter" (verwandt mit jon salat = Piraten) in die Logbücher der seefahrenden Zunft eingingen (siehe auch den Exkurs im Kapitel „Bevölkerung").

Schon früh müssen auch Händler auf Phuket aufmerksam geworden sein, das damals allerdings noch unter zahlreichen anderen Namen auf Seefahrerkarten verzeichnet war: Lunsalan, Lunsalao, Jan-Sylan oder Junceylon, je nachdem, welcher Karte man folgte. Diese Namen waren nichts als verschiedene Versionen des malaiischen Ujong Salang oder „Kap von Salang". Der heutige Name Phuket stammt vom malaiischen Wort bukit, „Hügel", ab.

Die ersten Händler, die Handelsposten auf der Insel errichteten, waren Inder aus dem Gebiet der heutigen südindischen Provinz Tamil Nadu. Diese begannen einen schwunghaften Handel mit den Schätzen, die die Insel zu bieten hatte: Koralle und Elfenbein sowie Ambra, ein Ferment aus dem Magen von Walen, das zur Herstellung von Parfum benutzt wurde, und Nashornpulver, das als Hausmittel bei Vergiftungen diente. Die indischen Händler wurden schnell zu einer wohlhabenden Gesellschaftsschicht, die in der Umgebung von Phuket zahlreiche Figuren hinduistischer Gottheiten hinterließ, vor allem bei Takua Pa, einem wichtigen Handelszentrum.

Diese indischen Händler waren wohl auch die ersten, die auf den Schatz stießen, der Phuket später so enorm florieren lassen sollte: das Zinn. Sie begannen mit dem Abbau des wertvollen Metalls und mehrten ihren Wohlstand.

Doch auch andere Völker richteten ihr Augenmerk bald auf Phuket. Mitte des **2. Jh. n. Chr.** zeichnete der Ägypter *Ptolemäus* eine Karte der malaiischen Halbinsel, die einem heutigen Kartografen zwar nur ein mildes Lächeln entlocken würde, für damalige Verhältnisse aber erstaunlich akkurat war.

Im **9. Jh.** erwähnten arabische Seefahrer einen Umschlagplatz für Elfenbein und edle Hölzer – gemeint war wahrscheinlich Pegu –, segelten jedoch an Phuket vorbei, ohne Aufzeichnungen über das zeitgenössische Leben dort zu hinterlassen.

Ab Mitte des **11. Jahrhunderts** unterstand die Insel dem Königreich von Pegu, das von südindischen Eindringlingen begründet worden war; im Jahre **1050** wurde Pegu jedoch von Burmesen aus Pagan attackiert, **1059** schließlich besiegt und unterworfen. Die allgemeinen Kriegswirren wurden geschickt vom Herrscher von Ligor – dem heutigen Nakhon Si Thammarat – genutzt, der die gesamte malaiische Halbinsel beherrschte. Phuket wurde nun diesem Reich einverleibt, das seinerseits ein Vasallenstaat des Königreiches von Kambodscha war.

Erst im Jahre **1257** beendete König *Ramkamhaeng von Sukhothai* die Vorherrschaft der Kambodschaner und bereitete dem Reich eine schmachvolle Niederlage.

Nun begann die Herrschaft der Thais über diese Schatztruhe namens Phuket – ihr „erster Auftritt auf der Bühne der Weltgeschichte", wie es *Colonel Gerini* so poetisch ausdrückte.

Die Herrschaft war anfangs alles andere als leicht. Die beträchtliche Entfernung machte eine reibungslose Regierungsausübung so gut wie unmöglich, und die grausamen Piraten ließen auch das ausgekochteste Seemannsblut in den Adern gefrieren.

Im Jahre **1350** löste Ayutthaya das Königreich von Sukhothai ab, und für Phuket sollte bald eine neue Epoche beginnen. Nach und nach festigte das Ayutthaya-Reich seine Machtstellung über die südlichen Ausläufer seines Territoriums, und im **17. Jh.** war Phuket einer von acht tributpflichtigen Vasallenstaaten geworden. Der Tribut wurde in Gold, Silber und lokalen Erzeugnissen gezahlt. Zur Übergabe des Tributs reisten die Oberhäupter der Vasallenstaaten selbst in die Reichshauptstadt, wo sie sich zudem einem Treueschwur zu unterziehen hatten, dem „Trinken des Wassers der Treue." Dazu tranken sie Wasser, in das die Henkerwerkzeuge getaucht wurden, die üblicherweise bei Hochverrat zu ihrem blutigen Einsatz kamen. Beim Trinken dieses Wassers wurden die vorgeschriebenen Treuegelübde gesprochen – vor Augen die Instrumente, die bei Bruch des Eides zum Einsatz kommen würden.

Seit Entdeckung des Seeweges nach Indien durch *Vasco da Gama* in den Jahren **1497/98** hatte ein reger Handel zwischen den europäischen Mächten und Indien bzw. Hinterindien stattgefunden. Jedes europäische Land, das Schiffe hatte, machte sich zu den Beute versprechenden Küsten des Ostens auf.

Der Ansturm der Europäer erreichte Ende des **16. Jahrhunderts** seinen Höhepunkt, und um die Ausfuhr des wertvollen Zinns zu kontrollieren, wurde sie zum königlichen Monopol erklärt. In einer Verordnung von **1623** wurden alle Zoll- und Grenzposten zu erhöhter Wachsamkeit gegenüber Ausländern aufgefordert, die potenzielle Zinnschmuggler darstellten. Zu jener Zeit war die Gegend um Phuket das einzige Zinnabbaugebiet von Hinterindien.

Der Abbau des wertvollen Materials war mittlerweile gut organisiert, und Ende des **17. Jahrhunderts** wurden sogar Europäer zu Gouverneuren von Phuket ernannt, die das lukrative Geschäft fördern sollten.

Später jedoch belasteten Spannungen die Beziehungen zwischen Phuket und den Europäern.

Insel und Bewohner

Nach dramatischen Ereignissen in Ayutthaya im Jahre **1689,** in denen den Franzosen landesverräterische Aktivitäten vorgeworfen wurden und nach denen alle Europäer des Landes verwiesen wurden, kam es zwischen Frankreich und Ayutthaya zum Eklat. Aus Rache belagerte *General Desfarges,* der zuvor die französischen Truppen in Ayutthaya kommandiert hatte, Phuket, und forderte eine Wiedergutmachung in Form von Zinn, die die verlorenen Handelsmöglichkeiten in Ayutthaya kompensieren sollte. Darauf ließen die Thais sich nicht ein. Als dem französischen General klar wurde, dass sich noch 70 Europäer in der Gewalt von Ayutthaya befanden, ließ er mit Rücksicht auf das Leben der Geiseln von seinem Vorhaben ab.

Damit war zunächst eine Periode der Ruhe eingekehrt. Ab **1767** aber, nach der Zerstörung Ayutthayas durch den Erzfeind Burma, drängten die Burmesen verstärkt nach Süden vor und belagerten Phuket insgesamt viermal. Als sie von **Dezember 1785** bis **Januar 1786** vor den Toren von Thalang standen, das zu jener Zeit Phukets wichtigste Stadt war, wurde die Insel nur durch den heroischen Einsatz zweier Schwestern, *Muk* und *Chan,* vor der Einnahme bewahrt. Die Schwestern wurden dafür vom König in den Adelsstand erhoben und gingen als Lokalheldinnen in die Folklore der Insel ein.

Die kontinuierlichen Überfälle der Burmesen hatten die Insel jedoch ausbluten lassen. Von der ursprünglichen Bevölkerung von mindestens 15-20.000 waren Anfang des **19. Jahrhunderts** nur noch 6000 Menschen am Leben geblieben; dies bewirkte unter anderem auch einen Arbeitskräftemangel in den Zinnminen, den man mit aus China eingewanderten Arbeitern zu beheben versuchte. Nach einem Zensus von **1897** war zu jenem Zeitpunkt die Bevölkerung schon wieder auf ca. 27.000 angewachsen, wovon über 11.000 chinesische Zinnarbeiter waren.

Immer mehr Chinesen strömten herbei, manche aus China, andere aus Malaysia. Dazu ka-

men Malayen, die so auch den Islam auf die Insel brachten.

Die Engländer, die wie viele andere fremde Mächte zuvor ein Auge auf Phuket geworfen hatten, hatten inzwischen die Piraterie in den umliegenden Gewässern so gut wie ausgerottet und sich Penang zugewandt, dem sie eine größere strategische Bedeutung zumaßen. Der Schiffsverkehr konnte nun ungehindert Phuket passieren – eine Voraussetzung für den gezielten Export des Zinns – und der forcierte Abbau des Minerals ließ fortan immer mehr Geld in die Kassen der Insel fließen.

Es blieb jedoch nicht nur beim Zinn. Im Jahre **1901** war bei Trang der erste Gummibaum gepflanzt worden, und die dortige Bevölkerung hat-

Statuen der beiden „Heldinnen" von Phuket auf dem Gelände des Wat Don

te schnell das Potenzial des Kautschuks erkannt. **1903** wurden die ersten Gummisetzlinge nach Phuket gebracht: Eine neue Quelle des Wohlstandes war erschlossen.

Anfang des **20. Jahrhunderts** besuchte König *Chulalongkorn (Rama 5.)* als erster Monarch Phuket und unterstrich so die Bedeutung, die es von nun haben sollte.

Dank eines weitsichtigen Gouverneurs, *Phraya Rasada,* der **1890-1909** die Geschicke Phukets leitete, erfuhr die Insel eine weitere Förderung, und im Jahre **1933** wurde sie zu einer eigenständigen Provinz *(changwat)* erklärt. Während des zweiten Weltkrieges blieb auch Phuket von den Wirren nicht verschont; wie das übrige Thailand wurde es von den Japanern besetzt, und es kam zu heftigen Kämpfen zwischen ihnen und den Alliierten.

Ab Mitte des letzten Jahrhunderts musste die Erfolg gewöhnte Zinnindustrie mit starken Umsatzeinbußen kämpfen, denn die Weltmarktpreise sanken ständig.

Im Jahre **1973** schließlich beschloss die thailändische Regierung, Phuket touristisch zu vermarkten, und eine neue Epoche in der Geschichte der Insel sollte beginnen. Schon ein Jahr später strömten vermehrt Touristen zu dem „Geheimtipp", der immer populärer wurde.

Im Jahr 2003 wurde Phuket von 4 Millionen Touristen besucht, darunter 2,7 Millionen Besucher aus dem Ausland, die Insel bleibt somit ein wichtiger Devisenbringer für Thailand.

Der **Tsunami vom 26. Dezember 2004** ist trotz vieler schmerzhafter Erinnerungen und weitläufiger Zerstörung nun auch Geschichte.

Thailands Geschichte im Überblick

7. Jh. n. Chr. Die Thais, die verschiedenen Theorien gemäß entweder aus der Mongolei oder aus Südchina stammten, gründen im Bereich der heutigen südchinesischen Provinz Yünnan ihr erstes Königreich, genannt **Nanchao**.

1253	Als Nanchao von den Mongolen eingenommen wird, wandern die Thais weiter südwärts und spalten sich dabei in mehrere Zweige.
1238	Mit der Gründung des Königreiches von Sukhothai entsteht das erste Thai-Reich auf dem Gebiet des heutigen Thailand.
1376	Die Könige von **Ayutthaya** annektieren Sukhothai und machen Ayutthaya zur neuen Hauptstadt des Reiches.
1767	Ayutthaya, nach alten Reisebeschreibungen eine der prächtigsten Städte der Welt, wird von den Burmesen geplündert und zerstört.
1768	Ein General namens *Taksin* vereinigt das zerstreute Heer, erobert Ayutthaya oder was davon übrig ist zurück und wird zum König gekrönt. Die Hauptstadt wird nach Thonburi, auf der anderen Flussseite von Bangkok, verlegt.
1782	Der wahnsinnig gewordene *Taksin* wird hingerichtet, und einer seiner wichtigsten Generäle, *Phya Chakri*, wird zum König gekrönt. Somit wird die bis heute fortbestehende **Chakri-Dynastie** begründet. *König Chakri, Rama 1.*, macht das bis dahin unbedeutende Fischerdorf *Ban Makok* („Bangkok") zur neuen Hauptstadt.
1851-1869	*König Mongkut, Rama 4.*, erweist sich als weitsichtiger Reformer und schafft es durch geschickte Diplomatie, seinem Land die Unabhängigkeit vor andrängenden westlichen Mächten zu bewahren.
1868-1910	*König Chulalongkorn, Rama 5., Mongkuts* Sohn, setzt die Reformpolitik fort; eine seiner wichtigsten Taten ist die Abschaffung der Sklaverei. Er holt zahlreiche westliche Fachleute aller Sparten ins Land, um die technische und soziale Entwicklung zu fördern.
1932	Nach einem Staatsstreich wird das Ende der absoluten Monarchie verkündet und eine konstitutionelle Monarchie nach englischem Vorbild ausgerufen.
1939	Der Landesname *Siam* wird offiziell in **„Thailand"** umgeändert, was soviel wie „Land der Freien" bedeutet.
1941-1945	Thailand wird im Zuge des Zweiten Weltkrieges von den Japanern besetzt und erklärt unter deren Druck den Alliierten den Krieg. Unterschwellig aber neigt Thailand zur Unterstützung der Alliierten.
1963	Die Generäle *Thanom Kittikachorn* und *Prapas Charusathian* schwingen sich an die Macht und zwingen Thailand unter eine Diktatur.
1973	Studentenaufstände beenden die zehn Jahre alte Diktatur, und eine demokratische Koalitionsregierung wird gebildet.
1976	Als die ins Exil geflohenen Ex-Diktatoren *Thanom* und *Prapas* nach Thailand zurückkehren, kommt es an der Thammasat-Universität in Bangkok zu blutigen Aufständen, die in der Ausrufung des Kriegsrechts und einer neuerlichen Militärregierung enden. Aus Zorn über die politischen Verhältnisse wandern viele Studenten in den kommunistischen Untergrund ab und kämpfen mit Waffengewalt gegen das Regime.

Insel und Bewohner

Juli 1988	Nach allgemeinen Wahlen wird *Chatichai Choonhavan* neuer Premier, nachdem *Prem Tinsulanonda* zuvor freiwillig auf eine neuerliche Kandidatur verzichtet hatte.
1988 - 23.2.1991	Unter *Chatichai* erlebt Thailand ein ungeheures **Wirtschaftswachstum,** mit jährlichen Zuwachsraten von über 10 %. Thailand wird allgemein als eine der zukünftigen großen asiatischen Wirtschaftsmächte angesehen. *Chatichai* erlässt ein bahnbrechendes Gesetz, das das Fällen von Bäumen in geschützten Waldgebieten generell verbietet. Hochwasserkatastrophen im Süden des Landes hatten den drohenden ökologischen Kollaps angekündigt.
23.2.1991	In einem unblutigen Putsch wird *Chatichai,* dessen Kabinett Korruption unerhörten Ausmaßes vorgeworfen wird, von Militärs gestürzt. Diese ernennen einen Interimspräsidenten, *Anand Pancharayun,* und versprechen baldige Neuwahlen.
März 1992	Nach den Wahlen vom 22. des Monats wird nach politischem Tauziehen *Suchinda Kraprayoon,* zuvor das Oberhaupt der thailändischen Armee, Premierminister. Da er kein gewähltes Parlamentsmitglied ist – nach der Konstitution können aber auch solche Personen in dieses Amt berufen werden, die nicht dem Parlament angehören – regt sich Widerstand gegen seine Ernennung.
Mai 1992	Eine **Demonstrationswelle** fegt über Thailand – besonders Bangkok – hinweg, die den Rücktritt Suchindas fordert. Die Demonstranten wollen eine Änderung der Konstitution, nach der in Zukunft nur noch Parlamentsmitglieder Premierminister werden können. Die Proteste erreichen ihren Höhepunkt am 17.-20. des Monats, als die Armee mit Gewalt gegen die Demonstranten vorgeht. Nach einem mehrtägigen Blutbad sind nach offiziellen Angaben 50 Opfer zu beklagen, die wahren Zahlen liegen aber wahrscheinlich weit höher. *Suchinda,* der als „Schlächter von Bangkok" in die thailändische Geschichte eingeht, tritt nach Intervention des Königs zurück – eher nolens als volens. Der vormalige Premier *Anand Panyarachun* wird zum Interimspräsidenten ernannt, der die von den Demonstranten geforderte Verfassungsänderung herbeiführt und Neuwahlen vorbereitet.
September 1992	Bei Neuwahlen erweisen sich die vom Militär gestützten Parteien als die großen Verlierer. Neuer Premierminister wird *Chuan Leekpai* von der Democrat Party, der demokratische Reformen verspricht. Wie die Folgezeit zeigt, bleibt es aber wieder einmal nur bei Versprechungen.
1994	Thailand wird von einem Korruptions- und Mordskandal geplagt, dessen Ursachen fünf Jahre zurückliegen: Ein thailändischer Angestellter am Königshof von Saudi-Arabien hatte dort Schmuck im Wert von über 20 Mio. US$ gestohlen; die thailändischen Polizisten, die die Beute in Thailand sicherstellten, behielten das meiste selber ein und schickten dem Saudi-König großenteils wertlose Kopien

zurück. Es folgt eine Reihe von Morden an Personen, die in die Affäre verstrickt sind, angeordnet von hochrangigen Polizisten, die ihre Entlarvung befürchten. Der Skandal legt die Korruption weiter Teile der thailändischen Polizei offen wie nie zuvor.

1995   Nach Wahlen wird *Barnharn Silpa-archa* von der Chart-Thai-Partei neuer Premierminister. Dieser hatte sich zuvor den scherzhaften Titel „Mister ATM" zugezogen, weil er wie ein Geldautomat (ATM) Geld an potenzielle Wähler verteilt haben soll. Stimmenkauf ist in Thailand landläufige Praxis, *Banharn* zeigte sich aber angeblich ganz besonders generös.

1996   Mit zahlreichen extravaganten Feierlichkeiten begeht Thailand das 50-jährige Thronjubiläum *König Bhumipols,* der der am längsten herrschende Monarch der Welt ist. Zur gleichen Zeit setzt jedoch ein wirtschaftlicher Niedergang ein, hervorgerufen durch Missmanagement, Fehlinvestitionen und nicht zuletzt die in Thailand allgegenwärtige Korruption.

1997-1998   Das erste Opfer der **Wirtschaftskrise** wird Premierminister *Banharn,* der abtreten und dem ehemaligen General und Intrigenpolitiker *Chavalit Yongchaiyuth* weichen muss. Unter dem wirtschaftspolitisch völlig unfähigen *Chavalit* wird die Situation nur noch schlimmer, und im Juli '97 sieht sich die Regierung gezwungen, die Koppelung des Baht an den US-Dollar aufzuheben. Gleich darauf sinkt der Baht auf die Hälfte seines ursprünglichen Wertes. Der in weiten Teilen der Bevölkerung verhasste *Chavalit* bleibt nur 11 Monate im Amt, und sein Nachfolger, der als unkorrupt geltende *Chuan Leekpai,* hat einen fast aussichtslosen Kampf zu kämpfen. Thailands Wirtschaft bleibt 1998 noch auf Talfahrt, Tausende von Unternehmen machen bankrott und Millionen von Menschen werden arbeitslos.

1999-Frühjahr 2002   Unter dem nachfolgenden Premierminister *Chuan Leekpai* von der Democrat Party bessert sich die wirtschaftliche Lage kaum, und Anfang 2001 wird *Thaksin Shinawatra* zum Premierminister gewählt. Der Business-Tycoon *Thaksin,* der reichste Mann Thailands, führt die „Thai-Rak-Thai"-Partei an (wörtl. „Thais-lieben-Thais"!).

2002-Ende 2004   Premierminister *Thaksin* verspricht Thailand den Himmel – ein Ende der Korruption, eine drogenfreie Gesellschaft, preiswerte medizinische Behandlung, das Ende der Armut. Nach nur drei Jahren im Amt ist *Thaksin Shinawatra* nun einer der reichsten Männer der Welt. Während ein Teil der Wirtschaft Thailands boomt und die Banken Arbeitnehmern wilde Kredite anbieten, steigt die Armut in einem großen Teil der Bevölkerung. Kritik wird von der Thaksinregierung nicht toleriert, was zu einer Einschränkung der Pressefreiheit und der Menschenrechte führte. Korruption ist nach wie vor allgegenwärtig und mit dem undurchsichtigen Management diverser Epidemien (SARS, Vogelgrippe) und schweren Unruhen im Süden Thailands, bleibt die

Insel und Bewohner

innenpolitische Situation Thailands weiterhin brisant, zumal der ohnehin autoritäre Premierminister *Thaksin Shinawatra* seit Anfang 2005 eine absolute Mehrheit im Parlament hatte. Von Oppositionspolitikern wurde die letzte Wahl als die „schmutzigste überhaupt" bezeichnet.

26.12.2004 Am zweiten Weihnachtstag kam es im Gebiet westlich von Sumatra bis zu den indischen Andaman Inseln zu einer Serie von Erdbeben. Das stärkste hatte eine Magnitude von 9,0 auf der Richterskala und löste eine riesige Flutwelle (Tsunami) aus, die in der gesamten Region bis zu 220.000 Menschen in den Tod riss und schwere Schäden an Gebäuden und Infrastruktur anrichtete (s. auch Exkurs „Zerstörung, Tod und Geisterplage – der Tsunami in Thailand").

19.09.2006 Am 19. September wurde Premierminister *Thaksin Shinawatra* durch einen unblutigen Putsch aus dem Amt enthoben. Ihm wurde weitreichende Korruption vorgeworfen. Es dauerte jedoch bis Mitte 2007, bis die neue Militärregierung unter Premierminister *Surayud Chulanont* die ersten konkreten Verfahren gegen ihn einleiteten. *Thaksin* lebt derweil im Exil in London. Die thailändische Regierung scheint etwas ruderlos, eine klare Politik zeichnet sich nicht ab und ein starker Baht macht der Exportwirtschaft zu schaffen.

2007–2009 Die folgende Periode ist eine der turbulentesten in der thailändischen Geschichte. Ehemalige Anhänger *Thaksins* und seine Gegner kämpfen um die Vorherrschaft; dabei kommt es zu Besetzungen von Flughäfen, gewalttätigen Ausschreitungen und Thailands Schicksal scheint gelegentlich auf der Kippe zu stehen. Im Jahre 2008 hat Thailand sage und schreibe vier verschiedene Premierminister, die ersten davon aus *Thaksins* Reihen, zwei von der Gegenseite. Seit Ende 2008 ist *Abhisit Vejjajiva* von der *Democrat Party* Premier – auf den Posten gehoben durch Mächteklüngel des Militärs, dem Thaksin weitgehend verhasst war. Die nichtendenwollenden Querelen in Thailands Politik wirken sich negativ auf den Tourismus und das Investitionsklima aus. Mitte 2009 beginnt sich die Weltwirtschaftskrise stark auf Thailand auszuwirken und die allgemeine Misere vertieft sich.

Wirtschaft

Das hügelige Gelände wird **landwirtschaftlich** genutzt, in erster Linie zum Anbau von Gummibäumen, die sogar an die steilsten Hänge gepflanzt werden. Etwa 272 km² Phukets ist landwirtschaftliche Nutzfläche, das sind 45 % der Gesamtfläche. Die wichtigsten landwirtschaftlichen Produkte sind

Phuket – Zahlen und Fakten

Einwohner	ca. 320.000
Bevölkerungsdichte	530 Einw./km²
	(Thailand: 120 Einw./km²)
Bevölkerungszuwachs	1,2 % pro Jahr
	(Thailand: 1,3 % pro Jahr)
Durchschnittl.	ca. 15.000 Baht
Monatseinkommen	(Thailand: ca. 7000 Baht)
Waldfläche	4000 ha
Reisanbaufläche	2200 ha
Kokoshaine	5000 ha
Fischereiflotte	400 Schiffe
Zinnabbau	350-4000 Tonnen/Jahr
Viehbestand	28.000 Schweine,
	550 Büffel, 50 Kühe
Bekannte Straftaten	1000/Jahr
Gefängnisinsassen	500-600
Auf Phuket lebende	
westliche Ausländer	geschätzte 3000-5000
Touristen	über 4 Mio./Jahr

Insel und Bewohner

– in der Reihenfolge ihrer Bedeutung – Gummi, Kokosnüsse, Obst, Reis, Palmöl und Kakao.

Nur 30 km², das sind 5 % der Gesamtfläche, sind mit Dörfern besiedelt. Die größeren Städte, Straßen, Industrieunternehmen, touristisch genutzte Gelände, der Schiffs- und der Flughafen nehmen mit 20 km² ca. 3,5 % der Fläche ein. Dieser Anteil ist durch den ansteigenden Tourismus und durch Thailands generell günstige Wirtschaftslage ständig im Wachsen begriffen.

Weitere Flächenanteile entfallen auf die **Küsten** (36 km² oder 6 %), Strauchland sowie gelegentlich landwirtschaftlich genutzte Fläche (42 km² oder 7 %).

Was den **Wald** anbelangt, so ist in Phuket dieselbe Entwicklung zu verzeichnen, die landesweit registriert wird. Zur Zeit des Zweiten Weltkrieges waren noch 85 % der Fläche Thailands mit Wald bedeckt. Unqualifizierte, unbedachte und häufig illegale Abholzungen reduzierten den Waldbestand auf heute gerade noch 15 %. Diese Abhol-

Zerstörung, Tod und Geisterplage – der Tsunami in Thailand

Als am Morgen des 26. Dezember 2004 die Nachricht von massiven Flutwellen in Süd- und Südostasien die Runde machte, ahnte zunächst noch niemand, welch schreckliche Katastrophe sie verursacht hatten. Etwa eine Stunde nach dem **Seebeben westlich der Küste der indonesischen Provinz Aceh auf Sumatra** erreichten die Flutwellen Thailand und richteten große Verwüstung an. Ich persönlich erhielt zunächst einen aufgeregten Anruf aus Patong, der von „starken Überschwemmungen" und „vielen Toten" sprach. „Überschwemmungen" können doch im Dezember gar nicht sein, dachte ich mir, zwar regnet's da vielleicht manchmal, so jahreszeitlich gänzlich untypisch, aber Überschwemmungen und Tote ...? Ein Anruf bei einer Bekannten in Phuket City brachte keine weiteren Informationen. In Phuket City, 17 km von der Westküste entfernt, wusste man von nichts.

Erst langsam sickerten mehr Nachrichten durch, und es wurde klar, dass das Seebeben ungeheure Flutwellen verursacht hatte, die vor allem Indonesien, Indien und Sri Lanka in Mitleidenschaft gezogen hatten, aber auch Thailand war nicht ungeschoren davon gekommen. Der Strand von Kamala war verwüstet, am Strand von Patong waren die Gebäude an der Strandstraße zerstört, und Khao Lak und Ko Phi Phi waren ein Trümmerwüste. Es dauerte Tage bis man ein genaues Ausmaß über den materiellen Schaden hatte, und gar Monate, bis eine relativ exakte Zahl der Todesopfer vorlag. Insgesamt waren **knapp 5.400 Tote** zu beklagen, etwa 2.000 Menschen galten als „vermisst". Etwa die Hälfte der Opfer waren Touristen, darunter vor allem Skandinavier, von denen sich zum Zeitpunkt der Katastrophe viele Tausende in Khao Lak aufgehalten hatten, dem Ort, der die meisten Todesopfer zu verzeichnen hatte. Über speziell eingerichtete Websites suchten viele Menschen nach ihren vermissten Familienmitgliedern, sehr oft leider vergebens.

Wat Yanyao in Takua Pa bei Khao Lak wurde während der Bergungsarbeiten zur Einsatzzentrale und zur Leichensammelstelle. Nach Aussagen von freiwilligen Helfern, die gleich nach der Katastrophe an Ort und Stelle eintrafen, stapelten sich gleich zu Beginn schon zweitausend Leichen im Tempel, und ein unsäglicher Leichengeruch hing über dem Tempel und über dem gesamten Strand von Khao Lak. Erst drei Tage nach der Katastrophe trafen die ersten Regierungsvertreter ein, die sogleich jedmögliche Hilfe ankündigten. Die Versprechungen wurden nur teilweise eingehalten: Zwar wurden vom Tsunami betroffene Touristen mit oft rührender Hilfsbereitschaft versorgt und kostenlos nach Bangkok und weiter in ihre Heimatländer geflogen; in vielen betroffenen Orten wartet die örtliche Bevölkerung jedoch noch bis heute auf die versprochene Hilfe. Viele der für die Tsunami-Opfer versprochenen Gelder scheinen im Sand versickert, bzw. im thailändischen Korruptionslabyrinth „entsorgt" worden zu sein. Sieben europäische Länder, darunter auch Deutschland, beklagten sich bei der thailändischen Regierung, dass 60 % der Spendengelder ihrer

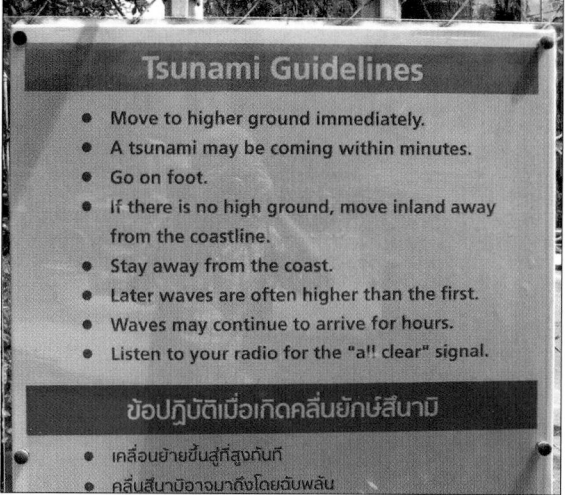

Bürger vergeudet bzw. „gestohlen" (so von einem Diplomaten inoffiziell formuliert) worden seien. Außerdem machten sich Mafia-Figuren daran, heimatlos gewordenen Dorfbewohnern mit gefälschten Besitzurkunden oder blanker Gewaltandrohung deren Grund und Boden streitig zu machen. Die allermeisten ausländischen Tsunami-Geschädigten waren aber einhellig der Meinung, dass die Hilfe, die sie vor allem von der normalen Bevölkerung erhielten, über alles zu erwartende Maß hinausging und viele versprachen, wiederzukommen, um so der geschädigten Region unter die Arme zu greifen.

Gleich nach den Flutwellen hatte Thailands Premierminister *Thaksin Shinawatra* in typisch großspuriger Manier angekündigt, dass **Thailand keine finanzielle Hilfe von anderen Staaten akzeptieren werde,** da „Thailand selber genug Geld" habe. Eine Geste, die auf viel Unverständnis stieß, denn sollte in einer solchen Situation nicht jedwede Hilfe mehr als willkommen sein? Kritiker des Premiers vermuteten bald, dass diese Haltung weniger auf fehlplaziertem Nationalstolz beruhte, sondern vielmehr auf ganz unpatriotischer Raffgier: Ausländische Geberländer hätten mit Sicherheit auf eine exakte Abrechnung der gespendeten Gelder gepocht; bei den Geldern, die die thailändische Regierung jedoch selber für den Wiederaufbau veranschlagte, würde – wie so oft – keinerlei Transparenz gefordert sein; also konnte sich so manch hochgestellte Persönlichkeit klammheimlich bereichern.

Verhaltenshinweise für den Fall eines erneuten Tsunamis

Die Wiederaufbauarbeiten gingen allgemein sehr zügig voran. In Khao Lak waren schon zwei Wochen nach der Katastrophe weite Areale einplaniert, die Trümmer vieler Unterkünfte beseitigt. Am Patong Beach auf Phuket wurde mittlerweile ein **Tsunami-Warnsystem** eingerichtet, das im Mai 2005 in Anwesenheit des Premierministers „erfolgreich getestet" wurde. Nachdem in den Tagen und Wochen nach dem Tsunami zahlreiche Thais die **„Geister"** der in den Wellen Verstorbenen gesichtet hatten, wurden auf Anordnung des Premierministers mehrfach Exorzismusriten am Strand von Patong zelebriert, die die Geister ein für alle mal verbannen sollten. Zu diesem Zweck wurde unter anderen ein Trupp buddhistischer Mönche aus Japan eingeflogen – ein nicht ganz billiges Unterfangen. Der Exorzismus war vor allem darauf angelegt, die von den Geistergeschichten verängstigten asiatischen Touristen zurückzuholen, vor allem die Chinesen, Koreaner und Taiwanesen, unter denen der Geisterglaube sehr verbreitet ist. Aber auch viele Thais blieben den betroffenen Gebieten fern, denn die Geistergeschichten, die durch die lokale Presse und das Fernsehen gingen, waren nun doch zu beängstigend. So grassierte beispielsweise das Gerücht von einem ganzen Flugzeug voll von Geistern: Ein Flugzeug war gechartert worden, Tsunami-geschädigte Touristen nach Bangkok auszufliegen; nachdem jedermann an Bord gegangen war, hob das Flugzeug planmäßig ab, und plötzlich bemerkten die Hostessen, dass das Flugzeug völlig leer war – die an Bord gegangenen „Passagiere" waren Geister gewesen, die plötzlich wieder unsichtbar waren. Geschichten wie diese wurden von sehr vielen Thais völlig ernst genommen. Bemerkenswerterweise waren die meisten gesichteten Geister die von verstorbenen Westlern, die scheinbar furchteinflößender sind, als die, einheimischer Geister.

Der Tsunami bewies aber auch, dass ein **sechster Sinn** durchaus retten kann. So berichteten zahllose Hundehalter, dass ihre Hunde Minuten bevor die Wellen zuschlugen ganz aufgeregt waren und vom Meer wegliefen. Ein Hundebesitzer am Surin Beach auf Phuket, mit dem ich sprach, folgte seinem aufgeregt kläffenden Hund eine Anhöhe hinauf, und eine Minute später krachte unter ihm die Welle ein und zerstörte sein kleines hölzernes Strandrestaurant. Besitzer und Hund sahen aus sicherer Höhe zu. Ein Hundebesitzer in Phuket City sagte, dass sein Hund sich schon einen Tag vor dem Tsunami unter dem Tisch verkroch und erst nach der Katastrophe wieder darunter hervorkam. An einigen Stränden rissen sich Elefanten kurz vor dem Tsunami von ihren Eisenketten los und rannten in schierer Panik vom Strand in Richtung Binnenland. Auf einem dieser Reitelefanten saß gerade ein kleiner britischer Junge, der so möglicherweise dem Elefanten sein Leben verdankt. Die Eltern des Jungen verpflichteten sich, dem Elefanten und seinem Halter lebenslang ein monatliches Zubrot zukommen zu lassen.

Als Folge des Tsunami erlitt die Tourismusindustrie in der Tsunami-betroffenen Region einen Schaden in Milliarden-Baht-Höhe; viele Angestellte von touristischen Unternehmen wurden arbeitslos. **Die beste Wiederaufbauhilfe: hinfahren, Spaß haben und Geld ausgeben.** Die Geister werden es wohlwollend und aus sicherer Entfernung beobachten.

zungen rächten sich durch größere Flutkatastrophen in Südthailand, die aber auch ein Anwachsen eines „grünen" Bewusstseins zur Folge hatten.

Anfang dieses Jahrhunderts war Phuket noch zu 70 % bewaldet, der forcierte Gummianbau und der Zinnabbau ließen jedoch so manches Waldstück für immer verschwinden. Heute sind gerade noch 7 % der Fläche mit Wald bedeckt (40 km²). Von dieser Waldfläche befinden sich gut 60 % im Khao-Phra-Thaew-Nationalpark und sind so glücklicherweise unter Schutz gestellt. Der restliche Wald steht in diversen hügeligen Gebieten (ca. 15 %) oder in größeren Konzentrationen, mit einem hohen Anteil von Mangroven (ca. 25 %).

Für die Wirtschaft Phukets gibt es aber noch einen weiteren bedeutenden Faktor: den **Tourismus.** Er ist heute schon Phukets größter Devisenbringer, die Provinz Phuket ist mit einem Durchschnittseinkommen von 14.343 Baht (2001) die wohlhabendste Provinz des Landes. Das hohe Einkommen lässt aber auch die Preise für Waren, Dienstleistungen und Grundstücke in die Höhe schießen. Die Leidtragenden sind diejenigen, die nicht vom Tourismus-Boom profitieren, die aber die hohen Preise mitzahlen müssen.

Verwaltung

Phuket ist die flächenmäßig kleinste **Provinz** (changwat) Thailands und besitzt mit ca. 320.000 Einwohnern die zweitkleinste Bevölkerungszahl. (Die bevölkerungsärmste Provinz ist Ranong mit ca. 150.000 Einwohnern.)

Phuket ist in drei **Distrikte** (amphö) unterteilt, die nach den jeweiligen **Distrikthauptstädten** benannt sind: Thalang, Kathu und Phuket. Letztere wird amphö müang genannt, was „Stadtprovinz" bedeutet. So soll Verwechslungen zwischen der Stadt Phuket sowie dem gleichnamigen Distrikt und der gleichnamigen Insel vorgebeugt werden.

Insel und Bewohner

Die Provinz Phuket umfasst den flächen- und einwohnermäßig größeren Bereich als die Stadt (*müang phuket*).

Tourismus

Spätestens seit dem Ende der 1980er Jahre schielen wohl die meisten Tourismus-Ministerien Asiens mit Neid auf das von Touristen überflutete Thailand. Die Touristenzahlen steigen beständig. 2001 wurde zum ersten Mal die Zehn-Millionen-Marke überschritten. 10,2 Mio. Touristen besuchten das Land, ca. 4 Mio. kamen nach Phuket. Die Einnahmen aus dem Tourismus betrugen damals ca. 15 Mrd. pro Jahr. SARS, Vogelgrippe und der Tsunami Ende 2004 machten dem Tourismus zwar zu schaffen, er erholte sich jedoch überraschend schnell.

Heute sind es jährlich 12-14 Mio, Touristen, die ca. 30 Mrd. Euro pro Jahr in Thailand ausgeben. Unterschiedlichen Quellen zufolge machen die Einnahmen aus dem Tourismus ca. 6-10 % des thailändischen Bruttosozialproduktes aus (nicht

mitgerechnet einheimische Touristen). Etwa 400.000 Touristen pro Jahr stammen aus deutschsprachigen Ländern.

In vielen Jahren waren die Deutschen die größte Besuchergruppe auf Phuket, das nach Bangkok heute das beliebteste Reiseziel in Thailand ist. In den letzten Jahren wurden die Deutschen jedoch oft von Briten oder Australiern überflügelt. Den Australiern dient Phuket als Ersatz für Bali, das nach einem Terroranschlag 2002, bei dem zahlreiche Australier umkamen, für viele Touristen aus „Down Under" an Attraktivität eingebüßt hat.

2007 und 2008 besuchten jeweils über 5 Mio. Touristen Phuket, die **höchste Zahl,** die jemals verzeichnet wurde. Für das Jahr 2009 waren die Prognosen aufgrund der Weltwirtschaftskrise und den politischen Unruhen in Thailand weniger optimistisch.

Zerstörungen im Paradies

Giftige Chemikalien, von Hotels jahrelang ungeklärt ins Meer abgelassen, aber haben ihr Werk getan: Zahlreiche **Korallenriffe** wurden zerstört, und Phuket wurde paradoxerweise so eines Teiles dessen beraubt, was es so anziehend machte – seiner bis Anfang der 1980er Jahre fast unberührten Natur.

Doch nicht nur die Hotels sind die Übeltäter. Durch die bei Tausenden von Bootsfahrten ausgeworfenen Anker sind viele Korallenriffe zu Ruinen geworden. Am stärksten betroffen ist Patong Beach, Phukets beliebtester Strand. Das Nordriff kann praktisch nicht mehr als „lebend" bezeichnet werden.

Weitere Schäden werden durch das **illegale Sammeln** von Korallen verursacht. Diese Korallen landen in den Auslagen der Souvenirgeschäfte und sind so für jedermann – offen – erhältlich.

Insel und Bewohner

Massagen und Zöpfchenflechten wird am Strand angeboten

Wieso? Das Abbrechen von Korallen und ihr Export sind zwar verboten – der Verkauf dagegen ist vollkommen legal.

Gleichermaßen Raubbau wird unter der bunt schillernden Welt der **Fische** getrieben. Zehntausende von tropischen Fischen aus den Gewässern um Phuket werden jährlich nach Europa und in die USA exportiert. Die Überlebensrate der Fische liegt aber bei nur 10 %; die meisten sterben noch am Strand, wenige Meter von ihrem natürlichen Lebensraum entfernt. Um also Zehntausende von Fischen exportieren zu können, muss man Hunderttausende fangen – und 90 % gehen ein!

Auch Phukets Fischer tragen Schuld. In den 1970er Jahren griff das **„Fischen" mit Sprengstoff** um sich. Das erhöhte zwar die „Fang"rate, zerbombte aber auch zahllose Korallenriffe. Nach thailändischem Gesetz steht auf diese „Fang"-Methode eine Gefängnisstrafe bis zu 20 Jahren. Überdies werden die Boote beschlagnahmt. Die Polizei fasst jedoch nur ca. drei dieser Besatzungen pro Jahr. Nachdem die Phuket Marine Police auf die Fischer aufmerksam geworden war, verlegten diese ihren Aktionskreis weiter von der Küste weg. Und dort bomben sie noch immer.

Inzwischen haben sich Aktionsgruppen gebildet, die sich für den Schutz der Korallenriffe einsetzen. Zerstört wird aber auch an Land. Vor allem in Patong, Phukets am schnellsten und ungezügeltsten wachsendem Ort. 1989 wurde das 26-stöckige *Royal Paradise Hotel* fertig gestellt, der erste Hochhausbau am Ort, und weitere, nicht minder unansehnliche sind mittlerweile dazugekommen. **Patongs Architektur** ist heutzutage ein unglaublich chaotisches Stil-Sammelsurium, in dem rein gar nichts zusammenpasst – optische Anarchie!

Mit den Gigantenprojekten erhöhen sich auch die **Abwasserprobleme.** Den Touristenbehörden graut vor der Vision eines Patong, das möglicher-

Nachtleben in Patong: das Touristenzentrum auf Phuket

Insel und Bewohner

weise einmal so verseucht sein wird wie das Pattaya von heute. Dem Gesetz nach müsste jedes Hotel, das mehr als 100 Zimmer hat, über eine hauseigene Kläranlage verfügen. Doch Gesetze und deren Einhaltung sind zweierlei Dinge.

Aber nicht nur gegen den guten Geschmack wird in Patong verstoßen, auch gegen das Gesetz. In manchen Bereichen dürfen nur Gebäude mit einer bestimmten Maximalhöhe errichtet werden: Innerhalb von 50 m der Flutlinie, also der höchsten Stelle am Strand, die das Meer erreichen kann, dürfen nur eingeschossige Gebäude stehen; die nächsten 150 m in Richtung Hinterland dürfen nur mit dreistöckigen Gebäuden bebaut werden; nach dieser 200-m-Grenze gibt es keine Höhenbeschränkung mehr. Diese Bauverordnung wurde jedoch permanent verletzt, ohne dass dies juristische Folgen nach sich gezogen hätte.

Phuket
City

Die Stadt

Phuket City – meist kurz Phuket genannt – ist die **Hauptstadt** der Provinz Phuket, der flächenmäßig kleinsten Provinz Thailands. Die Thai-Bezeichnung für den Ort (ca. 80.000 Einwohner) ist *müang phuket* oder „Stadt Phuket". Bis 2006 lautete der englische Name Phuket Town, der dann jedoch in das etwas urbaner und **moderner klingende Phuket City** umgeändert wurde.

Bis Mitte des 19. Jahrhunderts war Thalang die Hauptstadt der Insel, doch schon zu jener Zeit hatten sich zahlreiche wohlhabende chinesische Minenarbeiter in Phuket angesiedelt. Sie hatten sich in den Zinnminen des Distriktes Kathu einen sorglosen Wohlstand erarbeitet und ließen sich lieber im ruhigen und noch unbedeutenden Phuket nieder als in Nähe der Minen. Allmählich wuchs Phuket zu einem lebendigen Handelszentrum heran, und *König Rama 4.* (er regierte 1851-1868) ernannte sie schließlich zum Sitz der Provinzregierung, zur „Hauptstadt".

In der Regierungszeit des weitsichtigen Gouverneurs *Korsimbi na Ranong,* dem später der Titel *Phraya Rasada* verliehen wurde, entwickelte sich Phuket zu einer modernen Stadt. *Phraya Rasada* (er regierte 1890-1909) ließ ein funktionierendes Kanalisationssystem bauen und förderte die Errichtung von neuen, ansehnlichen Wohnhäusern. Diese wurden im so genannten sino-portugiesischen Stil erbaut, ein charmantes, attraktives Stilgemisch, das man von Penang oder Melaka her kannte. Anfang des 20. Jahrhunderts waren Reisen dorthin per Schiff noch weitaus einfacher als der anstrengende Überlandtreck nach Bangkok, und so ließ sich dieser Stil leicht aus dem kolonialen Malaysia importieren.

Die zumeist zweistöckigen Häuser wurden mit geschwungenen und verzierten Fensterbögen versehen. Vor die Fenster kamen hölzerne Fensterläden, die zwar meist geschlossen blieben, zwi-

Phuket City

schen den Holzleisten aber noch genügend kühlenden Wind hindurch ließen. Die Türen wurden mit chinesischen Motiven verziert, und durch einen überhängenden zweiten Stock schuf man einen schattigen Bürgersteig, der nicht der glühenden Tropensonne preisgegeben war. Dieser überhängende zweite Stock wurde zumeist von zwei Säulen getragen, die Reihen der Häuser bildeten so eine Art schattigen Säulengang.

Spätere Stadtväter zollten Phraya Rasada, dem Schöpfer dieses neuen und schöneren Phuket, durch die Benennung einer „Rasada Road" im Herzen der Stadt ihren Tribut.

Die alten Wohnhäuser stehen noch immer und sind unter **Denkmalschutz** gestellt. Wer heute die Yaowarat Rd., Krabi Rd., Thalang Rd. oder Dibuk Rd. entlang spaziert, fühlt sich leicht in das Phuket der Jahrhundertwende zurückversetzt. Viele der Häuser sind in sanften Pastelltönen gestrichen, und Nachbarn scheinen darin zu wetteifern, einen

Blick auf Phuket City

möglichst ansehnlichen Farbkontrast zu ihrem Nebenhaus zu schaffen.

Entlang der Ranong Rd. oder der Yaowarat Rd. steht noch so manch hochherrschaftliche, romantisch anmutende Residenz – nicht wie die anderen Häuser dicht an dicht gedrängt, sondern von einem großzügigen, gepflegten Garten umgeben. Besonders eindrucksvoll ist **Phra Phitak Chin Mansion,** die 1889 erbaute Residenz eines ehemaligen Zinnbarons an der Krabi Rd., die in ihrer Größe eher an einen königlichen Sommerpalast erinnert und die von einem stattlichen Park umgeben wird. Das Gebäude ist das wohl beeindruckendste Privathaus auf Phuket und wurde – nachdem es lange dahingewittert war – 2009 renoviert.

Eine ganz besonders schrullig-romantische Atmosphäre verstrahlt die **Soi Rommani** oder Rommani Lane, wörtlich „die charmante Gasse". Die schmale Verbindungsgasse zwischen der Thalang- und der Dibuk Road besteht aus sino-portugiesischen Häusern, von denen bis in die jüngere Vergangenheit mehrere als Bordelle dienten. Heute sind die Gebäude **wunderschön restauriert** und in Pastellfarben gestrichen, ganz ähnlich den restaurierten Stadtteilen Singapurs. Es ist eine anheimelnde Gasse geworden und in dem einen oder anderen Haus befindet sich ein gemütliches Café. Gelegentlich werden **kulturelle Feste** in Soi Rommani und der benachbarten Thalang Road gefeiert, die sich vor allem auf die chinesischen Aspekte der Geschichte der Stadt konzentrieren. Quer über die Gasse sind rote chinesische Laternen gehängt und rein optisch besteht so tagtäglich Festtagsstimmung. Eine wunderschöne kleine Gasse ist hier entstanden und das letzte – unauffällige – Bordell, am Nordende gelegen, wird wohl bald auch der Vergangenheit angehören.

Doch Phuket City ist nicht mehr nur ein Open-Air-Architektur-Museum. Die Stadt präsentiert eine harmonische Mischung aus Neu und Alt, und moderne Shopping Center fügen sich nahtlos zwischen den würdevollen Altbauten ein. Dieser „Stil-Cocktail" macht Phuket zu einer der **schönsten Städte Thailands** – auch wenn die überdachten Bürgersteige mittlerweile zu schmal geworden sind und der Bevölkerung nicht mehr genügend Gehraum bieten können. Oder wenn sie von Dutzenden von Motorrädern blockiert werden, an deren Parkraum der ehrwürdige *Phraya Rasada* noch nicht hatte denken können. Trotz allem – oder gerade deswegen – ist Phukets Flair so unverwechselbar, eigentümlich und charmant.

Phuket ist heute das **Handels- und Kommunikationszentrum** der Insel, das allen anderen Städten den Rang abgelaufen hat. Die Entwicklung hat natürlich ihren Preis. So hat sich der Verkehr in den letzten Jahren vervielfacht, und der Tourist, der die Rasada Road zu überqueren gedenkt, wird manches Mal ob der pausenlos vorüberbrausenden Fahrzeuge verzweifeln und nicht die Lücke finden, die er zur gefahrlosen Überquerung braucht. Da würde der Namensgeber der Straße, der gute alte *Phraya Rasada,* sicherlich staunen.

Sehenswertes

Wat Siray

Wat Siray befindet sich auf der **Insel Ko Siray,** die der Ostseite von Phuket City vorgelagert ist, aber nur durch einen schmalen Kanal von Phuket getrennt ist. Bei Fahrten nach Ko Siray wird man sich gar nicht bewusst, dass man im Grunde von der einen zur anderen Insel hinüberwechselt.

Dieser eigentlich schlichte, an einen Felsen gebaute Tempelkomplex beherbergt einen liegenden Buddha *(phra non)* aus dem Jahre 1963, der, hoch auf einem Felsen, der aufgehenden Sonne entgegenblickt. Von den Hauptgebäuden des Wat (= Tempel) führen Stufen und ein steiler Weg nach oben zum ca. 10 m langen Buddha. Die auf ihrer

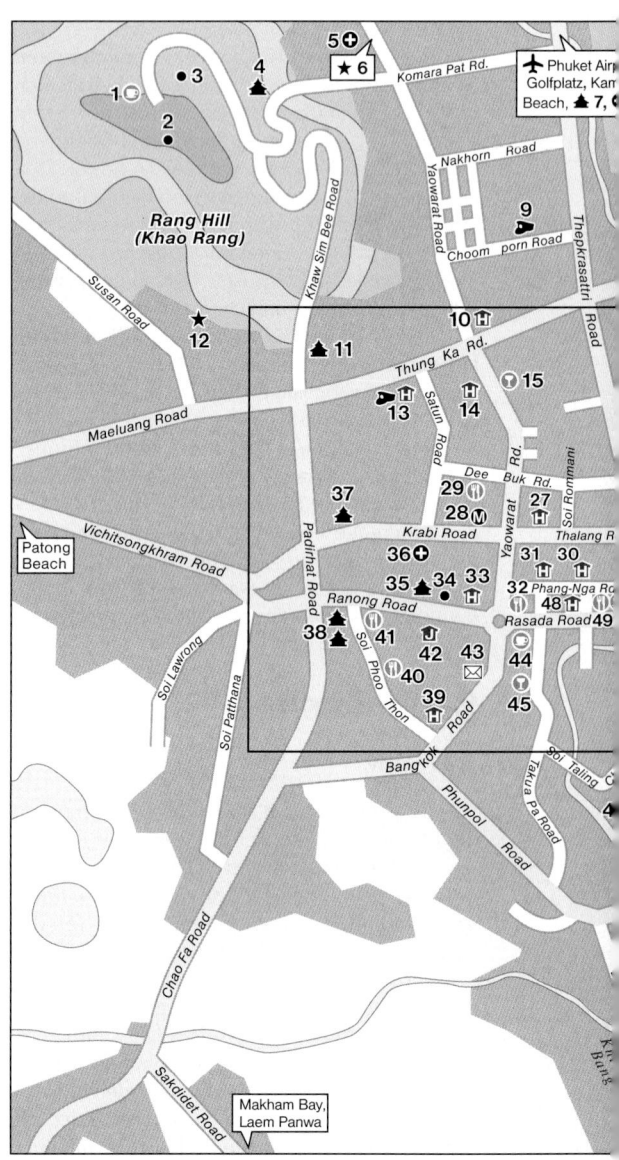

Rang Hill (Khao Rang)

Patong Beach

Phuket Air
Golfplatz, Kam
Beach, 7,

Komara Pat Rd.

Nakhorn Road

Choom porn Road

Thepkrasattri Road

Yaowarat Road

Khaw Sim Bee Road

Susan Road

Maeluang Road

Vichitsongkhram Road

Thung Ka Rd.

Satun Road

Padirhat Road

Krabi Road

Dee Buk Rd.

Yaowarat Rd.

Sol Rommani

Thalang R

Phang-Nga Ro

Rasada Road

Ranong Road

Sol Phoo Thon

Sol Lawrong

Sol Patthana

Bangkok

Phunpol Road

Takua Pa Road

Sol Taling

Chao Fa Road

Sakdidet Road

Makham Bay, Laem Panwa

Kh
Bang

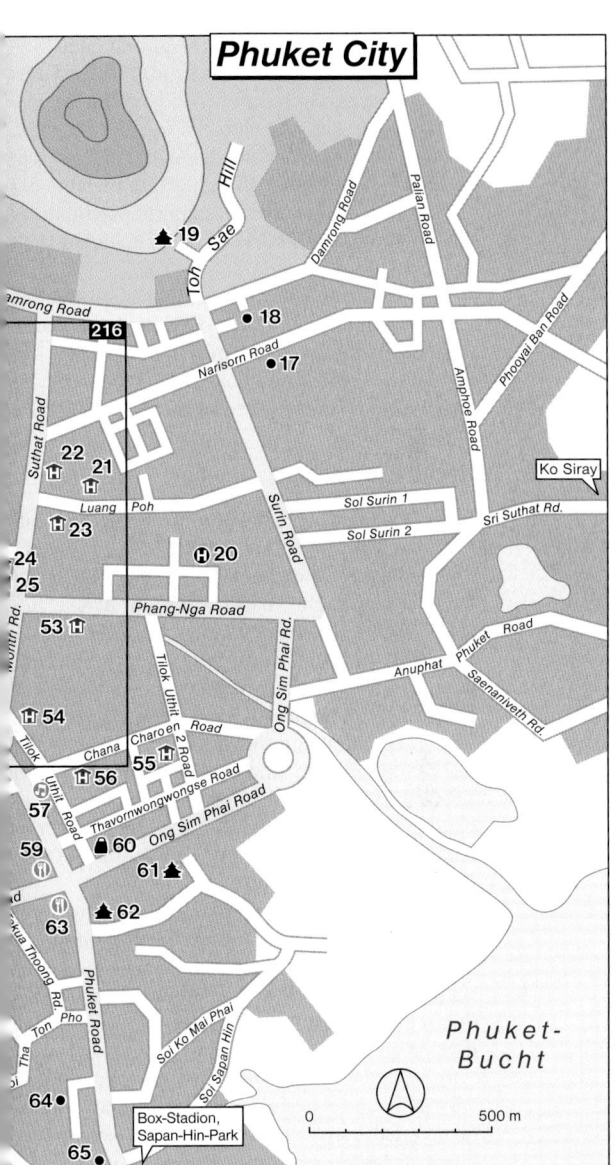

Phuket City

Phuket City

rechten Seite liegende Figur zeigt den Erleuchteten in dem Moment, in dem er ins Nirwana, das Reich der Erlösung von den Wiedergeburten, eingeht. Um die Figur ist eine Art Terrasse errichtet, mit einem kleinen Gebetsschrein und einigen weiteren, ca. 1 m hohen Buddha-Figuren. Von der Ostseite der Terrasse erhält man spätnachmittags einen herrlichen Ausblick auf die in goldenes Licht getauchte Stadt.

● **Anfahrt:** Da der Wat abseits der Hauptverkehrswege in Phuket liegt, fahren die Songthaews i.d.R. nicht dorthin, es sei denn, man chartert eines. Die Hin- und Rückfahrt ab Phuket City, samt ungefähr einstündigem Aufenthalt, sollte ca. 250 Baht kosten.

Wat Lang Saan

Mit offiziellem Namen heißt dieser Tempel eigentlich **Wat Charoen Samana Kit;** die Einwohner Phukets nennen ihn aber Wat Lang Saan, „Tempel hinter dem Gericht", da sich der Wat hinter Phukets Gerichtsgebäude befindet. Auch dieses Gebäude – strahlend weiß getüncht und im typischen „Phuket-Stil" errichtet – ist einen Blick wert.

Von der Toh Sae Road führt ein Weg zum Wat, dessen Gebäude auf mehreren Ebenen an einen dicht bewachsenen Hügel gebaut sind, den Khao Toh Sae. Stufen führen zu den verschiedenen Gebäuden hin. Am höchsten liegt die *Bot* oder Ordinationshalle, deren Türen mit eindrucksvollen Goldarbeiten verziert sind.

Der Tempel ist sehr idyllisch gelegen und ideal für ein paar Minuten (oder mehr) der Ruhe und Einkehr. Die Mönche, die das Tempelgelände instand halten, verrichten ihre Arbeit mit Konzentration und Hingabe und scheinen sie eher als Meditation zu betrachten.

Am Fuße des Hügels sieht man gelegentlich Tuk-Tuk-Fahrer, die *ihre* Version von Meditation betreiben: Das kleine Waldstück dort dient einigen von ihnen als Ort für ein kurzes Mittagsschläfchen.

Phuket City

- ☉ 1 Tung-Ka Hilltop Rest.
- ● 2 Khao Rang Park
- ● 3 Fitness Park
- ▲ 4 Wat Khao Rang
- ✛ 5 Wachira Hospital
- ★ 6 Butterfly Garden & Insect World
- ▲ 7 Wat Kosit Viharn
- ✛ 8 Seventh Day Adventist Hospital
- ➤ 9 Polizei
- 🏛 10 Merlin Hotel
- ▲ 11 Wat Khandi
- ★ 12 Chinesischer Friedhof
- 🏛 13 Phuket Island Pavilion, Tourist Police
- ➤ Tourist Police
- 🏛 14 Siri-Hotel
- ♪ 15 Timber Hut
- 🏛 16 Suksabai Hotel
- ● 17 Stadtverwaltung
- ● 18 Rathaus/Steueramt
- ▲ 19 Wat Lang Saan
- Ⓞ 20 Busstation
- 🏛 21 Mei Zhou Hotel
- 🏛 22 Sino House
- 🏛 23 Phuket Resotel
- 🏛 24 Baan Suwantawe
- ✉ 25 Hauptpost (GPO)
- ❶ 26 Tourism Authority of Thailand (TAT)
- 🏛 27 Thalang Guest House
- Ⓜ 28 Thai Hua Museum
- 🍴 29 Dibuk Restaurant
- 🏛 30 Pengmin-Hotel
- 🏛 31 On On Hotel
- 🍴 32 Salvatore's Rest.
- 🏛 33 Downtown Inn Hotel
- ● 34 Thai Intern. Airways
- ▲ 35 Wat Kachorn Rangsan
- ✛ 36 Krankenhaus
- ▲ 37 Wat Mae Yanang (chin.)
- ▲ 38 Jui Tui Tempel (chin.), Sanjao Kwanim Teng
- 🏛 39 Phuket Garden Hotel
- 🍴 40 Natural Restaurant
- 🍴 41 Vegetarisches Rest.
- 🏚 42 Backpacker Hostel
- ✉ 43 Post
- ☉ 44 The Circle Café
- ♪ 45 Michael's Bar
- 🏛 46 Silver Hotel
- 🏛 47 Rome Place
- 🏛 48 Phuket Center Apartment
- 🍴 49 La Romantica
- 🍴 50 Boonma Restaurant und Nai Yao Seafood Restaurant
- ☉ 51 Café y Té
- ☑ 52 Amt für Ferngespräche
- 🏛 53 Royal Phuket City Hotel
- 🏛 54 Metropole Hotel
- 🏛 55 Thavorn Grand Plaza Hotel
- 🏛 56 Rattana Mansion
- ♫ 57 Music Matters
- 🏛 58 Phuket Inn Hotel
- 🍴 59 Galeria@346
- 🔒 60 Robinson Department Store und Ocean Department Store
- ▲ 61 Wat Thavorn Kunaram
- ▲ 62 Bang Niew Tempel (chin.)
- 🍴 63 La Gaetana
- ● 64 Zoll
- ● 65 Immigration Office

●**Anfahrt:** Per Tuk-Tuk ab der Innenstadt ca. 150-200 Baht für Hin- und Rückfahrt.

Thandayudhapani-Hindu-Tempel

Am Nordende der Suthat Road finden sich zwei für Phuket ungewöhnliche Bauten. Zunächst steht dort der unscheinbare, (derzeit) gelb gestrichene **Thandayudhapani Tempel,** ein Hindu-Tempel, begründet von indischen Tamilen. Im 19. und 20. Jh. ließ sich eine kleine Anzahl von tamilischen Einwanderern in Phuket nieder. Einige kamen über den Umweg von Malaysia. Heute leben nur noch ca. 100 tamilisch-stämmige Bewohner auf der Insel und kaum jemand von ihnen beherrscht noch Tamil. Der zierlose Tempel verrät zudem unzweifelhaft, dass es der Gemeinde an Geld mangelt.

Das kleine einstöckige Gebäude – gebaut in unansehnlichem Zement – gibt optisch nicht viel her und wenn nicht ein Schild davorstünde, könnte man es versehentlich verpassen. Im Innenraum befinden sich einige hinduistische Götterbilder. Mittags kommt der Priester kurz vorbei und schaut nach dem Rechten, aber so richtig zu Leben erwacht der Tempel nur zweimal im Jahr, nämlich zu den wichtigsten **tamilischen Festen** (*Thaipusam* im Jan./Feb. und *Diwali* im Okt./Nov.). Dann werden aufwendige Gebetszeremonien abgehalten und auf dem Gelände um den Tempel werden tamilische Filme gezeigt und tamilisches Essen kredenzt.

Sikh-Tempel

Keine hundert Meter weiter nördlich findet sich der weitaus opulentere, mehrere Stockwerke hohe **Sikh-Tempel** von Phuket. (Die Sikhs nennen ihre Tempel *gurudwara* = das Tor zum Guru.) Das

Sino-chinesische Häuserfronten

Gebäude ist mit goldenen Kuppeln versetzt, und ganz allgemein sieht man ihm an, dass die Sikhs eine wohlhabende Gemeinde sind. Ihre Zahl dürfte ca. 500 betragen; z.T. fluktuiert die Population, denn viele der Sikhs unterhalten auch Geschäfte in Bangkok. Die meisten Sikhs betreiben in Patong oder an anderen Stränden Schneiderläden oder Hotels und Restaurants.

Jeden Sonntagmorgen wird *langar* abgehalten, das ist ein traditionelles, kostenloses Gemeinschaftsessen, zu dem jedermann willkommen ist. Auch Touristen, die sich für die Religion der Sikhs interessieren, werden herzlich aufgenommen. Zwecks Infos siehe die Homepage der Sikh-Gemeinschaft von Thailand: www.thaisikh.org.

Sanjao Ma-Jor-Por (Wat Mae Yanang)

Dieser **chinesische Tempel** *(sanjao)* ist einer der wichtigsten der Stadt – kein Wunder, ist er doch der Göttin *Mae Yanang* geweiht, der Schutzpatronin der Seefahrer und Fischer. Noch heute werden Figuren der Göttin an Schiffsmasten befestigt, um so den Segen der *Mae Yanang* bei sich zu wissen.

Phuket City

Der (Aber-)Glaube spielt eine große Rolle im Leben der Seeleute von Phuket, und vor jedem Auslaufen werden Feuerwerks- und Knallkörper abgebrannt, um so die Göttin zufrieden zu stimmen.

Dieser 1863 erbaute Tempel an der Krabi Road beherbergt eine in einem Glaskasten befindliche Figur der Göttin, die hoch über einem Altar thront. Der Glaskasten ist mit beinahe psychedelisch zu nennenden Lichtern ausgeleuchtet.

Vor dem Altar beten zu jeder Tageszeit Gläubige. Viele kommen auch, um sich ihre Zukunft vorhersagen zu lassen. Dazu schütteln sie einige Stäbchen, die mit chinesischen Zahlen beschriftet sind, in einer Art Knobelbecher und lassen dann ein Stäbchen herausfallen. Unter der angegebenen Nummer sieht der Priester in einem Orakelbuch nach, das nun Aufschluss über das zu erwartende Schicksal gibt.

Der bunte Kamin übrigens, so wie er hier rechts vom Tempeleingang steht, ist ein typisches Merkmal chinesischer Tempel. Darin werden Opfergaben an die Ahnen verbrannt, die dann – so glauben die Chinesen – ihren Vorfahren im Totenreich zugute kommen. Zu den Opfergaben gehören Papiergeld, Häuser oder Autos aus Pappe oder andere symbolische (und brennbare!) Gegenstände, die den Verstorbenen in ihrer Welt möglicherweise gerade fehlen. Die Kamine dienen nicht – so wie mancher Tourist schon vermutet haben mag – zum Verbrennen der Toten selber!

● **Anfahrt:** Der Tempel befindet sich direkt in der Innenstadt und ist so gut zu Fuß zu erreichen. Ein Tuk-Tuk lohnt kaum.

Sanjao Kwanim Teng

Dieser Tempel mit dem etwas schwer auszusprechenden Namen befindet sich an der Ecke Ranong Road/Soi Phoo Thon. Das Schild am Eingang besagt zwar „Kwanim Teng", in Wirklichkeit spricht sich der Name aber *sanjao mä quan im*

212ph Foto: rk

Phuket City

teng, also nicht verwirren lassen! *Sanjao* ist Thai für „chinesischer Tempel", im Phuket-Dialekt sagt man stattdessen aber auch oft *am.*

Zum Ausgleich für die Namensverwirrung bietet der Tempel alles, was man an chinesischen Tempeln zu schätzen weiß: zahlreiche Figuren von chinesischen Göttern und Dämonen, herrliche Türverzierungen und Kachelmosaike, wie sie aus dem Bad eines chinesischen Kaisers stammen könnten, und einen vor Opfergaben berstenden Altar. Wie bei allen chinesischen Tempeln ist auch hier die dominierende Farbe Blutrot, und besonders frühmorgens, wenn die aufgehende Sonne diesen Tempel von der Vorderseite bestrahlt, bieten sich faszinierende Anblicke.

Wer etwas Glück hat, kann morgens vielleicht auch einen kurzen chinesischen Hochzeitsritus miterleben, bei dem das frisch getraute Ehepaar für einige Minuten zu den Göttern betet und um eine glückliche (und fruchtbare) Ehe bittet. Die Bitten werden wohl in Erfüllung gehen; schließlich ist die-

Jui-Tui-Tempel

ser Tempel der Göttin der Gnade (*mä quan im*) geweiht, die eine glückliche Zukunft verspricht.

Ist dieser Tempel wohl der schönste der Stadt, so ist der direkt daneben gelegene **Sanjao Jui Tui** etwas weniger eindrucksvoll. Im Sanjao Jui Tui wird allerdings das Phuket Vegetarian Festival am ausgelassensten gefeiert.

●**Anfahrt:** Der Tempel liegt direkt in der Innenstadt und ist zu Fuß zu erreichen (1 Min. ab dem Markt in der Ranong Road).

Ting Kwan Teng

Der **Shrine of the Serene Light** (Ting Kwan Teng) ist ein nur sehr kleiner chinesischer Tempel, aber auch eine kleine Überraschung: Der Tempel liegt zurückversetzt von der Phang-Nga Road und ist nur durch eine schmale kurze Gasse zu erreichen. Wenn man nicht darauf achtet, verpasst man den Zugang leicht.

Geht man die Gasse hindurch, so eröffnet sich plötzlich ein stiller, kleiner Hof, den man hier inmitten in der Innenstadt kaum erwartet hätte. Am nördlichen Ende des Hofes liegt der Tempel, der 1889 von einer chinesischen Familie errichtet wurde. Er weist ein kunterbuntes Dach auf, mit chinesischen Drachen und verschlungenen Ornamenten. Der Dachaufbau ist neueren Datums; links vor dem Tempel ist noch der ursprüngliche Dachschmuck – aus Holz und sehr verwittert – in einem Schaukasten ausgestellt.

●**Anfahrt:** Ein Fahrzeug ist nicht nötig, der Tempel ist von überall in der Innenstadt bequem zu Fuß zu erreichen.

Thai Hua Museum

Dieses kleine Museum befindet sich in einem wunderschönen Gebäude an der Krabi Road, das bis Ende der 1990er Jahre als Schule diente. Die ursprüngliche Schule – die **erste chinesische**

Phuket City

Schule in Thailand – war 1911 gegründet worden; das heutige Gebäude stammt jedoch aus dem Jahre 1934. Das liebevoll restaurierte Bauwerk alleine ist schon einen Blick wert. Drinnen gibt es viele alte Fotos von der Stadt zu sehen, außerdem werden hier regelmäßig Ausstellungen gezeigt, die sich besonders mit der **Geschichte der chinesischen Einwanderer** aber auch mit der Bevölkerung Phukets im Allgemeinen befassen. Gelegentlich gibt es Kunstausstellungen.

Das Museum dient auch als eine Art **Kulturzentrum,** und Sonntagmorgens finden sich viele ältere thai-chinesische Bürger ein, um die alte Kultur wiederaufleben zu lassen – oder auch nur einen Schwatz zu halten. Angeschlossen ist dem Haus ein kleiner Souvenirladen und ein Getränkeausschank. Geöffnet Di-So 11-19 Uhr, außer feiertags; Eintritt frei.

●**Anfahrt:** Per Tuk-Tuk oder besser zu Fuß. Das Museum liegt sehr zentral.

Früher Schule – heute Museum und Kulturzentrum: das Thai Hua Museum

Khao Rang (Rang Hill)

Der Khao Rang an der Nordseite der Stadt ist ein beliebtes Ausflugsziel der Bewohner von Phuket, die hier joggen, die **Aussicht** genießen oder in einem der auf dem Gipfel des Hügels befindlichen Restaurants speisen. Die Luft ist hier ausgesprochen gut und aufgrund des dichten Waldes merklich kühler als unten. Der Khao Rang ist somit der perfekte Platz zum Entspannen. Außerdem bietet er eine hervorragende Aussicht auf Phuket, am schönsten am Spätnachmittag. Nachts ist hier Vorsicht geboten, denn es treiben sich gelegentlich Jugendbanden herum.

Folgt man der Straße, die auf halbem Wege zum Hügel hoch rechts abbiegt, gelangt man zu einem Tempelgebäude, auf dessen Dach ein riesiger **goldener Buddha** thront. Dies ist **Wat Sammakhitham Khao Rang,** ein Tempel, dessen Hauptgebäude erst in den letzten Jahren um die Statue herumgebaut wurde. Der große Buddha ist ein lohnenswertes Fotomotiv. Tuk-Tuk-Fahrer am Markt locken Touristen oft lauthals mit „Big Buddha, Big Buddha!" – die einfache Fahrt vom Markt nicht mehr als 50 Baht kosten, wahrscheinlich werden die Fahrer aber weit höher ansetzen.

●**Anfahrt bis hoch zum Khao Rang:** ca. 100 Baht per Tuk-Tuk für die einfache Fahrt. Da auf dem Khao Rang oft keine Fahrzeuge für die Rückfahrt bereitstehen, empfiehlt sich das Chartern für die Hin- und Rückfahrt. Etwa 250 Baht mit Wartezeit von einer Stunde; Fahranweisung: *khao rang.*

Phuket Orchid Garden & Thai Village

In einem mehrere Hektar großen, überdachten Orchideen-Garten sind die schönsten Arten dieser Pflanzengattung zu bewundern, und in einem Arena-artigen Saal wird **thailändische Kultur** im Schnelldurchgang präsentiert. Es gibt thailändische Volkstänze (Mo-Sa 13.00-13.45 und 17.30-18.15 Uhr) zu sehen, ein Thai-Boxkampf wird aufgeführt und ebenso einige andere traditionelle Kampfarten. Die gebotene traditionelle Hochzeitszeremonie „wird in Ihnen wohlige Gefühle für unsere Kultur entstehen lassen" – wie es die Werbebroschüre ausdrückt.

●**Eintritt und Öffnungszeiten:** Geöffnet 9-21 Uhr; Eintritt für Ausländer nicht unerhebliche 650 Baht, Thais kommen billiger davon. Für je 160 Baht gibt es ein Mittags- und Abend-Buffet. Tel. 076- 237400, 076-214860-1, E-Mail: tvhkt@loxinfo.co.th.

Phuket City

Der große Buddha von Khao Rang

●**Anfahrt:** Das Thai Village befindet sich am Nordrand der Stadt, in einer ländlichen Seitenstraße der Thepkasattri Road. Gecharterte Tuk-Tuks von der Innenstadt aus kosten ca. 80-100 Baht für die einfache Fahrt. Fahranweisung: *mubaan thai.*

Butterfly Garden & Insect World

Die „Schmetterlingsfarm" wurde nach dem Vorbild der bekannten Schmetterlingsfarm auf Penang konzipiert. Geboten werden einige Tausend **Schmetterlinge** (insgesamt 40 verschiedene Spezies) sowie **andere Insekten,** die in einer Art Freigehege herumflattern und -krauchen; dazu eine Ausstellung sowohl mit Insekten als auch giftigen Spinnen. Das alles ist ganz lehrreich, mit Schautafeln zur Erklärung.

Geöffnet 9-18 Uhr (spätester Zutritt 17 Uhr), Eintritt 300 Baht, für Kinder von 4-10 Jahren 150 Baht, darunter kostenlos. Tel. 076-210861, www.phuketbutterfly.com.

●**Anfahrt:** Die Anlage liegt im Norden der Stadt, etwas nordwestlich des Endes der Yaowarat Road. Zu verfehlen ist sie nicht, da überall in Phuket riesige Hinweisschilder stehen. Fahranweisung *farm pii süa,* „Schmetterlingsfarm". Gecharterte Tuk-Tuks von der Innenstadt aus kosten ca. 40-50 Baht für die einfache Fahrt.

Sapan Hin

Am Südende der Stadt befindet sich das Gebiet, das von den Einwohnern „Steinbrücke", Sapan Hin, genannt wird. Hier, am Rande eines künstlich angelegten Teiches, trifft man sich abends auf einen erholsamen Spaziergang oder schlemmt in einem der über die Grenzen Phukets bekannten Seafood-Restaurants (s. „Essen und Trinken").

Den optischen Mittelpunkt von Sapan Hin bildet das **Mineral Monument,** ein bizarr geformtes, beigefarbenes Denkmal, das an den denkwürdigen Tag erinnert, als im Jahre 1907 zum ersten Mal Zinn aus dem Meer vor Phuket abgebaut wurde. Der Ruhm dieser Pioniertat gebührt einem australischen Kapitän namens *Edward Thomas Miles,* dem aber ob der abstrakten Form des ihm zu Ehren errichteten Denkmals wohl ein paar derbe Anmerkungen entfahren würden. Heute benutzen die Kinder das gewölbte Monument als Rutschbahn, auf der sie mit lautem Gejohle herunter gleiten.

Sapan Hin ist so etwas wie Phukets **Open-Air-Freizeitzentrum.** Auf einem direkt daneben befindlichen Brachlandgebiet werden an manchen Abenden Volksfeste veranstaltet. Dann gibt es Theatervorstellungen, den besonders bei älteren Einwohnern beliebten *likay* (sprich *liké),* und die Jüngeren vergnügen sich zu den Klängen von thailändischen Pop-Sängern.

Dabei wird zum Teil ordentlich gezecht, aber es gibt auch Gesundes in Sapan Hin, etwa den öffentlichen Sportpark und einen Swimmingpool. Im Boxstadium direkt an der Westseite des Monuments finden jeden Dienstag und Freitag um 20 Uhr Thai-Boxkämpfe statt (Eintritt für Thais: 180 Baht, für Ausländer 500-1000 Baht).

Vorsicht! Nachts treiben sich in Sapan Hin jugendliche Motorradbanden herum und es ist oft zu Gewalttätigkeiten gekommen. Meist gehen verfeindete Bandenmitglieder aufeinander los.

•**Anfahrt:** Zum Sapan Hin fahren Tuk-Tuks ab der Innenstadt für ca. 50-60 Baht. Fahranweisung: *sapan hin.*

Fest Loy Krathong

Zu Loy Krathong (s. auch „Feste und Feiertage") versammelt sich hier fast die gesamte Bevölkerung von Phuket City, um **Gestecke aus Bananenblättern und Blumen,** die *Krathong,* auf dem Teich schwimmen zu lassen. Das Fest (wörtl. „Schwimmende Krathong") entstand zur Zeit von *König Ramkhamhaeng* von Sukhothai (reg. wahrscheinlich 1279-1299). Eine schöne junge Frau na-

Phuket City

mens *Nang Noppamat* fertigte ein Blumengesteck in Form einer Lotusblüte, mit elegant gebogenen Blütenblättern, das sie auf dem Wasser aussetzte. Das Gesteck sollte eine Opfergabe an *Mae Khongkha* sein, die Göttin aller Gewässer. Das Wort *Khongkha* ist die thailändische Version des indischen *Ganga* oder *Ganges*.

Heute gibt es selbstverständlich schon kommerziell gefertigte Krathong zu kaufen, aber viele Familien basteln sich ihre Krathong noch selber, so wie wir vielleicht noch Christbaumschmuck selber fertigen. Mit den Krathong wird auch ein Wunsch auf die Reise geschickt, den *Mae Khongkha* sicherlich erfüllen wird.

Zu *Loy Krathong* verkleiden sich Hunderte von Phuketern, vor allem die Kinder, in farbenprächtige Gewänder der Sukhothai-Periode und marschieren in feierlichen **Prozessionen** zum Sapan Hin; und auf blumengeschmückten Prozessionswagen sitzen prachtvoll gekleidete junge Mädchen, die *Nang Noppamat* verkörpern, die Urheberin dieses schönsten aller thailändischen Feste.

Rama-9.-Park

Aus Anlass des 60. Geburtstages Seiner Majestät *König Bhumipol Adulyadej* im Jahre 1987 wurde der Rama-9.-Park an der Chao Fah Road angelegt. Rama ist der Ehrentitel derChakri-Dynastie-Könige, deren neunter Vertreter der heutige Herrscher ist.

Morgens gegen 6 Uhr und abends ab 17 Uhr treffen sich hier die Anhänger von Tai Chi oder anderen chinesischen meditativen Bewegungsübungen, die von einer faszinierend-beruhigenden chinesischen Musik begleitet werden. Wenn dann im Hintergrund die Sonne hinter den Hügeln untergeht, ist die Magie perfekt. Abends finden sich auch viele Jogger ein; dies ist wohl das am besten zum Joggen geeignete Gelände der Stadt.

• **Anfahrt:** Tuk-Tuks fahren ab der Innenstadt für 50-60 Baht; Fahranweisung: *suan luang rama gau*.

Phuket City

Khao Toh Sae (Toh Sae Hill)

Nicht so spektakulär wie vom Khao Rang ist der Ausblick vom Khao Toh Sae über die Stadt, der aber dennoch einen Abstecher wert ist. Hier oben befinden sich die Sendemasten der Phuketer Radiostationen und Fernsehsender. Die einzigen Bewohner hier sind Scharen von Makkaken, die gelegentlich die Gegend unsicher machen und alles greifen, was essbar erscheint. Von der Ostseite des Gipfels hat man einen guten **Ausblick** in Richtung Ko Siray, der Insel vor der Ostseite der Stadt. Die steile, zum Gipfel führende Serpentinenstraße ist eine beliebte Laufstrecke für Phukets Jogger.

Ein Geisterhäuschen gehört zu fast jedem Gebäude und soll die Geister besänftigen, die durch den Bau des Hauses vertrieben wurden

●**Anfahrt:** Gecharterte Tuk-Tuks kosten ca. 200-250 Baht für die Hin- und Rückfahrt zum Gipfel, einschließlich eines kurzen Aufenthaltes. Fahranweisung: *khao tor sää.*

Praktische Tipps

 Einkaufen

Märkte

Zwei Märkte warten in der Stadt auf Kunden, die, wie überall in Thailand, das Feilschen nicht vergessen sollten. An der Ranong Road, da wo auch die Songthaews zu den Stränden abfahren, befindet sich der sogenannte **„Frischemarkt"** *(talaat sot),* der Obst, Gemüse und Fleisch bietet. Die Stände sind von ca. 6 bis 18 Uhr geöffnet, einige Obststände bis 22 Uhr. Die Stände befinden sich teils in der Straße, teils in einem großen, 2009 neu fertiggestellten Marktgebäude.

Zwischen der Chana-Charoen Road und der Ong Sim Phye Road erstreckt sich ein weiterer ausgedehnter **Straßenmarkt,** ebenfalls mit Obst, Gemüse und Fleisch, aber auch mit zahlreichen (abendlichen) Essensständen. Da gibt es dann von plattgewalzten, geräucherten Tintenfischen *(bamük)* über Süßigkeiten *(khanom),* heißer Soja-Milch *(naam tau-hu)* und Teigkrapfen *(paa thonggho,* im Phuket-Dialekt auch *ja-guy),* alles, was der Bauch begehrt.

Textilien und Kunsthandwerk

Sehr **preiswerte Kleidung** gibt es in einer Reihe von Läden an der Tilok Uthit 2 Road, nördlich der Einmündung Chana Charoen Road. Besonders Frauen kommen hier auf ihre Kosten, Damenbekleidung hat die Oberhand.

Einige Läden mit **Kunsthandwerklichem, Kuriosa und Antiquitäten** und antike oder auf antik gemachte Möbel finden sich in Thalang Road und Rasada Road. Siehe z.B. **The Loft Antiques** in 36 Thalang Road (Tel. 076-258160) und **Touch Wood**

Phuket City

in 14 Rasada Road (Tel. 076-256407). Die Waren sind optisch oft ein Genuss, die Preise allerdings nicht ganz niedrig.

Ban Boran in der 51 Yaowarat Road (Tel. 076-211563) veräußerst sehr schöne **traditionelle Textilien,** darunter Seidenwaren und Erzeugnisse der Bergvölker Thailands.

Bücher

The Books in der Phuket Road sowie der **Seng Ho Bookshop** an der Montri Road/Ecke Dibuk Rd. verkaufen englischsprachige **Bücher,** darunter Thailand-Reiseführer, eine kleine Auswahl Titel über Thailand, Landkarten und Bestseller-Romane. Dazu gibt es die **Tageszeitungen** *Bangkok Post, The Nation,* die Lokalpostille *Phuket Gazette* und einige ausländische Magazine. Im Obergeschoss von Seng Ho wartet ein kleiner **Coffee Shop** auf.

Eine Riesenauswahl an **Second-Hand-Büchern** in Englisch, Deutsch und Französisch führt **South Wind Books** in der 3 Phang-Nga Road, etwa 100 m westlich des On On Hotels. Das Geschäft erstreckt sich über die Erdgeschosse zweier kleiner chinesischer Häuser. Bücher, die man veräußert, bringen um die 100 Baht ein. Tel. 076-258 283, E-Mail: southwindtour@hotmail.com.

Wein

Importierter **Wein** ist sehr teuer in Thailand und der vielleicht beste Ort in Phuket City zum Weinkauf ist ein kleines Geschäft an der Ecke Bangkok Rd./Soi Phoo Thon (etwas südl. des Phuket Garden Hotel). Die Auwahl ist gut und die Preise liegen meist unter denen der Supermärkte.

Einkaufs-zentren

Es gibt drei **Shopping-Center** in der Stadt. Zwei davon befinden sich in der Innenstadt: die beinah nebeneinander an der Tilok Uthit Road gelegene **Ocean Shopping Mall** und der **Robinson Department Store.** In beiden gibt es das übliche Warenhaus-Rundumangebot – Kleidung, Schuhe, Schmuck, Drogeriewaren, Reiseartikel (Koffer, Taschen etc.), Lebenmittel u.v.m. Die Lebensmittelabteilung des *Robinson Department Store* bietet

Aufgepasst, Alkoholsperre!

Aufgrund eines absurden Gesetzes, das dem ehemaligen Premierminister *Thaksin* zu verdanken ist, darf zu folgenden Uhrzeiten kein Alkohol verkauft werden: vor 11 Uhr und zwischen 14 und 17 Uhr. Unzählige Urlauber haben sich schon verdutzt am Kopf gekratzt, wenn ihnen an der Ladenkasse gesagt wurde, „Sorry, Sir/Madam, wir können jetzt keinen Alkohol verkaufen, erst in xxx Minuten/Stunden wieder." Die Kassen in den Supermärkten sind so programmiert, dass sie außerhalb obiger Zeiten keine Alkoholika abscannen können.

Das Gesetz war erdacht worden, um Alkoholkonsum unter Schülern einzudämmen, und so wurden die Sperrzeiten auf die Stunden vor und nach der Schule gelegt – ein „genialer" Einfall, unter dem nun auch Touristen und Einheimische oberhalb des Volksschulalters leiden müssen. Riesenmengen an Alkoholika (z.B. eine Kiste Wein) dürfen allerdings verkauft werden, denn es wurde angenommen, dass Schüler für Großmengen kein Geld haben – von Zusammenlegen hat anscheinend noch kein thailändischer Politiker etwas gehört.

ein ausreichendes Angebot an westlichen Waren, wie z.B. Käse, Brot, Wurst, Wein u.Ä.

Das beste und größte Kaufhaus ist jedoch der **Central Festival Department Store,** ca. 4 km westlich der Stadt an der Bypass Road und in Richtung Patong gelegen (www.centralfestivalphuket. com). Die Songthaews, die ab dem Markt in Richtung Patong fahren, halten hier auf Wunsch (20 Baht ab Phuket City).

Im *Central Festival* warten zahlreiche moderne Kleidungs- und Schuhgeschäfte auf, Elektronik- und Computerläden, dazu zahlreiche Restaurants, ein preiswerter Food Court, eine Filiale des Kaffee- rösters *Starbucks,* ein modernes Kino, den Buch- und CD-Laden *B2S* u.v.m. Sehr gut bestückt ist der Supermarkt im Untergeschoss.

Ein großer Teil des *Central* wird von der Central-Kette selber betrieben, die kleineren Geschäfte aber sind von der Kette an Einzelhändler vermietet. Im eigentlichen Central-Teil können sich Touristen eine Rabattkarte ausstellen lassen, mit der man dort Reduktionen von 5 % erhält. Man muss nur danach fragen.

Ein paar hundert Meter nördlich des Central liegt der große Verbrauchermarkt **Big C.** Dieser ist bei weitem nicht so schnieke wie ersterer, dafür billig, und vor allem die preiswerte Lebensmittelabtei-lung ist bei Langzeittouristen und Einheimischen beliebt. Zudem gibt es eine Abteilung mit preis-werter Elektronik und Computerwaren.

Ganz in der Nähe befinden sich weitere große Verbrauchermärkte, wie das **Makro** an der Vichit Songkram Road (etwas westl. des Central), **Tesco Lotus** an der Bypass Road (ca. 1 km nördl. des Central) und **Supercheap** an der Thepakasattri Road. Letzterer hat als einziger keine Klimaanlage; angeblich sind schon Ratten zwischen den Ausla-gen gesichtet worden, dafür sind die Waren in der Tat *supercheap*. All diese Verbrauchermärkte sind Langzeittouristen zu empfehlen, die sich preiswert und in Mengen für längere Zeit eindecken wollen.

Phuket City

 Unterkunft

Phuket City bietet dem Touristen etwa 60 Hotels und Guest Houses, für jeden Geldbeutel ist etwas dabei. Besonders gut ist das Angebot im Bereich der oberen Unter- und der Mittelklasse. Reisende mit niedrigem Budget finden hier eine ausgezeichnete Alternative zu den Strandorten. Wer nicht unbedingt am Strand wohnen muss und sparen will, findet in der Stadt ausgezeichnete Wohnmöglichkeiten. Die Preise sind verglichen mit equivalenten Unterkünften an den Stränden ca. 30-50 % niedriger.

Die besseren Hotels können durchaus von den Reisebüros daheim per E-Mail, Telefon, Fax oder Telex vorgebucht werden. Bei den Oberklasse-Hotels (von denen es in der Stadt nicht allzu viele gibt) sind oft Buchungen über Reiseagenturen in Thailand günstig. Die Preise können ca. 30 % unter den „Walk-Inn"-Preisen liegen, die man bekommt, wenn man einfach so aufkreuzt.

Bei der Ankunft am Flughafen oder Busbahnhof sei vor den professionellen **Schleppern** gewarnt – meistens sind es Tuk-Tuk-Fahrer –, die den Touristen ein „besonders gutes Hotel" aufschwatzen wollen. Das Hotel der eigenen Wahl ist nach deren Aussagen selbstverständlich immer „randvoll". Die meisten Hotels und Guest Houses zahlen den Tuk-Tuk-Fahrern Kommissionen für angelieferte Gäste. Dass dies nicht unbedingt immer die günstigsten sind, versteht sich von selbst. Oft werden solche Unterkünfte angeboten, die irgendwelche Mängel haben, also z.B. abgewohnt sind, laut oder sonstwie ungünstig gelegen sind, oder aus anderen Gründen keinen guten Zuspruch haben.

Ansonsten sei das **Wohnen in Phuket City** auch all denjenigen ans Herz gelegt, die mal vom Strand wegkommen oder auch mehr vom „wirklichen" Phuket erleben wollen. Die Bevölkerung ist hier noch nicht vom Tourismus „verdorben" wie es manchmal in den Strandorten den Anschein hat; man ist nett und aufgeschlossen zu den Touristen, auch wenn es dabei nicht immer etwas zu verdienen gibt.

Preiswerte Unterkünfte

● Das älteste bestehende Hotel auf Phuket ist das im Jahre 1929 gegründete **On On Hotel***-**** (19 Phang-Nga Rd., Tel. 076-21154, 076-225740/1), ein gemütlicher, kolonial anmutender, augenfälliger Bau, der schon vor Jahren zu einer Art Traveller-Treff avanciert ist. Zu Anfang seiner Karriere war das Haus – wie die meisten alten Hotels in Phuket – ein Stundenhotel und Bordell, aber das macht es historisch vielleicht um so wertvoller. Vor dem Gebäude wurden einige Szenen zum Film „The Beach" mit *Leonardo DiCaprio* gedreht. Die Zimmer (120 Baht) sind z.T. sehr geräumig, andererseits aber auch schon etwas abgewohnt und oft hellhörig. Bei Preisen von 120-360 Baht lässt sich aber nicht zu viel meckern. Die teureren Zimmer haben AC; die billigsten haben kein eigenes Bad. Die Lage ist sehr zentral, zum Markt und den Songthaews, die zu den Stränden fahren, ist es ein Fußweg von kaum 5 Min.

● Die wohl preiswerteste Unterkunft in der Stadt ist das nahe gelegene **Pengmin Hotel***, das ebenfalls in einem alten

Phuket City

An der Rezeption des On On Hotels

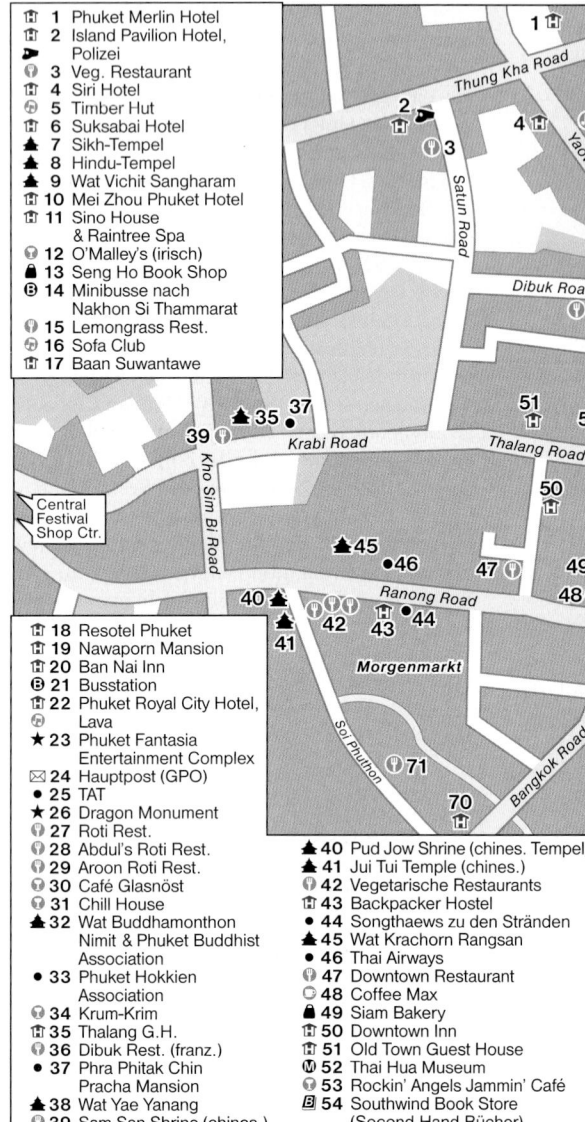

🏨 1 Phuket Merlin Hotel
🏨 2 Island Pavilion Hotel, Polizei
🍴 3 Veg. Restaurant
🏨 4 Siri Hotel
🍴 5 Timber Hut
🏨 6 Suksabai Hotel
🛕 7 Sikh-Tempel
🛕 8 Hindu-Tempel
🛕 9 Wat Vichit Sangharam
🏨 10 Mei Zhou Phuket Hotel
🏨 11 Sino House & Raintree Spa
🍴 12 O'Malley's (irisch)
📖 13 Seng Ho Book Shop
🚍 14 Minibusse nach Nakhon Si Thammarat
🍴 15 Lemongrass Rest.
🍴 16 Sofa Club
🏨 17 Baan Suwantawe

🏨 18 Resotel Phuket
🏨 19 Nawaporn Mansion
🏨 20 Ban Nai Inn
🚍 21 Busstation
🏨 22 Phuket Royal City Hotel, Lava
★ 23 Phuket Fantasia Entertainment Complex
✉ 24 Hauptpost (GPO)
● 25 TAT
★ 26 Dragon Monument
🍴 27 Roti Rest.
🍴 28 Abdul's Roti Rest.
🍴 29 Aroon Roti Rest.
🍴 30 Café Glasnöst
🍴 31 Chill House
🛕 32 Wat Buddhamonthon Nimit & Phuket Buddhist Association
● 33 Phuket Hokkien Association
🍴 34 Krum-Krim
🏨 35 Thalang G.H.
🍴 36 Dibuk Rest. (franz.)
● 37 Phra Phitak Chin Pracha Mansion
🛕 38 Wat Yae Yanang
🍴 39 Sam San Shrine (chines.)

🛕 40 Pud Jow Shrine (chines. Tempel)
🛕 41 Jui Tui Temple (chines.)
🍴 42 Vegetarische Restaurants
🏨 43 Backpacker Hostel
● 44 Songthaews zu den Stränden
🛕 45 Wat Krachorn Rangsan
🍴 46 Thai Airways
🍴 47 Downtown Restaurant
☕ 48 Coffee Max
📖 49 Siam Bakery
🏨 50 Downtown Inn
🏨 51 Old Town Guest House
🏛 52 Thai Hua Museum
🍴 53 Rockin' Angels Jammin' Café
📖 54 Southwind Book Store (Second-Hand-Bücher)

Thung Kha Road
Yaowarat
Satun Road
Dibuk Road
Krabi Road
Kho Sim Bi Road
Thalang Road
Central Festival Shop Ctr.
Ranong Road
Morgenmarkt
Soi Phuthon
Bangkok Road

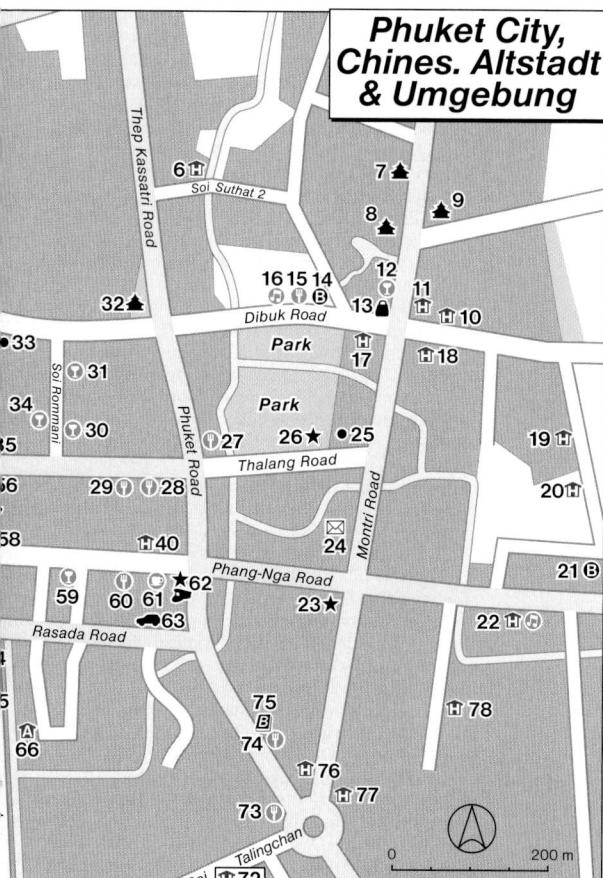

Phuket City,
Chines. Altstadt
& Umgebung

- **55** Salvatore's Rest.
- **56** China Inn Café und Restaurant
- **57** Shrine of Serene Light
- **58** On On Hotel
- **59** Roxy Bar
- **60** La Romantica Rest. (ital.)
- **61** Café y Té
- **62** Promthep-Uhrturm & Polizei
- **63** Pure Car Rent
- **64** Michael's Bar
- **65** Krajok See Rest.
- **66** Phuket Center Apartment
- **67** The Taste Phuket
- **68** Circle Café
- **69** Pa Laem Veg. Rest.
- **70** Phuket Garden Hotel
- **71** Natural Restaurant
- **72** Rome Place
- **73** Baan Recong Jit Rest.
- **74** Kopi de Phuket
- **75** „The Book" Bookshop
- **76** Joe Mansion
- **77** Metropole Hotel
- **78** Sunwest Guest House

chinesischen Haus untergebracht ist (69 Phang-Nga Rd., Tel. 076-211168). Die Zimmer sind dem Preis entsprechend sehr schlicht und einfach und haben kein eigenes Bad. Es gibt nur kaltes Wasser im Gemeinschaftsbad und die Toiletten sind noch die alten Hockklos – eine museumsreife Rarirät heute auf Phuket. Unten im Haus befindet sich ein beliebtes, preiswertes Restaurant.

● Eine Parallelstraße weiter nördlich, an der Thalang Road, befindet sich das nur aus acht Zimmern bestehende **Thalang Guest House**** (37 Thalang Rd., Tel. 076-214225), wiederum ein altes chinesisches Wohnhaus. Einfache Zimmer mit Bad und Ventilator. Bei Preisen zu 250-300 Baht aber ganz in Ordnung.

● Der gleichen Familie wie das Thalang G.H. gehört das **Old Town (O.T.) Guest House**** in der 42 Krabi Rd., kaum hundert Meter nördlich des Marktes. Tel. 076-258272. Das Haus ist leicht an seinem lila-farbenen Anstrich zu erkennen. Die Zimmer haben kein eigenes Bad, sind aber sehr wohnlich und sauber. Bei Preisen ab 250 Baht keine schlechte Wahl. Ab 350 Baht gibt es Zimmer mit AC.

● Ein einigermaßen empfehlenswertes Hotel für Budgetbewusste ist das ruhige, aber dennoch recht zentral gelegene **Suksabai***-** (Thepkasattri Rd., Tel. 076-216089, 076-212287). Die Zimmer sind sehr einfach, aber sauber. Bei Preisen von 150-300 Baht kann man nicht mehr erwarten. Die teuersten Zimmer haben AC. Das Hotel befindet sich trotz der Adressenangabe nicht direkt an der Thepkasattri Road, sondern in einer Gasse, die in östlicher Richtung von der Hauptstraße abzweigt. Von der Abzweigung aus ist das Hotel schon sichtbar.

● Ein ausgezeichneten Gegenwert bietet das **Siri Hotel***** an der 231 Yoawarat Road, Tel. 076-215816, 076-215819, Fax 076-223534. Die Zimmer kosten nur 400 Baht, wurden vor nicht allzulanger Zeit renoviert, haben TV, AC und Kühlschrank und sind sehr sauber, die Betten allerdings noch nicht richtig eingelegen und etwas hart. Zudem ist die Lage sehr gut: Das Haus liegt etwas zurückversetzt von der Straße, sehr ruhig. 1 Minute Fußweg entfernt, befindet sich **Timber Hut,** einer der besten Pubs der Stadt.

● Erst seit 2008 besteht **Nawaporn Mansion*****, gelegen in der Gasse unmittelbar nördlich des alten Busbahnhofs (22/88-87 Soi 1, Luang Poh Cham Rd., Tel. 076-232318). Wer per Bus eintrifft und gleich in der Nähe bleiben will, hat nur ca. 1 Minute zu laufen. Die Zimmer sind – bei Preisen ab 500 Baht – äußerst empfehlenswert: Sie sind blitzesauber, gemütlich eingerichtet, haben TV, AC und Kühlschrank, und die Gasse ist sehr ruhig, da sie eine Einbahnstraße ist. Ein Zimmer ist für 5000 Baht/Monat erhältlich.

● Ein paar Schritte weiter südlich in der Gasse – und etwas näher am Busbahnhof – liegt das ebenso gute **Ban Nai**

Inn*** (22/98 Soi 1, Luang Poh Cham Rd., Tel. 076-232276). Die Zimmer sind ähnlich ausgestattet wie oben und kosten ebenfalls ab 500 Baht.

● 2009 eröffnet wurde das **Sunwest Guest House****-*** in 37 Soi 2, Phang-Nga Rd., einer ruhigen aber sehr zentral gelegen Sackgasse. Vom alten Busbahnhof sind es ca. 5 Min. Fußweg. Tel. 076-230143, www.sunwest-phuket.com. Das Haus bietet einen 10-Zimmer-Schlafsaal (AC), Preis pro Bett 180 Baht (Sonderpreis Mitte 2009; der offizielle Preis ist höher). Dazu gibt es reguläre Zimmer mit AC und TV zu 500 Baht.

● Das **Backpacker Hostel**** befindet sich gleich am Morgenmarkt und direkt gegenüber von *Thai Airways* (Ranong Rd., Tel. 076-256680, www.phuketbackpacker.com). Im Haus gibt es ein Dormitory mit Ventilator und eines mit AC. Die Schlafräume sind ganz ordentlich und sauber, allerdings kann man für diesen Preis (300 bzw. 400 Baht) anderswo ein eigenes, einfaches Zimmer bekommen. In einem Gemeinschaftssaal gibt es Internet und Satelliten-TV.

**Mittel-
klasse**

● Eine sehr gute und halbwegs Low-Budget-mäßige Option ist das **Rome Place***** (23/8 Soi Hub-Ek, Tel. 076-223560-3, www.romeplace.com). Für 500 Baht aufwärts gibt es saubere Zimmer mit TV und AC. In den oberen beiden Etagen des Hauses befindet sich ein stadtbekanntes, gut florierendes Bordell, aber davon bekommt man eigentlich nichts mit. Das Hotel an sich ist gut und die Lage ist günstig zentral und dennoch ruhig.

● Etwas nördlich außerhalb des Stadtkerns, aber sehr ruhig und idyllisch liegt das **Roongrawee Mansion***** (Soi 3 Yaowarat Rd., Tel. 076-224114, 076-213275, Fax 076-212195). Es ist von viel Grün umgeben, und morgens wird man von Vogelgezwitscher geweckt. Ordentliche Zimmer mit Bad, AC, TV und Kühlschrank ab 450 Baht. Die Lage ist vielleicht nicht ganz ideal für Leute ohne eigenes Fahrzeug.

● Nahe dem Rama-9.-Park liegt das **Pure Mansion*****-**** (3/7 Chao Fa Rd., Tel. 076-211709, Fax 076-219566), dessen Betreibern auch das zuverlässige *Pure Car Rent* in der Rasada Road gehört. Die Zimmer – ab 470 Baht – sind sauber und haben Bad, AC, TV und Kühlschrank. Aber auch hier ist die Lage für Leute ohne eigenes Fahrzeug nicht ganz günstig – gut allerdings für alle, die täglich im Park joggen wollen.

● Einen einigermaßen guten Gegenwert bietet das **Phuket Merlin Hotel** ****-ᴸᴸᴸ, zumindest bei den reduzierten Preisen, die meist geboten werden (158/1 Yaowarat Rd., Tel. 076-212866 bis-70, Fax 076-216429, www.phuketmerlin. com). Die sauberen Zimmer (Bad, AC, TV) werden weit unter dem offiziellen Preis veräußert. Zu empfehlen sind die nach hinten hinaus gelegenen Zimmer, von denen sich ein schöner Ausblick auf den Khao Rang bietet. Das Haus zeigt mittlerweile Abnutzungserscheinungen, und das Wort „Renovierung" kommt einem in den Sinn. Man sollte sich die Zimmer vorher ansehen. Trotzdem, bei Preisen ab 900 Baht ist dies keine schlechte Wahl. Mehr sollte man für die Zimmer nicht bezahlen, es sei denn, eine Vollrenovierung wurde unternommen. Ein Swimmingpool ist vorhanden.

●Das **Rattana Mansion*****-**** liegt günstig in der Innenstadt, gleich in der Nähe der zwei großen Shopping-Center der Stadt (18 Chana Charoen Rd., Tel. 076-222600, 076-223042, 076-223056, Fax 076-222603). Ordentliche Zimmer mit Bad, AC, TV und Kühlschrank ab 600 Baht, inkl. Frühstück. Allerdings sind die Decken sehr niedrig und das kann beengend wirken. Wer im Ocean Department Store nebenan für 1000 Baht einkauft und eine Discountkarte einfordert, bekommt im Rattana Mansion und bei allen weiteren Einkäufen 10 % Rabatt.

●In einer Gasse abseits des Morgenmarktes und nahe den Songthaews, die zu den Stränden fahren, liegt das **Downtown Inn****-*** (56/19 Ranong Rd., Tel. 076-216884/5, Fax 076-216273). Das Haus hat schon bessere Tage gesehen, dafür ist man hier so zentral wie möglich und die Zimmer kosten ab preiswerte 250 Baht. Alle Zimmer haben Bad, die teureren zusätzlich AC.

●Einige weitere, relativ neue Hotels finden sich etwas südlich des Stadtkerns. Die Gegend ist nicht die schönste, der Standard der Hotels ist aber durchweg gut. Besonders zu empfehlen ist hier das saubere **Silver Hotel****** (62/3 Kra Rd., Tel. 076-220209 bis -13, Fax 076-221294). Große Zimmer mit Bad, AC und TV. Vorzuziehen sind allerdings die Zimmer an der Hinterseite des Gebäudes, da die Zimmer an der Vorderseite abends vom Lärm einiger Open-Air-Kneipen beschallt werden. Das Hotel befindet sich in einer Art Unterhaltungszone (teilweise mit Rotlicht-Anhauch), was für Nachtschwärmer vielleicht von Vorteil ist. Zimmer ab 800 Baht.

●Gleich anschließend südöstlich des Silver befindet sich das preiswertere **Phuket Inn***** (64/1 Kra Rd., Tel. 076-222092/3, Fax 076-222090). Zimmer mit Bad, die in der höheren Preisklasse haben auch AC und TV. Bei Preisen ab 280 Baht kein schlechter Gegenwert.

●Eine absolut wunderbare Wohngelegenheit ist das **Baan Suwantawe******-ᴸᴸᴸ (1/10 Dibuk Rd., Tel. 076-212879, Fax 076-215541, www.baansuwantawe.com). Das Suwantawe ist ein Apartment-Hotel, die Zimmer können auch monatsweise angemietet werden. Die Zimmer sind sehr geschmackvoll eingerichtet, haben ein großes Bad mit Badewanne, TV mit Großbildschirm, Balkon mit Blick auf einen kleinen Park und Internetanschluss. Dazu gibt es einen Swimmingpool. Neben normalen Zimmern stehen auch 2-3-Zimmer-Suiten zur Verfügung, diese sind aber oft mit Dauerbewohnern belegt. Die Normalzimmer haben eine

Größe von 42 m². Bei einem Preis von 1200 Baht ist dies eine ganz ausgezeichnete Unterkunft und bietet wohl das allerbeste Preis-/Leistungsverhältnis in der Stadt. Internet-benutzung kostet 100 Baht/Tag extra. Für Leute, die sich monatsweise eingemietet haben, ist Internet kostenlos. Monatsmieten ab 20.000 Baht.

●Auch sehr wohnlich ist das schräg gegenüber gelegene **Sino House mit Raintree Spa******* (1 Montri Rd., Tel. 076-232494-5, Fax 076-221498, www.sinohousephuket.com). Die Zimmer sind mit chinesischen Motiven dekoriert, ins-gesamt sehr sauber, groß, komfortabel und gemütlich. Zimmer mit Kabel-TV, AC, sehr schönem Badezimmer und besonders gemütlichen Betten. Die meisten Zimmer ha-ben Internetanschluss. In der Saison liegt der Zimmerpreis bei 1600 Baht, es gibt aber weit günstigere Wochen- und Monatstarife: 9500 Baht/Woche oder 16.500 Baht/Monat. Bei letzterem kommen noch die Stromkosten dazu, das dürften aber kaum mehr als 2000 Baht sein. Falls das Su-wantawe voll ist (das kommt vor), dürfte das Sino in dieser Preislage die nächstbeste Wahl sein.

●Gleich ums Eck liegt das 2008 eröffnete **Mei Zhou Phu-ket Hotel****** (1/5 Luang Poh Cham Rd., Tel. 076-233498-8, Fax 076-233499, www.meizhouphuket.com). Dies bietet sehr saubere und gemütliche Zimmer mit AC, TV, Kühl-schrank und WLAN-Internet. Offiziell liegen die Preise bei 1200 Baht, Mitte 2009 wurden die Zimmer jedoch ab 700 Baht angeboten – ein großartiges Angebot!

●Direkt gegenüber liegt das **Phuket Resotel*****-**** (1 /6 Luang Poh Cham Rd., Tel. 076-229965-6, Fax 076-215553). Das Haus ist etwas älter, die Zimmer – ab 500 Baht – aber recht ordentlich. Mit AC, TV und Kühlschrank. Falls die anderen Optionen in diesem Teil der Stadt belegt sein sollten, keine schlechte Wahl.

●Ein relativer Neuzugang (2008) ist das **Phuket Center Apartment******, in dem Zimmer monats- oder tageweise angemietet werden können. Es befindet sich in einer Gasse südlich der Rasada Road, absolut zentral. Adresse: 62/60 Rasada Rd., Tel. 076-213416-7, Fax 076-217741, www.phuketcenterapartment.com. Offiziell kosten die Zimmer (AC, TV, Kühlschrank) 850 Baht, Reduktionen sind aber möglich, dazu gibt es sogenannte „Studios", größere Zimmer zu 1200 Baht, und 2-Zimmer-Suiten zu 1700 Baht. Die Zimmer sind sauber und hell und nett eingerichtet, die Betten sind manchen Leuten aber vielleicht etwas zu hart. Die Normalzimmer kosten ab 10.000 Baht monatlich, und das ist ein sehr gutes Angebot. Eventuell kann man um die Preise etwas handeln.

●**Joe Mansion**** befindet sich sehr zentral, aber weit genug von der Straße zurückversetzt, um nicht allzuviel Lärm mitzubekommen (45/15-16 Montri Rd., Tel. 076-221856). Die Zimmer haben AC, TV und Kühlschrank und sind ansonsten etwas spartanisch eingerichtet, dies ist aber eine gut Langzeit-Option: Die Zimmer werden auch monatsweise vermietet und kosten dann nur ca. 5000 Baht/Monat. Pro Tag liegt der Preis bei 500 Baht. Die Zimmer sind etwas unterschiedlicher Größe und Qualität, man werfe zuvor eine Blick hinein.

●**The Taste Phuket****** (16-18 Rasada Rd., Tel. 76-222812, Fax 76-256225, www.thetastephuket.com) ist ein zu einem kleinen Boutique-Hotel umgebautes chinesisches Wohnhaus, sehr zentral gelegen – so zentral, dass die Zimmer zur Straße hinaus aufgrund des Verkehrslärms praktisch nicht bewohnbar sind. Es bleiben jedoch ein paar originell eingerichtete Zimmer übrig, die einen nicht unattraktiven Retro-Charme austrahlen. Teilweise mit Balkon oder gar mit eigenem Garten. Es lohnt sich, einen Blick hineinzuwerfen. Alle Zimmer mit AC, TV und Kühlschrank, dazu gibt es eine Suite mit zusätzlichem DVD-Player. Im Erdgeschoss befindet sich ein Restaurant mit Bar.

Top-Class-Hotels

Alle drei Top-Hotels befinden sich günstig im Zentrum der Stadt. – Top-Hotels, das bedeutet in diesem Falle nur, dass sie die teuersten sind, nicht aber unbedingt das beste Preis-/Leistungsverhältnis bieten. Das tun sie nicht. Bei Buchungen über Reisebüros ergeben sich oft lohnenswerte Rabatte; zahlt man die vollen „Walk-In"-Preise, so ist man mit diesen Hotels nicht allzu gut beraten. Viele der Gäste in den Hotels sind Package-Touristen, die weit unter dem

vollen Preis zahlen. Alle Zimmer in den u.g. Hotels haben Bad, AC, Satelliten-TV, Kühlschrank, und in allen Hotels findet sich ein Swimmingpool. Die „Walk-In"-Preise lassen sich auf Anfrage oft senken, besonders in der Nebensaison.

●**Metropole Hotel**^{LLL} (1 Soi Surin, Montri Rd., Tel. 076-215050, 076-214020, Fax 076-215990, www.metropole phuket.com). Geräumige, gepflegte und wohnliche Zimmer ohne große Besonderheiten. Ordentlich, aber nicht viel Charakter. Dummerweise sind viele Zimmer durch eine Zwischentür mit dem Nebenzimmer verbunden, was bei reisenden Großfamilien durchaus Sinn machen kann – im Normalfall wird man aber eher durch den eventuell durch die Tür dringenden Lärm gestört. Die Südseite des Gebäudes ist zu meiden, da dort Lärm von einer benachbarten Disco herüberschallt. Ansonsten ausgezeichnete zentrale Lage. Gute Frühstücks-Buffets, die im Preis eingeschlossen sind. Die offiziellen Preise beginnen bei ca. 4000 Baht, das ist zu hoch. Über Reisebüros zahlt man oft weniger als die Hälfte.

●**Royal Phuket City**^{LLL} (154 Phang-Nga Rd., Tel. 076-233333, Fax 076-233335, www.royalphuketcity.com). Ähnlich dem *Metropole,* an manchen Stellen sieht das Haus aus, als könne es eine Renovierung vertragen. Gepflegte Zimmer, ebenfalls Oberligenmarke 08-15, aber noch bessere und reichhaltigere Frühstücks-Buffets als oben. Offizielle Preise ab 3500 Baht, auch das ist zu viel. Über Reisebüros ab ca. 1600 Baht.

●**Thavorn Grand Plaza Hotel**^{LLL} (40/5 Chana Charoen Rd., Tel. 076-222240 bis -50, Fax 076-222284, www.tha vorngrandplaza.com). Von außen sieht das Haus etwas klobig aus, etwa so, wie man sich die ehemalige Zentrale des KBG vorstellt. Komfortable, relativ stilvoll eingerichtete Zimmer, nicht schlecht, aber für den relativ hohen Preis auch nicht gerade sensationell. Sehr beliebt ist der Massage-Salon des Hauses, der neben normaler, harter Knetarbeit auch das bietet, was man in Thailand oft als „Happy Ending" bezeichnet. Zimmer ab ca. 3000 Baht.

 ## Essen und Trinken

Phukets Speisezettel reflektiert die mannigfaltigen Einflüsse, die sich auf der Insel zu einer einzigartigen Mischung verschmolzen haben. Die Gerichte verhehlen nicht ihre Herkunft aus Malaysia, China, Indien oder dem thailändischen Festland. Seit einiger Zeit gesellen sich auch zahlreiche westliche Restaurants dazu. Vor 10 oder 15 Jahren gab es in Phuket City nicht allzuviel Auswahl bei den Res-

Phuket City

Prostitution

Wie alle Städte Thailands, so hat auch Phuket City eine erstaunliche Anzahl von **Bordellen.** Schätzungen sprechen von bis zu 1 Mio. Prostituierten im ganzen Land. Von diesen ist ein hoher Prozentsatz in jungen Jahren von ihren Eltern für Summen von 10-15.000 Baht an Zuhälter „verkauft" worden. Diese Unsitte herrscht vor allem in einigen Gebieten in Nordthailand vor. Die Mädchen haben diese Summen im Bordell abzuarbeiten, und es hängt mehr oder weniger vom Wohlwollen des Zuhälters ab, wann dieser die Rechnung für beglichen hält. Kein Wunder, wenn Prostitution so oft in schieres Sklaventum ausartet, und die Mädchen im wahrsten Sinne des Wortes zu Leibeigenen macht.

Von ihren Einnahmen bekommen die Mädchen selber bestenfalls 20 %, und in den 1980er Jahren sind Fälle bekannt geworden, in denen **Zwangsprostituierten** nur 5 Baht pro Kunde (damals 30 Pfennige) überlassen wurden. Der Löwenanteil der Gelder bleibt beim Zuhälter, der aus seinem riesigen Einkommen regelmäßig **Schmiergelder** an die Polizei zahlt. Prostitution ist – so unglaublich das in Thailand klingen mag – illegal.

Die meisten von Thailands Prostituierten stammen aus den armen Landstrichen des Nordens und Nordostens, es gibt dort kaum ein Dorf, das nicht einige Mädchen an Bordelle verloren hätte. Eine Prostituierte zur Tochter zu haben, ist zwar für die meisten Familien ein Grund tiefer Scham, der (relative) Geldsegen von ein paar Tausend Baht aber und der daraus gewonnene Status machen den ursprünglichen „Gesichtsverlust"

taurants – heute bräuchte man Wochen, um dem Angebot voll gerecht werden zu können.

Restaurants

●Das **Mae Boonma Restaurant** in der Phuket Rd., gegenüber von *The Books,* serviert westliches Frühstück und Thai Lunch. Preiswert und bei Rucksackreisenden sehr beliebt. Ein Internet Café ist angeschlossen. Nebenan bietet das **Nai Yao Restaurant** gute Meeresfrüchte.

●Das **Kopi de Phuket** an der Bangkok Road, neben *The Books,* ist ein gemütliches kleines Restaurant, sehr beliebt bei Thais und Touristen, mit guter und preiswerter thailändischer und chinesischer Küche. Es gibt auch einige vegetarische Gerichte mit „Imitationsfleisch" aus Sojaprodukten. Ein Bonus ist das kostenlose WLAN-Internet. Ab ca. 400 Baht/2 Pers. Geöffnet tägl. 9.30-23.30 Uhr, außer So nur bis 21.30 Uhr.

●Sehr gute thailändische Küche auch im **Lemongrass Restaurant,** gelegen an der Dibuk Road gegenüber dem kleinen Queen Sirikit-Park. Es ist eine Art halboffenes Gartenlokal, mit gemütlichem Ambiente, die zahlreichen thailändischen Gäste sind ein guter Beweis für die Qualität der Speisen. Ab ca. 400 Baht/2 Pers.

wieder wett. Zahlreiche Mädchen, die das „Glück" hatten, an einen verhältnismäßig humanen Zuhälter zu gelangen und höhere Einnahmen zu beziehen, haben ihren Eltern in der Provinz zu solidem Wohlstand verholfen. Opulente Wohnhäuser in ärmlichen Gebieten deuten oft auf den „Beruf" der Töchter des Hauses hin.

Ist die „traditionelle" Prostituierte in vielen Fällen zwar unfreiwillig in ihrem Beruf gelandet, so gehen heute jedoch zunehmend mehr Frauen dem Gewerbe aus vollkommen freien Stücken nach. Abertausende von Frauen suchen sich Arbeit in Bars, in denen sie Kontakt zu den Gästen aufnehmen und sich bei diesen **Extraeinkommen verdienen** können. Zahllose Bars, Pubs und Discos in Thailand sind voll mit sogenannten **„Freelancers",** Frauen, die zwar auf den ersten Blick selber wie ganz normale Besucher aussehen, die in Wirklichkeit aber auf Kundenfang aus sind. Diese Frauen werden von niemandem zu ihrer Arbeit gezwungen; es gibt **ökonomische Zwänge.** Das Kind will versorgt sein, dessen Vater längst über alle Berge ist, und auch die alten Eltern müssen unterstützt werden. Zwar gibt es in Thailand reichlich Arbeit in Fabriken oder Arbeit als Verkäuferin o.Ä., aber warum sich abrackern, wenn man einen Monatslohn in nur einer einzigen Nacht verdienen kann. Es ist bekannt, dass sich selbst viele Studentinnen als **Teilzeitprostituierte** verdingen, nur um sich ein neues Handy oder ein neues Mode-Outfit zuzulegen.

Prostitution in Thailand ist ein sehr **vielschichtiges Thema,** und nicht alle darin verwickelten Frauen sind Opfer – manche sind ganz einfach clevere Geschäftsleute (-frauen), die etwas verkaufen, für das sie einen hohen Preis erlangen. Und sie machen sich ein gutes Leben damit.

●Mitten im Markttrubel an der Ranong Road befindet sich das **Downtown Restaurant,** gleich gegenüber einem wunderschön restaurierten, ockerfarbenen alten chinesischen Wohnhaus. Von dem halboffenen Lokal hat man ausgezeichneten Ausblick auf das Marktgeschehen, und bei Touristen ist das Restaurant schon aus diesem Grunde sehr beliebt. Das thailändische Essen ist zudem gut und preiswert. Ab ca. 200 Baht/2 Pers.

●Das **China Inn Café & Restaurant** in der 20 Thalang Road ist in einem der schönsten chinesischen Häuser der Altstadt untergebracht – ein wunderschön renoviertes Gebäude mit viel traditionell chinesischem Charme. Geboten werden westliche und chinesische Frühstücke, sowie liebevoll bereitete chinesische Hauptgerichte, darunter auch einige vegetarische. Die Preise sind gehoben, ab ca. 1000 Baht/2 Pers. für Mittag- oder Abendessen. Geöffnet Mo-Mi 11-18 Uhr, Do-Sa 11-23 Uhr. Tel. 076-356239.

●Der Stadtteil Sapan Hin ist seit langem für seine Seafood-Restaurants bekannt, zu denen besonders ostasiatische Touristen gleich busladungsweise gekarrt werden. Eines der beliebtesten ist das **Mae La.** Ab ca. 700 Baht für 2 Pers.

●Das **Tung-Ka Hilltop Restaurant** auf dem Khao Rang ist ein *suan ahaan* oder Gartenlokal und bietet eine gute Aus-

Phuket City

sicht auf die Stadt – ein sehr entspannender Ort. Kredenzt werden thailändische Gerichte, darunter viel gutes Seafood zu sehr moderaten Preisen. Ab ca. 500 Baht/2 Pers.

● Das **Natural Restaurant** auf der 62/5 Soi Phuton (Phoo Toon) ist ein schönes, von Pflanzen überwuchertes traditionelles Thaihaus. Gute, preiswerte Thaigerichte und ruhiges Ambiente. Traditionelle Thai-Werkzeuge, Instrumente, Puppen, Möbelstücke und andere fast-Antiquitäten hängen über das gesamte Restaurant verstreut von Decken, Pfosten und Pflanzen. Die Zierfische leben in Fernsehern. Ein kulinarisches Volksmuseum. Zu empfehlen. Die Thais kennen das Restaurant unter dem einheimischen Namen *Raan-Ahaan Thammachaart,* was die exakte Übersetzung des englischen Namens ist.

● Ausgezeichnete, umfangreiche Lunch-Buffets (11-14 Uhr) im Restaurant des **Metropole Hotel** zu 210 Baht – eine äußerst lohnenswerte Investition. Für das Geld gibt es in vielen Bars nicht einmal einen Drink. Das Speiseprogramm umfasst thailändische, chinesische, japanische, koreanische und westliche Gerichte.

● Ebenfalls zu empfehlen ist das **Galeria@346**, an der Ecke Phuket Rd. und Kra Rd., nicht weit vom McDonald's entfernt. Es werden gute Thaigerichte für Besucher aus dem Westen zu moderaten Preisen in postmodernem Ambiente geboten. Die Weinkarte ist auch nicht schlecht.

● An der Nordwestecke des Kreisverkehrs um den Uhrturm (jede bessere Thai-Stadt hat einen Uhrturm!) liegt **Baan Recong Jit,** ein gutes thailändisches Restaurant mit sehr moderaten Preisen. Ab ca. 300 Baht/2 Pers. Abends treffen sich hier viele junge Thais sowie einige Touristen, und nicht selten wird bis tief in die Nacht fröhlich gezecht.

Westliche Speisen

● Wer auf westliches Frühstück angewiesen ist, ist gut in der **Kanda Bakery** an der Rasada Road beraten. Hier kann man auch im Freien auf dem Trottoir speisen, einige Tische und Stühle stehen draußen. Nebenbei gibt es recht gute Kuchen und sonstige Backwaren, dazu Müsli, Pfannkuchen u.Ä.

● Gute westliche Backwaren als auch wechselnde, preiswerte Frühstück-Menüs, bietet die kleine, von einem Franzosen geleitete **Siam Bakery** an der Yaowarat Road, ein paar Schritte nördlich des Kreisverkehrs.

● Hervorragende italienische Küche bietet das gemütliche **Salvatore's Restaurant** in der 15 Rasada Road, einige Meter östlich des Kreisverkehrs. Es gibt alle Arten von Pasta, Überbackenes, Meeresfrüchte, Fleisch- und einige vegetarische Gerichte, alles von bester Qualität. Ein Muss auf dem Speiseplan! Die Preise sind allerdings hoch; ein Essen für zwei Personen dürfte ca. ab 1500 Baht kosten. Das Lokal ist Di-So 11-15.30 Uhr und 16-23 Uhr geöffnet. Rechts neben dem Restaurant hat das Besitzerehepaar eine **Pizze-**

ria eröffnet, und diese bietet mit die besten Pizzen Phukets. Sehr empfehlenswert! Die Pizzeria ist etwas simpler aufgemacht als das italienische Restaurant, beide sind jedoch miteinander verbunden, und man kann die Pizzen auch links im Hauptrestaurant bestellen bzw. die italienischen Gerichte auch in der Pizzeria. An Wochenenden könnte eine Reservierung ratsam sein. Beide Restaurants haben die Telefonnummer 076-225958.

● Den besten Gegenwert in Sachen italienischer Küche bietet allerdings das preiswerte **La Romantica** in der 70 Phangnga Rd. (Tel. 081-3673400). Die Pizzen ab 120 Baht sind fantastisch, ebenso die Pasta-Gerichte, und der Hauswein kostet nur 260 Baht pro Halbliter. Sehr empfehlenswert. Das Ambiente ist schlicht und einfach und könnte einen Innenarchitekten gebrauchen, bei den niedrigen Preisen kann man aber nicht alles haben. *Piero,* der italienische Besitzer, bemüht sich, seine Gäste bestens zu versorgen. Geöffnet derzeit Mo-Sa 15-22 Uhr.

● Authentische französische Küche zu sehr moderaten Preisen kredenzt das **Dibuk Restaurant** in der 69 Dibuk (Deebuk) Road, gelegen in einem stilvoll renovierten alten chinesischen Wohnhaus (Tel. 076-258148). Thai-Speisen gibt es ebenso. Die Weinkarte ist gut sortiert, und das Mitbringen von eigenem Wein ist erfreulicherweise kostenlos – no corkage charge.

● Das **La Gaetana** an der 352 Phuket Road kredenzt vorzügliche italienische Küche (keine Pizza). Das kleine Lokal ist oft proppevoll. Eine Tischbestellung, vor allem beim Abendessen, ist anzuraten, Tel. 076-250523, 081-3971227. Die Speisekarte ist etwas kompliziert aufgebaut, das Essen ist eher Nouvelle Cuisine als traditionell, aber der italienische Besitzer ist bei Fragen stets hilfreich zur Stelle. Hohe Preise, ab ca. 1500 Baht/2 Pers. Geöffnet Mo, Di, Fr 12-14 Uhr und Do-Di 18-22 Uhr.

● An der Südostseite des Kreisverkehrs in der Rasada Road liegt das nette **The Circle Café.** Von dem nach vorne hinaus offenen Café lässt sich gut das Straßenleben überblicken, und wer sich dennoch langweilt, kann zu den ausliegenden zahlreichen Magazinen und Büchern greifen. Eine besondere Erwähnung verdient auch die großartige Musik vom Band: Oldies aus den 1960er und 1970er Jahren, toller Rock, Blues und Soul. Da geht man nur ungern. Auch das Essen ist sehr gut, angeboten werden Sandwiches, Brote, Fruchtsalate, verschiedene Arten Tee, Kaffee und einige warme Gerichte. Allerdings teuer. Ein amerikanisches Frühstück kostet 195 Baht. Der britische Besitzer organisiert auch Visa-Touren nach Myanmar (Schiffsüberfahrt bei Ranong). Günstig für Leute, die sich ihr Visum für nicht mehr als eine Woche verlängern lassen können (wie z.B. bei einer 30-Tage Aufenthaltsgenehmigung). Die Touren dauern ca. 10 Std., Kostenpunkt 1600

Phuket City

Baht. Siehe auch den Abschnitt „Visa Run" im Kapitel „Vor der Reise".

● Die vielleicht besten Kuchen der Stadt serviert die thai-spanische Besitzerin des **Café y Té** an der Phang-Nga Road. Manche Leute kommen von weit her, um sich daran zu laben. Das Programm wechselt ständig; die Besitzerin backt, was ihr morgens gerade so einfällt. Das hübsche kleine Café ist ganz in hellblau gehalten, ein netter kleiner Ort für Kaffee und Kuchen. Hier treffen sich auch oft Mitglieder ders „Schweizer Clubs" von Phuket. So geschlossen.

● Ein guter Ort, Kaffee zu trinken, ist ansonsten das kleine **CoffeeMax** am Kreisverkehr nahe dem Markt. Das hat Ausblick auf einen der belebtesten Plätze in der Stadt.

Roti-Restaurants

● Phuket hat einige moslemische Restaurants, die eine sehr gute und preiswerte Frühstücks-Möglichkeit bieten. Dort gibt es *roti*, indisch inspirierte Fladenbrote, die mit einer Linsen- oder Fleischsoße serviert werden. Das bekannteste dieser *Raan Ahaan Roti* oder Roti-Restaurants befindet sich an der Ecke Thepkasattri/Thalang Road (Nordostseite), und morgens ist es immer gerammelt voll (geöffnet nur bis zum frühen Nachmittag; keine Ausschilderung). Ein *roti* kostet ab ca. 15 Baht, mit untergeschlagenem Ei *(roti saykhai)* 20 Baht. Weiterhin gibt es Curries, die einen starken malaysischen Einschlag aufweisen. Leider macht dieses Restaurant nicht immer den hygienischsten Eindruck, was seiner Beliebtheit jedoch keinen Abbruch zu tun scheint.

Zwei sauberere kleine Roti-Restaurants befinden sich schräg gegenüber an der Thalang Road, nahe der Einmündung in die Thepkasattri Road. Das eine heißt **Aroon Restaurant** und gehört der Familie eines netten thai-indischen Moslems. Einige Schritte weiter östlich liegt das **Abdul's**, das einem sehr freundlichen thai-tamilischen Moslem gehört. Seine Familie betreibt das Lokal seit über 60 Jahren; es ist der älteste *Roti*-Laden am Ort. Während *Abdul's* meist schon ab Mittag geschlossen ist, bleibt *Aroon* bis ca. 18 Uhr geöffnet. Neben den traditionellen *Rotis* gibt es auch sehr leckere Bananen-Rotis, sowie indisch-malaiische Curries und *murtabak,* große Fladenbrote mit Fleisch- oder Gemüsefüllung.

Fast Food

● Wer ohne westliches Fast Food nicht auskommt, findet einige Speisemöglichkeiten in der Tilok U-Thit 1 Road, um den Robinson Department Store herum. Hier liegen dicht beieinander **Kentucky Fried Chicken, McDonald's, Pizza Company** und **Swensen's Icecream.** Mit dabei ist auch **Coca,** ein Ableger einer in Thailand bekannten Restaurant-Kette, die gute einheimische Küche serviert. Eine Spezialität sind die „Steamboat"-Gerichte *(suki)*, bei denen

(?) joh Foto: rk

Phuket City

Fleischbrocken in Töpfe mit verschiedenen Soßen getunkt werden. Am meisten Spaß macht's im großen Freundeskreis. Ähnlich internationale Küche gibt es auch im neuen **Ocean Shopping Mall** neben dem Robinson Department Store. Der dritte Stock des gigantischen **Central Festival Shopping Center** auf der Straße von Phuket City nach Patong hat eine enorme Auswahl an Restaurants. Alles wird hier geboten, von internationalen Ketten zu lokalen Fastfood outlets, und ein preiswertes Food Center, eine Art Kaufhauskantine, gibt es auch. Eine Übersicht findet sich unter www.centralfestivalphuket.com.

**Vegeta-
risch**

● Die Tradition des Vegetarian Festivals hat in Phuket viele Vegetarier heranwachsen lassen, und derzeit gibt es fünf vegetarische Restaurants in der Stadt. Alle nennen sich schlicht *raan-ahaan mangsawilat*, „fleischlose Restaurants". Die Öffnungszeiten sind in der Regel 6/7-18 Uhr, aber das Essen kann auch schon mal früher ausverkauft sein.

● Am Westende der Ranong Road, Südseite, liegen gleich zwei Restaurants dicht nebeneinander, nur ca. 20 m voneinander entfernt. Das weiter östlich gelegene kreiert vor allem chinesisch inspirierte Gerichte, das andere vornehmlich thailändische Gerichte. In ersterem werden auch einige gesunde Lebensmittel verkauft, so z.B. Weizenkeime, Kräutertees u.a.

● Ein weiteres kleines Open-Air-Restaurant befindet sich gleich ums Eck an der Soi Phoo Thon, gegenüber dem chinesischen Jui Tui-Tempel. Dieses bietet hauptsächlich südthailändische Gerichte, gut und preiswert und oft feurigscharf. Von den drei vegetarischen Restaurants in dieser Gegend hat dieses meist am längsten geöffnet.

● Schräg gegenüber am Westende der Ranong Road befindet sich noch ein kleines Geschäft, das leckere vegetarische *dim sam* verkauft, chinesische Hefeklöse mit (in diesem Falle) Gemüsefüllung. Man sehe in den silbernen Dämpfkessel, der vorne im Laden steht.

● Ein freundliches Ehepaar unterhält ein kleines vegetarisches Restaurant am Nordende der Satun Road, kurz vor der Einmündung in die Mae Luan Road. Als Orientierung diene das nahe gelegene, alles überragende *Phuket Island Pavillion Hotel*. Gutes Essen zum Niedrigstpreis.

● Das **Pa Laem** ist ein kleines vegetarisches Restaurant an der Bangkok Road, ca. 30 m südlich des Kreisverkehrs nahe dem Morgenmarkt. Die Besitzerin, „Tante Laem" (Pa Laem) ist ein stets gut gelauntes Unikum. Der Clou in ihrem Restaurant ist, dass man sich für 30 Baht so viel auf den Teller häufen kann, wie man will. Das Essen ist zudem sehr gut. *Pa Laem* betreibt auch eine Filiale im Food Court des Central Festival Shopping Centers, hier kosten die Teller aber –aufgrund der hohen Platzmiete – 40 Baht.

 Unterhaltung

Gemessen an seiner geringen Größe, bietet Phuket City doch erstaunlich viele nächtliche Unterhaltungsmöglichkeiten – heute mehr denn je zuvor.

Discos
● Im Osten der Innenstadt, in der 41/5 Chana Charoen Rd., liegt das **Kor Tor Mor,** was die Thai-Abkürzung für KTM ist und soviel wie Stadtverwaltung bedeutet. Das KTM ist eine der beliebtesten Discos am Ort – die Gäste sind fast ausschließlich Thais –, die Musik ist „inter" wie man auf Thai sagt (international) oder Thai. Die zahlreich vor dem Haus geparkten Motorräder deuten darauf hin, dass es sich um ein junges, nicht selten heißsporniges Publikum handelt.

Pubs und Nightclubs
In den wunderschönen sino-portugiesischen Wohnhäusern in **Soi Rommani** (Rommanee) hat sich etwa ein halbes Dutzend kleiner Bars und Cafés angesiedelt, mit sehr preiswerten Drinks, Essen und netter Atmosphäre.

•An der Westseite der Gasse befindet sich das **Krum-Krim,** teilweise mit Open-Air-Sitzgelegenheit. An Wochenenden läuft europäischer (englischer) Fußball auf dem TV. Schräg gegenüber liegt das ähnlich gelagerte **Chill House,** ebenfalls mit Sitzgelegenheit draußen an der Gasse. Die beiden obigen Bars sind ca. 18-1 Uhr geöffnet, gelegentlich geht die Zecherei nach der offiziellen Polizeistunde hinter geschlossenen Türen weiter.

•Das **Café Glasnöst** (so steht es über der Eingangstür) gehört dem Rechtsanwalt *Phuchong Tirawatana,* der das Café eigentlich nur eröffnet hat, damit er selber einen guten Platz zum Wein trinken oder Musik hören hat. Das gemütliche kleine Lokal ist vollgestopft mit Musikinstrumenten, alten Fotos und anderen Sammlerobjekten, und oft kommen Musiker zu Jam-Sessions vorbei; oder Phuchong greift selber zu Gitarre und Mikrofon. Auch ausländische Musiker sind willkommen. *Phuchong* ist zudem eine sehr gute Informationsquelle bezüglich Phuket. Es gibt Tee, Kaffee und alkoholische Getränke, und wenn der Besitzer den gewünschten Drink nicht selber vorrätig hat, holt er ihn von einer der nebenan gelegenen Bars – es geht ihm ganz offensichtlich nicht ums Geld – Geöffnet etwas unregelmäßig, je nachdem ob *Phuchong* anderweitig beschäftigt ist; ca. 10-1 Uhr, manchmal auch nur abends.

•**Music Matters** ist eine winzige Musik-Bar – halb Open-Air-, in der Mittwoch Abends und an Wochenenden spontane Jam-Sessions stattfinden. Der Besitzer ist selber Musiker, und mit einigen Freunden zaubert er oft ganz außergewöhnliche Klangwelten – Jazz, Latin, Karibisch oder Afrikanisch. Ansonsten gibt's interessante Musik aus der Konserve, dazu preiswerte Getränke. Essen ist erhältlich.

•Sehr beliebt bei ausländischen Besuchern sowie Einheimischen ist **Timber Hut** in der Yaowarat Road, ca. 200 m südlich des Merlin Hotels und schräg gegenüber dem *Siri Hotel.* Für Touristen ist

Phuket City

dies wohl der beste Musikschuppen in der Stadt; die thailändischen Gäste sind Ausländern gegenüber aufgeschlossen und freundlich, was in so mancher Unterklassen-Spelunke nicht immer ganz zutrifft. In dem mit viel Holz eingerichteten Club spielen sehr gute Bands, die Musik ist zumeist Pop bis Rock, dazu ein wenig Hip-Hop. Vom Ambiente her wirkt es wie eine etwas rustikalere Version des *Hard Rock Cafés* in Bangkok. Geöffnet tgl. 18-2 Uhr, aber so richtig los geht's erst nach 22 Uhr. Moderate Getränkepreise, Bier zu 100 Baht, andere Drinks ab 150 Baht.

●Ebenfalls an der Yaowarat Road findet sich die kleine Bar **Rockin Angels,** ganz im Biker-Stil gehalten, gelegentlich greift der singapureanische Besitzer zur Gitarre und sorgt für die Unterhaltung. Täglich 20-1 Uhr geöffnet.

 Etwas nördlich der Bar, entlang der Yaowarat Road, haben sich 2009 einige neue Kneipen angesiedelt, die hauptsächlich von jungen Thais aufgesucht werden. Nachts verwandelt sich der Straßenzug oft in ein Open-Air-Trinkfest, besonders an Wochenenden. Man darf die Anwohner bedauern. Thailändische Gesetze zum Lärmschutz lassen sich – wie alle anderen Gesetze auch – durch Zahlungen an die richtigen Amtspersonen außer Kraft setzen.

●Das gilt auch für den neuen, großen **Sofa Club** an der Dibuk Road, dessen z.T. sehr laute Live-Musik auch bis außerhalb des Gemäuers schallt. Der Club ist ansonsten gut und gediegen, und bei jungen Thais sehr beliebt. Seit seiner Eröffnung 2008 hat er den anderen großen Discos in der Stadt weitgehend den Rang abgelaufen.

●Musik vom Band – Reggae, Funk und Jazz – dazu gutes, aber auch nicht ganz billiges Essen, gibt es im **Krajok See,** wörtlich dem „Farbenspiegel" an der Takua Pa Road, etwas südlich der Einmündung in die Rasada Road (westl. Straßenseite). Das Lokal ist eine Institution in Phuket. Täglich 20-1 Uhr geöffnet.

●Ein paar Schritte weiter nördlich befindet sich **Michael's Bar,** mit Pool-Tisch, großen TV-Bildschirmen für Sportübertragen, kostenlosem WLAN-Internet und mäßigen Getränkepreisen. Hier treffen sich viele in der Stadt ansässige Expats. Siehe such http://www.phuket-town.com/michaels/.

●2008 eröffnet wurde die kleine **Roxy Bar** in der 50 Phang-Nga Road, die sich binnen der kurzen Zeit als eine der beliebtesten Bars unter Touristen und Expats etabliert hat. Das liegt einerseits an den sehr netten, gastfreundlichen Besitzern, zwei türkischen Brüdern, aber auch an den niedrigen Getränkepreisen und den ausgezeichneten Speisen. Es gibt türkische, mexikanische und westliche Gerichte zu niedrigen Preisen. Vorhanden sind ein Pool-Tisch und kostenloses WLAN-Internet. Geöffnet tägl. 16-1 Uhr; zur Happy Hour von 16-20 Uhr kostet ein Bier nur 40 Baht. Siehe auch www.roxybarphuket.com.

●**O'Malley's** ist, wie aus dem Namen unschwer zu erraten, ein traditioneller irischer Pub, gelegen gleich neben dem Seng Ho Bookstore in der 2/20-21 Montri Rd. Geboten werden 30 verschiedene Biersorten, Guinness inklusive, europäische und Thai-Speisen, und dazu Live-Musik

●Dazu kommen etliche weitere Nacht-Etablissements, die vor allem zu weiterführenden Dienstleistungen animieren sollen; siehe z.B. das *Pink Lady* am Ostende der Phang-Nga Road. Aber auch hier kann man(n) sich ganz einfach bei einem Drink amüsieren. Vorsicht aber, in derartigen Clubs werden oft die Minuten oder Stunden abgerechnet, die der Gast mit den Animierdamen plaudernderweise verbringt. Lange Gespräche über Gott und die Welt – oder auch schlüpfriger Natur – können sehr teuer werden. Außerdem lassen sich die Damen gerne Drinks spendieren, denn sie erhalten eine Kommission vom Umsatz.

●Das **Fantasia** an der Ecke Phang-Nga Rd./Montri Rd. ist ein großes Entertainment-Center mit Tanz- und Gesang-Shows und privaten Karaoke-

Phuket City

Räumen. Hohe Preislage bei Drinks und Mahlzeiten. Die Tanzeinlagen sind sehr gekonnt, wohl besser als das, was man von den meisten Travestie-Shows gewohnt ist (die Damen im Fantasia sind ja auch echt!). Die Damen tanzen jedoch nicht nur, sondern werden von einigen Kunden auch zu anderen Aktivitäten angeheuert, das soll in Thailand gelegentlich vorkommen. Viele der Besucher sind chinesische oder japanische Touristen, die per Großraumbus angerollt werden. Vor dem Gebäude gibt es noch einen preiswerten Open-Air-Trinkladen mit etwas bodenständigerem Ambiente. Preiswerte Drinks und Essen.

Kinos Englischsprachige Filme werden im Kino des Robinson Department Store an der Tilok Uthit Road gezeigt. Im Central Festival Shopping Center ist im obersten Stockwerk ein Multiplex-Kino zu finden, das auch Hollywoodfilme in der Originalfassung zeigt.

 Nützliche Adressen

Postalische Dienste Die **Hauptpost** *(pray-seni klaang)* besteht aus zwei nebeneinander liegenden Gebäuden an der Montri Road. Rechts können Pakete und Briefe aufgegeben werden, im 2. Stock befindet sich die Ferngesprächsabteilung Der Poste-Restante-Schalter befindet sich im linken, etwas verfallen wirkenden Gebäude. Da die Beamten die Briefe (Abholgebühr 1 Baht) mit Vorliebe unter dem Anfangsbuchstaben des Vornamens einzuordnen pflegen, empfiehlt sich eine Adressierung ohne Vornamen; also „Mrs./Mr. (Nachname)". Das erspart u.U. eine Menge Sucherei. Die Post ist Mo-Fr von 8.30-12 Uhr und 13-16.30 Uhr geöffnet, Sa von 8.30-13 Uhr. Im Zeitalter des Internet machen thailändische Postämter allgemein einen recht verlassenen Eindruck.

Telecommunication Office Das Telecommunication Office für Ferngespräche befindet sich an der Phang-Nga Road, etwas östlich der Kreuzung mit der Phuket Road. Geöffnet täglich 8-24 Uhr.

Geldwechsel Geld kann in allen **Banken** zu den normalen Öffnungszeiten (Mo-Fr 8.30-15.30 Uhr) gewechselt werden, in einigen **Wechselstuben** aber auch täglich und über die Bankstun-

den hinaus. Gut ein halbes Dutzend Wechselschalter finden sich an oder in den Gebäuden der zahlreichen Banken entlang der Phang-Nga Road und Rasada Road.

Bücherei

Phukets **Public Library** an der Phuket Road (fragen nach *hong samut*, „Bücherei") hat eine kleine Auswahl an englischsprachigen Büchern, darunter auch einige der im Anhang aufgeführten Bücher über Phuket. Außerdem gibt es die *Bangkok Post*. Geöffnet Mo-Fr 9-20 Uhr, Sa u. So 9-17 Uhr. Die Benutzung des Lesesaals ist kostenlos.

TAT

Das **Tourist Office** der **TAT** befindet sich in der Thalang Road, gleich rechts neben dem kleinen Park und dem auffälligen Drachendenkmal. Das im sino-portugisischen Stil erbaute Haus ist leuchtend orange getüncht und nicht leicht zu übersehen. Hier gibt es jede Menge Informationsmaterial, Stadtpläne, Broschüren, Hotellisten u.a. Geöffnet tgl. 8.30-16.30 Uhr. Tel. 076-212213, 076-211036, Fax 076-217138, tatphuket@tat.or.th.

Im Flughafen betreibt die TAT einen kleinen Informationsschalter; Tel. 076-311110.

Tourist Police

Das Büro der Tourist Police befindet sich weit außerhalb der Stadtmitte an der By-Pass Road. Das ist jedoch im Grunde gleichgültig, da die Polizei jederzeit unter der Nummer 1155 an- und herbeigerufen werden kann.

Im Büro der TAT gibt es jede Menge Infos

Sehenswertes auf der Insel

Wat Chalong

Phukets wichtigster **buddhistischer Tempel** war der Schauplatz eines historischen Ereignisses, das im Jahre 1876 seinen Lauf genommen hat:

In jenem Jahr war es unter den chinesischen Minenarbeitern zu gewaltsamen Auseinandersetzungen gekommen, woraufhin sich die Arbeiter in zwei rivalisierende Gruppen teilten. Diese zwei Banden nahmen bald organisierte Formen an. Nachdem sie sich ausgiebig untereinander bekriegt hatten, begannen sie, gegen die örtliche Administration zu rebellieren. Was dabei ihr spezielles Anliegen war, ist nicht verbrieft – im Verlaufe dieser Revolte fielen die Minenarbeiter aber über manches Dorf her und plünderten es aus. Weder Bevölkerung noch Regierung wussten Rat. Die Rettung sollte durch zwei Mönche kommen. Als eine Rotte Minenarbeiter eines Tages das Dorf Ban Chalong attackierte, ergriffen die meisten seiner Einwohner die Flucht. Einige erinnerten sich aber der Mönche von Wat Chalong, die nun den Übergriffen der marodierenden Minenarbeiter hilflos ausgeliefert waren. Sie begaben sich zum Wat, um die Mönche mit sich in Sicherheit zu bringen. Der Abt aber, *Luang Pho Chaem,* und ein weiterer Mönch namens *Pho Chuang,* weigerten sich zu fliehen. Stattdessen forderten sie die Einwohner auf, sich der Inkarnation des Bösen, den Minenarbeitern, zu widersetzen.

Luang Pho Chaem band den Einwohnern nun weiße Stoffstreifen, die er mit einer mysteriösen Inschrift versehen hatte, um die Stirn. Dadurch sollten sich Freund und Feind in der Hitze des Gefechtes voneinander unterscheiden können. Als der Kampf dann in vollem Gange war, konnten die Bewohner von Chalong ihn wider Erwarten leicht für sich entscheiden. Es wurde ihnen urplötzlich

klar, dass der Abt die Stirnbänder mit einer über-
natürlichen Kraft *(saksit)* versehen haben musste.
Durch den Sieg von Chalong ermutigt, stellten
sich nun auch andere Einwohner von Phuket den
tobenden Minenarbeitern, und die Revolte war
bald niedergeschlagen. Die Geschichte vom ma-
gischen Stoffband des Abtes machte aber die
Runde, und jedermann war von dessen Zauber-
kräften überzeugt. Als eines Tages ein Fischer auf
hoher See von einem Sturm überrascht wurde, be-
tete er zu *Luang Pho Chaem* und gelobte, dessen
Körper über und über mit Goldblättchen zu bekleben, wenn er nur mit dem Leben davonkäme.
Und das Wunder geschah. Der Fischer kam heil
an Land und löste seinen Schwur ein.

Es ist bis heute in Thailand üblich, Buddhastatuen mit Goldblättchen zu bekleben, um sich so

Verdienste für die nächste Geburt zu erwerben oder um die Erfüllung eines Wunsches zu bitten. Einen lebenden Abt damit zu bekleben, das war aber auch im Thailand des 19. Jahrhunderts ein ungewohnter Akt der Frömmigkeit. *Luang Pho Chaem* konnte sich aber nicht dem tiefen Glauben des Fischers widersetzen und ließ es geschehen. Damit war der Anfang gemacht, und bald sollten auch andere Bewohner der Insel den Abt mit den Goldblättchen bekleben. Eine neue Form der Mönchsverehrung war geboren.

Von *König Rama 5.* wurde *Luang Pho Chaem* zum Obersten Priester von Phuket ernannt, und sein Ruf verbreitete sich bis Penang. Von dort machte sich manch Gläubiger auf den Weg, den verehrten Mönch zu sehen.

Heute bekleben die Einwohner Phukets die Figur des Abtes mit Goldblättchen, die ihm zu Ehren im Wat Chalong errichtet wurde. Der Wat ist ein beliebtes Ausflugsziel der Phuketer, und dementsprechend befinden sich dort auch zahlreiche Souvenir- und Getränkehändler.

Anreise

Wat Chalong befindet sich 6 km südlich von Phuket City in der Ortschaft Ban Chalong. Ab dem Markt an der Ranong Road fahren Songthaews für 15 Baht dorthin: Fahranweisung: *wat tschalong.* Das Chartern eines Tuk-Tuks für die Hin- und Rückfahrt samt Aufenthalt von 1 Std. sollte 200 Baht kosten.

Giant Buddha

Mitte 2009 stand eine riesige, 45 m hohe **Buddha-Figur** kurz vor der Vollendung, die auf dem Nakkoerd Hill zwischen Chalong und Karon thront. Die steinerne Statue ist schon von weitem zu sehen. Der Buddha, der offiziell in Thai-Pali *Phuttamingmonkol Akhanakiri Buddha* heißt, wurde für 30 Mio. Baht errichtet und verspricht eine der größten Sehenswürdigkeiten der Insel zu werden. Im Volksmund wird die Figur „Giant Buddha" genannt, und gigantisch ist sie in der Tat: Es ist die

größte Buddha-Statue Thailands. Eine daneben angebrachte kleinere Buddha-Statue aus Bronze, schlappe 12 m hoch, wirkt dagegen direkt bescheiden. Oben vom Hügel bietet sich eine großartige Aussicht auf Chalong und Rawai, und Fotografen werden hier ihre helle Freude haben.

Anreise

Zum Buddha führen verschiedene Anfahrtswege, je nachdem, aus welcher Richtung man kommt. Von Phuket City fährt man in Richtung große Chalong-Kreuzung, biegt aber schon vor der Kreuzung rechts (in westliche Richtung) zum Buddha ab. Entfernung ab Phuket City Center ca. 10 km, Hin- und Rückfahrt per Tuk-Tuk ca. 300-350 Baht.

Bei der Fahrt ab Kata/Karon fährt man ebenfalls in Richtung Chalong-Kreuzung und biegt dann in nördliche Richtung zum Buddha ab. Taxis ab Karon ca. 500 Baht retour. Die Taxis in Karon sind generell sehr teuer, besser ist die Anfahrt mit eigenem Fahrzeug. Ein gemietetes Motorrad kostet weniger als die Hälfte des o.g. Preises. Vom Parkplatz führen 86 Stufen zum Buddha.

Wat Phra Thong

Die **ungewöhnlichste Buddhafigur Thailands** befindet sich 20 km nördlich von Phuket City, im Wat Phra Thong, dem „Tempel des goldenen Buddhas". Sie ist halb in der Erde vergraben, nur die obere Hälfte ragt heraus. Auch um diese Figur rankt sich eine lokale Legende:

Irgendwann Anfang des 19. Jahrhunderts hatte ein Hirtenjunge einen Büffel an der Stelle weiden lassen, an der heute der Wat Phra Thong steht. Als die Mittagshitze einsetzte, ermüdete der Junge und beschloss, ein erholsames Schläfchen zu halten. Zuvor jedoch schloss er den Büffel an ein Metallstück, das aus der Erde ragte, um so das Tier sicher zu wissen. Am Abend trieb der Junge den Büffel heim, so wie er es tagtäglich tat. Doch schon kurz nachdem er zu Hause angekommen war, wurde der Hirte krank. In der Nacht verschlimmerte sich sein Zustand, und am nächsten Morgen fand seine Familie ihn tot in seinem Bett.

Die Familie war erschüttert. Niemand konnte sich den plötzlichen Tod des Sohnes erklären.

Eines Nachts hatte dessen Vater einen merkwürdigen Traum, der ihn zu der Stelle führte, an der der Junge den Büffel gehütet hatte. Am nächsten Morgen machte sich der Vater dorthin auf. Wie von einer inneren Stimme geleitet, stieß er auf das aus der Erde ragende Metallstück, an das der Büffel zuvor angebunden war. Von Neugier getrieben, rief er seine Freunde zusammen, und gemeinsam versuchte man nun, das Metall auszugraben. Schon nach wenigen Minuten kam eine Buddhastatue aus purem Gold zum Vorschein, deren oberster Teil das vermeintliche Metallstück war. Trotz aller Anstrengungen aber konnten die Männer den Buddha nicht aus seiner irdenen Umklammerung lösen. Sie konnten ihn lediglich bis Brusthöhe freilegen. Da sie nun einen göttlichen Willen darin erkannten, ließen sie den Buddha in der Erde und errichteten einen Tempel darum herum, den heutigen Wat Phra Thong.

Als einige Jahre später die Burmesen auf Phuket einfielen, versuchten auch sie, den Buddha aus der Erde zu ziehen, doch vergebens. Nicht nur, dass sich die Figur nicht aus der Erde lösen ließ; die Burmesen wurden zudem von wilden Hornissenschwärmen angegriffen, von denen sie schließlich in die Flucht geschlagen wurden.

Die Einwohner von Phuket ließen darauf den Buddha mit einer Gipsschicht bedecken, die ihn vor den Blicken raffgieriger Invasoren schützen sollte. Diese Gipsschicht wurde aber von Abertausenden von Gläubigen wiederum mit Goldblättchen bedeckt, die so wieder einen goldenen Buddha entstehen ließen. Um den Buddha nicht unter der Goldschicht zu ersticken, wurde vor einigen Jahren das Ankleben von Goldblättchen untersagt. Die Gläubigen kleben diese nun an eine kleinere, vor der Figur aufgestellte Kopie – was hoffentlich nicht weniger Segen verspricht.

Auch heute kommen täglich hunderte von Thais zu dem Tempel, um Goldblättchen an der Figur anzubringen oder davor zu beten.

Der Tempel enthält weitere sieben Buddhastatuen, die in voller Größe zu sehen sind. Diese Statuen symbolisieren die sieben Wochentage, und die Thais werfen Spendengelder in ein Sammelgefäß, das an dem Buddha aufgestellt ist, der mit ihrem Geburtswochentag bezeichnet ist. Wie das Anbringen von Goldblättchen soll auch dies helfen, Verdienste für das nächste Leben zu erwerben.

Anreise

Wat Phra Thong befindet sich in der Distrikthauptstadt Thalang, an einer kleinen Seitenstraße, die von der Thepkasattri Road in östlicher Richtung abzweigt. Ein Schild an der Abzweigung weist den Weg. Alle Songthaews, die vom Markt in Phuket Richtung Sarasin-Bridge, Mai Khao Beach, Nai Yang Beach oder Flughafen fahren, kommen dort vorbei. Von der Abzweigung ist es noch ein Fußweg von wenigen Minuten. Songthaews ab Phuket 20 Baht. Gecharterte Tuk-Tuks ab Phuket City kosten für die Hin- und Rückfahrt ca. 300 Baht, inklusive eines kurzen Aufenthaltes. Fahranweisung: *wat phra thong*.

Sehenswertes

Herstellung von Buddhafiguren

Jeder, der Thailand besucht, wird zahllose Buddhafiguren zu Gesicht bekommen – sitzende Buddhas *(phra nang)*, stehende Buddhas *(phra yün)* und liegende Buddhas *(phra non)*. Kaum jemand wird jedoch die Entstehung einer solchen Figur mitverfolgen können. Die modernen Messing-Buddhas werden heute meist in Formen gegossen, und die Fertigung ist nicht sonderlich aufregend. Anders früher.

Die traditionelle Fertigungsmethode ist die des *cire perdue* oder „verlorenen Wachses". Bei dieser Technik wurde zunächst die Figur in einer Art roter Tonerde *(din dääng)* geformt, die wiederum mit einer dicken Schicht Bienenwachs bedeckt wurde. Diese Wachsschicht musste exakt die Form der unterliegenden Tonfigur haben. Auf den Wachs wurde nun eine weitere Schicht Ton aufgetragen, die sich wiederum haargenau der Wachsschicht anpasste. Dann wurde diese nun aus drei Schichten bestehende Figur im Ofen gebrannt. Dabei erhärteten sich die Tonschichten, das Bienenwachs verflüssigte sich und floss aus – was der Fertigungsmethode auch ihren Namen eintrug.

Die so zwischen den Tonschichten entstehende Lücke wurde nun mit flüssigem Metall gefüllt, das zuvor über Teakholzfeuern erhitzt worden war. Meist wurde dafür Zinn oder Kupfer verwendet, gelegentlich aber auch *nak*, eine spezielle Legierung aus 80 % Kupfer und 20 % Gold. Die ebenfalls häufig verwendete Mischung *thong samrit* bestand aus Gold und einer Vielzahl von Metallen. Hatte sich die Legierung erhärtet, so wurde die äußere Tonschicht zerschlagen, und darunter kam der frisch gegossene Buddha zum Vorschein.

Wat Tha Rüa

Wat Tha Rüa liegt neben einem kleinen Waldstück und macht heute einen etwas romantisch-verwitterten Eindruck, wie eine Schönheit, die ein wenig dahingewelkt ist.

Der an sich sehr hübsche Wat ist nach der Ortschaft Tha Rüa („Bootspier") im Distrikt Thalang benannt, dessen zentraler Tempel er ist. Der Name der Ortschaft lässt darauf schließen, dass sich hier einst ein wichtiger Hafen befunden haben muss, obwohl schon im Jahre 1784 ein Kapitän der East India Company bemerkt hatte, dass Tha Rüa vom Meer aus nur über einen schwer befahrbaren Fluss erreicht werden konnte. Der Kapitän, ein gewisser *James Forrest,* berichtete weiterhin,

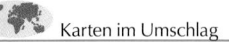

Separat zur Figur wurde die Haarkrone *(yot)* des Buddha gegossen, die wie eine Flamme von dessen Scheitelspitze ausgeht, und die kleinen Haarknoten *(kesa)*, in die sein Haar geflochten ist. Sie wurden dann an der Figur angebracht. Danach polierte man sie auf Hochglanz, wobei meist ein orangefarbenes Tuch verwendet wurde. Orange ist die heilige Farbe der Buddhisten.

Soweit die technische Seite der Buddhaproduktion, doch die konnte nicht ohne unterstützende Rituale vonstatten gehen. Während der Fertigung mussten die Handwerker ganz in Weiß gekleidet sein, und die entstehende Figur wurde von allen Seiten durch einen Wandschirm aus weißem Tuch vor neugierigen Blicken geschützt. An den vier Ecken des Wandschirmes kniete je ein Priester, und diese vier segneten den Arbeitsvorgang nach Leibeskräften. Gemäß der Tradition konnten die Figuren nur am Morgen oder Mittag hergestellt werden, da Buddha an einem Morgen das Licht der Welt erblickt hatte.

Heute werden nur noch besondere Buddhafiguren durch die „Technik des verlorenen Wachses" hergestellt. Schon zu Anfang des 20. Jahrhunderts beschwerten sich Gläubige und Metallgießer darüber, dass diese Technik nicht mehr ausreichend beherrscht würde.

Umso aktiver waren auch damals schon Fälscher, wie der Thailandreisende *Reginald le May* 1926 in seinem Buch „An Asian Arcady" bemerkte: „Die Bruderschaft der Schurken ist sich sehr wohl ob des Wunsches vieler Europäer im Klaren, sich Sammlungen von Buddhafiguren zuzulegen, und produziert so ganz passable Fälschungen, die für Monate in der Erde vergraben und dermaßen entstellt werden, dass sie leichtens Käufer finden."

Damals gab es noch keine Tourist Police, bei der man sich hätte beschweren können!

dass Tha Rüa – oder „Terowa" wie er es in Unkenntnis der Landessprache ausdrückte – der Wohnsitz des Gouverneurs von Phuket war. Tha Rüa taucht auch in den Aufzeichnungen des dänischen Forschers *Dr. Koenig* auf, der im Jahre 1779 nach Phuket gekommen war und nach eigenen Angaben in der Nähe des Ortes „botanisierte". Der Pflanzenkundler merkte auch an, dass Phuket zu jener Zeit aufgrund einiger Querelen der Engländer mit dem siamesischen König „für Europäer recht unsicher" war. Aus Sicherheitsgründen begab sich *Koenig* früher auf sein Schiff zurück als geplant.

Über die Entstehungsgeschichte von Wat Tha Rüa ist allerdings nichts bekannt. Die wunderschöne Bot, die Ordinationshalle, mit den filigran

Sehenswertes

verzierten Fenstern, an Stützpfeilern angebrachten Figuren und den pastellfarbenen Tönen spricht für sich. Am frühen Morgen, wenn das Sonnenlicht in den goldenen Zierarbeiten reflektiert wird, zeigt sich der Tempel von seiner prächtigsten Seite.

Anreise

Alle Songthaews ab Phuket City in Richtung Airport, Sarasin-Bridge, Nai Yang Beach, Mai Khao Beach, Ao Por, Surin oder Kamala passieren den Wat, der sich ca. 300 m südlich des Heroines' Monument befindet. Fahrtkosten 20 Baht; Fahranweisung: *wat tha rüa*. Gecharterte Tuk-Tuks (Hin- und Rückfahrt sowie ein kurzer Aufenthalt) sollten ca. 500 Baht kosten.

Detail im Wat Tha Rüa

Heroines' Monument

Zwölf Kilometer nördlich von Phuket City befindet sich inmitten einer lebhaften Straßenkreuzung *anusaweri thao thepkasattri thao si sunthorn,* das **Wahrzeichen von Phuket,** das den zwei Lokalheldinnen der Insel gewidmet ist, den Schwestern *Muk* und *Chan.* Unter ihrer streitbaren Führung schlugen die Bewohner von Phuket die Burmesen zurück, die sich wieder einmal anschickten, siamesisches Territorium zu erobern.

Seit Mitte des 18. Jahrhunderts hatten sich Siam und Burma fast permanent im Kriegszustand befunden. Nachdem die Schlachten zunächst nur in den nördlichen und zentralen Bereichen des Landes stattgefunden hatten, entsandten die Burmesen im Jahre 1785 eine Flotte, die Südthailand an sich reißen sollte. Gleichzeitig sollten der Norden und der Westen angegriffen werden, um den Gegner in einem Vielfrontenkrieg zu erschöpfen.

Im Dezember 1785 setzte die Flotte unter dem Kommando eines gewissen *Yiwun* die Segel in Richtung Takua Pa und Takua Thung, nördlich von Phuket. Beide Orte wurden aufgrund des unerwarteten Angriffes fast ohne Gegenwehr genommen. Einige siamesische Regierungsbeamte versuchten, sich den Burmesen zu widersetzen, wurden jedoch getötet oder in die Flucht geschlagen. Einer von ihnen, *Phraya Pipit Phokhai,* überquerte bei seiner Flucht einen Berg, der – mehr oder weniger unrühmlich – schließlich nach ihm benannt wurde: Mount Prapipit, „Berg des *Prapipit*".

Scheinbar unaufhaltsam bewegte sich die burmesische Flotte nun in Richtung Phuket, nach Thalang. Die Bewohner begannen, Barrikaden zu errichten, waren jedoch führungslos, da der Gouverneur soeben verstorben und ein Nachfolger noch nicht ernannt war. In diesen Wirren traten schließlich die Schwestern *Chan* und *Muk* auf den Plan. Die beiden waren die ältesten Töchter eines ehe-

Sehenswertes

maligen Gouverneurs der Insel und seiner malaiischen Frau. Mit lokalen Beamten organisierten sie den Widerstand und kämpften an vorderster Front, wo sie „große Tapferkeit an den Tag legten und dem Feind furchtlos gegenüber standen", wie ein Geschichtsschreiber vermerkte. Unter ihrem Kommando wurden auch die Kanonen und Musketen gefeuert, und ob solch „mannhafter" Kampfeskraft traten die Burmesen schließlich den Rückzug an.

Die **Schlacht um Thalang** dauerte einen ganzen Monat, und erst bei einer zweiten Attacke gegen die Stadt im Jahre 1810 konnten die Burmesen sie einnehmen. In althergebrachter Manier, die die Burmesen schon bei der Schlacht um Ayutthaya gezeigt hatten, wurde sie völlig geplündert und die Einwohner in die Gefangenschaft verschleppt.

Für ihren Heldenmut wurden den Schwestern **Ehrentitel** verliehen. *Muk* („Perle") wurde nun *Sri Sundara* oder *Si Sunthorn* genannt, was soviel wie „Göttin der Schönheit" bedeutet; *Chan* („Dattelpflaume") tauschte ihren wenig schmeichelhaften Namen gegen den Titel *Deva Krasattri* oder *Thep Kasattri,* also „Kriegerin der Götter".

Das Heroines' Monument oder „Heldinnen-Denkmal" zeigt heute die beiden Schwestern in Überlebensgröße, mit gezücktem Schwert und mannhaft-kurzer Frisur, so wie sie zu ihren Lebzeiten in Mode war. Die Figuren sind nach Nordwest ausgerichtet, der Richtung, aus der die Burmesen nach Phuket vorgedrungen waren. (Diese Position hat historisch zwar durchaus seine Symbolik, Fotografen werden aber bedauern, dass die Gesichter der Figuren fast nie von der Sonne beschienen werden und so schlecht zu fotografieren sind!)

Zu feierlichen Anlässen schmücken die Einwohner von Phuket die Figuren mit frischen Blumengirlanden oder mit Stoffstreifen, die wie Kleidung angelegt werden. Dem Touristen dient das Monument als unverwechselbarer Orientierungspunkt.

Anreise

Alle Songthaews ab Phuket City in Richtung Sarasin-Bridge, Mai Khao Beach, Nai Yang Beach, Airport, Ao Por, Surin und Kamala passieren das Denkmal. Fahrtkosten 20 Baht; Fahranweisung: *anusaweri khong thao thepkasattri thao si sunthorn*. Wem das die Zunge bricht, der versuche es mit *anusaweri muk lää tschan*, „Denkmal von *Muk* und *Chan*". Songthaew-Charter ab Phuket: ca. 500 Baht (Hin- und Rückfahrt plus kurzer Aufenthalt). Bei der Besichtigung des Monuments kann man auch gleich das Thalang National Museum besuchen, es liegt nur 100 m entfernt.

Thalang National Museum

Das Nationalmuseum in Thalang befindet sich 100 m östlich des Heldinnendenkmals. Jeden Montag wird hier auf einem Gelände zwischen dem Denkmal und dem Museum ein Markt abgehalten, zu dem die örtliche Bevölkerung in überfüllten Songthaews anreist. Wer das Monument und das Museum an einem Montag besucht, erlebt hier noch zusätzlich ein Stück Phuketer Marktatmosphäre, die noch nicht vom Tourismus verfälscht ist.

Das kleine Museum zeigt in erster Linie **prähistorische Funde** aus der Umgebung und Werkzeuge und Maschinen, die beim Zinnabbau und der Gummigewinnung eingesetzt wurden.

Öffnungszeiten

Das Museum ist Di-So von 8.30 bis 16 Uhr geöffnet, außer feiertags. Der Eintritt kostet 10 Baht für Thais, 30 Baht für Ausländer.

Anreise

Wie beim Heroines' Monument; an der Ostseite der Kreuzung weist ein Schild den Weg zum Museum. Fahranweisung: *pipitapan thalang* („Museum von Thalang") oder *pipitapan häng prathet nay thalang* („Nationalmuseum in Thalang").

Wat Phra Nang Sang

An der Thepkassatri Road in Thalang, etwas südlich der Abzweigung zum Phra-Thaew-Conservation-Center, findet sich Phukets buntester und auf-

Sehenswertes

fälligster Tempel, Wat Phra Nang Sang, der auf eine interessante Geschichte zurückblicken kann:

Die Hauptgebäude auf dem weitläufigen Tempelgelände sind die neue Bot oder Ordinationshalle auf der linken Seite (von der Straße aus gesehen) und die alte rechts, die das allererste Tempelgebäude war. Ihrem so schlichten Äußeren zum Trotz, rankt sich darum eine schillernde Legende: Mitte des 18. Jh. verbreitete der Neider eines Bürgermeisters (einer anderen Version nach des Königs von Pulau Lankawi) das Gerücht, dass dessen Frau ihn mit einem jungen Soldaten betrüge. Rasend vor Wut konfrontierte der Bürgermeister seine Frau mit der Anschuldigung und drohte, sie auf der Stelle zu töten. Die Frau beteuerte flehend ihre Unschuld. Als sich ihr Mann auch nach wiederholten Beteuerungen nicht überzeugen ließ, fügte sie sich in ihr Schicksal. Sie bat ihren Mann, noch eine Pilgerreise unternehmen zu dürfen, worauf sie zurückkehren wolle, um durch seine Hand zu sterben. Grollend willigte der Bürgermeister ein. Seine Frau besuchte nun die heiligen buddhistischen Stätten auf Sri Lanka und stiftete unterwegs manchen Tempelbau. Als sie 1758 auf ihrem Rückweg Phuket passierte, erwählte sie ein Stück Dschungel in Thalang zum Ort eines weiteren Tempels. Sie ließ den Wald roden und dort die Bot errichten, die heute ein Teil von Wat Phra Nang Sang darstellt. Nach dem Bau begab sie sich zurück in ihren Heimatort, um sich, wie versprochen, von ihrem Mann töten zu lassen. Der Bürgermeister war allerdings inzwischen selbst von seinem Neider umgebracht worden. Dieser schickte sich nun an, auch dessen Frau zu töten. Als er die Heimkehrende mit einem Schwerthieb enthauptete, strömte, oh Wunder, weißes Blut aus dem Rumpf – ein Zeichen höchster Spiritualität und absoluter Unschuld.

Die Bot, die sie zuvor in Thalang gebaut hatte, wurde nun Wat Phra Nang Sang getauft – der „Tempel, den die Prinzessin erbauen ließ". Im Volksmund nannte man sie jedoch *Wat Nang Lüat*

Khao, der „Tempel der Prinzessin mit weißem Blut". Um von nun an falsche Anschuldigungen zu vermeiden, ließ man vermeintliche Missetäter aus einem Brunnen trinken, der am hinteren Ende in der Bot angelegt worden war. Wer das Wasser daraus trank und dabei log, starb sofort. Noch heute kann man die kreisrunde Stelle des Brunnens erkennen, sie befindet sich in dem Gebäude hinter der linken der drei Buddhastatuen.

Die Buddhafiguren, übrigens aus Gips, sind unbekannten Alters, und auch sie haben eine Geschichte zu erzählen: Als einst die Gipsschicht eines Buddhas aufplatzte, kam ein gusseiserner Buddhakopf zum Vorschein. Daraufhin untersuch-

Die Hölle der Trinker im Wat Phra Nang Sang

te man auch die anderen Buddhas, und auch darin fanden sich Buddhaköpfe aus Eisen. Diese stammen wahrscheinlich aus dem 11. oder 12. Jahrhundert. Heute sind sie in der Bot ausgestellt, man hat sie genau vor den Buddhastatuen platziert, in denen sie jeweils gefunden wurden. In einem Schrank in dem Gebäude werden alte Porzellanwaren aufbewahrt, die man auf dem Tempelgelände gefunden hat.

Doch nicht genug der wundersamen Geschichten. Als 1785 die Burmesen Phuket zu erobern trachteten, zogen die Schwestern *Muk* und *Chan* die Einwohner von Thalang am Tempel zur Verteidigung zusammen. Wat Phra Nang Sang bildete einen Teil der zweiten Verteidigungslinie, die zur Küste hin gegen die Burmesen aufgebaut wurde; die erste verlief einige Kilometer weiter westlich, mit Wat Don im Dorf Bandon (ca. 2 km westl. von Thalang) als deren wichtigste Stellung. Wat Don und Wat Phra Nang Sang wurden so kurzzeitig zu waffenklirrenden Heerlagern. Auf einigen alten Bildern, die in der älteren Bot von Wat Phra Nang Sang zu sehen sind, sind Szenen aus jenen Tagen dargestellt. Als der Tempel 1990-1992 erweitert und renoviert wurde, baute man zur Straße hin auch zwei Zufahrtstore, die Zinnen und Wachtürmen nachempfunden sind. Aus diesen lugen sogar Kanonen-Imitationen hervor – eine Erinnerung an die militärische Rolle, die der Wat Sang spielte.

Links neben der alten Bot steht die neue (1991 fertig gestellt). Ihre Innen- und Außenwände sind mit kunterbunten Malereien bedeckt, farbige kleine Meisterwerke, die von einem jungen Maler aus Tak stammen. Die Gemälde im Inneren zeigen Szenen aus der Geschichte Phukets, darunter Episoden des Kampfes gegen die Burmesen. Die augenfälligsten Gemälde hat man sich aber für die hintere Außenwand aufbewahrt: Da steht man plötzlich vor knalligbunten Teufeln, die gerade in riesigen Gefäßen voll Alkohol Sünder sieden, kochen und frittieren! Dies ist die Hölle der Trinker!

Trotz oder wegen der vielen Gehörnten bietet sich hier die optisch aufregendste Seite des Tempels. An der Vorderseite des Geländes findet sich eine größere Statue von *Kwan Im* oder *Kuan Im,* der chinesischen Glücksgöttin, die von zwei Drachen bewacht wird. Zu dieser Gottheit gibt es hier eigentlich gar keinen Bezug, doch lockt sie zahlreiche taiwanesische Touristen an, die den Spendenkasten des Tempels füllen helfen – Disneyland lässt grüßen. Auch sonst geht es hier bisweilen etwas kommerziell zu; in der neuen Bot werden Souvenirs und Buddha-Amulette feilgeboten, was der beschaulichen Stimmung kaum förderlich ist.

An der Hinterseite des Geländes steht ein steinerner Nachbau des Suwwannahongse (sprich *suwannahong;* „Goldener Schwan"), eines zeremoniellen Bootes, mit dem Thailands Könige zu Feierlichkeiten gerudert wurden. In dem Gebäude dahinter links sind eine Statue und ein mit Goldblättchen beklebtes Portrait von ehemaligen Äbten des Tempels zu sehen.

Anreise

Songthaews ab Phuket City in Richtung Sarasin-Bridge, Mai Khao Beach und Airport passieren alle den Wat. Fahrtkosten 25 Baht; Fahranweisung: *wat phra nang sang.* Gecharterte Tuk-Tuks (Hin- und Rückfahrt sowie kurzer Aufenthalt) kosten ca. 500-600 Baht.

Wat Don

Biegt man an der großen Kreuzung in Thalang in westliche Richtung ab und folgt der Straße ca. zwei Kilometer, gelangt man zum Wat Don, aufgrund seiner militärischen Geschichte auch *Wat Thepkassatri* genannt (nach einer der beiden heldenhaften Schwestern). Auf den ersten Blick gibt der Tempel nicht viel her, in der alten Bot befinden sich jedoch zahlreich alte Buddha-Figuren, die dort zusammengedrängt hocken wie in einer Rumpelkammer. Die Bot ist meist verschlossen,

Sehenswertes

man muss einen der Mönche bitten, einen Blick hineinwerfen zu dürfen.

Der originellste Teil des Wat ist die kleine, hockende Figur eines verstorbenen Tempeldieners: Dieser werden von Besuchern brennende Zigaretten in den Mund gesteckt, da das menschliche Vorbild dieser Figur zu Lebzeiten ein hoffnungsloser Kettenraucher war! Aus Respekt vor dem stets qualmenden Tempelhelfer, der weithin beliebt gewesen sein soll, errichtete man ihm diese Statue. Beim Besuch also Zigarette und Streichhölzer nicht vergessen!

Anreise

Mit dem Songthaew bis zur Kreuzung in Thalang, wenige Meter nördlich von Wat Phra Nang Sang, dann links abbiegen und zu Fuß weiter oder Fahrtkosten 25 Baht; gecharterte Tuk-Tuks ab Phuket City zu ca. 500-600 Baht, Fahranweisung: *wat don*.

Lak Muang & Wat Gao Phra Kao

Zwischen den Ortschaften Thalang und Choerng Talay befindet sich inmitten einer Kautschukplantage der Stadtpfeiler oder **Lak Muang** der Ortschaft Choerng Talay. Hier wird zu den Stadtgeistern gebetet. Nach den Erzählungen älterer Einwohner wurde unter dem Stadtpfeiler eine schwangere Frau lebendig begraben, die dann nach ihrem Tod als Schutzgeist *(theparak)* für den Ort fungieren sollte. Die Schilderungen sind durchaus glaubhaft, denn anderswo verfuhr man auf ähnliche Weise. Die Frau wurde dadurch auserkoren, indem sich eine Abordnung von Ortsbewohnern zu ihrem Haus begab und ihren Namen rief. Als sie darauf antwortete, wurde sie ergriffen, und ihr Schicksal war besiegelt.

Statue des passionierten Rauchers

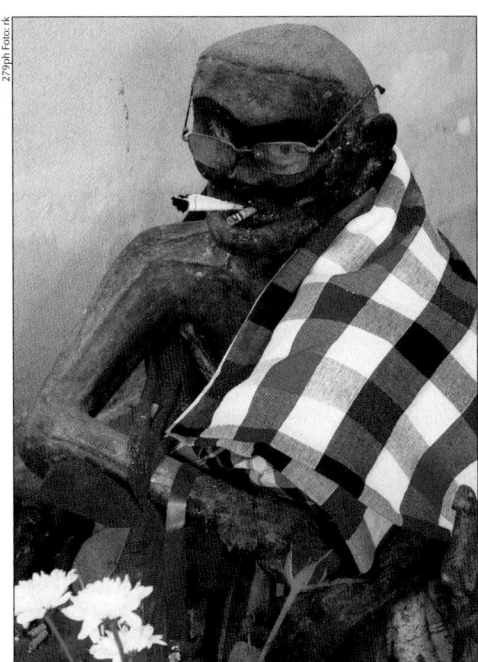

Sehenswertes

Einige Meter weiter in die Gummiplantage hinein findet sich der kleine **Wat Gao Phra Kao,** auch genannt *Wat Choerng Talay*. Viele Einwohner kennen den Tempel unter dem Namen *Wat Raang* („der aufgegebene Tempel"), denn an der Stelle befand sich ursprünglich ein alter Tempel. Dieser war jedoch verfallen und auf dem Gelände wurde eine Gummiplantage errichtet. 1999 wurde dann ein neues Tempelgebäude angelegt und Wat Gao Phra Kao getauft („alter Tempel mit den weißen Buddhafiguren").

Der Wat beherbergt drei größere Gips-Buddhas aus dem 18. Jh. Die Figuren wurden leider, anstatt sie so zu belassen, wie sie waren, grell-weiß getüncht, was über ihr wahres Alter hinwegtäuscht und sie etwas kitschig aussehen lässt. In den Gips-

Buddhas sollen einige kleinere Buddha-Figuren stecken, die auf diese Weise vor den Burmesen, die im 18. Jh. in Phuket einfielen, verborgen werden sollten. An der Vorderseite finden sich einige schöne Wandgemälde. Der Tempel, der inzwischen renoviert wurde, ist kein Muss auf dem Besuchsprogramm, seine abgeschiedene Lage zwischen zahllosen Gummibäumen und die ihn (noch) umgebene Ruhe ist aber schon etwas Besonderes.

Anreise

Praktisch nur mit eigenem Fahrzeug. Der Tempel befindet sich etwas abseits der Straßenverbindung Thalang – Cherng Talay – Bang Tao. Von der Straße zweigt ein Weg in östliche Richtung in die Gummiplantage ab. Das Thai-Schild an der Abzweigung besagt „Wat Raang". Gecharterte Tuk-Tuks ab Phuket City ca. 500 Baht retour.

Moschee von Bang Tao

Phukets **größte Moschee** befindet sich in dem hauptsächlich von Moslems bewohnten Ort Bang Tao und bildet dessen unübersehbaren Mittelpunkt. Die Ende der 1960er Jahre fertig gestellte Moschee ist umgeben von mit Gummibäumen

005ph Foto: rk

bepflanzten, grünen Hügeln und stellt so etwas wie das gesellschaftliche und religiöse Zentrum des Ortes dar.

Hier trifft man sich fünfmal täglich zum *namaat*, dem moslemischen Gebet, und danach bleibt noch genügend Zeit für einen ausgiebigen Plausch. Die größten Gebetsversammlungen finden jeweils am Freitag, dem heiligen Tag der Moslems, von 13 bis 14 Uhr statt. Ausländische Besucher der Moschee sollten sich unbedingt „ordentlich kleiden", d.h. lange Hosen, Blusen, die nicht zuviel Einblick in die Anatomie geben etc. Shorts und Bikini-Oberteile haben hier nichts verloren.

Die Einwohner von Bang Tao sind übrigens zu großen Teilen die Nachfahren von Einwanderern aus dem heutigen Pakistan oder von Pulau Lankawi in Nordwest-Malaysia. Diese nennt man hier im Süd-Thai, das nur allzu gerne Anfangssilben verschluckt, *Ko'kawi* (ko = „Insel"). Zahlreiche dieser Bewohner sprechen noch malaiisch, und die Atmosphäre im Ort erinnert ebenfalls an Malaysia – Männer in karierten, bis zu den Füßen reichenden Wickelgewändern mit weißen Moslemkappen auf den Köpfen schlürfen unzählig viele Tassen Tee, und ihre Frauen eilen zum örtlichen Markt, gehüllt in züchtige Moslem-Tracht, die den Körper und die Haare verbirgt.

An dem Weg, der rechts neben der Moschee durch eine kleine Siedlung und dann zu den Hügeln führt, befindet sich übrigens die alte und viel kleinere Moschee von Bang Tao.

Anreise

Alle Songthaews, die von Phuket City nach Surin oder Kamala fahren, passieren Bang Tao und die Moschee (in Fahrtrichtung blickend links!). Fahrtkosten 20 Baht; Fahranweisung: *masdschid bang tau*, zur „Moschee von Bang Tao!" *(tao spricht sich tau!)*. Einige Songthaews ab Phuket fahren nur bis Choerng Thale (sprich *tschörng thalé*), dem Ort, der direkt östlich von Bang Tao liegt. Gecharterte Tuk-Tuks (Hin- und Rückfahrt, ca. 1 Std. Aufenthalt) kosten ca. 500 Baht.

Die große Moschee von Bang Tao

Kulinarischer Tipp: Besuch im Teehaus

Die Teehäuser in unmittelbarer Umgebung der Moschee servieren zahlreiche unglaublich preiswerte und köstliche Snacks, so z.B. *niau ho glu-ey*, in Bananenblätter gewickelten „klebrigen" Reis, der eine süße Banane umhüllt, und sich mit ihr zu einem wunderbaren, sättigenden Imbiss vereint. Oder *khanom taan*, eine Art Grießkuchen, dessen gelbe Färbung und zum Teil auch die Süße vom Saft der Palmenherzen herrührt. Auch *khanom taan* wird sorgsam in Bananenblätter eingewickelt, die so etwas wie die perfekte Wegwerfverpackung sind.

Das alles schmeckt am besten mit einer Tasse besagten Tees, den die Moslems mit dickflüssiger, süßer Kondensmilch mischen. Wer sich zur Mittagszeit in Bang Tao aufhält, sollte unbedingt das kleine Restaurant an der Hauptstraße, ca. 20 m rechts von der Moschee, aufsuchen. Dort kommen dann die oben genannten Snacks frisch und noch warm auf den Tisch, und da kann niemand widerstehen. *Niau ho glu-ey* und *khanom taan* kosten nur 2 Baht pro Stück.

Marine Biological Research Center

Am Kap Panwa *(läm panwa)*, 7 km südlich von Phuket City, ist das **Marine Biological Research Center** angesiedelt, das sich die Aufzucht der vom Aussterben bedrohten Meeresschildkröten zur Aufgabe gemacht hat. Das Fleisch der Schildkröten und deren Eier gelten bei vielen Phuketern als Delikatesse, was sich auf die Population nicht gerade günstig ausgewirkt hat. Die vom Research Center aufgezogenen Schildkröten werden zum Songkran-Fest (13. April), dem thailändischen Neujahr, am Nai Yang Beach und Mai Khao Beach ausgesetzt.

Dem Center ist ein **Aquarium** angeschlossen, in dem hauptsächlich die in den Gewässern um Phuket lebenden Fische vorgestellt werden. Hier bietet sich also eine lehrreiche Besichtigung vor dem eventuell geplanten Tauchausflug an! Die Besichti-

gungsräume sind abgedunkelt, so dass die erleuchteten Aquarien mit ihren bunt schillernden Bewohnern schön zur Geltung kommen. Ein neun Meter langer **Unterwassergang** unter 200 Tonnen Meerwasser ist eine neue Hauptattraktion.

Der Star unter den ausgestellten Fischen scheint ein elektrischer Aal zu sein, vor dessen Aquarium zahlreichen Besuchern das Gruseln in den Nacken kriecht. Gemäß einer Informationstafel (in Thai) ist der besagte Aal hochelektrisch und somit lebensgefährlich. (Er stammt allerdings aus den Flüssen Südamerikas.)

Das sehr informative Research Center ist täglich 8.30-16 Uhr geöffnet, Eintritt 50 Baht für Thai-Erwachsene, 30 Baht für Thai-Kinder. Ausländer müssen 100 Baht zahlen.

Anreise

Songthaews ab Phuket City kosten 25 Baht; die Aufschrift besagt „Aquarium". Fahranweisung in bestem Thai-English: *äquäriyem.* Gecharterte Tuk-Tuks ab Phuket (Hin- und Rückfahrt, 1 Std. Aufenthalt) kosten ca. 400 Baht.

Khao-Phra-Thaew-Conservation-Center

Im Jahre 1980 wurde das Dschungelgebiet um den **Phra-Thaew-Höhenzug** (400-500 m ü. M.) zum Nationalpark erklärt. Dieses 2333 ha große Gebiet umfasst mehr als die Hälfte des gesamten Waldbestandes auf Phuket, der ca. 7 % der gesamten Inselfläche ausmacht. Der Nationalpark beherbergt eine Palmenart, *Kerriodoxa elegans,* die nur hier vorkommt.

Um weiterexistieren zu können, bedarf der Wald des Schutzes vor menschlichen Eingriffen. Dennoch haben sich an den Ausläufern des Parks einige illegale Ansiedlungen gebildet, die die empfindliche Natur schädigen können.

Der **tropische Regenwald** benötigt konstante, hohe Temperaturen und viel Regen, der möglichst

Sehenswertes

das ganze Jahr über fallen sollte. Diese Bedingungen sind in Phuket gegeben: Die durchschnittliche Temperatur beträgt 28 °C. Dazu kommt eine Regenmenge von durchschnittlich 2350-2700 mm pro Jahr, die sich auf 170-180 Regentage verteilt. Nur zwei Monate des Jahres sind trocken: Januar und Februar.

So bietet der Phra-Thaew-Nationalpark eine unendlich artenreiche **Flora.** In den unteren Vegetationsebenen finden sich jeweils Dutzende von Farn-Gattungen, Schlingpflanzen, Bananenstauden, Palmen und Bambus, während in den oberen Ebenen die Kronen von riesigen Baumarten für permanenten Schatten sorgen. Viele der Baumriesen erheben sich bis zu Höhen von 40 m und mehr. Hobby-Botanikern sei das auch unter „Lesetipps" erwähnte Heft zum Nationalpark empfohlen, das näher auf die anzutreffenden Spezies eingeht. Diese sind allerdings nur mit ihren lateinischen Namen bezeichnet, so dass ein botanisches Wörterbuch zur Hand sein sollte.

Auch die **Fauna** ist reichhaltig. Es finden sich Gibbons, Languren, Makaken, Loris, Dschungelkatzen, Warane, Wildschweine, Bären, Schildkröten, Echsen und Hörnchen. Die anzutreffenden Schlangen gehören fast ausschließlich zu den ungiftigen Arten, so der Python oder die Rattenschlange. Hochgiftig ist allerdings die Kobra, die sich mit Vorliebe am Rande des Waldes in der Nähe von Sträuchern und Büschen aufhält. Zu all dem gesellen sich Hunderte von Vogel- und Schmetterlingsarten (eine Liste ist bei der Parkverwaltung erhältlich).

Der Park kann am günstigsten von zwei Zugängen erreicht werden: Der **Hauptzugang** befindet sich ca. 3 km östlich von Thalang, wo eine Seitenstraße von der Thepkasattri Road abzweigt und – vorbei an Gummi- und Ananasplantagen – zur Parkverwaltung führt. Hier gibt es Informationsmaterial, oder es können sachkundige Führer für die Wanderung durch den Park angeheuert wer-

174ph Foto: rk

den. An diesem Zugang befinden sich auch ein paar Käfige mit Tierarten, die im Park beheimatet sind. Von der Parkverwaltung aus führt ein zum Teil steiler Weg zum **Ton-Sai-Wasserfall** *(naam tok thon sai),* der nach einer in dem Gebiet häufig anzutreffenden Feigenbaum-Art *(thon sai)* benannt ist. Der Wasserfall bietet die perfekte Erfrischung nach einem schweißtreibenden Marsch durch den immerfeuchten Dschungel.

Der **Eintritt** in das Gebiet kostet 200 Baht für ausländische Touristen.

Der **zweite Zugang** führt von der Ostseite her in den Park. Dazu fahre man bis zum Heroines' Monument in der Thepkasattri Road und biege rechts (Osten) in die Straße, die zur Bucht Ao Por führt. Nach ca. 11 km (ca. 1 km vor dem Ort Bang Rong) zweigt ein Weg links zum Park ab. An der Abzweigung steht ein gut sichtbares Hinweisschild. Von der Abzweigung sind es noch gut 2 km bis zum Park. Von dort wiederum führt ein Pfad zum **Bang-Pae-Wasserfall** *(naam tok bang pää)* der ebenfalls zahlreiche Erfrischungssuchende anlockt. Wenige Meter vor diesem Zugang mündet der Wasserfall in einen idyllischen kleinen See, der mit Wasserpflanzen bedeckt ist.

Gleich hinter dem See, neben einem Parkplatz, befindet sich das 1991 vom amerikanischen Zoologen *T. D. Morin* gegründete **Gibbon Rehabilitation Center** (Tel. 076-260491, www.warthai.org). Das Center macht es sich zur Aufgabe, Gibbons, die von Thais gerne als Haustiere gehalten werden, wieder an die Freiheit zu gewöhnen, um sie schließlich auf einer waldbedeckten Insel in der Phang-Nga Bay (Ko Boi) auszusetzen. Gibbons werden oft unter „tierunwürdigen" Verhältnissen gehalten, manche werden als Blickfang in Bars angekettet und von den Gästen mit Bier vollgepumpt. Das Center ist täglich von 10 bis 16 Uhr geöffnet, und die freiwilligen Helfer erklären auf interessanten kleinen Touren das Projekt. Der Eintritt ist frei, Spenden werden aber erbeten.

Bang Pae Safari Eco Tourism (Tel. 076-311163) bietet Halbtagesprogramme mit Elefantenritten, Besuch der Gummiplantagen und einem Kanutrip durch den Mangroven-Dschungel an (1500 Baht).

Anreise

Mit öffentlichen Verkehrsmitteln ist die Anreise nicht so einfach, u.U. muss ein zusätzlicher Fußmarsch von 2-3 km in Kauf genommen werden.

Zum Hauptzugang bei Thalang: Mit einem Songthaew kommt man von Phuket City problemlos bis zur Abzweigung von der Thepkasattri Road, die zum Park führt (20 Baht). Dazu nehme man irgendein Songthaew, das in Richtung Sarasin-Bridge, Mai Khao Beach, Nai Yang Beach oder Airport fährt und bitte den Fahrer, an der Abzweigung zum Park herausgelassen zu werden. Fahranweisung: *sii yäk naam tok thon sai* oder „Die Kreuzung, die zum Ton Sai-Wasserfall abzweigt". Von dort muss dann wahrscheinlich der Fußmarsch angetreten werden, denn weitere Songthaews oder Motorrad-Taxis stehen nur in den seltensten Fällen zur Verfügung (falls doch, Fahrtkosten ca. 20 Baht). Hier ergibt sich auch das Problem, vom Park zurück zur Thepkasattri Road zu gelangen.

Der Zugang am **Bang-Pae-Wasserfall** ist mit öffentlichen Verkehrsmitteln vielleicht günstiger zu erreichen. Dazu nehme man ein Songthaew, das von Phuket City zum Heroines' Monument fährt (20 Baht); also Songthaews in

Richtung Sarasin-Bridge, Mai Khao Beach, Nai Yang Beach, Airport, Surin oder Kamala. An der Nordostseite des Denkmals stehen Motorrad-Taxis, die für 20 Baht/Person zum Bang-Pae-Wasserfall fahren. Zwei Passagiere können mitfahren (entgegen bei uns üblichen Verkehrsregeln!). Zur Rückfahrt muss man möglicherweise vom Parkzugang bis zur Hauptstraße laufen, es sei denn, man bestellt das Motorrad-Taxi zu einer bestimmten Zeit für die Fahrt zurück zum Heroines'-Denkmal.

Einfacher wäre es, mit einem Songthaew ab Phuket, Aufschrift „Ao Por", direkt bis zur Abzweigung zum Wasserfall zu fahren. Diese Songthaews fahren aber nur relativ selten, vor allem früh am Morgen. Fahrtkosten 20 Baht. Fahranweisung: *sii yäk naam tok bang pää,* oder „Zur Abzweigung zum Bang-Pae-Wasserfall". Gecharterte Tuk-Tuks zu den Parkzugängen dürften ca. 250-300 Baht für die einfache Fahrt kosten.

Der Name des Conservation Center spricht sich *khao phra thäo* (*ph* immer *p-h*, nicht f!).

Kathu-Wasserfall

Ein weiterer Wasserfall befindet sich im Bereich der Distrikthauptstadt Kathu, die einst das Zentrum des Zinnabbaus war. Heute ist Kathu ein verschlafener kleiner Ort vor den Toren von Phuket City, in dem zahlreiche alte chinesische Wohnhäuser noch an die Gründerjahre erinnern.

Von der Route 4020, die von Phuket City nach Kathu führt, zweigt ca. 5 km westlich von Phuket eine kleinere Straße ab, die am Fuße des Wasserfalles endet. Ein Schild weist an der Abzweigung auf den Wasserfall hin. Dieser ist nicht unbedingt ein Muss des touristischen Besichtigungsprogramms, die dicht bewaldete Umgebung hat aber auch ihre Reize. Rechts vom Becken des Wasserfalls führt ein Pfad den Hügel empor, in dessen höheren Regionen eine Gummiplantage angelegt ist.

Anreise

Vom Markt in Phuket City fahren Songthaews für 15 Baht nach Kathu; an der Strecke passiert man rechts die Abzweigung zum Wasserfall. Von dort ist es noch ca. 1 km zu Fuß. Fahranweisung: *naam tok kathu,* d.h. „zum Wasserfall von Kathu". Gecharterte Tuk-Tuks ab Phuket City kosten ca. 200 Baht für die einfache Fahrt.

Sehenswertes

Die Strände

Überblick

Nun wären wir also endlich da angekommen, wo sich die Touristenströme seit Mitte der 1970er Jahre in beinahe kontinuierlich wachsenden Zahlen einfinden: an Phukets herrlichen Stränden. Sie können von ihrer Charakteristik her sehr verschieden sein, und jeder Reisende findet „sein" Fleckchen, das seinem Idealbild am nächsten kommt. Dabei soll gleich erwähnt sein, dass es trotz Massentourismus noch einige sehr ruhige und fast einsame Stellen gibt. Ein eventuell vorhandenes, abschreckendes Image eines „randvoll mit Touristen überlaufenen" Phuket findet seinen Ursprung im Trubel des Patong Beach, der tatsächlich häufig bis zu den Grenzen seiner Aufnahmekapazität bevölkert ist. Patong ist aber nicht Phuket – glücklicherweise. Alle anderen Strände sind weitaus touristenärmer, und es gibt noch genügend versteckte kleine Buchten, an denen man auf keinen anderen Reisenden stößt. Man muss sich nur ein wenig umschauen.

Phukets Strände unterscheiden sich grundsätzlich in die der Ostküste und die der Westküste. Die **Strände an der Ostküste** sind in der Regel weniger attraktiv, der Sand ist gröber und schmutziger, das Meer verschlickt und ist nicht sehr gut zum Schwimmen geeignet. Dafür sind der Küste zahlreiche wunderschöne, dschungelbewachsene Inseln vorgelagert, die pulverfeine Sandstrände aufweisen.

Die **Strände der Westküste** sind es, die Phuket zu Weltruhm verholfen haben. Die mit feinem weißem Sand gesegneten Strände sind zumeist in schützende Felsbuchten eingebettet, die zum großen Teil hohen Wellengang verhindern. Vor der Küste befinden sich Korallenbänke, die zum Tauchen einladen, und das waldreiche, hügelige Hinterland ist ein ideales Gebiet für passionierte Wanderer. Logischerweise ist es aber auch hier, wo die umweltzerstörende Axt der „Entwicklung"

Die wichtigsten Strände

Ao Chalong
Ao Chalong selber hat keinen nennenswerten Strand, direkt südlich erstreckt sich aber der einigermaßen ansehnliche Mittraprab Beach; ansonsten ist Chalong ein Treffpunkt von **Seglern** aus aller Welt. In den letzten Jahren haben sich einige Kajakunternehmen angesiedelt.

Rawai
Kein lohnenswerter Badestrand, aber Ausgangspunkt für **Bootsfahrten** zu einigen sehr malerischen Inseln.

Nai Harn
Erstaunlich schön und dennoch **verhältnismäßig ruhig,** mit sehr viel Grün im Umfeld; die relativ wenigen Unterkünfte halten die Zahl der Besucher in Grenzen. Eine sehr gute Alternative zu den Stränden von Kata, Karon oder Patong.

Kata Noi/ Kata Yai
Zwei sehr gute, nebeneinander gelegene Strände, mit **viel Tourismus,** aber längst noch nicht so viel wie in Patong.

Patong
Eine **quirlige Strandstadt** mit einem schönen, aber mit Touristen förmlich überfluteten Strand; es gibt zahllose Unterkünfte, Restaurants und Night-Life-Möglichkeiten, manchem aber dürfte es etwas zu turbulent zugehen.

Kamala
Mäßig schöner Strand, aber mit viel **Natur** in der Umgebung; ein guter Ort für einen ruhigen Langzeitaufenthalt.

Surin
Sehr netter, **gut besuchter Strand** mit relativ wenigen Unterkünften und einigen Restaurants. Viele Besucher sind Tagesausflügler von anderen Stränden.

Pan Sea Bay
Eine exklusive, **sehr malerische Bucht,** an der sich nur zwei Luxusunterkünfte befinden; preiswerte Wohnmöglichkeiten finden sich ansonsten am nahen Surin Beach.

Bang Tao
Sehr langgestreckter, weißer und idyllischer Strand, an dem sich aber mit einer einzigen Ausnahme nur sündhaft teure **Luxusunterkünfte** befinden.

Nai Thon
Noch ein absoluter **Geheimtipp,** mit schönem, absolut ruhigem Strand und relativ wenigen Unterkünften.

Nai Yang
Hauptsächlich von **Pauschaltouristen** besuchter, mittelprächtiger Strand; abseits des Strandes stehen einige preiswertere Unterkünfte zur Verfügung.

Mai Kao
Schier unendlich **langer Strand** im Nordwesten der Insel, mit bisher einer einzigen Luxusherberge, sowie einer relativ preiswerten Unterkunft. Ohne eigenes Fahrzeug ist man hier aber recht verloren.

Strände

am meisten zuschlägt: Die Korallen sind, wie bereits erwähnt, von den Ankern der Touristenboote stark in Mitleidenschaft gezogen worden, das Meerwasser wird zunehmend durch Hotelabwasser verschmutzt, und das grüne Hinterland macht weiteren Hotelbauten Platz.

In der Vergangenheit haben die Phuketer bewiesen, dass sie durchaus ein **Umweltbewusstsein** besitzen. So im Jahre 1986, als Hunderte von Demonstranten eine umweltschädliche Tantal-Fabrik belagerten – und sie schließlich niederbrannten! Der Fall ging durch die Weltpresse und die Anführer der Aktion hinter Gitter.

Es ist für Phuket zu hoffen, dass ein maßvoller, umweltschonender Mittelweg gefunden wird, der zwar eine touristische Weiterentwicklung erlaubt, die Attraktionen der Insel aber nicht zerstört. Selbst Buddha sprach in seiner Weisheit ja von diesem idealen, aber nicht leicht begehbaren mittleren Pfad. Weicht man davon zu sehr ab, so schlachtet man die Gans (sprich die Strände), die die goldenen Eier (sprich Devisen) legt.

Beginnen wir nun unsere Rundreise von Strand zu Strand im Norden und reisen wir zunächst entlang der Ostküste nach Süden. Anschließend folgen wir der Westküste von Süden nach Norden.

Ao Por

Vom Highway 402 zweigt am Heroines' Monument in Richtung Osten die Route 4027 ab. Folgt man ihr, so führt ca. 14 km östlich des Monuments eine Seitenstraße zur ersten Bucht, die wir hier unter die Lupe nehmen wollen – Ao Por. Die gesamte Fahrstrecke über säumen ordentlich angelegte Gummiplantagen und idyllische Dörfer den Weg. Zur linken Hand passiert man den Phra-Thaew-Nationalpark, dessen dichtbewachsene Hügel sich über die Szenerie erheben. Die Strecke vom

Heroines' Monument nach Ao Por ist eine der schönsten von Phuket.

Ao Por selbst ist eine der weniger besuchten Buchten der Insel, denn der Strand ist nicht sehr sauber, und das Wasser nicht gut zum Schwimmen geeignet. In der Mitte der Bucht ragt ein Bootspier weit ins Meer, von dem Fischerboote und gecharterte Boote zu den vorgelagerten Inseln ablegen. Hierzu später mehr.

Ao Por bietet keinen typischen Touristenstrand, dafür aber ein dichtbewachsenes Hinterland, das sich vorzüglich für Wanderungen eignet. Dazu zweige man von der Hauptstraße, die nach Ao Por führt, etwa 1 km vor Ao Por gegenüber einer Moschee links ab. Hier verläuft eine schmale asphaltierte Straße, die zunächst durch eine Ansiedlung und nach ca. 2 km zu einer Prawn-Farm führt. Von hier folgt man dem Weg weiter entlang der Küste und durch dichte Vegetation, bis man ca. 3 km nach der Prawn-Farm auf einen Hügel gelangt. Von hier aus kann man weiter durch Kautschukwälder wandern, bis man nach einigen verschlungenen Kilometern den nördlichen Teil der Straße Nr. 4027 erreicht.

Im Bereich von Ao Por wird derzeit ein Yachthafen gebaut, der Segler aus aller Welt anlocken soll. Im gleiche Zuge wird die vorgelagerte **Insel Ko Raet** („Nashorn-Insel") zu einem privaten Luxus-Eiland ausgebaut – mit sündhaft teuren Privatunterkünften (samt Yachtanlegeplatz), die Hollywood-Stars, IT-Milliardäre und andere Großverdiener anlocken sollen. Im Einklang mit dem Namen des dafür verantwortlichen Unternehmens ist die Insel inoffiziell umgetauft in *Jumeirah Private Island*. Siehe auch www.tgr-asia.com.

Strände

Unterkunft

Es stehen ein paar hochpreisige Unterkünfte zur Verfügung. Man sollte versuchen, diese günstig über ein Reisebüro zu buchen.

● **Best Western Premier Supalai Resort & Spa**LLL (Tel. 076-302302, Fax 076-302300, www.supalaiphuket.com) neue Luxusanlage im hohen Norden von Ao Por, auf einer Anhöhe mit großartiger Aussicht – leider auf eine Bucht ohne nennenswerten Strand – gelegen. Etwas überteuerte Zimmer ab ca. 6000 Baht. Swimmingpool.

●**Chandara Resort & Spa**LLL (Tel. 076-317800, Fax 076-317850, www.chandara-resort.com) etwas südlicher gelegen, aber immer noch im Nordzipfel von Ao Por, eine ansprechende Anlage mit Bungalows umgeben von Gartenanlagen. Sehr nett, aber auch hier muss man im Swimmingpool baden, da kein vernünftiger Badestrand vorhanden ist. Zimmer ab ca. 10.000 Baht.

Anreise

Vom Markt in der Ranong Road fahren Songthaews für 35 Baht nach Ao Por. Diese direkten Songthaews fahren aber nur morgens und auch dann nur in die Geduld strapazierenden Abständen. Sollte kein direkter Songthaew aufzutreiben sein, so empfiehlt sich zunächst die Fahrt zum Heroines' Monument (Fahranweisung: *sii yääk tha rüa*) mit irgendeinem Songthaew, das in Richtung Sarasin-Bridge, Airport, Mai Khao Beach, Nai Yang Beach, Surin- oder Kamala Beach fährt (20 Baht). An der Nordostseite des Monuments stehen dann Motorradtaxis, die für ca. 100 Baht nach Ao Por fahren. Fahranweisung: *tha rüa ao por*. Die letzten Songthaews fahren gegen 16 Uhr zurück nach Phuket City; Motorradtaxis zum Heroines' Monument fahren auch noch bis ca. 19 Uhr, aber nur unregelmäßig.

Pearl Island

Der Bucht sind zahlreiche kleine Inseln vorgelagert, von denen die bekannteste sicher die so genannte „Pearl Island" ist, **Ko Nakha Noi.** Auf dieser im Privatbesitz befindlichen Insel werden Perlen gezüchtet. Die **Perlenfarm** *(Phuket Pearl Farm Co.)* ist eine der wenigen Perlenfarmen auf der Welt, die für Besucher zugänglich ist; als einzige in der Umgebung hat sie ganzjährig geöffnet (tägl. 9-15 Uhr). In täglichen Vorführungen wird über die Entstehung einer wertvollen Perle berichtet, und die Zuhörer erhalten genügend Informationen, um später auch eine echte von einer falschen Perle unterscheiden zu können. Um es vorwegzunehmen:

Zum **Perlentest** beiße man mit den Zähnen auf das Testobjekt; fühlt sich die Perle glatt und ebenmäßig an, so ist sie unecht und besteht möglicher-

Perlenzucht

Zur Perlenzucht wird einer Muschel der Gattung *Pinctada maxima* ein Implantat aus einem gedrechselten Kügelchen, das aus der Schale bestimmter Süßwassermuscheln hergestellt wird, eingesetzt, den die Muschel abzustoßen versucht. Dazu umgibt sie diesen mit einem Sekret, das sich schließlich zur uns bekannten Perle verfestigt. Um die gleichmäßige Rundung zu garantieren, muss die Muschel während des Heranwachsens des Kleinods regelmäßig gewendet werden. Die Muscheln hängen an floßähnlichen Gerüsten in ca. ½ m Tiefe im Meer. Wer diese aus der Nähe besichtigen möchte, bedarf der Begleitung eines uniformierten Wachmannes des Perlenzuchtunternehmens. Schließlich sind es etliche Millionen Baht, die da in aller Seelenruhe (18 Monate, um genau zu sein) heranwachsen.

weise aus Fischgräten. Eine echte Perle dagegen erweist sich als rau und „unperfekt" uneben.

Achtung: Das Perlenzuchtunternehmen von Nakha Noi bittet Segler, die vor der Insel ankern, um einen Sicherheitsabstand von mindestens 100 m von der Küste, um die Perlenzucht nicht zu gefährden!

Anreise

Fahrten zur Perleninsel können gebucht werden im Büro des Perlenunternehmens in Sapam, nördlich von Phuket City (Tel. 076-238002). Auch bei allen Tourveranstaltern auf Phuket sind Buchungen möglich, und das ist wahrscheinlich noch einfacher. Die Kosten von 800 Baht/Person (Kinder 500 Baht) beinhalten eine Mahlzeit sowie einen Aufenthalt am pulverfeinen Strand von Nakha Noi, der sich an der Nordseite der Insel befindet. Der Strand gehört zu den schönsten von Ao Por; wer länger bleiben möchte, findet hier eine kleine Bungalow-Kolonie***. Reiseunternehmen auf Phuket bieten Ausflüge zur Perlenfarm kombiniert mit einer Schorchel- und Schwimmtour zu Ko Rang Yai an; Preis dann etwa 1.500 Baht, Kinder 800 Baht.

Ko Nakha Yai

Einer der sicherlich schönsten Strände von ganz Phuket findet sich auf der nördlichen Schwesterinsel von Nakha Noi, der größeren Ko Nakha Yai. Der an der Ostseite gelegene Strand der nur dünn

Stände

besiedelten Insel bietet grellweißen feinen Sand, und im Hinterland wogen Abertausende von Kokospalmen in der Brise. Das Wasser ist glasklar und sauber. Hier befindet sich bisher keine Bungalow-Kolonie, es finden sich aber einige Tagesausflügler ein. Die meisten fahren gegen 17 Uhr mit ihren Charter-Booten zurück zu ihren Hotels, und wer länger bleibt, hat dann den ganzen herrlichen Strand für sich allein. Es lohnt zu bleiben, denn vor Sonnenuntergang wird die Insel noch einmal in ein wunderbar goldenes Licht getaucht.

Unterkunft

● **Tenta Nakara******* (Tel. 081-3986515, www.tentanakara. com) ist eine eigenwillige Anlage: Die Unterkünfte sind eine Mischung aus Bungalows und Großwildjägerzelt. Innen sind sie urig, aber komfortabel genug; das Resort verzichtet aber bewusst auf Strom (außer im Restaurant), und so kann es ordentlich heiß werden. Zur Beleuchtung dienen gute alte Öllaternen und Kerzen. Der Service ist sehr aufmerksam, und so manchem dürfte das abenteuerliche Ambiente durchaus gefallen. Preise in der Nebensaison ab ca. 1600 Baht.

● An Südostseite des Strandes befindet sich das exklusive **Six Senses Destination Spa Phuket**ᴸᴸᴸ (Tel. 076-371400, Fax 076-371401, E-Mail reservations-naka@sixsenses.com). Die Unterkünfte sind traumhaft gut, das Resort bietet jeden Luxus in paradiesischem Ambiente – und das schlägt sich auf die Preise nieder: Offiziell liegen sie bei 50.000-300.000 Baht. Reisebüros bieten oft preiswertere Package-Touren an. Falls das genügende Kleingeld vorhanden ist: zugreifen!

Anreise

● Mit einem Songthaew vom Markt in Phuket City zum Pier in Ao Por (35 Baht); dort lassen sich Boote zur Überfahrt chartern. Fahrtkosten retour ca. 700-800 Baht, Fahrzeit ca. 20 Min. bis zum Hat Thap Po auf Ko Nakha Yai.

Bang Rong

An der Route 4027, ca. 11 km östlich des Heroines' Monument, liegt das **malerische Dorf Bang Rong,** das fast ausschließlich von Moslems bevölkert wird. Viele von ihnen sind die Nachfahren malaiischer, pakistanischer, aber auch chinesisch-moslemischer Einwanderer. Im „Zentrum" des Or-

138ph Foto: rk

Stränge

tes, direkt an der Route 4027, steht eine unscheinbare Moschee, die sich besonders zum traditio-
nell-wichtigen Freitagsgebet um 13 Uhr mit zahlreichen Gläubigen füllt. Von der Kleidung der Ge-
betsteilnehmer her fühlt man sich fast ins Nach-
barland Malaysia versetzt, denn karierte *phaa-
nung* oder Wickelgewänder, gestickte weiße Moslemkappen und turbanähnliche Kopfwickel be-
stimmen das Bild.

Bang Rong selber weist keinen Strand auf, ist
aber der Ausgangspunkt für Fahrten zur dichtbe-
wachsenen und strandreichen **Insel Yao Noi** (120
Baht) in der Nachbarprovinz Phang-Nga (siehe
Kap. „Ausflüge").

An der Moschee zweigt eine neue asphaltierte
schmale Straße ab, die zum Bootspier von Bang
Rong führt. Dieser mehr oder weniger improvi-
siert wirkende Pier liegt am Rande eines engen
Kanals, der erst befahren werden muss, ehe man

Mangrovenwald bei Bang Rong

in die offene Bucht von Phang-Nga gelangt. Dieser Kanal ist bei Ebbe sehr flach, und die Boote bleiben häufig im Schlick stecken. Aus diesem Grunde richten sich die Abfahrtszeiten von Bang Rong nach den Gezeiten, aber auch nach der Anzahl der vorhandenen Passagiere. Wer eine längere Zeit am Pier verbringen muss, findet in einigen einfachen Essensbuden schattigen Unterschlupf. An dem Pier treiben sich zahlreiche Makaken herum, die in den umliegenden Mangrovenwälder nach Nahrung suchen. Sie stürzen sich aber auch sonst auf alles, was nach Essen aussieht, und die kleinen Restaurants am Pier müssen die ungebetenen Gäste ständig verjagen.

Anreise

Songthaews vom Markt in der Ranong Road in Phuket City fahren für 35 Baht nach Bang Rong, ehe sie dann weiter Richtung Ao Por fahren. Die meisten Songthaews legen dabei einen kleinen Umweg ein, um potenzielle Bootspassagiere am Bootspier *(tha rüa bang rong)* abzusetzen, andere halten nur im bereits erwähnten „Zentrum" des Ortes, um dann direkt nach Ao Por weiterzufahren. Da aber ohnehin nur wenige Songthaews in diese Richtung fahren, empfiehlt sich u.U. die Fahrt mit dem Songthaew bis zum Heroines' Monument (20 Baht; mit irgendeinem Bus in Richtung Sarasin-Bridge, Mai Khao Beach, Airport, Nai Yang Beach, Kamala, Surin) und von dort die Weiterfahrt mit einem Motorradtaxi (ca. 100 Baht/Person). Die letzten Songthaews fahren gegen 16 Uhr zurück nach Phuket, danach pendeln noch die Motorradtaxis zwischen Ao Por – Bang Rong – Heroines' Monument.

Laem Yamu

Südlich von Bang Rong erstreckt sich eine ca. 5 km seichte Bucht, die an ihrem Südende in **Laem Yamu** („Kap der Guaven") endet. Südlich des Kaps befindet sich die Bucht von Sapam, **Ao Sapam**. Auf Laem Yamu wird derzeit ein exklusives Wohnprojekt errichtet, **The Yamu** (www.theyamu.com). Dieses wird hochluxuriöse Villen umfassen, die zum Kauf stehen, als auch ein Hotel. Die Aussicht von den Villen ist grandios, man kann die ganze

Bucht überblicken. Mit Preisen um/von mehr als 1 Mio. Euro ist zu rechnen. Das Projekt soll Ende 2009 fertiggestellt sein, nach letztem Augenschein (Frühjahr 2009), dürfte der Zeitplan aber wohl schwer einzuhalten sein. Man munkelt, das Unternehmen habe Finanzierungsprobleme. Schade, denn ein Aufenthalt in dem Hotel wäre sicher ein ganz besonderes Erlebnis. Im Windschatten des Großunternehmens segeln einige andere kleinere Unternehmen, und derzeit sind nahe dem Kap auch weitere, preiswertere Wohnprojekte im Bau.

Anreise

Praktisch nur mit eigenem Fahrzeug. Vom *Heroines' Monument* biege man rechts in Straße 4027 ab. Nach ca. 3 km sieht man rechts an der Straße Hinweisschilder, dort muss rechts in Richtung Laem Yamu abgebogen werden.

Ao Sapam

Wie die meisten Strände der Ostseite von Phuket, so ist auch der von Ao Sapam zu verschlickt, um dort Badefreuden nachgehen zu können. In der Bucht haben sich viele **Prawn- und Muschelfarmen** angesiedelt, und eine von diesen hat das vormals noch schönste Stück Strand für sich in Beschlag genommen – illegal, wie viele der Anwohner ungehalten munkeln.

Der Ort Sapam weist zwei Bootspiere auf, von denen aus Fahrten zu den vorgelagerten Inseln unternommen werden können. Von diesen Inseln sind besonders interessant **Ko Rang Yai** („Vogelnest-Insel") sowie die von Felsen durchsetzten Zwillingsinseln **Ko Khai Nai** und **Ko Khai Nork** („Innere Eier-Insel" und „Äußere Eier-Insel"). Die Inseln – allesamt unbewohnt – weisen einige wunderschöne Strände auf, besonders die beiden „Eier-Inseln" (Hin- und Rückfahrt im Charter-Boot ab 1800 Baht). Einer der Bootspiere liegt inmitten des Ortes Sapam, und auch dieser ist wie der von Bang Rong bei Ebbe außer Betrieb. Der zweite

Symbol für Exotik – die Kokosnuss

Cocos nucifera, die Kokospalme – aus dem Klischeebild einer tropischen Trauminsel ist sie wohl ebenso wenig wegzudenken wie der Sonnenbrand. Das Meer, die Sonne und die Kokospalmen sind immer noch der wirksamste Werbeträger für einen Urlaub in der Exotik. Doch Vorsicht! Wer in guter alter Robinson-Crusoe-Manier seine Hängematte zwischen zwei Kokospalmen spannt oder unter ihnen rastet, riskiert eine ernstliche Kopfverletzung oder Ärgeres. Kokosnüsse haben die Angewohnheit, gelegentlich herunterzufallen, und das gilt ebenso für die 10-15 kg schweren Palmwedel, denen man auch besser aus dem Wege geht.

Auf Phuket sind ca. 5000 Hektar mit Kokospalmen bepflanzt, das sind etwa 9 % der Gesamtfläche der Insel. Kokospalmen werden bis zu 20-30 m hoch und 80-100 Jahre alt. Die ersten Nüsse werden im Alter von 5-6 Jahren geerntet, und am ertragreichsten ist die Palme in ihrem 13. Jahr. Im Durchschnitt produziert sie 3-6 Nüsse pro Monat, über eine Zeitspanne von 60-70 Jahren. Das sind also ca. 2000-5000 Nüsse insgesamt. Genau 12 Monate nach der Befruchtung der Kokosblüte hat die Kokosnuss ihre volle Reife erreicht.

Auf Phuket werden jedes Jahr über 30 Mio. Kokosnüsse geerntet. Diese werden je nach Marktlage für 2-4 Baht an die örtlichen Händler verkauft, die sie für 5-10 Baht an die Endverbraucher weitergeben. Einige Urlauber am Patong Beach haben sogar schon 30 oder 50 Baht für ihre Nuss berappen müssen – aber in Patong, das weiß jeder Bewohner von Phuket, sind die normalen Preisverhältnisse außer Kraft gesetzt.

Die Thais verwerten die *maphrao* oder Kokosnuss in erster Linie in ihren Curry-Gerichten, die mit Kokosmilch verfeinert werden. Oder aber die Kokosmilch bildet die Grundlage für eine der zahllosen Süßigkeiten, die zumeist aus den drei Hauptzutaten Reismehl, Kokosmilch und Zucker zubereitet werden. Auch das geraspelte Kokosfleisch wird für Süßigkeiten verwendet.

Dies kann aber auch in der Sonne oder in speziellen Brennöfen getrocknet werden und ergibt dann Kopra. Zur Feuerung der Öfen werden getrocknete Kokosschalen benutzt, die besonders ausdauernd brennen. Die Kopra wird schließlich ausgepresst, um so Öl für die Küche oder als Grundlage für die Kosmetik-Industrie zu gewinnen. Das Öl findet so seinen Weg auch in Seife oder Sonnenschutzöle. Und damit wären wir wieder beim eingangs erwähnten Sonnenbrand angelangt!

Der Name der so vielseitig verwendbaren Nuss stammt übrigens vom portugiesischen Wort *quoque* ab, das soviel wie „Affe" oder „Gespenst" bedeutet. Als die ersten portugiesischen Seeleute die Nuss mit auf die Reise in ihre Heimat nahmen, erinnerten sie die raue Behaarung und die drei „Augen" des Gebildes eben an einen solchen *quoque.*

Aber auch heute gibt es hier eine Beziehung zu den Affen. In einer einzigartigen „Affenschule" in der Nähe der Stadt Surat Thani wird Affen das Pflücken von Kokosnüssen beigebracht. Ein gut ausgebildeter Pflückaffe bringt es auf 500 Kokosnüsse pro Tag, die er in spielerischer Weise vom Stamm dreht. Das sollen seine menschlichen Vettern erst einmal nachmachen!

Strände

Kokosnusslieferung in Phuket City

Pier befindet sich ca. 1 km südlich von Sapam am Laem Hin („Kap der Steine"). Von hier aus fahren Fährboote zur nur wenige Minuten entfernten „Kokosnussinsel" **Ko Maphrao** (oft kurz Ko 'phrao genannt).

Unterkunft

● Das **Boat Lagoon Marina**LLL (22/1 Mu 2, Tambon Ko Kaew, Ao Sapam, Tel. 076-238533 bis -40, Fax 076-238541, E-Mail: hotel@phuketboatlagoon.com, www.phuketboatlagoon.com), Yachthafen samt ausgedehntem Wohnkomplex. Er beinhaltet u.a. ein Shopping-Center, Restaurants, Jacuzzi und vielerlei Freizeitmöglichkeiten. Die Zimmer haben allen Komfort (AC, Bad, TV, Kühlschrank etc.), die Preise unterscheiden sich nach Größe (38-90m²) und je nachdem, ob sie Meerblick bieten oder nicht. Nebenbei gibt es wunderschöne, pastellfarbene kleine Reihenhäuser zu mieten, die an die Häuser in den renovierten chinesischen Stadtteilen von Singapur erinnern. Monatsmiete je nach Größe 29.000-45.000 Baht. Wer zufällig ohne eigene Segeljacht angekommen sein sollte, kann sich an Ort und Stelle flugs eine chartern. Man wende sich an das in dem Komplex befindliche Unternehmen *Sunsail* (Tel. 076-239057, Fax 076-238940, www.sunsailthailand.com).

Das **Boat Lagoon Marina** befindet sich etwa 1 km nördlich der Kreuzung der Thepkasattri Road mit der Straße Nr. 4022. An der östlichen Straßenseite der Thepkasattri Road ist ein ausgedientes Segelschiff aufgestellt, das auf die Marina hinweist. An dem Segelschiff biege man in die dahinter gelegene Seitenstraße ein.

● Das **Sapam Inn****-*** an der Hauptstraße (112 Thepkasattri Rd., Tel. 076-212752) sieht verdächtig nach einem Stundenhotel aus, wer aber aus irgendeinem Grund in dieser Gegend übernachten will, findet preiswertes Obdach. Alle Zimmer mit Bad, die teureren haben AC.

Anreise

Vom Markt in Phuket City fahren alle Songthaews Richtung Norden (Sarasin-Bridge, Mai Khao Beach, Airport, Nai Yang Beach, Kamala, Surin, Ao Por) durch Sapam (15 Baht). Fahranweisung zum Pier im Zentrum des Ortes: *tha rüa sapam*.

Wer weiter nach Ko Maphrao möchte, gebe als Anweisung: *saam yääk läm hin* an. Das heißt soviel wie „Die Abzweigung nach Laem Hin". An dieser Abzweigung steht rechts eine *sala*, eine Art Unterstellhäuschen, und von dort führt eine sich windende, asphaltierte Landstraße zum Pier von Laem Hin (2 km). Leider besteht ab der Abzweigung keine regelmäßige Verkehrsverbindung, gelegentlich fahren Motorradtaxis oder Tuk-Tuks für 10 Baht/Person. Die Straße passiert einige Blumen- und Garnelen-Farmen.

Ko Rang Yai

Die im Privatbesitz befindliche Ko Rang Yai („Große Vogelnestinsel") ist 1998 im größeren Rahmen für den Tourismus eröffnet worden. Auf der sehr malerischen, relativ großen Insel steht eine Unterkunft zur Verfügung, und es werden zahlreiche Aktivitäten angeboten, z.B. Mini-Golf, Mountain-Bike-Touren, Kanu- und Bootsfahrten, Windsurfing, Trekking, Schnorcheln, Angeln etc. Angeschlossen ist eine Perlenfarm. Zur Übernachtung stehen einfache aber urige Holzbungalows zur Verfügung (1000 Baht).

Anfragen und Buchungen bei *Richy Island Phuket Co.,* 31/11-12, 3rd Floor, Arawan Building, Thepkassatri Road, Phuket City 83000, Tel. 076-239893-4, 076-238565, Fax 076-238169, www.rangyaiisland-phuket.com. Gleich neben Ko Rang Yai befindet sich die kleinere Schwesterinsel Ko Rang Noi.

Ko Maphrao

Die „Kokosnuss-Insel" befindet sich direkt in Sichtweite vor dem Pier von Laem Hin. Da sie sehr leicht zu erreichen ist, eignet sie sich recht gut für einen Tagesausflug von Phuket City aus, vielleicht auch für länger. Touristen sind hier bisher noch eine absolute Rarität.

Ko Maphrao ist dicht mit Kokoshainen und Gummiplantagen bepflanzt. Das einzige Dorf der Insel, bewohnt von moslemischen Fischern, liegt am Pier an der Nordseite von Ko Maphrao. Von hier führt ein Trampelpfad zwischen Kokospalmen hindurch in nordöstliche Richtung zum Laem (Kap) Na Muang, an dem sich ein schöner weißer Strand befindet (knapp 1 km vom Pier entfernt).

Ein anderer Pfad führt vom Pier durch Gummiplantagen in südlicher Richtung zum Hat Yao („langer Strand"); Entfernung ca. 1,5 km. Der

Strand ist absolut einsam, außer dem einen oder anderen Gummizapfer, der die nahen Gummibäume bearbeitet, lässt sich hier kaum jemals einer der Inselbewohner sehen. Der Strand ist allerdings sehr schmal, und das kommt nicht von ungefähr: Diebe aus Ko Yao haben ihn in Nacht-und-Nebel-Aktionen abgetragen, um den Sand Bauunternehmen zu verkaufen! Bei Flut bleibt nun von dem Strand nur ein etwa 2 m breiter Streifen übrig.

Nahe der Insel befindet sich die **Phuket Industry's Pearl Farm,** eine Perlenfarm, die besucht werden kann. Man kontaktiere das Geschäft des Unternehmens in 58/2 Mu 1 Thepkassatri Rd., Sapam, Tel. 076-238002, 377730-1, Fax 238337. Hier wird auch jede Art von Perlenschmuck veräußert. Das Geschäft befindet sich an der Westseite der Thepkassatri Road, ca. 1 km nördlich der Abzweigung nach Laem Hin.

Unterkunft

Inzwischen wird auf der Insel fleißig gebaut; es entstehen Ferienhäuser und andere gehobene Privatunterkünfte.

●Das kleine **Koh Maphrao Resort***** (Tel. 081-9836030, 089-4741877) hat nur 7 einfache Zimmer mit Bad für 600 Baht.

●**Maphrao Camp Belvedere** ist eine komfortable Bungalow-Anlage, die unter Schweizer Management steht; die Bungalows werden für Langzeitmieten veräußert. Siehe www.mapharo.com.

●Außerdem kann man in **„Homestays"** übernachten, d.h. Bewohner nehmen Reisende bei sich zu Hause auf – keine schlechte Gelegenheit, etwas vom Inselleben abseits der Touristenströme zu erleben. Anfragen bei der TAT in Phuket City.

Anreise

Um zur Insel zu gelangen, nehme man eines der regelmäßigen „Langschwanzboote" *(rüa haang yao),* die vom Pier in Laem Hin nach Ko Maphrao fahren. Abfahrt, sobald sich ein paar Passagiere eingefunden haben. Preis 20 Baht/Pers. Fahrzeit für die 800 m Entfernung ca. 10-15 Min. Bei starkem Wellengang geht es auf den letzten paar hundert Metern bis zum Pier von Ko Maphrao recht turbulent zu – gut festhalten! Ko Maphrao tritt auf einigen Karten als Ko Maphrao Yai („Große Kokosnussinsel") auf, um sie von einer kleinen Nachbarinsel, Ko Maphrao Noi, zu unterscheiden. Letztere ist aber so winzig, dass sie nicht sonderlich erwähnenswert ist, und wer Ko Maphrao sagt, meint somit automatisch die größere der beiden Inseln.

Ko Siray

Direkt an der Ostseite von Phuket City findet sich die Insel Siray (sprich: *siré*), die nur durch einen schmalen Kanal von Phuket getrennt ist. Über eine aufgeschüttete Straße gelangt man so fast unmerklich von der einen Insel zur anderen.

Ko Siray beherbergt an seiner Ostseite eine **Siedlung der chao 'le** oder „Meereszigeuner", die hier ein bescheidenes Auskommen als Fischer finden. Die hier lebenden *chao 'le* gehören zum Zweig der Urak Lawoi, und viele von ihnen sprechen ihre eigene Sprache, aber nur sehr unvollkommenes Thai. Das gilt in erster Linie für die älteren Bewohner, die sich hauptsächlich im Kreise von anderen *chao 'le* aufhalten, aber auch für viele Kinder, da ihre Eltern sie aus ökonomischen und kulturellen Gründen nicht in die Schule schicken, wie es das thailändische Gesetz eigentlich vorschreibt. (In Thailand besteht eine Mindestschulpflicht von 6 Jahren.) Die Thai-Behörden tun ihr Bestes die Seezigeuner zu assimilieren, da die kulturelle Identität der Urak Lawoi nicht geschätzt wird. Von der Thaksinregierung wurden neue Gesetze entworfen, die alle Minoritäten Thailands umfassen sollten, und die bedeutet hätten, dass Seezigeuner zum Militärdienst hätten eingezogen werden können. Das Gesetz kam nicht durch, und *Thaksin* wurde in der Zwischenzeit abgesetzt. Es ist aber zu erwarten, dass der Entwurf in naher Zukunft noch einmal dem Parlament zur Ratifizierung vorgelegt werden wird.

Die älteren Bewohner pflegen einen ausgiebigen Kontakt zu *chao 'le* auf anderen Inseln der Umgebung; so führen Feiertagsausflüge häufig per Boot zur Insel Ko Lanta an der anderen Seite der **Bucht von Phang-Nga,** wo sich ebenfalls Siedlungen der Urak Lawoi befinden.

Im Gegensatz zu den *chao 'le* von Rawai, die an kamerabestückte Touristen gewöhnt sind, sind die

Strände

„Meereszigeuner" von Ko Siray äußerst scheu und meiden den Kontakt zu Besuchern von „draußen". Dennoch ist das Dorf als Touristenattraktion ausgeschildert und Tourgruppen in Großbussen kommen fast täglich, um die „Meereszigeuner" zu fotografieren.

Ko Siray hat nur einen bescheidenen **Strand,** der auch kaum zum Schwimmen geeignet ist. Dafür bieten sich **Wanderungen** durch die hügelige Umgebung an, so am Laem Tuckay. Dieses Kap *(laem)* ist nach dem Tuckay (sprich: *tucké)* benannt, einer großen Geckoart, an deren Form es erinnert. Die Tuckay wiederum erhielten ihren Namen von dem lauten „Ruf", den sie ausstoßen, und der etwa „tucké, tucké" klingt. So manche Tropennacht wird von permanenten Rufen der Tuckay begleitet. Laem Tuckay befindet sich an der Südseite der Siedlung der *chao 'le.*

Unterkunft

Die Insel ist ein ruhiger Ort für Leute, die abseits des Touristenrummels wohnen möchten, dafür gibt es aber auch keinen spektakulären Strand und keine Schwimmmöglichkeiten.
- **Gipsy Beach Bungalow***** (77 Mu 4, Ko Siray, Tel. 076-222042), einfache Bungalows mit Bad zu 350 Baht.
- **Northeastern Seafood Kitchen & Bungalow***** (Thep Prathan Rd., Tel. 076-213209), Bungalows mit Bad zu 300 Baht, für 400 Baht mit AC.
- **Villa Phuket Island Hopper******-LLL (Tel 076-252606-8), Bungalows mit AC ab 900 Baht, Schwimmbad, direkt am Strand.

Kochkurse

Direkt neben den *Northeastern Seafood Kitchen & Bungalows* bietet die **Phuket Thai Cookery School** (Tel. 084-0604665) Kochkurse mit Strandblick ab 1900 Baht an.

Anreise

Songthaews vom Markt in der Ranong Road fahren nur morgens bis etwa 10 Uhr, und selbst dann nur selten. Fahrtkosten 20 Baht. Gecharterte Tuk-Tuks kosten ca. 150 Baht für die einfache Fahrt. Fahranweisung: *baan tschao lé thii ko siré* oder „zur Siedlung der Chao 'le auf Ko Siray".

Viele Fahrzeug-Vermieter stellen ihre Vehikel einfach an die Straße und warten auf Kundschaft.

Ao Makham

Ao Makham, die „Tamarinden-Bucht", ist eine von Kokosnuss-Hainen gesäumte Bucht, mit leider recht verschmutztem Sand. Schließlich befinden wir uns hier immer noch an der Ostseite von Phuket, deren Strände jedoch ab hier zunehmend schöner werden.

Das Bild von Ao Makham wird vom **Frachthafen** und seinen nicht sehr ansehnlichen Öltanks an der Nordseite der Bucht geprägt. Nach Süden hin wird die Bucht idyllischer, und zwischen den Kokospalmen weiden seelenruhig **Büffel.**

Laem Panwa

Der südlichste Zipfel von Ao Makham wird vom Laem Panwa gebildet, einem **felsigen Kap,** an dem sich das *Cape Panwa Hotel* angesiedelt hat. Am südlichsten Zipfel von Laem Panwa befindet sich das **Marine Biological Research Center** (siehe „Sehenswertes auf der Insel"), und 200 m südwestlich davon lockt ein winziger Strand mit seichter See.

Strände

121ph Foto: rk

Unterkunft

An dem Kap haben sich einige Luxushotels angesiedelt – eine exklusive Ecke nicht für jedermanns Geldbeutel.

● Das **Cape Panwa Hotel**LLL bietet allen erdenklichen Komfort: Neben Tennisplatz und Swimmingpool steht den Gästen ein eigenes, sehr schönes Stück Strand zur Verfügung, das von einer gepflegten Parkanlage gesäumt wird. Dieser Strand ist sicherlich der beste von Ao Makham, und die permanente Brise – die wahrscheinlich stärkste auf Phuket – sorgt für eine willkommene Kühlung. Der Nachteil ist der dadurch entstehende hohe Wellengang, der das Schwimmen zu einem harten Konditionstraining macht. Da kein anderer Zugang zum Strand besteht (außer von der Seeseite) müssen Nichtbewohner des Hotels durchs Hotel laufen, um zum Strand zu gelangen. Die Wachleute sehen das nicht gerne und vielleicht sollte man bei der Rezeption um Erlaubnis bitten, den Strand besuchen zu dürfen. Das Hotel ist beliebt bei ausländischen VIPs – Hollywood-Stars u.Ä. –, da es relativ abgeschieden liegt. Die Zimmer (alle mit AC, TV, Video, Kühlschrank) sind zu buchen unter Tel. 076-391123 bis -5, 02-2390560, Fax 076-391177, 02-2382988, E-Mail: reservations@capepanwa.com, www.capepanwa.com. Preise in der Nebensaison je nach Zimmer ca. 3000-20.000 Baht, ansonsten noch teurer. Es lohnt, bei Reiseunternehmen nach reduziertem Preis Ausschau zu halten. Das Hotel organisiert den Transport ab Phuket City oder Flughafen.

● Eine weitere Nobelherberge ist das **Novotel Phuket Panwa Beach Resort*******-LLL (Tel. 076-393300 bis- 11, 02-2670810, Fax 076-200334, E-Mail: panwa@cscoms.com, www.phuket.com/panwabeach). Preise in der Nebensaison ab ca. 2000 Baht.

● **The Kantary Bay Hotel**LLL (Tel. 076-391514, 076-391030, 02-2382988, Fax 076-391208, www.thebayhotel.com); Preise ab 3200 Baht.

● Das **Münchhausen Restaurant** (11/9 Mu 7, Sakidet Rd., Tel. 076-200275, www.siam.eu.com) ist eine schöne Anlage mit Biergarten und Pool, steht unter deutschem Management und bietet gutes deutsches Essen, ebenso thailändische Meeresfrüchte. Der Blick fällt allerdings auf die Öltanks, die um Ao Makham am Strand stehen.

Anreise

Vom Markt in Phuket City fahren Songthaews für 25 Baht bis zum Marine Center. Ca. 100 m vor dem Center zweigt links eine Straße zum Laem Panwa Hotel (ausgeschildert) ab. Diese führt über einen enorm steilen Hügel, der kurz vor dem Hotel ebenso steil wieder abfällt. Fußgänger kommen hier ordentlich aus der Puste, der Ausblick auf die Bucht macht die Anstrengung aber wett.

Gecharterte Tuk-Tuks bis zum Marine Center kosten ca. 250 Baht für die einfache Fahrt. Fahranweisung: *läm panwa scheraton* bzw. *äquäriyem* („Aquarium").

Ko Tapao Yai

Ko Tapao (Taphao) Yai liegt ca. ½ km von der Küste entfernt in der Makham-Bucht. Die Insel hat keinen nennenswerten Strand und ist auch ansonsten keine Augenweide. Die Lage nahe dem Hafen und seinen großen Öltanks verbessert den Anblick auch nicht.

Für Tierfreunde, besonders Vogelbeobachter, ist Ko Tapao Yai jedoch von besonderem Interesse: Auf der Insel leben **über 200 Nashornvögel** (engl.: *hornbills*) der Gattung *Bucerotes* („Van Becken's Hornbill"). Dies ist die größte Population von Nashornvögeln in Südthailand. 1987 war ihre Zahl auf weniger als ein halbes Dutzend zurückgegangen, nur durch sorgsames Hegen der Ökologie auf der Insel konnte der Trend umgekehrt werden. Nashornvögel ernähren sich vor allem von Früchten, Beeren und Samen, während der Nistzeit aber auch von Schnecken, Mäusen, kleinen Vögeln, Baumfröschen und Echsen. Sie benötigen eine perfekt intakte Umwelt um zu überleben und sich fortpflanzen zu können. Nirgends in Thailand sind die Vögel leichter zu beobachten als hier. Einige von ihnen leben auch auf der kleineren Nachbarinsel Ko Tapao Noi. Der nächstbeste Ort die Vögel zu sehen ist der Khao Sok National Park in der Provinz Surat Thani.

Strände

Touren

Einige Reiseunternehmen bieten Kajak-Touren um die Tapao-Inseln an (Dauer ½-1 Tag). Die Touren werden oft als **„Hornbill Tours"** offeriert, ohne direkt den Namen der Inseln zu nennen. Eine Tagestour kostet ca. 1800-2000 Baht, eine Mahlzeit inklusive. Einer der Anbieter ist *Asian Trails,* Tel. 076-261878-9, Fax 076-261852, www.asiantrails.com. Die Mitnahme eines Fernglases ist zu empfehlen.

Anreise

Per Songthaew ab Phuket City nach Ao Makham (25 Baht). Die Songthaews fahren ab dem Morgenmarkt in der Ranong Rd. Gecharterte Tuk-Tuks ab Phuket City kosten einfach ca. 150 Baht, für Hin- und Rückfahrt plus einer Wartezeit ab ca. 400-500 Baht. Vom Pier in Ao Makham lassen sich Boote nach Ko Tapao Yai chartern; Kostenpunkt ca. 600 Baht für Hin- und Rückfahrt und einstündigen Aufenthalt. Die Überfahrt dauert ca. 10 Min.

Unterkunft Derzeit gibt es keine Unterkunft. Das vormals einzige auf Ko Tapao Yai befindliche Hotel wurde geschlossen.

Ao Chalong

Elf Kilometer südlich von Phuket City liegt der Pier von Ao Chalong, der von der gleichnamigen, weit ausholenden Bucht flankiert wird. Hier lassen sich bei den örtlichen Bootsleuten Fahrten zu den vorgelagerten Inseln organisieren, aber auch zu weiter entfernten Zielen wie den Phi Phi Islands, Ko Yao Noi oder in die zerklüftete Inselwelt der Bucht von Phang-Nga.

Ao Chalong ist aber auch sicherer **Ankerhafen** für zahllose Segeljachten. Deren Besatzungen treffen sich in den umliegenden Restaurants oder Bars. In Chalong leben zahlreiche westliche Expats, die hier dem touristischen Trubel der Insel weitgehend entkommen können.

Der **Strand** von Ao Chalong ist schöner als die nördlich davon gelegenen, aber noch lange kein Vergleich zu denen, die die Besucher an der Westseite von Phuket erwarten. Der Tsunami hat auch hier keine Schäden angerichtet.

Unterkunft Das beste Stück Strand in der Bucht nennt sich Mittrapab Beach und befindet sich an der Südseite. An der Straße, die vom Kreisverkehr in Ao Chalong nach Rawai führt, weisen Hinweisschilder den Weg zu den folgenden Unterkünften.
● Eine großartige Wohnmöglichkeit ist das **Mangosteen Resort & Spa**[LLL], das von einem Deutschen und seiner thailändischen Frau geführt wird. Das Resort befindet sich auf einem Hügel im Hinterland zwischen Rawai und Chalong (ca. 2 km südlich des Kreisverkehrs in Chalong biegt eine kleine Straße in Richtung Norden dorthin ab, man beachte das Schild an der Abzweigung). Den ganzen Tag über weht ein erfrischender Wind über das Gelände und man hat einen guten Ausblick auf die Strände von Chalong und Rawai. Dazu kommen sehr schöne und komfortable Bungalows (TV, AC, Kühlschrank), z.T. mit eigenem Jacuzzi, und ein ebenso schöner, sich dahin windender Swimmingpool, ein Spa, eine sehr gepflegte Gartenlandschaft – alles ist irgendwie perfekt. Negativpunkte sind die überzo-

genen Preise im angeschlossenen Restaurant, bei guter, aber nicht außergewöhnlicher Qualität. Zudem wird es manchen stören, dass man hier weitab eines brauchbaren Strandes ist, aber das Wohnen alleine ist hier schon ein Erlebnis. Die Bungalows kosten offiziell ab ca. 6000 Baht, wahrscheinlich ergeben sich derzeit aber Rabatte. Adresse: 99/4 Mu 7, Soi Mangosteen, Rawai, Phuket 83130, Tel. 076-289399, Fax 076-289389, www.mangosteen-phuket.com.

● Das **Friendship Beach Bungalow Resort****** (27/1 Soi Mittrapab, Tel. 076-288996, Fax 076-289139, www.friendshipbeach.com) ist eine weitläufige, direkt am Strand gelegene Anlage. Sie bietet ordentliche, saubere Bungalows mit Bad, AC, TV und Kühlschrank ab 1200 Baht.

● Sehr ruhig an einem attraktiven Strandabschnitt liegt der frisch renovierte **Vijitt Resort Phuket**ᴸᴸᴸ (16/1 Viset Rd., Tel. 076-381342/4, Fax 076-383440, www.vijittresort.com). Die wunderschönen, modernen und dennoch gemütlichen Bungalows kosten bei Buchung über die hauseigene Website derzeit ab ca. 3400 Baht, Villen mit eigenem Swimmingpool ab 7200 Baht. Ansonsten steht ein separater, großer Swimmingpool zur Verfügung.

● Das **Evason Phuket Resort & Six Senses Spa**ᴸᴸᴸ ist am Südende der Chalong-Buch auf eine hügelige Landzunge, Laem Ka („Ka Cape") gebaut, und es ist die nobelste Unterkunft in diesem Bereich. Zimmer mit allem Komfort, dazu Swimmingpool, Sportmöglichkeiten, Tourangebote etc. Adresse: 100 Viset Rd., Tambon Rawai, Tel. 076-381010 bis -7, 02-2471348, 02-2471320, Fax 076-381018, 02-2471472, www.sixsenses.com/evason-phuket. Schöne, komfortable Bungalows ab 6500 Baht.

Einige Unterkünfte finden sich nahe dem Pier von Ao Chalong, direkt im Zentrum des touristischen Geschehens. Von hier ist es zwar ein mehrminütiger Fußweg zu den schöneren Strandabschnitten, dafür befindet man sich in Greifweite zahlreicher ausgezeichneter Restaurants.

● **Father Bungalow*****-**** (Tel. 076-281282-3, Fax 076-280975, E-Mail: fatherbungalow@hotmail.com, www.geocities.com/fatherbungalows), gelegen in einem netten Garten, saubere Bungalows mit TV und teilweise AC, dazu Mini-Bar; 600 Baht ohne AC, mit AC 900 Baht, in der Nebensaison billiger; insgesamt gutes Preis-/Leistungsverhältnis.

● An der Chaofa Road (West) nahe dem Chalong-Kreisverkehr befindet sich das **Baan Kiki***** (Tel. 089-5861098, E-Mail: jimstewardt602@hotmail.com, http://phuketdir.com/baankiki/), ein kleines Boutique Guest House mit vier Zimmern und zwei separaten Bungalows, dazu Swimmingpool, Bar, Restaurant und Billard. Eine Masseurin bietet Massagen an. Preise je nach Saison ab 500 Baht; auch Monatsmiete möglich, in der Nebensaison ab 10.000 Baht/Monat.

Strände

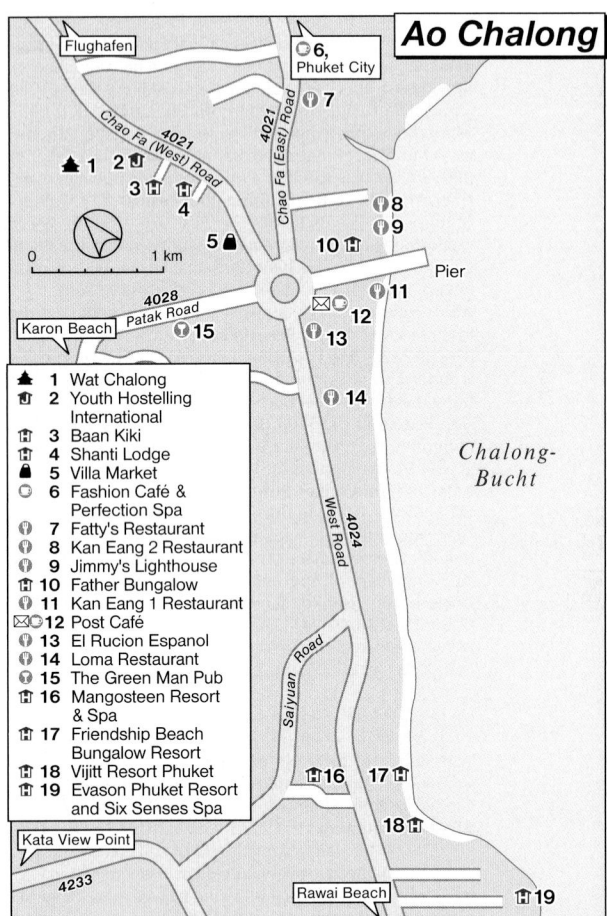

Ao Chalong

- ▲ 1 Wat Chalong
- ☈ 2 Youth Hostelling International
- 🏠 3 Baan Kiki
- 🏠 4 Shanti Lodge
- ▲ 5 Villa Market
- ☉ 6 Fashion Café & Perfection Spa
- 🍴 7 Fatty's Restaurant
- 🍴 8 Kan Eang 2 Restaurant
- 🍴 9 Jimmy's Lighthouse
- 🏠 10 Father Bungalow
- 🍴 11 Kan Eang 1 Restaurant
- ✉☉ 12 Post Café
- 🍴 13 El Rucion Espanol
- 🍴 14 Loma Restaurant
- 🍴 15 The Green Man Pub
- 🏠 16 Mangosteen Resort & Spa
- 🏠 17 Friendship Beach Bungalow Resort
- 🏠 18 Vijitt Resort Phuket
- 🏠 19 Evason Phuket Resort and Six Senses Spa

●Die **Shanti Lodge******-***** (Tel. 076-280233, E-Mail phuket@shantilodge.com, www.shantilodge.com) liegt inlands an der Straße nach Wat Chalong, ca. 1,5 km vom Kreisverkehr in Chalong entfernt. Das Haus ist ein Ableger des gleichnamigen Hauses in Bangkok, gehört einer sehr freundlichen Familie und bietet gemütliche Zimmer mit Bad, die mit viel Holz ausgestattet sind. Preise ab 650 Baht. Dazu sehr gute Küche (viele vegetarische Gerichte), Swimmingpool und Massagen. Sehr empfehlenswert.

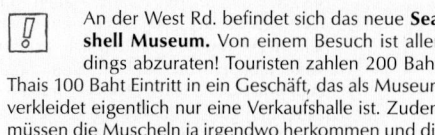

An der West Rd. befindet sich das neue **Seashell Museum.** Von einem Besuch ist allerdings abzuraten! Touristen zahlen 200 Baht, Thais 100 Baht Eintritt in ein Geschäft, das als Museum verkleidet eigentlich nur eine Verkaufshalle ist. Zudem müssen die Muscheln ja irgendwo herkommen und die Fischer berichten, dass Muschelgeschäfte keinen besonderen Wert darauf legen ob tote Muscheln gesammelt werden oder ob noch lebende Tiere für den Souvenirhandel verkauft werden.

●Im Bereich von Chalong befindet sich die einzige Jugendherberge der Insel, die aber jedermann zugänglich ist. Bei Preisen von 195 Baht/Pers. ist das **Youth Hostelling International** (73/11 Chao Fa Noi Rd.) durchaus einen Versuch wert. Tel. 076-281385, 076-280103, Fax 02-7111986, www.phukethostel.com.

Essen und Trinken

●Nicht ausgelassen werden sollte ein Besuch in den Restaurants **Kan Eang 1** oder **Kan Eang 2.** Die beiden Seafood-Restaurants gelten bei vielen Einwohnern von Phuket als die besten der Insel, und es wird gesagt, dass „man nicht in Phuket war, wenn man nicht im *Kan Eang* gegessen hat". Die Preise sind für die hohe Qualität sehr moderat, ein komplettes Essen für zwei Personen kostet ca. 400-600 Baht.

Das *Kan Eang 1* befindet sich direkt an der Südseite des Piers von Ao Chalong, das *Kan Eang 2* liegt einige hundert Meter nördlich davon, ebenfalls direkt am Meer. Schilder an der Hauptstraße, die von Phuket City nach Ao Chalong und Rawai führt, weisen auf die beiden Restaurants hin.

●Ein weiteres beliebtes Restaurant und ein Treff der in Ao Chalong ankernden Segler ist **Jimmy's Lighthouse** (nahe der Phuket Fishing Lodge), mit sehr guter westlicher/amerikanischer und thailändischer Küche. Ca. 600 Baht für zwei Personen. Segler können sich hier auch mit Seefahrtskarten eindecken. Dazu gibt es einige sehr komfortable, moderne und saubere Zimmer zu vermieten, mit AC und TV; Preise in der Nebensaison 1200 Baht, ansonsten 1500 Baht. Anfragen unter Tel. 076-381709.

●Das **Post Café** am Kreisverkehr von Ao Chalong bietet Kaffee, Internet und natürlich eine Post.

●Das **El Rucion Espanol,** ebenfalls am Kreisverkehr, hat eine spanische Speisekarte, Sangria und einen Billardtisch.

●500 Meter weiter südlich, an der West Road Richtung Rawai ist das **Loma Restaurant** zu finden. Thai-Deutsche Küche und freitags Grill.

Strände

• Steht man draußen vor **The Green Man Pub,** so könnte man sich durchaus ins ländliche Großbritannien versetzt fühlen. Die Kneipe ist im typischen Tudor-Stil errichtet und bietet anglophilen Touristen einen ausgezeichneten Hort zum British-Style *Binge Drinking,* Trinken bis zur komainduzierenden Komplettabfüllung. Es darf aber auch ganz zivilisiert sein. Im Obergeschoss geht's etwas verhaltener zu, es gibt ein gehobeneres Restaurant und Zigarren- und Weinzimmer. Interessanterweise wird auch indisches Essen geboten, das in England schon fast als einheimisches Essen gilt. The Green Man befindet sich einige hundert Meter nördlich des Kreisverkehrs in Chalong, an der Patak Road, der Straße nach Karon. Tel. 076-281445, www.the-greenman.net.

• An der Straße nach Wat Chalong steht seit 2009 der **Villa Market,** ein Ableger der Villa-Kette in Bangkok. Dieser Supermarkt bietet eine riesige Auswahl an westlichen (oder auch „exotischen") Nahrungsmitteln und seine Ankunft in Chalong wurde schon von vielen dort lebenden Westlern sehnlich erwartet. Die Preise sind zum Teil nicht ganz niedrig, dafür bekommt man so ziemlich alles, was das Herz begehrt, von allen möglichen Käse-, Fleisch- und Brotsorten bis zu Delikatessen, Sushi, Wein, Bier u.v.m. Einige organische Lebensmittel sind ebenfalls erhältlich. Sehr empfehlenswert für Langzeitreisende mit lukullischem Heimweh!

• An der Chao Fa (East) Road Richtung Phuket City und neben dem Chalong Gym liegt **Fatty's Restaurant** (auch „Schiffskoch" genannt), mit sehr guter deutscher Küche, die zudem in Riesenportionen auf den Tisch kommt. Hier essen nicht nur Deutsche gerne. Die Preise sind mäßig: 140 Baht für ein Wiener Schnitzel sind auf Phuket ein Superangebot. In den Sommermonaten ist das Lokal u.U. einige Zeit lang geschlossen.

• Etwas weiter nördlich an der Chao Fa (East) Road befindet sich das gemütlich eingerichtete **Fashion Café & Perfection Spa,** mit ausgezeichneten Steaks, Pasta-Gerichten und Salaten. Das antik wirkende Mobiliar, die Sofas und Buchregale schaffen ein sehr angenehmes Ambiente.

Dschungel- und Kajaktouren

• Gegenüber den *Friendship Beach Bungalows* bietet **Southern E-Co Nature Tour** (1/23 Mu 4, Wiset Rd., Tel. 076-381387, Fax 076-289115) Dschungel- und Kajaktouren an, unter anderem zum Khao Sok National Park.

Anreise

Vom Markt in Phuket City fahren Songthaews für 25 Baht nach Ao Chalong. Die Songthaews Richtung Rawai und Nai Harn, die etwas häufiger fahren, passieren den Kreisverkehr von Ao Chalong, an dem man aussteigen kann (ebenfalls 25 Baht). Fahranweisung: *ao tschalong.* Vom Kreisverkehr ist es noch ca. 1 km bis zum Pier. Gecharterte Tuk-Tuks von Phuket City bis zum Pier kosten ca. 250 Baht.

Ko Lone

Unbedingt zu empfehlen ist ein Abstecher auf die vorgelagerte Insel Lone, ein dschungelbewachsenes Eiland, das – abgesehen von Booten – noch ohne jegliches motorisierte Transportmittel auskommt. Ko Lone lädt zu ausgedehnten Wanderungen über die mit satter Vegetation und Gummiplantagen bedeckten Hügel ein. Sie erreichen eine Höhe von bis zu 263 m.

Die freundliche Bevölkerung besteht fast nur aus Moslems, die neben dem Gummianbau vom Fischfang leben. Dies ist der richtige Platz für Zivilisationsflüchtige, die hier absolute Ruhe und unverdorbene Natur vorfinden. Aber wer weiß wie lange das noch so sein wird – Parasailing wird derzeit schon angeboten.

Strände

Unterkunft

●Überteuerte Unterkunft im **Baan Mai Cottages & Restaurant**LLL (Tel. 076-223095, Fax 076-223096, E-Mail: baanmai@voila.fr) und im **Cruiser Island Resort**LLL (Tel. 076-383210, Fax 076-383211, E-Mail: thitty@cruisermart.com). Vom Standard her dürften beide Unterkünfte eigentlich nur halb so teuer sein. Offizielle Preise ab 3000/3800 Baht respektive.

Wer sich auf Ko Lone erst einmal unverbindlich umschauen möchte, kann am Pier ein Boot anheuern. Hin- und Rückfahrt samt einem ein- bis zweistündigen Aufenthalt kosten ca. 800 Baht.

Ko Mai Thon

Diese traumhafte Insel liegt weit außerhalb der Bucht von Chalong und bietet absolute Ruhe. Die einzige Unterkunft auf der Insel, **Honey Moon Phuket,** kostet in der Nebensaison ab 7000 Baht, ansonsten ab ca. 10.000 Baht pro Übernachtung. Das Resort wird großenteils von japanischen Pauschaltouristen angesteuert. Bei Buchung von Package-Touren senkt sich der Preis erheblich. Tel. 076-2149548, 02-3810790/1, Fax 076-214959, 02-3810789, www.honeymoonislandphuket.com.

Die Anfahrt zur Insel wird bei Buchung von obigem Resort organisiert. Wer nur einmal vorbeischauen möchte, chartere ein Boot in Ao Chalong oder Rawai. Mit Kosten von mind. 3000 Baht für Hin- und Rückfahrt ist zu rechnen.

Rawai Beach

Der Strand von Rawai, 17 km südwestlich von Phuket City, war der erste auf der Insel, der für den einheimischen Tourismus entdeckt wurde. Rawai war in den siebziger Jahren ein beliebtes Ziel für thailändische Wochenendausflügler, und auch später fasste der ausländische Massentourismus dort nie richtig Fuß. Der Grund ist sicherlich die Beschaffenheit des Strandes, ein schmaler Streifen, der zwar von schattigen Kasuarina-Bäumen, aber auch von einer Straße gesäumt wird. Der schmale Strand war den sonnenhungrigen Westlern wohl zu eng; Reihen von Sonnenschirmen hätten dort keinen Platz. Der Tsunami hat den Strand noch etwas schmaler gemacht.

Wer aber kein typischer Strandmensch ist, findet hier einen idyllischen, ruhigen und erholsamen Ort. Nicht umsonst hat es eine Anzahl von auf

Phuket ansässigen Westlern vorgezogen, hier ihr Domizil aufzuschlagen und nicht in einem der überlaufeneren Strandorte.

Der Strand von Rawai hat nicht das für Phuket sonst so typische, glasklare Badewasser, bietet dafür aber Badegelegenheiten das ganze Jahr hindurch. Aufgrund der schützenden Bucht und der vorgelagerten Inseln hat der Monsun hier keine Chance.

Das **Hinterland** von Rawai bietet dichte Palmwälder und Reisfelder, und die nahe gelegenen Inseln sind hervorragende Ausflugsziele. So spezialisieren sich zahlreiche Tourvermittler entlang des Strandes auf Bootsfahrten zu diesen Inseln. Wer bei den Fischern am Bootspier von Rawai selber ein Boot mietet, kommt preislich meist besser davon.

Doch der **Ort Rawai** selber bietet ebenfalls Sehenswertes. Etwa 200 m vor dem Strand zweigt von der aus Phuket City herführenden Straße rechts eine Nebenstraße zum **Wat Sawang Arom** ab. Dieser pittoreske, von Kokospalmen umgebene Tempel ist ein wunderbarer Rastplatz und bietet in seinem Inneren einige Wandgemälde. Wie meistens in Thailand, so ist auch diesem Tempel eine Grundschule angeschlossen.

Direkt am Strand, am Haltepunkt der Songthaews aus Phuket City, befindet sich eine größere Siedlung der *chao 'le* oder „Meereszigeuner", die hier aber weitaus weniger zurückhaltend und furchtsam sind als ihre Vettern von Ko Siray. Die Kinder haben sich an das Betteln gewöhnt und verfolgen besuchende Touristen mit kessen Geldforderungen. Touristen, die diesen Bitten nachgeben, fördern lediglich den kulturellen Abstieg in die totale finanzielle Abhängigkeit der *chao 'le*.

Unterkunft

Dem dünnen Touristenstrom angepasst, bieten sich am Strand nur wenige Unterkünfte. Einige zusätzliche finden sich weiter im Inland im Bereich von Rawai/Chalong.
● Die **Porn Mae Bungalows**** (Tel./Fax 076-381300), eine Bungalow-Kolonie der ersten Stunde, einfache Zimmer mit Bad zu 200-300 Baht.

●**Siam Phuket Resort*****-***** (24/14 Viset Rd., Tel. 076-381346-7, Fax 076-381647) mit einigermaßen komfortablen AC-Räumen in diversen Preisstufen ab preiswerten 500 Baht. Das Haus ist von einer gepflegten Gartenanlage samt Swimmingpool umgeben. Das angeschlossene *Chom View Restaurant* bietet gutes thailändisches Seafood sowie westliche Gerichte.

●Die beste Unterkunft in Meeresnähe ist das **Monaburi Resort*******-LLL (gelegen ca. 300 m vom Strand in 4/6 Mu 6, Viset Rd., Tel. 076-613656, E-Mail: info@monaburi.com, www.monaburi.com). Saubere und moderne Zimmer mit AC, TV und Kühlschrank, dazu gibt's Swimmingpool und Jacuzzi. Zimmerpreise je nach Saison 1500-2500 Baht.

●Im Binnenland von Rawai befindet sich das von dem Schweizer *Beat Schwager* geleitete **Baan Santika******-LLL (51/3 Soi Sammakhea 4, Saiyuan Rd., Tel./Fax 076-289768, E-Mail: info@monaburi.com, villasantika-phuket.com). Das kleine Resort ist von viel Grün umgeben, die landschaftliche Gestaltung ist sehr schön geraten, allerdings sind die Bungalows nicht ganz einfach zu finden. Es empfiehlt sich, den Besitzer anzurufen. Komfortable Villen mit AC und TV, auch auf preiswerter Monatsbasis anzumieten. Tagesrate in der Nebensaison 1500-2000 Baht, ansonsten je bis zu ca. 500 Baht mehr. Der Besitzer ist Präsident des „Schweizer Clubs" von Phuket, so dass Schweizer hier eine gute Anlaufstelle haben.

Essen und Trinken

●An der Strandstraße in Rawai liegt **Mario e Meghi,** ein kleines italienisches Restaurant, das viel besser ist als es aussieht. Das rustikal-hölzerne Inventar ist zum Teil etwas alt und wackelig, und lenkt eventuell davon ab, dass das Essen hier vorzüglich ist. Die Pizzas und Pastas gehören zu den besten Phukets, und dazu sind die Preise für Phuket-Verhältnisse relativ niedrig und die Portionen groß. Das Lokal ist entsprechend beliebt, und in der Hauptsaison ist abends schon manchmal der Käse für die Pizzas ausgegangen – sie sind eben so lecker. Ca. 600-1000 Baht/2 Pers.

●Das **Royal Bavarian Beerhouse** an der Viset Road, schräg gegenüber dem Wat Sawang Arom, bietet deutsches Frühstück, Formel 1, Fußball und natürlich bayerisches Bier und deutsche Ambiente. Ein Mini-Oktoberfest in Rawai, das ganze Jahr lang!

●In 48/5 Soi Saiyuan, im Norden von Rawai, liegt **Don's Café,** das von einem betagten, ehemaligen NASA-Ingenieur geführt wird. Bekannt und beliebt sind seine amerikanischen Steaks – und vor allem die dazuhörigen Steaksoßen – und es gibt Barbecues und viele weitere westliche als auch mexikanische Gerichte, vor allem viel für Fleischliebhaber. Dazu ist ein kleiner Supermarkt angeschlossen, mit Backwaren, Delikatessen und Weinen. Siehe auch www.phuket-dons.com.

Loy Rüa –
das Fest der Seezigeuner

Zweimal im Jahr feiern die *chao 'le* oder „Seezigeuner" ihr wichtigstes Fest, das *loy rüa* (wörtlich „schwimmende Boote"). Dieses Fest gibt ihnen – neben aller feuchtfröhlichen Feierei – auch die Möglichkeit, ihre Gruppenidentität zu wahren, die ansonsten Gefahr läuft, vom Lebensstil der „normalen" Thais aufgelöst zu werden.

Das *loy rüa* findet jeweils im 6. und 11. Monat des Thai-Kalenders statt (Sept./Okt. und Feb./März), am 13., 14. und 15. Tag nach Vollmond.

Dazu werden ca. 2,5 m lange **hölzerne Segelboote** gebaut, die *prahu*. Die einzelnen Bestandteile, hauptsächlich Palmstämme und Bambusrohre, werden in einer Prozession von den Dorfbewohnern zu den Prahu-Bauern gebracht. Nach Gebeten zu den Schutzgeistern des Dorfes an einem Schrein und vielerlei Gesang, der durch reichlichen Konsum von Alkohol erst seine gewünschte Inbrunst erhält, beginnt der Bau der *prahu*. In wenigen Stunden sind die Boote zu ihrer traditionellen Form zusammengefügt, dann erscheint ein Priester, der einige Riten vollführt. Zum Abschluss wirft er einen Gegenstand auf die *prahu*, der alles Unglück des Dorfes enthalten und von dem Boot weit weggetragen werden soll.

Die anderen Dorfbewohner setzen nun Gegenstände auf das Boot, die deren persönliches Unglück enthalten, um es ebenso auf die Reise zu schicken und Unglück in Zukunft fernzuhalten. Dazu eignen sich besonders abgeschnittene Haare und Fingernägel, aber auch Chillis, Fischpaste und sogar kleine Puppen oder imitierte Waffen. Einige Dorfbewohner reiben Puffreis an ihrem Körper, der ebenfalls Unglück hinwegnehmen soll, und werfen diesen auf das Boot.

Die Feierlichkeiten ziehen sich bis spät in die Nacht hinein, und erst kurz vor Sonnenaufgang werden die *prahu* auf das Meer geschickt. Dazu werden sie erst auf ein motorisiertes „Langschwanzboot" *(rüa haang yao)* bugsiert, das sie vor die Küste bringt, aber immer noch in Sichtweite der zahlreichen Beobachter am Strand. Dann heißt es, auf den richtigen Wind zu warten. Triebe nämlich der Wind die *prahu* zurück an die Küste, so bedeute dies eine Welle des Unglücks für das Dorf. Dennoch kann mit dem Aussetzen der Boote nicht unbegrenzt gezaudert werden, denn würden die Boote von den Strahlen der aufgehenden Sonne erfasst, so könnte auch dies Katastrophen auslösen. Die Männer, die die *prahu* aussetzen, stecken so in einem Dilemma, das für die nötige Spannung beim *loy rüa* sorgt.

Am Strand stehen ca. 3 m hohe Holzkreuze, die das Wiederkehren der Boote auf magische Weise verhindern sollen. Die am Strand versammelte Dorfbevölkerung beobachtet nun genau, was auf dem Meer passiert. In den allermeisten Fällen erhellen sich die angespannten Gesichter bald zu einem erlösten Lächeln, denn die *prahu*, beladen mit dem gesamten Unheil des Dorfes, treiben hinaus aufs offene Meer.

Das glückliche Weiterbestehen des Dorfes ist den *chao 'le* so zumindest für die nächsten Monate garantiert.

Strände

Vom Markt in der Ranong Road fahren Songthaews für 30 Baht nach Rawai, die von dort aus nach Nai Harn weiterfahren. Wer in einer der o.g. Unterkünfte zu wohnen gedenkt, sollte auf keinen Fall am Haupthaltepunkt von Rawai, am Dorf der „Seezigeuner", aussteigen. Da alle Unterkünfte genau an der Straße liegen, die von dort weiter nach Nai Harn führt, sollte man dem Fahrer den Namen der Unterkunft nennen, um dann direkt davor halten zu können. Das erspart einen unnötigen Fußmarsch.

Ko Bon

In Sichtweite vor dem Rawai Beach gelegen, ist die Insel Ko Bon wunderbar zu Badeausflügen geeignet. Ko Bon besitzt einen herrlichen, strahlend weißen Strand mit ruhigem, klarem Wasser. Nicht umsonst werden hier täglich die Bewohner des *Evason Phuket Resort*, das keinen nennenswerten Strand besitzt, mit hauseigenen Booten herangekarrt. Wenn die Resort-Gäste sich nach einigen Stunden krebsrot gesonnt haben und gegen Nachmittag wieder zurückschippern, bleibt auf Ko Bon eine fast unwirkliche Stille zurück. Taucher treffen hier angeblich oft Mantarochen an, vor allem in der heißen Jahreszeit um April herum.

Anreise

Zur Anreise chartere man ein Boot in Rawai; Fahrtkosten ca. 600-700 Baht für Hin- und Rückfahrt samt einem zweistündigen Aufenthalt, bzw. ca. 400 Baht für die einfache Fahrt. Fahrzeit ca. 10 Min.

Ko Hae

Sehr lohnenswert ist ein Ausflug auf die 20 Fahrminuten entfernte Insel Hae (Coral Island). Dies ist eine winzige, dschungelbedeckte und mit pulverfeinem Sandstrand ausgestattete **Paradiesinsel,** die ausgezeichnete Bademöglichkeiten bietet. Das Wasser ist glasklar und ruhig. Ein wenig Vorsicht ist nur bei den aus dem Meeresboden herausragenden Felsspitzen zu wahren, in die man aus Unachtsamkeit treten kann.

142jph Foto: rk

Strände

Anreise

Ko Hae wird gerne bei Tagesausflügen von Ao Chalong angefahren (ca. 500 Baht/Person; Mahlzeit inkl.). Boote ab Rawai kosten bei den Tourunternehmen 200-300 Baht/ Person, bei den Fischern am Pier ca. 800 Baht für die Hin- und Rückfahrt (egal wie viele Passagiere) und einen mehrstündigen Aufenthalt.

Unterkunft

● Einzige Unterkunft ist das **Coral Island Resort*******-LLL, Tel. 076-281060, Fax 076-382957, www.coralislandresort. com. Stilvolle, aber nicht sonderlich luxuriöse Zimmer mit AC, TV und Kühlschrank ab 1700 Baht inkl. Frühstück. Swimmingpool vorhanden. Bei Buchung wird man gegen Entgelt in Rawai abgeholt (700 Baht pro Person bei Einzelabholung). Ansonsten kosten gecharterte Boote ab Rawai ca. 400-450 Baht einfach, 500-600 Baht retour.

Ko Kaeo Phitsadan

Ein weiterer lohnenswerter Ausflug führt nach Ko Kaeo Phitsadan, zu etwa denselben Preisen wie oben. Auf der Fahrt dorthin passiert man rechts zwei luxuriöse Domizile, die sich westliche Expats an die felsige, von Palmen umrahmte Küste haben bauen lassen. Dann erscheint ebenfalls rechts Laem Promthep, Phukets südlichster Zipfel. Streckenweise sieht man im glasklaren, flachen Wasser farbenprächtige Korallen, die man fast mit Händen greifen kann (das Abbrechen von Korallen ist streng verboten, es drohen im günstigsten Falle Geldstrafen!).

Nach ca. 30 Minuten erreicht man Ko Kaeo Phitsadan, eine stille kleine Insel, die vornehmlich mit Kokospalmen bedeckt ist. Auf der Insel lebt eine Anzahl von Plantagenarbeitern, die alle aus der Nordostprovinz Issaan stammen. Die Insel beherbergt auch ein paar Mönche, die dort in einem winzigen Wat leben. Ein strandüberblickender kleiner Chedi (Pagode) dient einem der Mönche als Wohn- und Meditationsstätte.

Von hier aus oder von dem nahe gelegenen Strand, hat man einen guten Ausblick auf Laem Promthep und die Küste von Rawai.

Ko Raya (Racha) Yai

Die Insel, die dem Klischeebild eines tropischen Eilands am ehesten entspricht, ist wohl Ko Raya Yai, vor Phukets äußerstem Südostzipfel gelegen. Sie bietet drei hervorragende Strände, dicht mit Kokospalmen bewachsenes Innenland und ein südseehaftes Flair. Die Szenerie erinnert stark an die Phi Phi Islands und so ist es nicht verwunderlich, dass hier seit einigen Jahren immer mehr Touristen hinströmen. Manchen, die die Insel von vor zehn Jahren her kennen, ist es heute schon viel zu touristisch geworden, aber eine solche Entwicklung war bei einer solch schönen Insel zu erwarten.

Bei der Ankunft auf Ko Raya Yai legen die Boote in der Regel am Hauptstrand an der Westseite an, wo sich auch ein paar Unterkünfte befinden. Von einem Felsen am Südende dieses Strandes ergibt sich ein hervorragender Ausblick über die malerische Insel und ihre insgesamt drei Strände. An einem klaren Tag kann man sogar bis zu den Phi Phi

Islands sehen. An der Südostseite von Ko Raya Yai liegt die kleinere und unbewohnte Schwesterinsel Ko Raya Noi.

Unterkunft

● Die weiteren Unterkünfte an diesem Strand sind teurer, dennoch sollte man keinen übermäßigen Luxus erwarten: **Ban Raya******* (Tel. 076-354682, Fax 076-224493) und **Bungalow Raya Resort****** (Tel. 076-288271, Tel./Fax 076-352087). Diese Unterkünfte sind generell überteuert, aber da der Strand wunderschön ist, kommen sie damit durch.

● **The Racha**LLL (Tel. 076-355455, Fax 076-355240, www.theracha.com), eine der besten und schönstgelegenen Unterkünfte in Südthailand, grandiose, mediterran wirkende Villen mit Terrasse, in den höheren Preislagen mit eigenem Jacuzzi und „Infinite View"-Swimmingpool – d.h. wenn man über das Blau des Pools sieht, erblickt man das Blau des Meeres oder des Himmels. Eine fantastische Unterkunft! Preise in der Hauptsaison bei Internetbuchungen über die Website des Unternehmens ab ca. 10.000 Baht, in der Nebensaison ab ca. 6000 Baht. Die teuersten Unterkünfte kosten je nach Saison bis zu 55.000 Baht.

● Auf der anderen, ruhigeren Seite der Insel steht das einfache **Raya Father Resort****** (Tel. 081-8934430, Fax 076-283110), kleine, enge Bungalows mit Bad zu überteuerten 1000 Baht, aber auf dieser Insel ist jede Unterkunft überteuert.

Anreise

Die Insel ist je nach Seegang in 1¼–1½ Bootsstunden vom Rawai Beach aus zu erreichen. Für die Charter mit dem Langschwanzboot werden zumeist überhöhte 3000 Baht verlangt; mit etwas Glück kann man den Preis auf aber 2000 Baht drücken. Fahrzeit ca. 1½ Stunden. Ansonsten lassen sich in Rawai Speedboote anmieten, Fahrzeit ca. 30-40 Min.; diese kosten jedoch stolze 4500-7000 Baht, je nach Größe! Diese Anreisemethode lohnt folglich nur zu mehreren Personen.

Von Mai bis September ist die Insel aufgrund des Monsuns oft tagelang nicht erreichbar. Boote können dann nur verkehren, wenn die See außergewöhnlich ruhig sein sollte. Großen Spaß macht ein Aufenthalt hier im Monsun ohnehin nicht und die meisten Resorts sind in dieser Zeit geschlossen.

Laem Promthep

Laem Promthep, das „Kap der göttlichen Engel", stellt Phukets **südlichsten Zipfel** dar und ist ein hügelartiger, mit einigen Palmen bewachsener

Fels, der wie ein dicker Finger ins azurblaue Wasser ragt. Dies ist eine von Phukets schönsten **Sonnenuntergangs-Kulissen,** auf jeden Fall die am besten publizierteste. Jeden Spätnachmittag finden sich hier Hunderte von Einheimischen und Touristen ein, das täglich wiederkehrende dramatische Schauspiel zu erleben. Eine über der zum Kap führenden Straße angelegte Terrasse sorgt für den ungehinderten, weiten Ausblick, und die zahlreichen Souvenir- und Getränkestände bilden den unausweichlichen kommerziellen Gegenpol für die so friedliche und beruhigende Szenerie.

Anreise

Reguläre Songthaews fahren nicht zum Kap, man kann höchstens aus einem Songthaew, das von Phuket City nach Nai Harn fährt, an der Abzweigung zum Laem Promthep aussteigen und dann die ca. 2 km zu Fuß gehen. Fahranweisung: *sam yääk läm promthep* oder „die Dreierkreuzung nach Laem Promthep". Kostenpunkt 30 Baht. Dann aus Fahrtrichtung gesehen links abbiegen. Gecharterte Tuk-Tuks ab Phuket City ca. 600 Baht für Hin- und Rückfahrt.

Nai Harn Beach

Vom Laem Promthep aus führt die Uferstraße zum weiter nördlich gelegenen Strand von Nai Harn und erlaubt grandiose Ausblicke auf die Küste und das so Phuket-typische azurfarbene Wasser. Von der sich über einen Hügel windenden Straße erhält man den ersten Ausblick auf den Strand, der vielen Reisenden als der schönste der ganzen Insel gilt.

Der Nai Harn Beach liegt in einer sanft gewölbten Bucht, die an ihren Seiten von Hügeln flankiert wird. An diese sind Unterkünfte gebaut, während das Hinterland des Strandes von einem kleinen See eingenommen wird.

Trotz seiner Idylle ist der Nai Harn Beach eines der weniger besuchten Ziele auf der Insel, was sicherlich auch an den begrenzten Wohnmöglichkeiten liegt. So ist er einer der ruhigeren Strände Phukets, der Sand ist sauber und weiß, das Wasser klar. Doch Vorsicht! Zum Ausgleich für die harmonische Szenerie hat die Natur die Küste mit einer **tückischen Strömung** ausgestattet, der auch geübte Schwimmer zum Opfer fallen können. Weites Herausschwimmen ist nicht anzuraten. Bieten die Monate November bis April noch gute Bademöglichkeiten, so wird das Wasser von Mai bis Oktober von Monsunwinden aufgepeitscht, und das Schwimmen ist lebensgefährlich!

Zu jeder Jahreszeit aber liefert der Strand dramatische Sonnenuntergänge; durch die in der Bucht ankernden **Segeljachten** wird ihnen der passende Kontrapunkt vorgesetzt. Von November bis März zieht es zahlreiche Jachtbesitzer hierhin, die ihrem heimatlichen kalten Winter entflohen sind und hier einen geschützten Ankerplatz finden, wohingegen in diesen Monaten der Nordost-Monsun an der Ostküste Thailands für aufgewühlte Wasser sorgt.

Die Bucht wird so zum Heimathafen von über hundert Segeljachten aller Klassen, von denen die meisten an der jeweils im Dezember ausgetragenen King's Cup Regatta teilnehmen. Die Regatta ist dem thailändischen König gewidmet, der selbst ein passionierter und preisgekrönter Segler ist und sogar gelegentlich seine Boote selbst entwirft. Die Einnahmen aus der Regatta werden königlichen Benefizprojekten oder anderen wohltätigen Zwecken zur Verfügung gestellt.

Unterkunft

• Auf dem Weg von Nai Harn nach Laem Promthep, ca. 2 km von Nai Harn entfernt, befindet sich ein kleines, aber idyllisches Stückchen Strand, der Nai Harn Noi Beach. Von der erhöhten Uferstraße erhält man einen perfekten Blick auf den Strand. Eine der schönsten Wohnmöglichkeiten in dieser Gegend bieten wohl die **Nai Ya Beach Bungalows*****-**** (99 Mu 6, Soi Ya Nui, Tel./Fax 076-238179), die in parkähnlicher Umgebung an einen Hang gebaut sind. Die sehr ruhigen, wohnlichen Bungalows mit Bad sind in der Saison oft voll belegt; Vorbuchungen könnten notwendig sein. Ab 600 Baht. Angeschlossen ist ein gutes Restaurant.

• Am Nordwestende des Bucht, ca. 1 km hinter dem Royal Phuket Yacht Club, steht das **Baan Krating Resort*******-ᴸᴸᴸ (Tel. 076-288264, 076-288341, www.baankrating.com), eine sehr ruhig gelegene, komfortable Bungalow-Anlage. Alle Bungalows mit Bad und AC, die teureren haben zudem Mini-Bar und TV. Mit Swimminpool, Massageraum und Internet-Café. Vor den Unterkünften breitet sich ein kleiner Privatstrand aus. Zzt. sehr günstige Preise über die Website des Unternehmens; ab 1500 Baht.

• Das **Nai Harn Beach Resort*****-**** befindet sich ca. 1 km vom Strand entfernt, rechts an der Straße von Rawai nach Nai Harn (14/29 Mu 1, Nai Harn Beach, Tel. 076-381810, Fax 076-214687). Die großzügigen Bungalows haben AC. Ab günstigen 500 Baht.

• **L & L***** (Soi Naya, 27/31 Nai Harn, Tel. 086-2777056), ca 2 km vom Strand entfernt, bieten einfache Bungalows und Pizzen. Thai-Deutsches Management.

• Eine der luxuriösesten Unterkünfte Phukets ist der an einem Hang gebaute **The Royal Phuket Yacht Club**ᴸᴸᴸ (vormals *Phuket Yacht Club*), der im Jahre 1985 für Kosten von 145 Mio. Baht erstellt wurde (damals eine Riesensumme), mittlerweile aber des öfteren renoviert wurde und den Besitzer gewechselt hat. Das von einem der bekanntesten Architekten Thailands entworfene Hotel fügt sich trotz aller Opulenz recht unauffällig in die Landschaft ein und bildet keinen optischen Schandfleck, so wie ähnlich protzige Bauten. Die Zimmer (alle AC) sind 75 m² groß und haben alle eine geräumige Terrasse, von der aus man die See

Nai Harn Beach, Rawai Beach

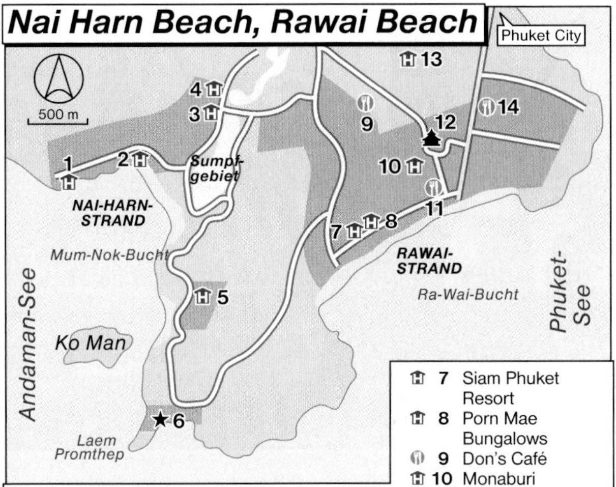

Phuket City

500 m

Sumpfgebiet

NAI-HARN-STRAND

Mum-Nok-Bucht

RAWAI-STRAND

Ra-Wai-Bucht

Andaman-See

Ko Man

Laem Promthep

★ 6

Phuket-See

🏨 7	Siam Phuket Resort
🏨 8	Porn Mae Bungalows
🍴 9	Don's Café
🏨 10	Monaburi
🍴 11	Mario e Meghi
⛩ 12	Wat Sawang Arom
🏨 13	Baan Santika
🍴 14	Royal Bavarian Beerhouse

🏨 1	Baan Krating Resort	🏨 4	L & L
🏨 2	The Royal Phuket Yacht Club	🏨 5	Nai Ya Beach Bungalows
🏨 3	Nai Harn Beach Resort	★ 6	Aussichtspunkt

Stände

überblickt. TV, eine Mini-Bar sowie ein mit Marmor ausgelegtes Bad gehören zur Grundausstattung. Sonderpreise derzeit 3000-6000 Baht. Das Hotel bietet drei Restaurants mit unterschiedlicher Küche und unterschiedlichem Flair. Das Quarter Deck ist ein Open-Air-Restaurant mit asiatischer Cuisine, das Regatta ist auf italienische Küche spezialisiert, und das Promenade bietet eine Vielzahl unterschiedlichster Speisen sowie Snacks und Drinks aus der Mittelmeerregion. Buchungen unter *The Royal Phuket Yacht Club,* 23/3 Viset Road, Tel. 076-380280, Fax 076-289016, www.phuket.com/yacht-club.

Motorrad-Rennkurs

●Für Leute die alles schon mal gemacht haben gibt es 2 km nördlich vom Nai Harn Beach Resort den kleinen **ATV Adventure Rennkurs** (750 m) für 4WD Quads. (Tel. 076-288501) Kostenpunkt 600 Baht/20 Minuten.

Anreise

Vom Markt in Phuket City fahren Songthaews für 40 Baht nach Nai Harn. Sie haben hier ihren Endpunkt. Gecharterte Tuk-Tuks ab Phuket kosten ca. 400 Baht; spätabends, wenn keine Rück-Passagiere mehr zu erwarten sind, u.U. erheb-

lich mehr. Die letzten Songthaews fahren gegen 18.15 Uhr zurück nach Phuket, was einem soeben Zeit gibt, die Endphase der fantastischen Sonnenuntergänge mitzuerleben, falls man in der Stadt wohnt.

In der „Off-Season" von Mai bis September fahren die Songthaews oft nur mit großen Abständen zurück nach Phuket, weil einfach nicht genügend Passagiere vorhanden sind. Dann nehmen die Fahrer gelegentlich mehr als die üblichen 40 Baht/Person, um überhaupt loszufahren.

Nui Beach

An der Uferstraße von Nai Harn in Richtung Kata zweigt an der linken Straßenseite ein ausgeschilderter kleiner Weg zum Nui Beach ab (2 km). Der Weg war ursprünglich ein abenteuerlicher Holperpfad, wurde aber in den letzten Jahren ausgebaut. Leider lässt der Besitzer des Geländes vor dem Strand nur Leute durch, wenn sie sich dort in seine überteuerten Liegestühle legen (250 Baht, Kinder 125 Baht). Das ist schade, denn der Strand ist ausgesprochen idyllisch und das Karma des Besitzers – ein äußerst unangenehmer Zeitgenosse – wird sich an ihm rächen. Seezigeuner, die vor dem Strand nach Muscheln tauchten, wurden bedroht, und in einem Fall wurde Einem beim Tauchen der Luftversorgungsschlauch durchgeschnitten. Über See ist der einzige freie Zugang zum Strand, aber selbst dann wird man gedrängt, sich für viel Geld in einen Liegestuhl zu legen.

Anreise

Boote zum Nui Beach chartert man am besten am nahe gelegenen Kata Beach. Hin- und Rückfahrt samt Aufenthalt von zwei Stunden kosten ca. 1500 Baht – völlig überteuert.

Kata Noi Beach

Der Kata Noi Beach oder „Kleiner Kata-Strand" ist der südliche Teil des gesamten Kata-Strandes, der durch ein kleines Kap in zwei Hälften geteilt wird. Der mit feinsandige, weiße Strand wurde erst im Jahre 1985 durch den Bau des *Kata Thani Hotels* für den Tourismus erschlossen. Ein paar weitere Unterkünfte folgten. Von einer Anhöhe entlang der Straßenverbindung Kata Noi – Kata-Hauptstrand erhält man einen guten Ausblick auf diesen Strand und die dominierende Anlage des Kata Thani. Trotz aller Entwicklung ist es hier immer noch ruhig und es ist einer der empfehlenswertesten Strände auf Phuket. Abends kann man oft herrliche Sonnenuntergänge genießen.

Strände

Unterkunft

●Das **Kata Noi Club Bungalow*****-**** (3/25 Patak Rd., Tel. 076-330194, 076-284025, Fax 076-33194) ist mit Zimmerpreisen ab 450 Baht die preisgünstigste Unterkunft an diesem Strand. Ordentliche Zimmer mit Bad, die teureren haben AC.
●Das große **Kata Thani Phuket Beach Resort**LLL hat 479 Zimmer und ist größtenteils mit Pauschalurlaubern belegt, die den Strand zum Windsurfen nutzen oder aber im hauseigenen Swimmingpool fachmännischen Tauchunterricht erhalten. Von der Terrasse lässt sich – Longdrink in der

Warnung vor starker Strömung am Nai Harn Beach

Hand – das Strandtreiben leger beobachten. Die mit allem Komfort ausgestatteten Zimmer und Villen haben ebenfalls zum Teil Strandblick. Mitte 2009 wurde das Haus renoviert und neu gestaltet. Zimmer voraussichtlich ab 250 US$, bei Buchungen über Reiseagenturen kommt man aber billiger davon. Anfragen lohnt sicher! Ansonsten Buchungen unter Tel. 076-330124-6, Fax 076-330127, www.katathani.com.

● **Kata Bhuri Hotel & Beach Resort**ᴸᴸᴸ gehört zum Kata Thani und ist mit „nur" 188 Zimmern ein wenig intimer. Komfortabel, wenn auch nicht gerade außergewöhnlich oder fantasievoll eingerichtet, Preise offiziell ab ca. 4000 Baht. Auch hier sollte über ein Reisebüro gebucht werden. Kontakt wie oben: Tel. 076-330124-6, Fax 076-330127, www.katathani.com.

● **Mom Tri's Villa Royale**ᴸᴸᴸ am Nordende von Kata Noi ist ein Ableger des *Boathouse* in Kata Yai, was schon ein Garant für großartiges Essen ist (Adresse: 12 Koktanod Rd., Tel. 076-333568-9, Fax 076-330561, E-Mail: info@villaroyalephuket.com, www.villaroyalephuket.com). Das Haus bietet wunderbare, mit vielen traditionellen Materialien ausgestattete Zimmer und Suiten, urgemütlich und superluxuriös zugleich. Einige Suiten haben einen eigenen Swimmingpool. Sehr empfehlenswert, aber Preise in der Nebensaion ca. 6000-20.000 Baht, in der Hauptsaison etwa das Doppelte.

Anreise

Songthaews vom Markt in Phuket City fahren für 30 Baht nach Kata, einige fahren dann weiter bis Kata Noi, das am Südende von Kata liegt (40 Baht ab der City). Gecharterte Tuk-Tuks ab Phuket City kosten ab ca. 400-500 Baht für die einfache Fahrt.

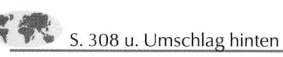

Kata Yai Beach

Katas Hauptstrand gehört zusammen mit Karon und Patong zu den am meisten für den Tourismus entwickelten Stränden, dennoch geht es hier immer noch weit ruhiger zu als in Patong. Preiswerter ist es außerdem. Im bescheidenen kleinen „Ortszentrum" von Kata finden sich einige Tauchunternehmen, Wechselstuben, Schneidereien, zahlreiche Restaurants und Souvenirläden. Es gibt auch eine Bar-Szene, aber die ist klein und relativ unaufdringlich, bei weitem nicht so krass wie in Patong. Es ist ein guter Ort für urlaubende Familien, z.B. mit Kindern.

Der Strand – einer der schönsten von Phuket – wird zu etwa zwei Dritteln von dem riesigen Komplex des *Club Mediterranée* flankiert. Die Gäste des Hauses brauchen nur eine schmale, parallel zum Strand entlangführende und kaum befahrene Straße zu überqueren und sind dann gleich am Strand. Der Bau der Straße war heftig umstritten, denn einen Sinn macht sie kaum und der Ansehnlichkeit des Strandes ist sie auch nicht unbedingt zuträglich. Als die Straße gebaut wurde, drohte der Club, der seine Attraktivität dadurch geschmälert sah, mit Schließung, aber das ließ man dann doch lieber bleiben. Gerüchten zufolge wurde die Straße nur gebaut, damit einige Beamte eine Kommission von der Baufirma kassieren konnten! (Was in Thailand des öfteren vorkommen soll.) Der *Club Mediterranée* wird zur Hauptstraße an der Ostseite hin von einer langen, grauen Mauer flankiert, die den Gang entlang dieser Straße etwas öde machen. Man hätte sie auch etwas ästhetischer gestalten können.

Trotzdem, der Strand ist ausgesprochen schön, nicht überlaufen, der Sand sehr weiß, und die vorgelagerte kleine **Insel Ko Pu** lädt zu Ausflügen ein. Am Nordende wird der Kata Beach von einer felsigen Landzunge abgeschlossen, hinter der sich gleich der Karon Beach anschließt. Da die beiden

Strände

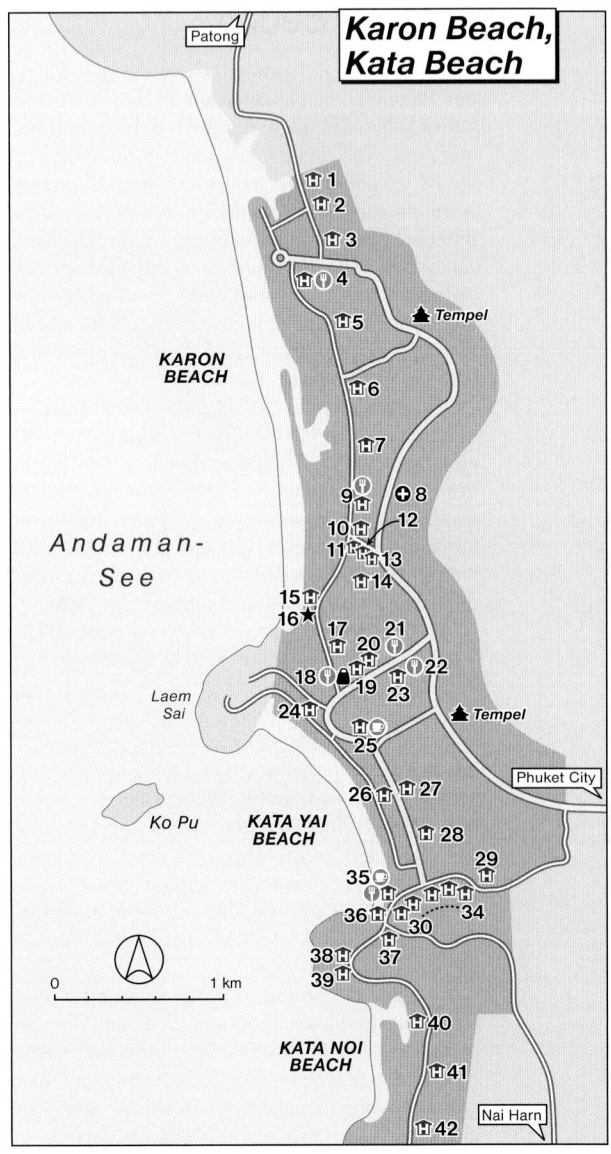

Karon Beach, Kata Beach

Patong

KARON BEACH

Tempel

Andaman-See

Laem Sai

Ko Pu

KATA YAI BEACH

Phuket City

Tempel

KATA NOI BEACH

Nai Harn

0   1 km

🏨 **1** Lume & Yai Bungalows, Ann House	🍴 **21** Helvetia Bakery and Restaurant
🏨 **2** Phuket Ocean Resort	🍴 **22** Pizzadelic
🏨 **3** Islandia Park Resort	🏨 **23** Kata Inn
🏨 **4** The Waterfront Phuket,	🏨 **24** Peach Hill Hotel & Resort
🍴 Buffalo Steak House	☕ **25** 3rd Street Corner Café/
🏨 **5** South Sea Karon Resort	🏨 Guest House
🏨 **6** Karon Seaview Bungalows	🏨 **26** Club Mediterranée
🏨 **7** Hilton Phuket Arcadia Resort & Spa	🏨 **27** Dome Bungalow
✚ **8** Krankenhaus	🏨 **28** Sumitra Thai House
🏨 **9** Thavorn Palm Beach & Spa,	🏨 **29** Bell Bungalow
🍴 diverse Restaurants	🏨 **30** Flamingo Resort
🏨 **10** Phuket Orchid Resort	🏨 **31** Cool Breeze Bungalow
🏨 **11** J & J Inn	🏨 **32** Friendship Bungalow
🏨 **12** Robin House	🏨 **33** Serene Resort
🏨 **13** Jor Guest House	🏨 **34** Little Mermaid Resort
🏨 **14** Karon Silver Resort	🏨 **35** Mom Tri's Boathouse
🏨 **15** Marina Phuket	🍴 Hotel & Restaurant,
★ **16** Dino Park	☕ Gong Café
🏨 **17** Fantasy Hill Bungalow	🏨 **36** Kata Delight Villas
⚓ **18** Kata Center mit	🏨 **37** Orchidacea
🍴 Capannina Restaurant	🏨 **38** Baan Kata Keeree
🏨 **19** Kampong Kata	🏨 **39** Mom Tri's Villa Royale
🏨 **20** Kata On Sea Bungalows	🏨 **40** Kata Thani Phuket Beach Resort
	🏨 **41** Kata Bhuri
	🏨 **42** Kata Noi Club Bungalow

Strände

Strände so fast eine Einheit bilden, werden sie oft auch als „Kata-Karon Beach" bezeichnet.

Unterkunft

Hier finden sich noch auffallend viele Unterkünfte in der unteren und mittleren Preislage, so dass dieser Strand gut für sparsamere Reisende geeignet ist.

● Das **Cool Breeze Bungalow****-**** (Tel. 076-330487, Fax 076-330173), am Südende von Kata Yai gelegen, bietet mit seinen einfachsten Zimmern zu 300 Baht (bzw. 200 Baht in der Nebensaison) eine der preiswertesten Unterkunftsmöglichkeiten. Die teuersten Zimmer (bis 900 Baht) haben AC und TV.

● Das **Dome Bungalow*****-***** (Tel. 076-330620, Fax 076-330269) befindet sich auf der Höhe des *Club Mediterranée* im binnenländischen Teil von Kata; ordentliche Bungalows mit AC. Ab 800 Baht. Ein Restaurant ist angeschlossen.

● **Kata On Sea Bungalows***-*** (Tel. 076-330594), am Hügel oberhalb der Taina Rd., bietet sehr einfache Bungalows ab 200 Baht.

● Das **Lucky Guest House & Bungalow***-*** (4 Taina Rd., Tel. 076-330572, Fax 076-330334) hat kleine, saubere Zimmer ab 200 Baht.

● Ganz hervorragend ist das von der Straße etwas zurückversetzte **Serene Resort******-LLL (9/11 Patak Rd., Tel. 076-330564, 076-330419-150, Fax 076-330148, E-Mail: info@ sereneresort.com). Die Zimmer (AC) sind bequem und bieten Ausblick auf die Bucht von Kata. Ab 1000 Baht, eine gute Wahl.

● Das **Bell Bungalow***-** (1/2 Patak Rd., Tel. 076-330858, 076-330111), sehr einfach, aber extrem preiswert, ein Spartipp. Fünf Minuten Fußweg vom Strand entfernt. Ab unglaublichen 100 Baht.

● Das **Friendship Bungalow*****-**** (6/5 Patak Rd., Tel. 076-330499, Fax 076-330166) ist mit Preisen ab 450 Baht keine schlechte Wahl. Ordentliche Zimmer mit Bad und in den höheren Preislagen (bis 1000 Baht) auch mit AC.

● Relativ preisgünstig und sehr beliebt ist auch das **Little Mermaid Resort******-*****, einige hundert Meter weiter östlich des *Friendship*, in Richtung der Straße nach Phuket City gelegen (94/23-25 Taina Rd., Tel. 076-330730, Fax 076-330733, www.littlemermaidphuket.net). Die sehr sauberen Zimmer und Bungalows (AC, TV) scharen sich um einen Swimmingpool. Bei Preisen ab 750 Baht sehr gut.

● Das **3rd Street Corner Café******-LLL ist ein kleines Café, dem auch Gästezimmer angeschlossen sind (Tel./Fax 076-284510, E-Mail: info@3rdstreetcorner.com, www.3rdstreet cafe.com). Es befindet sich in einer kleinen Gasse, die von der Hauptstraße in Kata abzweigt und an deren Zugang ein kleines Thai-Box-Stadion aufwartet. Die Zimmer (ab 1400 Baht) haben AC und Kabel-TV und sind sauber und dezent eingerichtet. Das eine oder andere Zimmer bekommt etwas Lärm von umliegenden Bars ab, also Zimmer anchecken. Ansonsten eine sehr gute und ruhige Wohnmöglichkeit.

● Das **Orchidacea**LLL befindet sich am Südende von Kata auf einem Hügel und überblickt die Straßenabzweigung, die von Kata/Kata Noi nach Nai Harn führt. Einige der Zimmer (AC, TV) haben einen Blick aufs Meer. Zimmer bei Buchung über die Website des Unternehmens ab ca. 3500 Baht; es empfiehlt sich, bei Reisebüros nach noch besseren Angeboten Ausschau zu halten. Adresse: 2/12 Mu 2, Patak Rd., Tel. 076-284 083, 076-284146, 076-330181, Fax 076-330794, E-Mail: info@orchidacearesort.com, www.or chidacearesort.com.

● Am anderen, dem Nordende der Bucht, auf einem Felsvorsprung, steht das **Peach Hill Hotel & Resort*******-LLL, eine gute Wahl (113/16-18 Patak Rd., Tel. 076-330603, 330520-1, Fax 076-330895, E-Mail: info@peach-hill.com, www.peach-hill.com) Die Lage ist ruhig; es gibt Zimmer und Bungalows in verschiedenen Preisstufen (auch unter-

schiedlich zwischen Haupt- und Nebensaison) mit AC und
Satelliten-TV. Ein Swimmingpool ist vorhanden und einige
der Villen (ab ca. 3500 Baht) haben einen eigenen Jacuzzi.
Anonsten Zimmer ab ca. 2000 Baht, bei Aufenthalten von
einer Woche sinkt der Preis auf ca. 1100 Baht – ein sehr
gutes Angebot.

● Das nahe gelegene **Kata Inn*****-**** ist ebenfalls eine
ausgezeichnete Wahl (87/4 Taina Rd., Tel. 076-333215,
E-Mail: info@katainn.com, www.katainn.com). Saubere
Zimmer mit AC, TV und Mini-Bar, in der Nebensaison ab
550 Baht, ansonsten ab 1050 Baht.

● Nicht leicht erschwinglich ist bei Preisen ab ca. 10.000
Baht (in der Nebensaison ab 5000 Baht) **Mom Tri's Boathouse**ᴸᴸᴸ (2/2 Patak Rd., Tel. 076-330015 bis -7, 02-
6538718 bis -25, Fax 076-330561, 02-6538726, E-Mail: in
fo@boathouse phuket.com, www.boathousephuket.com).
Dieses relativ kleine „Boutique Hotel" (36 Zimmer, AC, TV,
Kühlschrank, WLAN-Internet) bietet den ultimativen
Wohnkomfort, inklusive freien Blick auf das Meer. Auch
wenn man sich das Wohnen hier nicht leisten kann, so sei
ein Besuch im *Boathouse Wine & Grill Restaurant* des Hauses empfohlen. Das mehrfach preisgekrönte Restaurant ist

Strände

bekannt für seine exquisiten thailändischen Speisen, darunter auch Seafood, und außerdem bietet es mit über 750 Weinen die umfangreichste Weinkarte Phukets – ein fantastischer Ort für Gourmets. Hohe Preislage, ab ca. 2000 Baht/Pers., Reservierung unter Tel. 076-330015. Etwa 200 der Weine werden auch verkauft und können mitgenommen werden. Es werden auch Kochkurse abgehalten.

● Auf der anderen Straßenseite schräg gegenüber dem *Boathouse* führt ein Weg einen kleinen Hügel hinauf zum **Flamingo Resort*****-**** (5/19 Mu 2, Patak Rd., Tel. 076-330776, Fax 076-330814, E-Mail: info@flamingo-resort. com). Von den Zimmern (AC und TV) bietet sich ein schöner Ausblick auf's Meer. Ab 700 Baht. Angeschlossen ist zudem ein recht gutes Restaurant mit westlicher und thailändischer Küche, sehr guten Pizzen, Salaten u.v.m.

● Auf der binnenländischen Seite der Strandstraße, auf der Höhe des *Club Mediterranée*, liegt das **Sumitra Thai House****** (19/2 Patak Rd., Tel. 076-330515, 076-285183). Dieses besteht aus acht wohnlichen Bungalows (AC, Kühlschrank). Bei Preisen ab 700 Baht durchaus empfehlenswert.

● Das **Fantasy Hill Bungalow****-***** (112/1 Patak Rd., Tel. 076-330106, Fax 076-330613) befindet sich auf einem Hügel im Zentrum von Kata, umgeben von viel Grün. Die Lage könnte nicht besser sein, einige Bungalows sind relativ spartanisch ausgestattet. Dafür sind die Preise niedrig: ab 300 Baht.

● Ähnlich günstig gelegen ist das **Kampong Kata***-** (112/2 Mu 4, Patak Rd., Tel. 076-330103, Fax 076-330104), ebenfalls sehr einfach und extrem preiswert. Ab 200 Baht.

● Die **Kata Delight Villas**ᴸᴸᴸ (3/1 Patak Rd., Tel. 076-330636, 076-330342, Fax 076-330781, E-Mail: reserva tions@csloxinfo.com, www.katadelight.com) bestehen nur aus 16 Zimmern (AC, TV, Kühlschrank), zudem ist die Lage auf der Anhöhe am Nordrand der Bucht ausgezeichnet. Preise in der Hauptsaison ab ca. 3200 Baht, aber radikale Discounte in der Nebensaison, hinunter bis zu ca. 970 Baht; dann lohnenswert, die vollen Preise sind zu hoch.

● Der **Club Mediterranée**ᴸᴸᴸ ist ein ganzes Dorf für sich, in dem man – ohne ihn jemals verlassen zu müssen – ein ausgefülltes Touristendasein führen kann, was aber auch nicht jedermanns Sache ist. Vorhanden sind Tennisplätze, Swimmingpool, Disco etc. und komfortabel ausgestattete Räume. Der ganze Spaß kostet 7000 Baht pro Person/Tag, in der Nebensaison etwa die Hälfte. Anfragen unter *Club Mediterrané, 7/3 Mu 2, Patak Rd., Tel. 076-330456, 076-285235 bis -45, 02-2530108, Fax 076-330462, E-Mail: sales@club med.co.th, www.clubmed.com.

Zimmer im 3rd Street Corner Café in Kata Yai

Strände

● Das **Baan Kata Keeree**ᴸᴸᴸ ist eine exklusive Privatvilla am Südende von Kata. Die Villa ist auf einer Anhöhe gebaut und bietet besten Meerblick. Sie hat Platz für bis zu 12 Personen, die sich 6 Schlafzimmer teilen können. Dazu gibt es zwei Swimmingpools, einen traditionellen Thai-Pavillon, spezielle Open-Air-Essbereiche, umgeben von einem gepflegten Garten, einen gut bestückten Weinkeller, dessen Weine „zum Selbstkostenpreis" abgegeben werden, u.v.m. Bedient werden Sie von einem Stab von 4-6 Personen. Klingt gut? Na klar. Bei Preisen ab 1150 US$ in der Off-Season, 1850 US$ in der Hauptsaison und gar 2000 US$ um Weihnachten lässt sich sicher einiges erwarten. Weitere Informationen unter Tel. 081-8409404; www.villaphuket.com.

Essen

● Gute Seafood zu moderaten Preisen bietet das **Gung Café** neben dem *Boathouse* im „Lobster Square", begleitet von Jazz-Musik und kreativen Cocktails. Eine Weinbar ist angeschlossen Tel. 076-330015 bis -7.
● **Helvetia Bakery and Restaurant** (Tel. 076-284082) in der Taina Road verkauft gutes Brot und Kuchen, zudem werden traditionelle Schweizer Küche und gute Thai Gerichte geboten.
● Das an derselben Straße angesiedelte **Pizzadelic** ist Internet-Café, Bar und gutes Pizza-Restaurant zugleich.
● Gute italienische Küche serviert das **Da Peppino** im Kata Center; umfangreiche Weinkarte, Pizzen.
● Tex-Mex Food, das so beliebte Gemisch aus Mexikanisch und Amerikanisch/Texanisch, gelingt besonders gut in der

BlueFin Tavern im Kata Center. Auch die Piña Coladas sind gekonnt zusammengemischt.
● **Boathouse Wine & Grill** siehe *Mom Tri's Boathouse*, Abschnitt „Unterkunft".
● Wirklich sehr gutes italienisches Essen macht **La Capannina** im Kata Center. Die Pizzas und Pastagerichte sind einfach perfekt. Es lohnt sich hier der Besuch auch, wenn man an einem anderen Strand wohnt. In der Hauptsaison bilden sich abends oft Warteschlangen, und es kann eine gute halbe Stunde dauern, bis man einen Platz bekommt. Vorbuchungen sind theoretisch möglich (Tel. 076-284174), nur ist das Personal leider sehr ineffizient. Der Service ist generell nachlässig und führt oft zu Beschwerden. Man überprüfe die Rechnung genau, denn nicht selten schlagen die Kellnerinnen etwas auf. Schade, denn dies ist eines der allerbesten italienischen Restaurants auf der Insel. Hohe Preislage, ab c.a 1500 Baht/2 Pers.

Kochkurse

... werden regelmäßig im **Kata Thani Hotel** abgehalten. Tel. 076-330914. Auch das **Mom Tri's Boathouse** bietet ein- und zweitägige Kochkurse an (siehe dort).

Unterhaltung

● Kata hat keine großen **Discos** wie Patong, aber das ist vielleicht auch ganz gut so. Dennoch dröhnt es im *Kata Center* des Öfteren ganz mächtig, einige Bars und Pubs buhlen um Aufmerksamkeit. Siehe *BlueFin Tavern, Soundgarden, Anchor Bar, Oasis Bar* und *Easy Rider's.*
● Auf dem **Shooting Range** (82/2 Patak Rd., T. Rawai, Phuket 83130, Tel. 076-381667), auf halbem Weg zwischen Phuket und Kata. Hier hat man nicht nur die Gelegenheit alle möglichen Schusswaffen auszuprobieren. Hier wird auch das so genannte „Paintball Asia Topgun" angeboten. Wo sonst, so die Broschüre, könne man eine wirkliche Kriegserfahrung machen?
● In der Nähe werden auch noch andere „sensationelle" Touristenattraktionen angeboten, so die **Phuket Cobra Show** (Tel. 076-7371176). Showzeit: Jederzeit.
● Auch die **Monkey School** soll gelegentlich zahlfreudige Zuschauer anziehen (Tel. 081-8924828). Affenshows um 10, 11, 13, 14 und 16 Uhr.

Anreise

Songthaews vom Markt in Phuket City kosten 30 Baht. Sie fahren zunächst zum Nordende des Karon Beach (Kreisverkehr), dann weiter in südliche Richtung den gesamten Karon Beach entlang, bis dieser an seinem Südende in den Kata Beach übergeht. Wer schon mit einem bestimmten Wohnwunsch nach Kata kommt, sollte vorher die Karte konsultieren, um nicht am falschen Ende des Strandes auszusteigen. Die Fahrer kennen oft nur die größeren Hotels, und so kann man sich auf deren touristische Sachkenntnis nicht allzu sehr verlassen.

Gecharterte Tuk-Tuks ab Phuket City kosten ab ca. 400 Baht für die einfache Fahrt.

Karon Beach

Der Strand von Karon erstreckt sich über ca. 3 km und wird an seiner Landseite von leichten Dünen gesäumt. Der Strand ist ausgesprochen breit – der breiteste auf Phuket – und so können sich die Besucher bestens darauf verteilen, ohne sich gegenseitig auf die Badelatschen zu treten. Das Wasser ist klar und der Wellengang hält sich in Grenzen (außer in der Regenzeit); ein guter Badestrand also, auch für Kinder. In der Regenzeit kann das Schwimmen lebensgefährlich sein.

Leider ist das Hinterland zum Strand nicht das schönste: Das Gebiet östlich der an Strand verlaufenden Straße macht einen etwas „zerrütteten" Eindruck. Aufgrund emsiger Bauaktivitäten liegt an manchen Stellen Betonschrott herum, und auch die angrenzende Landschaft wirkt etwas kahl. Tropische Palmen fehlen. Zudem wird die Straße – relativ gerade und gut ausgebaut wie sie ist – von so manchen Motorrad- oder Autofahrer als Rennstrecke missbraucht. Beim Überqueren ist Vorsicht angesagt. Fazit: Der Strand ist einer der besten auf Phuket, was direkt daneben liegt, ist zum Teil nicht ganz so zufriedenstellend.

Wem Karon-Mitte somit nicht zusagt, der kann sich ans Nord- oder Südende der Bucht zurückziehen, wo das Ambiente besser ist und sich auch einige sehr gute Unterkünfte befinden.

Wie in Kata, so hat sich auch in Karon ein kleines **kommerzielles Center** mit Geschäften, Restaurants u.Ä. gebildet. Dieses „Karon Center" gruppiert sich um das *Karon Inn* herum. Hier gibt es auch einen Hauch von Nachtleben, trotzdem ist dies ein guter Strand für den Familienurlaub. Besonders begeistert zeigen sich Kinder – auch viele Erwachsene – vom Dino Park.

Stände

Unterkunft

Im binnenländischen Teil von Karon, gegenüber dem Karon Plaza und nahe der Straße nach Phuket City, befinden sich einige der preiswertesten Unterkünfte am Ort – die Lage ist nicht unbedingt optimal, dafür ist's preiswert.

● Recht gut sind die im Zentrum von Karon fast nebeneinander gelegenen, preiswerten Unterkünfte **Robin House** *-*** (128/12 Soi Bangla, Tel. 076-396734) und **Jor Guest House***-*** (Tel. 076-396546, 076-286256), mit sehr einfachen Zimmern ab 200 bzw. 300 Baht. Die beiden Häuser befinden sich am Nordende von Soi Bangla, der kleinen Verbindungsstraße zwischen der Strandstraße und der Straße nach Phuket (die Straße, an der auch das *Karon Inn* liegt).

● Dem selben Besitzer wie das *Jor Guest House* gehört das etwas komfortablere, nur aus neun Zimmern (AC) bestehende **J & J Inn***-**** (102/12 Mu 3, Karon, Tel. 076-396935, 076-286335). Ab 500 Baht.

● Nahebei findet sich das **Karon Silver Resort***-**** (127/9 Mu 3, Soi Bangla, Tel. 076-396185, Fax 076-396187, E-Mail: karonsilver@hotmail.com). Die Lage ist ausgesprochen ruhig, die Zimmer (Bad) bei Preisen ab 450 Baht recht empfehlenswert. Die teureren Zimmer (bis 1200 Baht) sind mit AC und TV ausgestattet.

● Sehr preiswert sind die an der Strandstraße gelegenen **Karon Seaview Bungalows***-*** (36/9 Patak Rd., Tel. 076-396798-9, Fax 076-396799). Die Zimmer ab 250 Baht sind klein und für den Preis o.k., mehr aber nicht.

● Eine hervorragende Unterkunft ist das **South Sea Karon Resort**ᴸᴸᴸ mit luxuriös ausgestatteten Zimmern (AC, TV, Mini-Bar), Restaurants und einem Swimmingpool. Preise ab 3000 Baht. Adresse: 204 Karon Rd., Karon, Phuket 83100, Tel. 076-396611 bis -5, Fax 076-396618, E-Mail: info@southsearesorts.com, www.phuket-southsea.com.

● Das **Marina Phuket**ᴸᴸᴸ befindet sich auf einer Anhöhe am Südende der Bucht von Karon, quasi im Grenzgebiet von Karon und Kata Yai. Von einigen der komfortablen Bungalows hat man einen wunderbaren Ausblick auf die Bucht, und die Anlage ist von einer malerischen Grünanlage umgeben. Zwei Swimmingpools sind vorhanden. Hinzu kommen zwei ausgezeichnete Restaurants (*On The Rock* und *Sala Thai*), das Seafood, sonstige thailändische und auch westliche Speisen serviert, und aufgrund all dieser Vorzüge ist das *Marina Phuket* eine der beliebtesten Unterkünfte auf Phuket. Kein Wunder, dass die Preise (derzeit 100-160 US$) in den letzten Jahren ständig gestiegen sind. Über Reiseagenturen gibt's erhebliche Verbilligungen, und da sollte man zugreifen. Die Lage der Bungalows entscheidet über den Preis, alle haben Bad, AC, Kühlschrank und in den

Stründe

höheren Preislagen TV, DVD-Player und Internet. Die preiswerteren Zimmer blicken auf einen tropischen Garten („Jungle View"). Andere Bungalows stehen direkt auf der Klippe – darunter breitet sich der gesamte Karon Beach aus, den man von einem Balkon aus besten überblicken kann („Ocean View"); diese Zimmer kosten ab 300 US$. Adresse: 47 Karon Rd., Tel. 076-330625, 076-330493-7, Fax 076-330516, E-Mail: info@marinaphuket.com, www.marinaphuket.com.

An seiner Südseite angeschlossen ist dem Haus der **Dino Park** (Tel. 076-33625, www.dinopark.com). Dies ist ein 18-Loch-Minigolfpark, aber wohl einer der ungewöhnlichsten auf der Welt. Der Golfkurs zieht sich durch eine dschungelartige Landschaft mit künstlichem Wasserfall und einem künstlichen rauchspeienden Vulkan. Das Gelände wird zudem von zahlreichen, recht lebensechten Dinosaurier-Figuren „bevölkert", und nicht nur Kinder haben ihren hellen Spaß daran. Vorhanden ist auch ein Restaurant, **Dino Kitchen.** Geboten werden unter anderem „Dino-Burger". Geöffnet tägl. 10-24 Uhr, Eintritt völlig akzeptable 200 Baht.

●Das **Phuket Orchid Resort**ᴸᴸᴸ (vormals *Karon Inn*) liegt auf halbem Weg zwischen Kata und Karon und hat mehr als 500 Zimmer um einen schönen Pool der von riesigen kitschigen Khmer Gottkönigsstatuen überragt wird. Adresse: 34 Luangporchuan Rd., Tambon Karon, Phuket 83100, Tel. 076-396519-23, 02-9394062, Fax 076-3396526, 02-9394065, E-Mail: krbrsvn@katagroup.com, www.katagroup.com. Ab 3600 Baht.

●Das sehr gute **Thavorn Palm Beach Resort & Spa**ᴸᴸᴸ ist ein Schwesternhotel des *Thavorn Hotels* in Phuket City. Vorhanden sind Swimmingpool, Jacuzzi, Fitnessraum, Tennisplatz und mehrere Restaurants, dazu das sehr empfehlenswerte **Nakalay Spa**. Offiziell beginnen die Zimmerpreise bei 200 US$, bei Buchungen über Reisebüros kommt man jedoch zumeist weit billiger davon. Adresse: 128/10 Mu 3, Karon, Phuket 83100, Tel. 076-396090-3, Fax 076-396555, E-Mail: info@thavornpalmbeach.com, www.thavornpalmbeach.com.

●Das **Hilton Phuket Arcadia Resort & Spa**ᴸᴸᴸ ist ein gigantisches Luxushotel (685 Zimmer), dessen eigenwillige Rundbau-Architektur nicht jedermanns Sinn für Ästhetik befriedigt, in seinem Inneren jedoch jeden Komfort bietet. Vorhanden sind Swimmingpool, Tennisplatz, zahlreiche Restaurants, Shopping-Möglichkeiten etc; Zimmer mit AC, TV, Mini-Bar etc. Offizielle Zimmerpreise ab ca. 6400 Baht, bei Buchung über Reisebüros sind aber auch hier bessere Preise rauszuschlagen. Das Hilton dient oft als Austragungsort von Tagungen. Adresse: 333 Karon Beach, Phuket 83100, Tel. 076-396433-41, Fax 076-396136, E-Mail: phuketarcadia@hilton.com, www.hilton.com.

●Karons höchstes Gebäude ist das im nördlichen Bereich befindliche, 20 Stockwerke umfassende **The Waterfront Phuket**ᴸᴸᴸ (zuvor *Central Waterfront Suites*; 224/21 Mu 1, Karon Rd., Tel. 076-396767, Fax 076-396793, E-Mail: info@thewaterfront-phuket.com, www.thewaterfront-phuket.com). Von den oberen Stockwerken des Hochhauses bietet sich ein atemberaubender Ausblick, und wer es sich leisten kann, wird den Aufenthalt hier nicht bereuen. Preise offiziell ab 8000 Baht in der Hauptsaison, diese werden zumeist jedoch auf die Hälfte oder darunter gesenkt. Die Zimmer und Suiten haben allen notwendigen Komfort (Bad, AC, TV, Kühlschrank) und können auch monatsweise

Vorsicht, Unfallgefahr!

Die erhöhte Uferstraße, die fast die ganze Westseite der Insel entlangführt, macht im Bereich von Karon Noi einige starke Schlenker, und ein Fehler beim Auto- oder Motorradfahren kann tödlich sein. Mehrere Verkehrsteilnehmer mussten an dieser Stelle schon ihr Leben lassen. Nach zahlreichen Unfällen wurde ein niedriger Metallzaun errichtet, doch bei hoher Geschwindigkeit dürfte auch dieser keinen großen Schutz bieten.

Jedes Jahr sterben auf Phuket etwa 50-100 Personen durch Verkehrsunfälle (vor allem Motorradfahrer), nicht wenige davon Touristen, die mit überhöhter Geschwindigkeit fahren. Nicht selten ist Alkohol im Spiel.

gemietet werden, was preiswerter ist. 80.000 Baht für 1-Zimmer-Apartments, 90.000 für 2-Zimmer-Apartments. Vorhanden sind Swimmingpool, Jacuzzi und Tennisplatz.
●Im Norden Karons finden sich einige sehr preisgünstige Unterkünfte, z.B. **Lume & Yai Bungalow*****-**** (7/3 Mu 1, Patak Rd., Tel. 076-396382, 076-396096, Fax 076-966096), mit kleinen Hütten aus Zement und Holz ab 500 Baht sowie das nahebei gelegene **Ann House***-** (4/6 Mu 1, Patak Rd., Tel. 089-4875126, 081-1490005), mit kleinen Zimmern ab unglaublichen 100 Baht.

Essen

●Das **Old Siam Nakalay** im *Thavorn Palm Beach* präsentiert allerbeste thailändische Küche, ebenfalls nicht ganz billig. Mittwochs wird von 20-21 Uhr klassischer Thai-Tanz geboten, begleitet von einem ausgiebigen Thai-Buffet (700 Baht). Reservierungen unter Tel. 076-396090 bis -3.
●Ebenfalls im *Thavorn Palm Beach* befindet sich das **Long Beach Terrace,** eine vorzügliche Adresse für Seafood, italienische Gerichte und Steaks. Tel. 076-396090 bis -3.
●**Al Pirata** im *Thavorn Palm Beach* wartet mit italienischen Spezialitäten auf, darunter Pizzen auf dem Holzkohleofen. Tel. 076-396090 bis -3.
●Das **King Prawn Seafood** vor dem *Thavorn Palm Beach*, zu erkennen am dem davor aufgestellten Boot, wartet mit sehr gutem thailändischer Seafood auf, darunter frische Austern; europäische und japanische Gerichte stehen ebenfalls auf dem Programm. Tel. 076-396090 bis -3.
●Im *Hilton Arcadia Hotel* wartet das **Tai Kong** auf, das für seine ausgezeichnete chinesische Seafood bekannt ist und nebenbei noch Meerblick bietet. Höhere Preislage. Tel. 076-396038 bis -44.
●Das **Sala Thai** ist in einem tropischen Garten auf dem Gelände des *Marina Phuket* angesiedelt und serviert beste thailändische und westliche Küche. Hohe Preislage, aber ein Erlebnis für sich. Tel. 076-330625.
●Ausgezeichnete Steaks servieren die Restaurants der skandinavischen Kette **Buffalo Steak House.** Der Ableger in Karon befindet sich vor dem Waterfront Hotel. Ab ca. 800 Baht für 2 Personen.
●Einige gute und originelle Restaurants befinden sich ein paar Meter östlich des Kreisverkehrs in Nord-Karon, westlich des *Islandia Park Resort*. **Las Margaritas Grill & Cantina** zaubert ein Sammelsurium internationaler Gerichte, darunter mexikanische und kalifornische, Speisen aus dem Mediterraneum und Thailand. Dazu gibt's ein ausgiebiges Salat-Buffet. WLAN-Internet. Tel. 076-397001, www.las-margaritas.net.
●Im daneben gelegenen Schwesterunternehmen **Karon Café Inn & USA Steakhouse** gibt es neben Steaks auch Pizza, Sandwiches, Frühstücke etc. Besonders lohnenswert ist das Suppen- und Salat-Buffet. Tel. 076-396217. Die Zim-

Strände

mer im angeschlossenen Hotel kosten in der Hauptsaison ab 1200 Baht, in der Nebensaison ab 700 Baht. Tel. 076-286400, Fax 076-396745, www.karoncafe.com.

●Gute europäische und thailändische Küche im ein paar Schritte weiter südlich gelegenen **Nobel Restaurant,** das von einem Schweden geleitet wird. Tel. 076-396939, www.phuketweb.com/nobel.

**Unter-
haltung**

●Das **Rock Café** am *Waterfront Hotel* ist ein zweigeschossiger Pub mit recht guter Rockmusik.

**Wasser-
sport**

●Verschiedene Wassersportarten werden angeboten: Banana-Boat (300 Baht/Std.), Jet-Ski (700 Baht pro ½ Std.), Parasailing (600 Baht).

●Tauch-Trips und -Kurse werden organisiert von *Aquatic Adventures* (Tel. 076-396326, E-Mail: aquatic-adventures @usa.net), *Dive Asia* (Tel. 076-396199, Fax 076-396306, www.diveasia.com), *Kon Tiki* (Tel. 076-280366, Fax 076-280357, www.kontiki-thailand.com), *Marina Divers* (Tel. 076-330272, Fax 076-330998, *Siam Dive 'n' Sail* (Tel. 076-330608, www.siamdivers.com.

Anreise

Songthaews vom Markt in Phuket City kosten 25 Baht. Wie bei der Anreise nach Kata, sollte man auch hier vorher die Karte befragen, wo die gewünschte Unterkunft zu finden ist, um längere Fußmärsche zu vermeiden. Als Orientierungspunkt dient der von Kasuarinas umgebene Kreisverkehr im Norden von Karon. Rechts davon (aus Fahrtrichtung gesehen) liegt der stille Norden von Karon, links der belebtere Teil. Wer zum Karon Center möchte, braucht allerdings erst gar nicht so weit zu fahren: Die Straße Phuket – Karon, die hier eine lange Schleife macht, führt schon früh an der Ostseite des Centers vorbei, um dann – einige Fahrkilometer weiter – noch einmal dessen Westseite (entlang der Strandstraße) zu passieren. Den Fahrer bitten, am Karon Center zu stoppen! Gecharterte Tuk-Tuks ab Phuket kosten ca. 400 Baht/einfache Fahrt.

Fahrt nach Phuket City: Ein Problem kann die Fahrt nach Phuket City nach 17 Uhr werden, wenn keine Songthaews mehr fahren. Das gilt für den gesamten Bereich Kata-Karon. Dann bleiben nur die Taxis, die üblicherweise im Karon-Center und östlich des Kreisverkehrs in Nord-Karon, an der Straße nach Phuket City, parken (als auch an der Songthaew-Station in Kata). Diese haben kein Taxameter, und die Fahrer neigen zu Überpreisen. Eine Fahrt nach Phuket City ist kaum unter 500-600 Baht zu haben, manchmal wird weit mehr verlangt. Reell wäre ein Preis bis max. 450 Baht, aber der ist kaum zu bekommen. Handeln!

Strände

Karon Noi Beach

Etwa 3 km nördlich vom Hauptstrand in Karon, an der Straße nach Patong, befindet sich der in einer kleinen, engen Bucht gelegene Strand Karon Noi („Kleiner Karon"). Aus Richtung Karon kommend, hat man von der sich über einen Hügel windenden Straße einen ausgezeichneten Ausblick auf den Strand. Er ist ein Teil der so genannten „Relax Bay", ein ruhiges Stück Meer zwischen dem touristischen Patong und Karon.

Unterkunft

● Die einzige Wohnmöglichkeit direkt am Strand ist das fast die ganze Bucht einnehmende Luxushotel **Le Méridien Phuket Beach Resort**LLL. Das Hotel bietet jeden Komfort, den man von solchen Nobelbauten kennt: Swimmingpool, Tennisplatz, Disco, Restaurants etc. Aufgrund der relativ abgeschiedenen Lage bildet das Haus ein in sich abgeschlossenes kleines Universum, in dem man nichts vermisst. Allerdings gehört dieses Haus zu den älteren Objekten auf Phuket und könnte eine Überholung gebrauchen. Ab 290 US$, bei Buchungen über Reisebüros erheblich preiswerter. Buchungen oder Anfragen unter *Le Meridien Phuket,* 8/5 Mu 1, Karon, Phuket 83100, Tel. 076-340480-5, 02-6532201 bis -7, Fax 076-340479, 02-6532208-9, E-Mail: reservations.phuketbeach@lemeridien.com, www.phuket.com/meridien.

● Sehr gute Ausblicke über die Bucht bieten sich vom **Baan Karon Hill******* (8/3 Mu 1, Patak Rd., Tel. 076-286233, Fax 076-286209). Die Bungalows stehen teilweise auf Stelzen und sind an einen Hügel gebaut, umgeben von tropischer Vegetation. Mit AC, TV und Kühlschrank zu 1800 Baht.

Anreise

Zum Karon Noi Beach fahren keine öffentlichen Verkehrsmittel. Wer sparen will, könnte mit dem Songthaew von Phuket City nach Karon oder Patong fahren und dann mit gechartertem Tuk-Tuk weiterkommen (ca. 200 Baht). Gecharterte Tuk-Tuks ab Phuket City kosten ab ca. 400 Baht für die einfache Fahrt.

Patong Beach

Als in den vorangegangenen Jahrhunderten europäische Seeleute die Bucht von Patong ansteuerten, die ein begehrter Ankerplatz war, ahnten sie nicht, wie viele ihrer Nachfahren hier später einkehren sollten.

Patong ist heute der am meisten mit Touristen bevölkerte Ort Phukets, eine Strandstadt, die binnen 20 Jahren eine Entwicklung vom einsamen Fischerdorf, das am besten noch vom Meer aus zu erreichen war, zum weltbekannten **Urlaubs-Mekka** durchlebt hat. Somit ist der Vergleich mit Pattaya nicht ganz abwegig, dem ebenso populären Badeort am Golf von Siam, der aber in den letzten Jahren eine noch ungesündere Entwicklung durchgemacht hat.

Patong ist eine dynamische **Ferienstadt,** deren Infrastruktur voll auf die Bedürfnisse von Touristen ausgerichtet ist. So gibt es über 10.000 Hotelzimmer (bzw. Bungalows), Hunderte von Restaurants mit internationaler Küche, zahllose Geschäfte und ein reges Nachtleben – gelinde gesagt. In Hunderten von Bars drängen sich die Kunden, und in den Bars verdingen sich einige Tausend Bargirls. Die meisten dieser Mädchen stammen aus den verarmten Provinzen des Nordens oder Nordostens Thailands, so aus Buriram, Surin, Roi-Et oder Udon Thani. Das Geld, das sie in Patong verdienen, reicht bei manchen sogar dazu, den Heimflug in der Business Class anzutreten. In der touristenarmen Regenzeit zieht es viele der Mädchen zurück aufs Land zu ihren Familien oder nach Bangkok, um dort weiter zu verdienen.

Zu den Bargirls gesellen sich zahlreiche *Gathoeys* oder Transvestiten. Uneingeweihte können oft beide nicht voneinander unterscheiden! Soi Bangla, im Zentrum von Patong, hat sich aufgrund der dort posierenden *Gathoeys* den wohlreimenden Beinamen „Soi Gathoey" zugezogen. Die *Gathoeys* posieren in krassen Aufmachungen und fordern von fotografierenden Touristen aggressiv einen Obolus. Generell ist vor *Gathoeys* zu warnen – sie sind oft sehr angriffslustig, und nachts begehen sie auch schon mal den einen oder anderen Raub. Wer nachts Gruppen von *Gathoeys* sieht (falls man sie als solche erkennt), sollte vielleicht besser die Straßenseite wechseln.

Abgesehen davon kann das **Nachtleben** in Patong ein Riesenspaß sein und neben den Bars und Discos, in denen es zum großen Teil um die Anbahnung von bezahlten Kurzzeit-Liasionen geht, gibt es auch genügend „normale" Pubs, Kneipen und Bars mit Edel-Ambiente.

Patong ist eine moderne Stadt, die vom 26-stöckigen Gebäude des *Paradise Complex* und *Paradise Hotel* überragt wird. Das Gebäude, errichtet 1990, war Patongs erster Schritt in Richtung Klotzbautum, weitere architektonische Großdenkmäler sollten folgen. Dabei passt eigentlich gar nichts zusammen, Patong ist die pure architektonische Anarchie. Die Gebäude sehen oft aus, als wären sie planlos wie in einer temporären Gold-

Strände

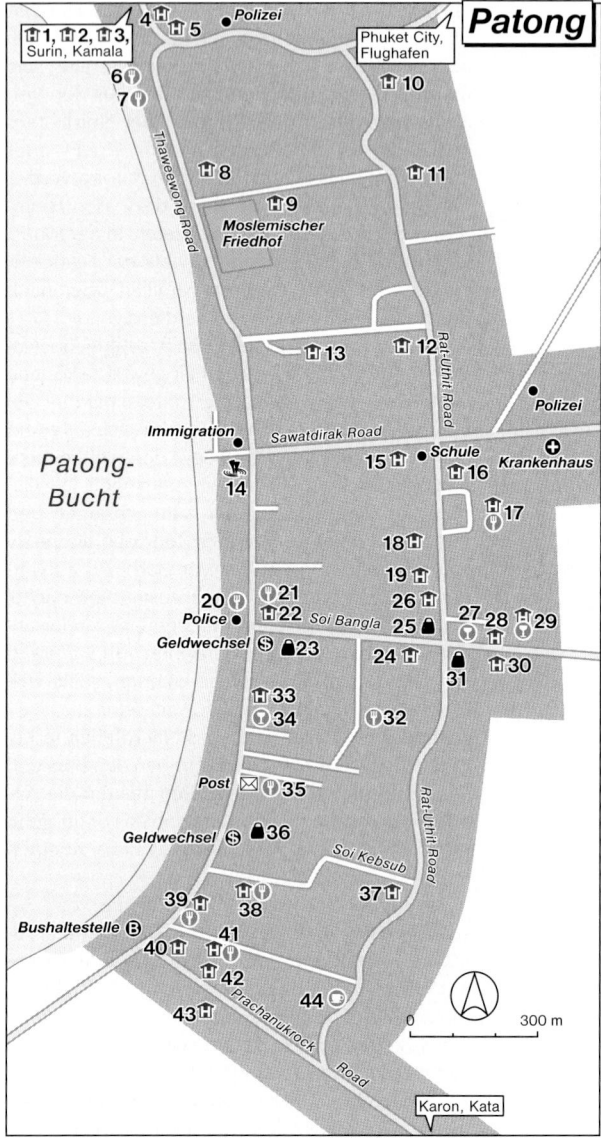

Patong

1, 2, 3, Surin, Kamala
4
5
• Polizei
6
7
Phuket City, Flughafen
10
8
9
Moslemischer Friedhof
Thaweewong Road
13
12
Rat-Uthit Road
• Polizei
Immigration
Sawatdirak Road
15
Schule
16
Krankenhaus
Patong-Bucht
14
17
18
19
26
20
21
22
Police
25
27 28 29
Soi Bangla
Geldwechsel
23
24
31
30
33
34
32
Post
35
Geldwechsel
36
Soi Kebsub
39
38
37
Rat-Uthit Road
Bushaltestelle
40
41
42
44
43
Prachanukrock Road

0   300 m

Karon, Kata

🏨 1 Nerntong Resort	🛍 25 Ocean Department Store
🏨 2 Seven Sea House	🏨 26 P.S. Hotel
🏨 3 Diamond Cliff Resort & Spa	🏨 27 Tai Pan
🏨 4 Orchid Hotel & Spa	🏨 28 Villa Swiss Garden
🏨 5 Malibu Island Club Hotel	🏨 29 Expat Hotel und
🍴 6 Da Maurizio	🍴 Bar
🍴 7 Ban Rim Pa	🏨 30 Orchid Residence
🏨 8 Phuket Graceland Resort	🛍 31 Jungceylon Shopping
& Spa	Center
🏨 9 Swiss Palm Beach	🍴 32 Buffalo Steak House
🏨 10 P.S.2 Bungalows	🏨 33 Patong Beach Hotel
🏨 11 Shamrock Park Inn	🍴 34 Banana Disco
🏨 12 Ibis Patong	🍴 35 Sabai Sabai
🏨 13 Club Andaman Beach	🛍 36 Patong Shopping Centre
Resort	🏨 37 2000 Mansion
🤿 14 Santana Diving	🏨 38 Horizon Beach Resort
🏨 15 Chanathip Guest House	Hotel,
🏨 16 Azzurro Village	🍴 Baluchi
🏨 17 Royal Paradise Hotel,	🏨 39 Holiday Inn,
🍴 The Royal Kitchen	🍴 Sam's Steak & Grill,
🏨 18 Neptuna Hotel	🍴 Terrazzo, Charm Thai
🏨 19 K Hotel	🏨 40 Patong Merlin Hotel
🍴 20 Sala Bua Restaurant	🏨 41 Burasari Resort,
🍴 21 Savoey Restaurant	🍴 Floyd's Brasserie
🏨 22 Safari Beach Hotel	🏨 42 Hyton Leelavadee
🛍 23 Bookazine	🏨 43 Duangjitt Resort
🏨 24 Baan Sukhothai	☕ 44 Hard Rock Café

gräberstadt errichtet – es wurde und wird immer noch einfach drauf losgebaut, das Wort „Stadtplanung" scheint nicht zu existieren. Hinzu kommen die unansehnlichen Strommasten, zwischen denen dicke Bündel von Elektrokabeln gespannt sind und die aussehen wie Wuste von überdimensionalen Nudeln. Die amateurhaft aufgespannten Elektrokabel verursachen so manches Staunen oder Köpfeschütteln bei Patong-Touristen.

Der oben erwähnte, beinahe phallisch wirkende *Paradise Complex* ist das **Gay-Zentrum Phukets,** drumherum finden sich zahlreiche Gay-Bars. In der Gasse davor finden sich nachts, wenn die Bars schon alle geschlossen sind, zahlreiche weibliche Straßenprostituierte ein, und es kommt zu bizarren Szenen.

Strände

Generell kann Patong ein kleines bis mittelgroßes Abenteuer sein – vielen gefällt es, vielen aber auch nicht. Die zahlreichen Händler und Tuk-Tuk-Fahrer, die einen alle paar Meter ansprechen, verursachen Stress. Die Schlepper, die vor den zahreichen Schneiderläden auf Kunden lauern, machen sich ganz besonders unbeliebt: Sie bedrängen Passanten und versuchen, ihnen die Hand zu schütteln und sie dann mit dummen Floskeln in ein (Verkaufs-)Gespäch zu verwickeln. Die „indisch" aussehenden Schlepper sind burmesische Staatsangehörige nepalesischer Abstammung; es sind die Nachfahren von *Gurkha*-Soldaten, die zur britischen Kolonialzeit in Burma stationiert waren. Diese Nachkommen der einst so stolzen und kampferprobten Gurkhas gehören mit zu den unangenehmsten Zeitgenossen auf Phuket.

Wer sich nicht sicher ist, ob Patong der richtige Ort ist, sollte sich vielleicht erst einmal woanders einquartieren und dann einen Tagestrip dorthin unternehmen.

Im **Immigration Office** (Tel. 076-340477) neben der Salsa Cocktail Bar an der Thaweewong Road, lassen sich Visa verlängern. Das Ganze geht hier äußerst schnell vonstatten. Kostenpunkt pro Verlängerung 1900 Baht, wobei die Beamten gerne den Rausgabe-Hunderter vergessen, falls man mit zwei Tausendern bezahlt. Naja, sie machen gute Arbeit und haben ihn vielleicht verdient.

Auch die **Tourist Police** ist hier postiert; wer sich schlecht verständlich machen kann, könnte einem der ehrenamtlichen Volontäre der Tourist Police verlangen (es sind gut Englisch sprechende Thais und Ausländer), mit denen die Konversation eventuell besser klappt. Ein paar hundert Meter weiter südlich, an der Einmündung der Soi Bangla in die Thaweewong Road findet sich ein weiterer kleiner Polizeiposten.

Doch nun zum Strand. Der **Strand** von Patong ist einer der ansehnlichsten Phukets, eine seichte Bucht von ca. 3 km Länge, mit relativ weißem Sand. Da viele Patong-Besucher sich Abend für Abend ins Nachtleben stürzen und somit Spätaufsteher sind, ist der Strand in den frühen Morgenstunden fast menschenleer. Der Strand ist „im Prinzip" gut zum Schwimmen geeignet – sehr störend, und eventuell gar lebensgefährlich, sind allerdings die übers Wasser rasenden Water-Scooter und Jet-Skis. Der Strand ist vollgestellt mit Reihen von Liegenstühlen und darüber aufgestellten Sonnenschirmen, die vermietet werden. Die Preise liegen, je nach Saison und Touristenzustrom, bei 50-200 Baht/Tag. 200 Baht ist recht hoch und man sollte versuchen zu handeln.

Patong wurde hart vom **Tsunami** getroffen. Die Verwüstung beschränkte sich aber weitgehend auf die Strandstraße, die Thaweewong Road, wo praktisch alle Gebäude mehr oder minder zerstört wurden. Die Wassermassen drangen auch in die Seitengassen ein, so z.B. in die Soi Bangla.

Strände

Heute ist rein gar nichts mehr vom Tsunami zu bemerken. Alles ist längst neu aufgebaut. 2006 wurde an der Rat-Uthit Road, schräg gegenüber der Einmündung Soi Bangla das *Jungceylon Shopping Center* eröffnet (www.jungceylon.com), ein riesiges, schön gestaltetes **Einkaufzentrum.** Hier gibt's von Touristensouvenirs bis zu preiswerten Familienpackungen rein alles zu kaufen. Die Eröffnung des Centers erspart den Patong-Besuchern den Weg zum 15 km entfernten *Central Festival Shopping Center* in Phuket City.

Nachbar-strände

Im Norden geht der Strand von Patong in den **Kalim Beach** über, einen mit Felsgeröll durchsetzten, mit grobem Sand ausgestatteten Strand. Er ist sicher nicht so ansehnlich wie der Strand von Patong und auch wesentlich kleiner, dafür aber auch relativ ruhig. Vom Strand ergibt sich ein guter Ausblick auf Patongs Skyline.

Das riesige Einkaufszentrum Jungceylon an der Rat-Uthit Road

Das Schwimmen hier ist sehr gefährlich, und aufgrund zahlreicher zu Tode gekommener Urlauber halten viele Einwohner das Wasser dort für verhext. Durch umsichtiges Verhalten kann diesem „Fluch" aber sicher entgegengewirkt werden. Auf der positiven Seite befinden sich hier einige sehr gute Unterkünfte und Restaurants.

Noch weiter nördlich, ca. 3 km von Patong entfernt, liegt der stille **Nakhale Beach.** Dies ist ein guter Ort für Leute, die zwar in Reichweite des großen Rummels von Patong leben wollen, aber dennoch Ruhe und Beschaulichkeit wünschen. Ein eigenes Fahrzeug dürfte allerdings vonnöten sein.

Unterkunft

Patongs Unterkünfte sind relativ teuer, das gilt besonders für solche, die in Strandnähe liegen. In Umgebung der Rat-Uthit Road (neuerdings auch Rat-Uthit 200 Pee Rd. genannt), ca. 200 m vom Strand entfernt, wird's gleich etwas preiswerter. Je nach Saison können die Preise stark variieren; am teuersten ist die Zeit um Weihnachten und Neujahr, in der Regenzeit ist es am billigsten. Derzeit (Mitte 2009) herrscht ein Überangebot an Hotelzimmern und man kann um den Preis feilschen, vor allem bei teureren Unterkünften.

●Einige der preiswertesten Unterkünfte im teuren Patong befinden sich im *Paradise Complex,* der zwar gut fünf Minuten Fußweg vom Strand entfernt ist, aber das muss man bei den Preisen in Kauf nehmen: **888 Inn****-*** (70/23 Soi 6, Paradise Complex, Tel. 076-341306), nur sieben Zimmer mit AC ab 400 Baht; **Home Away From Home*****-**** (141/16 Soi Paradise Complex, Tel. 076-344474, Fax 076-344476, E-Mail: homeawaypatong@yahoo.com), Zimmer mit AC und TV ab 600 Baht.

●Das **Chanathip Guest House*****-**** befindet sich nahe der Kreuzung Sawatdirak Rd./ Rat-Uthit Rd. und hat kleine, aber ordentlich und relativ preiswerte Zimmer zu 300-700 Baht, letztere mit AC. Adresse: 53/7 Rat-Uthit Rd., Tel. 076-294087, 076-294052, Fax 076-294088.

●Die nahe dem Zentrum des Nachtlebens gelegene **Orchid Residence*****-***** ist eine sehr gute Wahl. Wohnliche, helle und saubere Zimmer mit AC, TV, DVD-Player, Mini-Bar und WLAN-Internet. Deutsches Management. Preise in der Nebensaison ab 650 Baht, ansonsten ab 1500 Baht. Adresse: 171/22 Soi Sansabai, Tel. 076-345176,-8 Fax 076-345177, www.orchid-residence.de.

●Direkt auf gegenüber in Soi Sansabai liegt **Villa Swiss Garden*****-***** (Tel. 076-345179, Fax wie oben 076-

Strände

345177, www.villa-swissgarden.de). Saubere Zimmer mit AC, TV, Mini-Bar, WLAN-Internet und Balkon in der Nebensaison ab 650 Baht, ansonsten ab 1500 Baht. Sehr empfehlenswert.

●Bei 500 Baht beginnt das **Shamrock Park Inn***** (31 Rat-Uthit Rd., Tel. 076-340991, Fax 076-344314); kleine, saubere Zimmer mit AC und TV.

●**Azurro Village***** an der Rat-Uthit Road, etwas nördlich der Einmündung Soi Bangla, hat saubere Zimmer mit AC und TV, für den Preis von 1000 Baht sehr gut. Adresse: 107 Rat-Uthit Rd., Tel. 076-341811, Fax 076-341812.

●**P.S. 2 Bungalow*****-**** am Nordende der Rat-Uthit Road (21 Mu 1 Rat-Uthit Rd., Tel 076-342207-8, Fax 076-290034, www.ps2bungalow.com) hat moderne, saubere Zimmer mit TV; Preise ohne AC ab 650 Baht in der Saison, mit AC 850 Baht; in der Nebensaion nur 450/650 Baht. Es liegt ein wenig ab vom Schuss, dafür sind die Preise günstig. Dazu mit Swimmingpool, eine gute Wahl.

●Nicht mit obigen zu verwechseln ist das **P.S. Hotel*******, gelegen an der Rat-Uthit Road nahe der Einmündung Soi Bangla, mitten im Zentrum des Nachtlebens (157 Rat-Uthit Rd., Tel. 076-341096, 076-340184, Fax 076-341097, E-Mail: info@pshotel.com, www.pshotel.com). Gute Zimmer mit AC, TV und Kühlschrank, ab 850 Baht.

●Das **K Hotel******-ᴸᴸᴸ (82/47 Rat-Uthit Rd., Tel. 076-340832/3, Fax 076-340124, E-Mail: info@k-hotel.com, www.k-hotel.com) steht unter österreichischem Management. Dem Hotel ist der *Patong Biergarten* angeschlossen, eines der besten österreichischen/deutschen Restaurants am Ort, dazu umgeben von tropischer Vegetation. Die Zimmer im Hotel sind sauber und ordentlich, für den Preis sehr gut. Es gibt sechs verschiedene Zimmerkategorien, alle Zimmer mit AC, Kühlschrank, WLAN-Internet und TV, u.a. mit mehreren deutschsprachigen Kanälen. Ein Swimmingpool ist vorhanden. Preise ab 1200 Baht.

●Recht ordentlich ist das **Neptuna Hotel*****-***** (72/27 Rat-Uthit Rd., Tel. 076-340824 bis -6, Fax 076-340627, E-Mail: info@phuket-neptuna.com, www.phuket-neptuna.com). Die Bungalows (Bad) gruppieren sich um einen netten kleinen Garten, und dies ist sicher eine der angenehmsten Wohnmöglichkeiten im zentraleren Patong. Zimmer mit AC, TV, Mini-Bar ab 700 Baht. Eine gute Wahl.

●Nur wenige Meter weiter in die Gasse hinein steht die gediegene Anlage des **Swiss Palm Beach*******-ᴸᴸᴸ (2 Chalermprakiat Rd., Tel. 076-342381-3, 076-342099, Fax 076-342098, 076-342394, E-Mail: rene@swisspalmbeach.com, www.swisspalmbeach.com). Es ist ein „Aparthotel", eine Mischung zwischen Apartment und Hotel oder ein Apartment, das tageweise angemietet wird. In dem mondänen Komplex mit Swimmingpool stehen 36 Apartments (90 m²) zur Verfügung, die jeweils ein Wohnzimmer, zwei

Schlafzimmer (AC, TV)), Bad, Küche, Bar und Essecke umfassen, dazu WLAN-Internet. Empfehlenswert. Preise in der Hauptsaison je nach Apartment 2700-3200 Baht, in der Nebensaison knapp die Hälfte.

●In derselben Gasse liegt das neue **Ibis Patong******-LLL, ein Ableger der weit verbreiteten Ibis-Kette (10 Chalermprakiat Rd., Tel. 076-303800, Fax 076-02-6592889, www.ibishotel. com/asia). Die Zimmer sind schlicht-modern und wohnlich, mit AC, TV, Mini-Bar und WLAN-Internet. Zimmer ab 1200 Baht. Eine gute Wahl. Mit Swimmingpool.

●Eine der großzügigsten Bungalow-Anlagen Patongs ist das **Duangjitt Resort**LLL (18 Prachanukrock Rd., Tel. 076-340303, Fax 076-340288, www.duangjittresort-spa.com), gelegen am recht ruhigen Südende des Ortes. Die Lage ist sehr günstig, nur 2 Min. vom Strand entfernt, aber sehr diskret vom Trubel versteckt. Die gemütlich eingerichteten Bungalows (AC, TV, Mini-Bar) liegen über die weite, von der Straße zurückversetzte Anlage verstreut, mit Swimmingpool. Zimmer mit AC, TV und Kühlschrank ab ca. 6000 Baht, aber hier bucht man am besten über ein Reisebüro.

●Einige Schritte entfernt, auf der anderen Straßenseite, befindet sich das **Hyton Leelavadee**LLL (3 Prachanukrock Rd. Tel. 076-292091-2 Fax 076-345272, E-Mail: info@hytonlee lavadee.com, www.hytonleelavadee.com). Luxuriöse Bun-

Stände

galows mit AC, TV, Mini-Bar ab ca. 3000 Baht. Swimming-pool und Internet-Zugang.

●Das Image einer Herberge für wild-wüste Rock'n'Roller gibt sich das im Schatten des *Royal Paradise Complex* gelegene **Expat Hotel*****-**** (89/15 Bangla Rd., Tel. 076-342143, 076-344023, Fax 076-340300, www.expathotels.com). In der Hausbar wird zu harter Musik zünftig gezecht, und wer will, kann seinen Kater anschließend in einem kleinen Swimmingpool auskurieren. Unterschiedliche Zimmerkategorien; die preiswertesten Zimmer (mit Bad, TV, Mini-Bar, AC) je nach Jahreszeit 890-1690 Baht.

●Ebenfalls hautnah am Nachtleben ist das absolut zentral gelegene **Safari Beach Hotel*******. Komfortable, geräumige Zimmer (AC, TV, Mini-Bar, WLAN-Internet), ab 1600 Baht, Swimmingpool vorhanden. Anfragen und Buchungen unter 83/12 Thaweewong Rd., Tel. 076-341171-4, Fax 076-340231, www.safaribeachhotel.com. Die preiswertesten Zimmer kosten je nach Saison 2250-3000 Baht, in touristenarmen Monaten kann man sie möglicherweise schon ab 1000 oder 1200 Baht bekommen.

●Das **2000 Mansion*****-***** liegt in Soi Kebsub nahe Einmündung Rat-Uthit Road (211 Soi Kebsub, Tel. 076-294032, Fax 076-345027, E-Mail: manison2000@phuket dir.com). Gute Zimmer teilweise mit AC, TV und Kühlschrank. Ab 600 Baht.

●Der **Club Andaman Beach Resort**ᴸᴸᴸ ist eine wundervolle Anlage, bestehend aus 128 Bungalows in Thai-Bauweise, die von einem idyllischen Palmengarten umgeben sind. Hier ist die Erholung zu Hause! Anfragen oder Buchungen unter 77/1 Thaweewong Rd., Tel. 076-340530, 076-341960-4, Fax 076-340527, 02-6933245, E-Mail: rsvn@club andaman.com, www.clubandaman.com. Ab ca. 6000 Baht in der Hauptsaison, in der Nebensaison ab 2700 Baht, sehr lohnenswert.

●Das **Phuket Graceland Resort & Spa**ᴸᴸᴸ liegt direkt an der Thaweewong Road neben dem moslemischen Friedhof; zum Strand muss man die Straße überqueren (Tel. 076-370555, Fax 076-370599, E-Mail: sales@phuketgraceland.com, www.phuketgraceland.com). Mit 460 Zimmern (Deluxe und Suiten mit Internetanschluss), Spa und Sauna, zwei Pools, einem europäischen Restaurant und einem Business Center, das Platz für Konferenzen mit bis zu 500 Teilnehmern bietet, ist das Graceland eines der größten Hotels in Patong und wird von vielen Pauschaltouristen bewohnt. Trotzdem eine gute Unterkunft. Mit *Elvis* hat sie freilich nichts zu tun. Bei Internetbuchungen über die Website des Unternehmens derzeit Preise ab 3000 Baht, ein recht gutes Angebot.

●Nahe dem entgegengesetzten Ende der Strandstraße, ziemlich weit im Süden, liegt der wunderbare **Burasari Resort*******-ᴸᴸᴸ (31/1 Ruamjai Rd., Tel. 076-292929, Fax 076-

294451, www.burasari.com). Geschmackvolle, romantisch eingerichtete Zimmer (TV, AV, Mini-Bar, WLAN-Internet), umgeben von tropischer Vegetation und erstaunlich viel Ruhe in dieser immer noch recht zentralen Lage. Einige Zimmer liegen gleich neben dem Swimmingpool. Die preiswertesten Zimmer kosten je nach Jahreszeit 2700-6600 Baht; wer in der Regenzeit anreist, sollte bei den Niedrigpreisen gleich zugreifen. Angeschlossen ist das Gourmet-Restaurant **Floyd's Brasserie,** das dem bekannten englischen TV-Koch *Keith Floyd* gehört.

Am Kalim Beach

Patong geht an seinem Nordende unmerklich in den Kalim Beach über, und wer hier wohnt, ist noch nah am Geschehen von Patong dran. Wer nicht in unmittelbarer Nähe des Nachtlebens wohnen will, ist hier gut beraten. Die Entfernung zu Patong-Mitte beträgt ca. 2 km.

● Ein sehr gutes Preis-/Leistungsverhältnis bietet hier das **Nerntong Resort*******, das sich abseits der Uferstraße in einem stillen Seitental befindet (2 Soi Prabaramee, Tel. 076-340571-2, Fax 076-340999, E-Mail: pff@loxinfo.co.th). Die Bungalows (Bad, teilweise AC) werden von satter tropischer Vegetation umwuchert, es gibt einen Swimmingpool, ein Jacuzzi und eine Kräutersauna. Ab 1800 Baht.

● Am selben Weg findet sich das empfehlenswerte **Malibu Island Club Hotel******-LLL (6 Soi Prabaramee, Tel. 076-342321, 076-290036, Fax 076-344266, E-Mail: malibu phuket@loxinfo.co.th), ebenfalls mit einem Swimmingpool. Ab 900 Baht (AC, TV, Mini-Bar, Balkon, der einen tropischen Garten überblickt).

● Ganz in der Nähe liegt das **Orchid Hotel & Spa*****-LLL (318 Ban Kalim, Tel. 076-340496, Fax 076-342438, E-Mail: info@theorchidhotel-phuket.com, www.theorchid hotel-phuket.com). In der Off-Season fallen die offiziellen Preise auf etwa die Hälfte, 700-1300 Baht, je nach Zimmer. Kein schlechtes Angebot.

● Die preiswerteste Unterkunft in Kalim ist das **Seven Sea House*****-**** (3 Soi Prabaramee, Tel./Fax 076-342193, E-Mail: booking@phuketsevenseahouse.com, www.phuket sevenseahouse.com), mit Zimmern (TV, AC, WLAN-Internet) in der Nebensaison ab 600 Baht. In der Nebensaison werden die Zimmer auch monatsweise vermietet. Ca. 12.000 Baht/Mon. Sehr empfehlenswert.

● Das **Diamond Cliff Resort & Spa**LLL (284 Parabaramee Rd., Tel. 076-342777, 076-340501-6, 02-2670810, Fax 076-340507, 02-2460368, E-Mail: reservation@diamondcliff. com, www.diamondcliff.com) wird vor allem von Pauschaltouristen angesteuert. Offiziell ab 6800 Baht. Es ist eine prächtige Luxusanlage, und wer die Zimmer weit unter den offiziellen Preisen bekommt, liegt nicht falsch. Die Pauschaltouristen machen's da richtig.

Strände

Am Nakhale (Nakalay) Beach
●Am noch weiter nördlich gelegenen Nakhale Beach befindet sich die Luxusanlage des **Thavorn Beach Village & Spa**LLL (Tel. 076-290334-42, Fax 076-340384, E-Mail: info@ thavornbeachvillage.com, www.thavornbeachvillage.com). An einen Hügel gebaute Zimmer und Villen (AC, TV, Kühlschrank), in den höheren Lagen mit ausgezeichnetem Meerblick, zu 110-900 US$. Mit großem, „natürlich" wirkendem Swimmingpool, Spa und Orchideengarten.

Essen

Bei den unzähligen guten Restaurants in Patong fällt die Auswahl enorm schwer, und man könnte einen mehrmonatigen Aufenthalt dort verleben, ohne sich durch alle Lokale „hindurchessen" zu können. Die Preislage ist allerdings oft hoch; nirgends auf Phuket sind die Restaurants teurer als hier.

Neben thailändischer Küche gibt es französische, deutsche, holländische, belgische, englische, griechische, amerikanische, mexikanische, skandinavische, italienische, schweizerische, österreichische, koreanische, japanische, arabische, indische und pakistanische Gerichte.
●Ein guter Austragungsort für das Frühstück ist das **Sabai Sabai** (89/7 Soi Post Office), das hausgemachtes frisches Brot anbietet.
●Wer Steaks liebt, kommt im **Buffalo Steak House** auf seine Kosten (Soi Patong Resort, südlich von Soi Bangla abzweigend). Das Fleisch stammt aus Neuseeland und die Steaks gehören sicher zu den besten auf Phuket; dazu skandinavische und thailändische Gerichte. Ca. 800-1200 Baht/2 Pers. Das Restaurant unterhält Zweigstellen in Kata (gegenüber *Dino Park*) und Karon (neben *The Waterfront*).
●Weitere gute Steaks und andere westliche Gerichte bietet **Sam's Steak & Grill** im *Holiday Inn* (52 Thaweewong Rd., Tel. 076-340608-9). Die Qualität und das gediegene Ambiente schlagen sich auf die Preise nieder: ca. 1000-1500 Baht/2 Pers., geöffnet 18-24 Uhr.
●Ebenfalls im *Holiday Inn* befindet sich das **Terrazzo,** ein Open-Air-Restaurant und eine der besten italienischen Speisemöglichkeiten auf Phuket. Ausgezeichnete Pastagerichte und Pizzen. Tel. 076-340608-9, geöffnet 18-24 Uhr.
●Zu empfehlen ist das **Charm Thai Restaurant** (zuvor *Busakorn* Resurant; Tel. 076-4340608-9) im neuen Flügel des *Holiday Inn,* das gutes Seafood und Thaigerichte zubereitet, dazu gute Frühstücks-Buffets. Mitte 2009 wurde es renoviert und umbenannt.
●Das **Sala Bua** (Tel. 076-340138) an der Thaweewong Road, etwa gegenüber des *Savoey* und wenige Meter südlich der Kreuzung Thaweewong Rd./Soi Bangla, bietet eigenwillige schmackhafte Kreationen, in denen westliche und östliche Einflüsse zu lukullischen Meisterwerken kombiniert werden. Der Chefkoch ging in einem internationa-

len Kochwettbewerb 2001 als Sieger hervor. Gehobene Preislage.

●**The Royal Kitchen** befindet sich im 25. Stock des *Royal Paradise Hotels* und bietet neben großartiger Aussicht exzellente chinesische Gerichte. Ca. 400-600 Baht/2 Pers. Tel. 076-340666, www.royalparadise.com.

●Ausgezeichnet für Seafood und andere thailändische Gerichte ist das **Ban Rim Pa** am Kalim Beach (direkt an der Uferstraße; Tel. 076-340789; www.baanrimpa.com). Wer gegen 18 Uhr vorbeischaut, kann miterleben, wie einer der Angestellten aus einem großen Eisblock Tierfiguren herausmeißelt, die dann das Restaurant verschönern. Das Ambiente ist exzellent, ein Piano-Spieler sorgt für die passende Untermalung. Ein Essen für zwei Personen kostet ca. 1000-2000 Baht oder auch mehr, es gibt einige sehr teure Gerichte. Siehe auch www.baanrimpa.com.

●**Da Maurizio** am Strand von Kalim ist eines der besten italienischen Restaurants am Ort, dazu mit bestem Ausblick auf den Strand. (Tel. 076-344079, www.damaurizio. com). Großartige Seafood.

●Hervorragende indische Gerichte bietet das **Baluchi** (Tel. 076-292526/30) im Erdgeschoss des *Horizon Beach Resort Hotel* in 64/39 Soi Kebsab. Einige thailändische und westliche Speisen stehen ebenfalls auf dem Programm. Ca. 800-1000 Baht/2 Pers.

●Ebenfalls sehr gute indische Küche, aber etwas preiswerter, bieten die zwei Filialen des **Kohinoor Restaurant.** Eine befindet sich in Soi Ladiva, die von der Rat-Uthit Rd. westlich abzweigt; die andere im *OTOP Shopping Paradise* an der Rat-Uthit Rd., gegenüber der Ostseite des *Holiday Inn.* Siehe auch www.kohinoor-indianfood.com. Die Gerichte kommen zudem in recht großen Portionen daher.

●Für deutsche, schweizerische oder österreichische Küche stehen die folgenden Restaurants zur Verfügung: **Bierkutsche,** Soi Bangla; direkt nebenan ist die **Swiss Taverne; Grillhütte,** 83/54 Thaweewong Rd., Tel. 076-341456; **Jägerstube,** 84/15 Soi San Sabai, Tel. 076-341157; **Patong Biergarten** (österreichisch, deutsch); 82/47 Rat-Uthit Rd. (am K-Hotel), Tel. 076-340832; **Number 6,** neben *K-Hotel* (sehr einfach aufgemacht, aber sehr gut und beliebt); **Paulaner Restaurant** (österreichisch), 80 Thaweewong Road, Tel. 076-341182; **Skihütte** (auch Swiss Chalet; schweizerisch), **9th Floor,** *Patong Condotel,* Tel. 076-344311; **Das Bootshaus** (deutsche Bar und Küche), 171/4 Soi San Sabai, Tel. 076-341682, **Bavaria Pub** (*Patong Grand Condotel,* 49/11 Mu 1, Rat-Uthit Rd.); **Berliner Gasthaus,** 37/14-15 Rat-Uthit Rd., Tel. 076-344201, mit Zimmern***; **Zum Schlawiener** (österreichisch), 110/2 Soi Big One, Thaweewong Rd., Tel. 076-340418, ebenfalls mit Zimmern***.

●Ein einfaches **vegetarisches Restaurant** befindet sich an der Thanon Phra Barami, der Straße, die am Nordende von

Strände

Patong in nach Phuket City führt. Etwa 100 m weiter in Richtung Phuket steht ein Wat. Man frage nach *sala mangsawilat,* was die allgemein übliche thailändische Bezeichnung für ein vegetarisches Restaurant ist. Die Gerichte kosten ab 30 Baht. Zahlreiche vegetarische Gerichte bieten das gute Dutzend indischer Restaurants in Patong.

Nachtleben

Patongs Nachtleben kreist zum großen Teil um käuflichen Sex, und wer (als männlicher Besucher) nur ein ruhiges Bier trinken will, muss so manche Offerte abblocken. Die meisten **Bars** sind mehr oder weniger Open-Air-Bars, die z.T. in ganzen Reihen angelegt sind und sich bis auf den Namen äußerlich nicht voneinander unterscheiden. Eine solche Bar-Anhäufung findet sich nahe dem *Expat Hotel* und nennt sich kollektiv „Sunset City", eine andere, genannt „Sunset Strip", findet sich an der Rat-Uthit Road, gegenüber der Einmündung Bangla Road. Soi Eric besteht aus einer Reihe kleiner Bier-Bars und steht in dem Ruf, die saubersten Toiletten zu haben – na denn!

Die zahlreichen Bars als auch die Bardistrikte stehen in hartem Konkurrenzkampf, und die Lebensdauer der Etablissements ist in der Regel kurz. Die meisten Bars gehören in Phuket ansässigen Westlern, die über Strohmänner oder ihre thailändischen Ehefrauen die Geschäfte führen. Nach thailändischem Gesetz dürfen Ausländer nicht mehr als 49 % Anteile an Geschäftsunternehmen halten, 51 % haben in thailändischen Händen zu liegen. Aber auch thailändische Gesetze scheinen gemacht zu sein, um gebrochen zu werden. Wie vielerorts ist das Bargeschäft nicht immer eines der ehrenwertesten, und Leidensgeschichten von betrogenen Geschäftspartnern, von den Angestellten um ihren Gewinn gebrachte Unternehmer oder andere Beispiele menschlicher Fehlleistungen sind an der Tagesordnung.

Auch in Patong gibt es die berühmt-berüchtigten **Go-Go-Bars,** in denen Barmädchen, mit Nummernschild „ausgezeichnet", auf einer Bühne zu Rockmusik tanzen. Das Konzept wurde 1969 in

Bangkoks Patpong-Viertel ins Leben gerufen und fand bald Nachahmer. Heute gibt es derlei Bars in Bangkok, Pattaya und (nur ein paar wenige) Chiang Mai. Ein großer Teil der Bareinnahmen stammt aus den „Auslösesummen", die ein Kunde zu zahlen hat, will er eines der Mädchen zu privateren Zwecken zu sich laden. Die Go-Go-Bars sind so zumindest teilweise maskierte Prostitutionsunternehmen. Allerdings arbeiten die Mädchen in diesen Bars völlig freiwillig (wenn man einmal von ökonomischen Zwängen absieht).

Nach thailändischem Gesetz müssen alle Unterhaltungs-Etablissements um 1 Uhr schließen, bzw. um 2 Uhr in bestimmten „Entertainment-Zonen". Einige schaffen es jedoch „irgendwie" länger aufzubleiben – Geld kann so manches Wunder bewirken in Thailand.

Achtung! Betrunkene überqueren die Straße

- **Rock Hard A-Go-Go** (www.rockhardphuket.blogspot.com) am Nordende von Soi Bangla ist eine der beliebtesten Go-Go-Bars in Patong.
- Sehr gut besucht ist auch die **Expat Bar** im *Expat Hotel* (Tel. 076-342143), einer der besten Orte für trinkfeste Rock'n'Roller.
- Das **Tai Pan** an der Rat-Uthit Road schräg gegenüber *Soi Bangla* bietet entweder Musik aus der Konserve oder eine Live-Band, und der Laden schafft es, auch weit über die offizielle Sperrstunde offen zu bleiben. An den meisten Abenden ist es rappelvoll. Die Band spielt Cover-Versionen von *Eric Clapton* oder *Creedence Clearwater Revival,* das Publikum ist aber nicht nur der Musik wegen da: Es finden sich hier alle drei „Geschlechter" ein, und das Lokal fungiert auch als Kontakthof. Was in Patong aber an sich nichts ungewöhnliches ist und nicht weiter stören sollte.
- Mindestens eine Klasse gediegener ist die **Seduction Discotheque** an der Ecke Soi Bangla/Rat-Uthit Rd.(www.seductiondiscotheque.com). Ansprechendes Ambiente und gute Musik; hier dürften sich auch Touristinnen nicht fehl am Platz fühlen.
- Wem es nach „exotischer" Unterhaltung zumute ist, dem mag vielleicht das **Simon Cabaret** zusagen, vielleicht Thailands „beste" Travestie-Show (an der Straße Richtung Karon; 8 Sirirach Rd., Tel. 076-420011, Fax 076-340437-5, www.phuket-simoncabaret.com). Es gibt Tanz, Musik und Gesang vom Band und jede Menge weibliche Mimik und Gestik, das Ganze untermalt durch aufwendige und zum Teil bizarre Kostüme, wechselnde Bühnenbilder und Lichteffekte. Show-Time 19.30 und 21.30 Uhr, Eintritt je nach Sitz 700 oder 800 Baht, was einen Soft-Drink beinhaltet (Kinder 500/600 Baht). Nach der Show posieren die Akteure/Akteusen vor dem Haus für Fotos und fordern dafür hohe Trinkgelder. Ein Zwanzig-Baht-Schein sollte reichen.
- Im **Patong Beach Hotel** gastiert jeden Freitag ab 21 Uhr *Elvis Presley* – The Legend Lives Forever.
- Beliebt ist die **Banana Disco** (Thaweewong Rd., Tel. 076-340306), besonders bei männlichen Touristen und thailändischen Frauen – wie alle derartigen Night-Spots fungiert auch dieser als „Pick-Up Place". Die Tanzfläche ist relativ klein, die Musik ist Dance oder Techno.
- **Safari Club** (Tel. 076-341079), ca. 1 km südlich von Patong an der Straße nach Karon, hat sich von der Inneneinrichtung her ein Safari- oder Dschungelambiente zugelegt. Die DJs legen Dance Music auf.
- Im Herbst oder Ende 2009 sollte in der Rat-Uthit Road eine Zweigstelle der amerikanischen Kette **Hard Rock Café** eröffnet werden. Die Eröffnung war mehrmals aufgeschoben worden. In Thailand existieren bisher Hard Rock-Filialen in Bangkok und Pattaya. In den Läden spielen abends erstaunlich gute Live-Bands Cover-Versionen aktueller oder

älterer Rock-Songs; die Bands stammen meist von den Philippinen. Zur Musik werden Riesenportionen rechten guten amerikanischen Essens als auch teure (bzw. überteuerte) Drinks serviert (ca. 260 Baht pro Drink). In der Regel findet sich auch eine große Anzahl weiblicher „Freelancer" zwecks Kundenfang ein.

Aktivitäten

●**Wassersport:** Am Strand bieten sich Möglichkeiten dazu, wenn auch nicht ganz billig: Jetski 800 Baht/Std., Parasailing 600 Baht. Am Strand finden sich mehrere Anbieter, die durch Schilder auf sich aufmerksam machen. Die Starts zum Parasailing finden am Südende des Strandes statt. Zu touristenarmen Zeiten lässt sich möglicherweise um den Preis feilschen.

●**Minigolf:** *Pirate's Cove Minigolf Course,* Soi Song Roi Pi, hinter dem *Holiday Inn,* Eingang an der Rat-Uthit Rd. Zwei Minigolfkurse mit jeweils 36 Löchern und Piratenthematik. Mit angeschlossener Snackbar. Geöffnet täglich 10-23 Uhr.

●**Elefantenritte:** Elefanten sind auf Phuket schon lange nicht mehr heimisch, sie werden aber von ihren Hütern aus dem Nordosten Thailands hergeholt, wo sie als Arbeitselefanten arbeitslos geworden sind. Elefantenritte werden an vielen Orten auf Phuket angeboten, vor allem in den Außenbezirken von Patong. Die Ritte kosten üblicherweise 600-800 Baht/Std. und führen durch kleine verbliebene Waldareale oder Plantagen. Vorsicht, Elefanten sind keine

Jetskis am Patong Beach

Spielzeuge – einige Touristen in Thailand wurden schon von aufgebrachten Dickhäutern angegriffen. In der Regel bleibt jedoch alles friedlich. Oft werden Elefantenritte mit Kanufahrten und Showeinlagen von Affen kombiniert. Besonders letztere fallen in die Kategorie „schlechter Geschmack" des Urlaubsabenteuers.

Preise für Aktivitäten und Ausrüstung

- **Schnorchel-Ausrüstung:** 100 Baht/Tag
- **Windsurfing:** 150 Baht/Std. oder 500 Baht/Tag
- **Parasailing:** 700 Baht pro Flug
- **Jetski:** 1000 Baht für ½ Std. für Doppelsitzer
- **Strandmöbel** (Liegestuhl, Tisch Sonnenschirm): 100-200 Baht/Tag
- **Tauchen** (inkl. 2 Tauchexkurse, freier Transport u. Mahlzeiten: ca. 2000-2500 Baht/Tag abhängig vom Tauchplatz
- **Langschwanzboot** (long-tail boat; thai: *rüa haang yao*; für bis zu ca. 10 Personen): ca. 600-1000 Baht/halber Tag, ca. 1000-2000 Baht/Tag abhängig vom Zielort

- **Go-Kart:** *Patong Go-Kart Speedway*, 118/5 Vichit Song-khram Rd. (in Kathu, nahe Kathu District Office), Tel. 076-321949. Geöffnet tägl. von 10-22 Uhr.
- **Bungee-Springen:** *Tarzan's Jungle Bungy*. Gelegen in Kathu, 5 km östlich von Patong. Tel. 076-321351, www. phuket.com/bungy. Atemberaubende Sprünge von einem 53 m hohen Kran; der Fall endet über einem Teich. Der erste Sprung kostet 2000 Baht, dann 1000 und 800 Baht, dafür bekommt man noch ein T-Shirt und ein Bungy-„Zertifikat". Geöffnet täglich 9-18 Uhr. Bei *Jungle Catapult Bungee*, gelegen in Soi Sunset nahe dem Expat Hotel, wird man per Katapult in die Tiefe geschleudert. Tel. 076-321351, E-Mail: bungyint@phket@loxinfo.co.th.
- **Tauchen:** Viele Unternehmen bieten Tauchtrips in die Umgebung an. Zu den besseren Adressen gehören *Andaman Divers* (Tel./Fax 076-341126, E-Mail: andadive@phu ket.ksc.co.th, www.andamandivers.com), *Asian Adventures* (Tel. 076-341799, Fax 076-341798, E-Mail: info@asian-adventures.com, www.asian-adventures.com), *Fantasea Divers* (Tel. 076-281388, Fax 076-281389, E-Mail: info@ocean-rover.com, www.fantasea-divers.com), *Santana Diving & Canoeing* (Tel. 076-294220, Fax 076-340360, E-Mail: guide @santanaphuket.com, www.santanaphuket.com), *South-East Asia Scuba Divers* (Tel. 076-281299, Fax 076-281298, E-Mail: info@phuketdive.net, www.phuketdive.net), *South-East Asia Liveaboards* (Tel. 076-340406, Fax 076-340586, E-Mail: info@seal-asia.com, www.seal-asia.com), *Warm Water Divers* (Tel. 076-294150, Fax 076-294148, E-Mail: info@ warmwaterdivers.com, www.warmwaterdivers.com).
- **„Liveaboard"-Touren** zu den Similan-Inseln und nach Myanmar (Burma) bieten *Asian Adventures, Fantasea, South-East Asia Liveaboards* und *Warm Water Divers*.
- **Sauna, Massage und Kräutertherapien:** Erfrischender als das Strandfaulenzen ist oft eine Massage. Das professionell geführte *Hideaway Spa* ist der richtige Ort dazu. Neben Massagen (600 Baht), die auf besondere gesundheitliche Gegebenheiten zugeschnitten werden können, gibt es Dampfbäder und Sauna. Angeschlossen sind eine Massageschule sowie eine Kochschule. Frühstück und vegetarisches Essen ist erhältlich, dazu werden Badeprodukte zum Kauf angeboten – Massageöle, Shampoos, Seife, Kräutertees u.a. Adresse: 157 Soi Na Nai, Tel. 076-340591, Fax 076222222, E-Mail: info@phuket-hideaway.com, www. phuket-hideaway.com.
- **Thai-Boxen:** Das nahe dem Hideaway in Soi Na Nai gelegene *Thai Kickboxing Gym* bildet in erster Linie einheimische Kickboxer aus, aber auch Ausländer sind willkommen

Strände

Preisübersicht für Wassersportaktivitäten in Patong

(Tel. 086- 9405463, www.patongmuaythai.com). Allabendliche Boxkämpfe im **Bangla Boxing Stadium** an der Ecke Soi Rat-Uthit Rd./Soi Bangla (gegenüber *Jungceylon Shopping Ctr.*), die billigsten Sitze konsten allerdings 750 oder 1000 Baht. Den ganzen Tag lang fährt ein Lautsprecherwagen durch die Straßen von Patong und annonciert die Kämpfe mit immer wiederkehrender Litanei – in schlechtem Englisch mit starkem italienischen Akzent. Wer sich von der permanenten Berieselung nicht genervt fühlt, ist entweder stocktaub oder schon tot.

Verkehrs-mittel

In Patong fahren Tuk-Tuks, die die Passagiere zu jedem beliebigen Ziel innerhalb von Patong (oder weiter) kutschieren. Fahrten innerhalb von Patong sollten eigentlich nicht mehr als 50 Baht kosten, es werden aber in der Regel 150, 200 oder noch mehr Baht verlagt – viel zu viel. Handeln! Bei einer Befragung von Touristen kam zutage, dass die Tuk-Tuk-Fahrer in Patong sehr häufig Anlass zur Beschwerde geben. Sie wurden von den Touristen als einer der negativsten Aspekte des Ortes bezeichnet. In der Tat sind die Preise, die sie verlangen, oft als unverschämt zu bezeichnen. Wer sich ein Motorrad oder Auto mietet, kann die Tuk-Tuks links liegen lassen.

Gecharterte Tuk-Tuks von Patong zu anderen Stränden oder nach Phuket City sind ebenfalls stark überteuert. So werden z.B. bei Fahrten nach Karon oder Kamala, Patongs Nachbarstränden 200-400 Baht gefordert. Unbedingt handeln! Bis zu 20 Baht/km sind bei Phuket-Verhältnissen noch akzeptabel. Die Taxis in Bangkok z.B. sind viel billiger, und es gibt keinen verfünftigen Grund (außer reiner Habgier), dass die Tuk-Tuk-Fahrer auf Phuket so gesalzene Preise verlangen.

Wenn abends gegen 18 Uhr der letzte Songthaew nach Phuket City zurückgefahren ist, kosten Tuk-Tuks dorthin 400, eher 500 Baht. Unbedingt handeln!

Entlang der Thaweewong Road stehen zahllose Jeeps und Motorräder die, zur Miete angeboten werden. Jeeps ca. 1000 Baht/Tag, Motorräder 200-300 Baht/Tag. *Budget Car and Truck Rental* haben eine Filiale im Patong Merlin Hotel (Tel. 076-205396). *Via Rent-a-Car* verleihen Jeeps und Mietwagen (120/16 Rat-U-Thit Rd., Tel. 076-385719).

Anreise

Vom Markt in Phuket City fahren Songthaews und Busse für 25 Baht nach Patong. Diese fahren am Nordende von Patong ein, und wer statt in Patong in Kalim Beach wohnen möchte, sollte dem Schaffner das kundtun, um an der richtigen Stelle aussteigen zu können, nämlich da, wo die Songthaews in die Rat-Uthit Road einbiegen. 2007 wurden die Straßen in Patong zu Einbahnstraßen umfunktioniert. Wer die Strecke von früheren Besuchen kennt, wird bemerken, dass die Songthaews ihre Routen geändert haben.

Nach dem Einbiegen in die Rat-Uthit Road fahren die Songthaews weiter in südliche Richtung durch ganz Patong hindurch, vorbei am *Jungceylon Shopping Center*. Sie halten an dessen am Südende der Thaweewong Road, nahe dem *Patong Merlin Hotel*. Falls schon ein bestimmter Wohnwunsch vorhanden ist, sollte man zuvor die Karte befragen, um dann möglichst nahe dem Ziel auszusteigen. Die Fahrer kennen allerdings nur die größeren Hotels, und so muss man sich ein wenig auf seinen eigenen Orientierungssinn verlassen.

Gecharterte Tuk-Tuks ab Phuket City kosten mit etwas Glück 300-350 Baht, meistens beginnen die Fahrer den Handel bei weit höheren Summen. Abends nach 18 Uhr, wenn kein Songthaew mehr nach Patong fährt, erhöht sich der Fahrpreis auf ca. 400-600 Baht. Handeln!

Vorsicht, Selbstfahrer: Der steile Hügel, den man aus Phuket City oder Kathu kommend vor Patong zu überqueren hat, ist häufig Unfallschauplatz. Die kurvenreiche Straße ist zum Teil sehr unübersichtlich, und es ist eine langsame Fahrweise anzuraten. Aufgrund der zahlreichen Unfälle wurde schon der Vorschlag erhoben, einen Tunnel durch den Hügel zu bauen.

Kamala Beach

Von Patong führt die Uferstraße zum 5 km weiter nördlich gelegenen Kamala Beach. Dies ist einer der ruhigsten Strände auf Phuket, ausgestattet mit hügeligem, waldreichem Hinterland, das sich bestens für **Wanderungen** eignet. Gut 1 km vom Strand entfernt befindet sich das Dorf Kamala, das hauptsächlich von Moslems, aber auch von vielen Westlern bewohnt wird. Nahe des Endpunktes der Songthaews aus Phuket City steht eine kleine Moschee. Kamala war einst einer der romantischsten Orte auf Phuket – mit einem großen Reisfeld mitten drin –, doch allzu ansehnlich sieht das Dorf heute nicht mehr aus; die Bewohner scheinen darin wettzueifern, ihre Häuser in möglichst krassen Farben zu tünchen. Da steht dann schon mal pink neben violett oder giftgrün und die Augen schmerzen. Die Entwicklung, die der Ort in den letzten zwei Jahrzehnten genommen hat, ist dramatisch.

Strände

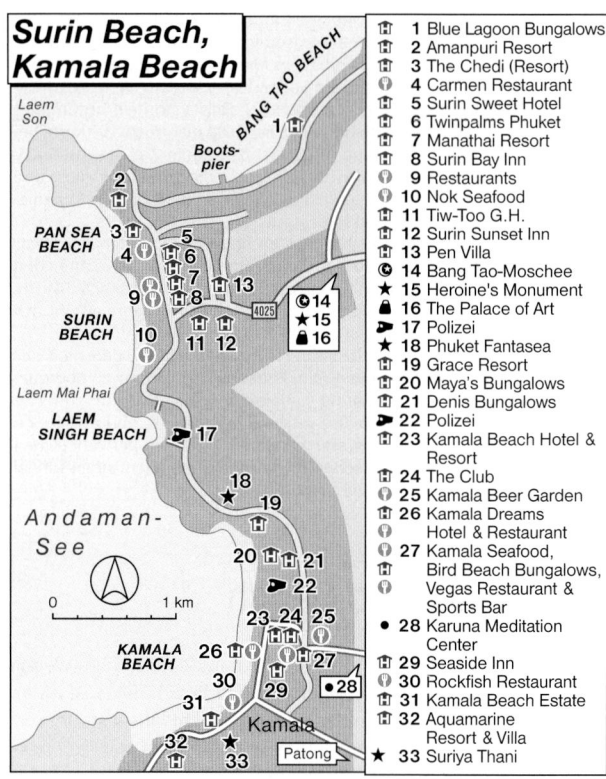

Surin Beach, Kamala Beach

Laem Son
BANG TAO BEACH
Boots-pier
PAN SEA BEACH
SURIN BEACH
Laem Mai Phai
LAEM SINGH BEACH
Andaman-See
0   1 km
KAMALA BEACH
Kamala
Patong

1 Blue Lagoon Bungalows
2 Amanpuri Resort
3 The Chedi (Resort)
4 Carmen Restaurant
5 Surin Sweet Hotel
6 Twinpalms Phuket
7 Manathai Resort
8 Surin Bay Inn
9 Restaurants
10 Nok Seafood
11 Tiw-Too G.H.
12 Surin Sunset Inn
13 Pen Villa
14 Bang Tao-Moschee
15 Heroine's Monument
16 The Palace of Art
17 Polizei
18 Phuket Fantasea
19 Grace Resort
20 Maya's Bungalows
21 Denis Bungalows
22 Polizei
23 Kamala Beach Hotel & Resort
24 The Club
25 Kamala Beer Garden
26 Kamala Dreams Hotel & Restaurant
27 Kamala Seafood, Bird Beach Bungalows, Vegas Restaurant & Sports Bar
28 Karuna Meditation Center
29 Seaside Inn
30 Rockfish Restaurant
31 Kamala Beach Estate
32 Aquamarine Resort & Villa
33 Suriya Thani

In der Vergangenheit hat es Reibereien zwischen den Moslems und den westlichen Zuzüglern gegeben: Viele der Westler halten Hunde – diese gelten im Islam jedoch als *haraam* (unrein). Einige Hunde wurden von Unbekannten vergiftet. Folglich fühlten sich einige westliche Zuzügler unwillkommen und wanderten nach Chalong ab.

Hinter dem von Palmen umgebenen Dorf steigen Hügel an, die zum Teil mit **Gummibäumen** bepflanzt sind, und einige kleine **Wasserfälle** plätschern durch die dschungelhafte Szenerie. Leider gibt es keine besonders markierten Wege durch

das Terrain. Die vorhandenen Pfade dienen in erster Linie den Gummizapfern, um zu ihrem Arbeitsplatz zu gelangen. Die Dorfbewohner geben auf Anfrage gerne die Richtung zu den Wasserfällen *(naam tok)* an.

Die schützenden Gummistiefel, die die Arbeiter tragen, haben natürlich einen Sinn: Das Gebiet wimmelt von **Schlangen** aller Arten und Größen. Schlangen greifen Menschen nicht grundlos an, trotzdem ist Vorsicht angebracht. Das beste ist, beim Laufen immer kräftig aufzutreten, um eventuell am Boden liegende, schlafende Schlangen zu warnen. Auch sollte man nicht zu hastig gehen, um den Tieren eine Fluchtmöglichkeit zu lassen. Die Schlangen sind von Natur aus so gut getarnt, dass man sie oft erst im letzten Moment sieht.

Kamala wurde vom **Tsunami** besonders hart getroffen. Einige Resorts, Restaurants und etliche Privathäuser wurden komplett zerstört und viele

Nach dem Tsunami wurden neue Palmen am Strand gepflanzt

Menschen kamen ums Leben. Heute sind die Schäden behoben, man hat Palmen am Strand gepflanzt, und Kamala ist beliebter denn je. Der Ort ist eine gute Alternative zu Patong und es zieht viele Langzeitbewohner hierhin. Dem Strand entlang hat sich eine eigene kleine Siedlung gebildet, die vom eigentlich Dorf Kamala gut 1 km entfernt ist.

Der **Strand** bietet wieder sauberen, weißen Sand sowie Wasser, das gut zum Schwimmen geeignet ist. Das Südende des Strandes verschlickt allerdings zu einigen Jahreszeiten.

Unterkunft

●Gleich rechts hinter dem Kamala Seafood befinden sich die kleinen **Bird Beach Bungalows*****-**** (Tel. 076-279669, 076-279674, Fax 076-279669). Zimmer mit Bad ab 700 Baht, dazu teurere mit AC.

●Auf der Rimhad Rd im Zentrum Kamalas befindet sich das **Seaside Inn****** (Tel./Fax 076-279894), das große Bungalows mit TV, AC, Kühlschrank und Miniküche ab 800 Baht anbietet.

●Das **Kamala Beach Hotel & Resort*******-LLL in unmittelbarer Strandnähe wurde im Tsunami schwer beschädigt, präsentiert sich aber nun quasi neu renoviert (74/8 Mu 3, Kamala, Phuket 83120, Tel. 076-279580-5, Fax 076-279579, E-Mail: info@kamalabeach.com, www.kamala beach.com). Es bietet komfortable Zimmer (AC, TV, Mini-Bar), WLAN-Internet, Restaurant und Swimmingpool ab 2.050 Baht in der Nebensaison, ansonsten teilweise erheblich teurer. Buchungen über Reiseagenturen sind wahrscheinlich günstiger.

●Weiter nördlich, direkt am Strand, liegen **Maya's Bungalows***** (95/1 Mu 3, Kamala Beach, Tel. 076-385437). Dorthin führt ein Weg, der in westlicher Richtung von der Kamala-Surin-Straße abzweigt.

●Gleich daneben befinden sich die **Denis Bungalows*****-**** (Tel. 081-8934094) und das **Grace Resort******* (Tel. 081-8929445, Tel./Fax 076-324476, Fax 076-385476), das kleine, aber schöne Bungalows anbietet. Ab 400 Baht.

●Das **Kamala Dreams Hotel & Restaurant******-LLL befindet sich im südlichen Bereich des Strandes, mit der Rückseite direkt zum Strand. Seine 18 Zimmer liegen um einen Swimmingpool und Jacuzzi herum, sind groß und hell sowie geschmackvoll und modern eingerichtet. Mit AC, TV, Kühlschrank. Tel. 076-279132, 081-8914293, 081-89326 52, Fax 076-279131, www.kamaladreams.net. Die Preise für die Normalzimmer liegen bei etwas unter 2.000 Baht in der Nebensaison, ansonsten ab ca. 2800 Baht. Dazu gibt es größere Studios. Alle Preise inkl. Frühstück.

●**The Club*******-ᴸᴸᴸ ist eine sehr schöne, größere Anlage im zentralen Bereich von Kamala, jedoch einige Gehminuten vom Strand entfernt. Mit Swimmingpool. Gepflegte Zimmer (AC, TV, Mini-Bar, Internetanschluss, Balkon). Tel 076-385901, Fax 076-279113, www.phuket.com/theclub. In der Nebensaison ab günstigen 1500 Baht; ansonsten lohnt sich die Anfrage bei Reisebüros.

●Am Südende des Strandes steht das **Kamala Beach Estate**ᴸᴸᴸ, das von seiner Hanglage aus einen hervorragenden Blick auf das Meer erlaubt. Es besteht aus verschwenderisch komfortablen Wohneinheiten von 60-80 m² mit gediegener Einrichtung und allem, was sonst noch zum Luxus gehört (AC, TV, Mini-Bar etc.). Jeder Wohneinheit ist eine Angestellte zugeteilt, die sich ausschließlich um „ihren" Gast kümmert und, wenn nötig, auch spezielle Speisen bereitet oder das Baby hütet. Vorhanden sind zwei Swimmingpools und ein Open-Air-Jacuzzi. Das Management arrangiert auch Golf-Partien oder erfüllt sonstige Privatwünsche. Internet in der Lobby. Preise ab 3500 Baht. Anfragen bei *Kamala Beach Estate*, Mu 3, Kamala, Phuket 83120, Tel. 076-279756-9, Fax 076-324111, 076-324115, E-Mail: rsvn@kamalabeachestate.com, www.kamalabeachestate.com.

Strände

Verkäufer am Kamala Beach

•Wunderbar von dschungelähnlicher Vegetation umgeben, aber relativ weit weg vom Strand liegt der **Nirvana Club*******-LLL – eine tolle Lage! (10/15 Mu 6, Kamala, Phuket 83120, Tel. 087-279214-7, Fax 076-271218, E-Mail: nirvana/club/phuket@hotmail.com). Neben riesigen Zimmern (AC, Bad, TV, Kühlschrank etc.), die ein wenig fantasiereicher hätten eingerichtet werden können, gibt es einige preiswertere Bungalows. Im Haus befinden sich ein Restaurant sowie eine Kräutersauna und ein Massage-Raum. In der Nebensaison ab 1000 Baht.

•Eine sehr schöne Anlage ist das **Aquamarine Resort & Villa**LLL, das am Südende der Bucht an einen steilen Felshang gebaut wurde. Vom Pool hat man einen ausgezeichneten Blick auf den Strand. Großartige Lage, Zimmerpreise in der Nebensaison ab 2400 Baht. Das dem Hotel angeschlossene *Leelawadee Restaurant* bietet Seafood und Thaigerichte. Dazu Swimmingpool, Fitness-Center und Internetmöglichkeit. Adresse:17/38 Mu 6, Kamala Beach, 93150 Phuket, Tel. 076-310600, Fax 076-310630, E-Mail: info@aquamarineresort.com, www.aquamarineresort.com.

Essen

•Das am Südende von Kamala, auf dem Weg zum *Aquamarine Resort* auf einem Fels gelegene, in einer hölzernen Villa untergebrachte **Rockfish** hat den Tsunami ohne Schäden überstanden – der australische Besitzer meint, dass er nur ein Kissen verloren hat! Unglaublich, wenn man bedenkt, dass das Restaurant direkt am Strand steht und welche Schäden Kamala ansonsten hinnehmen musste. Das Rockfish kredenzt erstklassige westliche und thailändische Küche zu moderaten Preisen. Dazu bietet es großartige Ausblicke.

•**Kamala Seafood** am Hauptstrand von Kamala wurde vom Tsunami zerstört. Inzwischen steht allerdings ein neues, gleichnamiges Gebäude. Man ist spezialisiert auf – wer hätte es gedacht, Meeresfrüchte, und die schmecken hier recht lecker. Moderate Preislage.

•Mitten im Dorf hat **Vegas Restaurant & Sports Bar** eine ganz gute Speisekarte mit Thai und internationalen Gerichten.

•Sehr beliebt ist der **Kamala Beergarden** (Tel. 081-7978451), zu dem oft sogar Gäste aus Patong angefahren kommen. Das Lokal befindet sich an der Hauptstraße durch Kamala und bietet neben Bier solide deutsche Küche zu mäßigen Preisen. Abends spielen Bands.

Aktivitäten

•Im Jahre 1999 wurde im nördlichen Bereich von Kamala ein gigantisches Vergnügungszentrum errichtet, das **Phuket Fantasea.** Der Bau kostete 3,3 Milliarden Baht, und eine weitere Milliarde sollte im Laufe der Zeit noch hinzu investiert werden. Geboten werden kulturelle Shows, die von Laserprojektionen, Feuerwerken und sonstigen Spezialeffekten begleitet werden. Das Ganze ist eher auf asiatische Pauschaltouristen zugeschnitten, aber auch so manche europäische Familie mit Kindern dürfte ihren (nicht ganz billigen) Spaß daran haben. Doch für jedermann ist es sicher nicht. Die Eintrittspreise sind recht hoch (Erwachsene 1900 Baht inkl. Dinner-Buffet; Kinder 1700 Baht); Show ohne Buffet für Erwachsene und Kinder gleichermaßen 1500 Baht; Buffet ohne Show 800/600 Baht respektive. Der Park ist täglich von 17.30-23.30 Uhr geöffnet; Show-Time 21 Uhr; Dinner von 18-20.30 Uhr. Im Buffet-Restaurant ist Platz für sage und schreibe 4000 Personen – eine eher erschreckende Aussicht. Tel. 076-385111, Fax 076-385222, E-Mail: info@phuket-fantasea.com, www.phuket-fantasea.com.

● Kurse in buddhistischer Meditation und Yoga bietet das **Karuna Meditation Center,** gelegen an der Ostseite der Ortschaft Kamala in unmittelbarer Nähe der grünen Hügel (83/2 Mu 4 Kamala, info@meditate-thailand.com, www. meditate-thailand.com). Meditationskurse So-Fr 15.30-17 Uhr; diese sind kostenlos, Spenden sind allerdings willkommen. Yoga Mo & Do 10-12.30 Uhr; auch diese sind im Prinzip kostenlos, als Entgeld für die Yoga-Lehrerin werden jedoch Beiträge von 150 Baht erbeten.

Anreise

Songthaews ab dem Markt in Phuket City kosten 30 Baht; diese halten aber einige hundert Meter vor dem Strand, um dann links abzubiegen und ins Dorf Kamala zu fahren. Den Fahrer bitten, an der nächsten Stelle zum Strand zu halten! Die letzten Songthaews fahren schon gegen 16 Uhr zurück nach Phuket City, danach gibt es eventuell noch Motorrad-Taxis, dafür besteht aber keine Gewähr.

Gecharterte Tuk-Tuks ab Phuket City kosten ca. 450-500 Baht für die einfache Fahrt.

Laem Singh

Laem Singh, das „Löwenkap", befindet sich an einer der schönsten Buchten Phukets, etwa zwischen den Stränden von Kamala und Surin. Die gerade, 100 m breite Bucht ist von Felsen gesäumt und bietet herrlich weißen Sand, Ruhe und gute Schwimmmöglichkeiten.

Unterkunft

Unterkünfte gibt es aufgrund des beengten Raumes (glücklicherweise!) nicht, lediglich ein paar improvisierte Trink- und Ess-Stände haben sich am Strand angesiedelt. In gemieteten Strandmöbeln (Liegestuhl, Tisch, Sonnenschirm; 30 Baht/Tag) lässt sich hier ein herrlich erholsamer Tag verbringen.

Songthaews ab Phuket City kosten 30 Baht. Sie passieren zunächst den Strand von Surin, biegen dann links ab und setzen zur Serpentinenfahrt über den dicht bewaldeten Hügel an. Etwa 1 km hinter dem Surin Beach erreicht man eine Stelle, von der rechts ein provisorischer Weg vom Hügel hinab zum Strand von Laem Singh führt. Dort steht meist eine Anzahl Motorräder (samt Fahrzeug-Wachmann), die Stelle ist also kaum zu verpassen. Den Fahrer bitten, am *läm sing* (Laem Singh) anzuhalten.

Wer aus Richtung Kamala kommt (Songthaew, 10 Baht), muss am Nordende der Ortschaft ebenfalls zu einer (steileren) Hügelfahrt ansetzen und erreicht nach ca. 1,5 km einen kleinen Polizeiposten (links an der Straße). Neben diesem führt ein schmaler Pfad hinab zum Strand. Auch an dieser Abzweigung steht meist eine Anzahl Motorräder.

Wer einen bequemeren Abstieg wünscht, kann noch ca. 1 km weiter fahren, wo man den zuvor genannten, hinabführenden Weg erreicht. Dieser verläuft weniger steil und ist leichter begehbar.

Die letzten Songthaews fahren schon gegen 16 Uhr zurück nach Phuket City. Wer zum Surin Beach läuft (über den nördlichen Weg vom Strand hinauf zur Straße und weiter Richtung Norden; ca. 1 km) kann dort bis ca. 17 Uhr Songthaews erwischen.

Gecharterte Tuk-Tuks ab Phuket City kosten ca. 450-500 Baht für die einfache Fahrt.

Wer mit eigenem Fahrzeug anreist, wird möglicherweise mit einigen unangenehmen Charakteren in Kontakt kommen, die für das Parken eine „Gebühr" erheben. Welches Recht sie dazu haben, ist unklar; seriös sieht die Sache nicht aus.

Surin Beach

Der Surin Beach ist ein sehr hübsches Stück Strand, dem ein ehemaliger 9-Loch-Golfplatz vorgelagert ist. Der Vorplatz wirkt heute rustikal bis leicht verwahrlost und man kann sich kaum noch vorstellen, dass hier einmal Golfer und ihre Caddies vorüber zogen. Ein Teil des Platzes ist zu einem Parkplatz umfunktioniert.

Über den ehemaligen Golfplatz verstreut und entlang des Strandes stehen Kasuarina-Bäume, in deren Schatten sich einige kleine Ess- und Trinkbuden angesiedelt haben. In Liegestühlen und unter bunten Sonnenschirmen (Tagesmiete 50-100 Baht)

Strände

kann man hier einen angenehmen Tag verbringen. Als nach dem Tsunami viele Strände in der Umgebung in Mitleidenschaft gezogen waren, strömten plötzlich vermehrt Touristen nach Surin, das fast völlig verschont geblieben war. Surin wurde plötzlich „entdeckt" und seither finden sich hier zahlreiche Tagesausflügler ein. Der Strand ist heute gut besucht, trotzdem im Vergleich zu Patong eine Oase der Ruhe und Einkehr.

Wer bis zum Abend bleibt, erlebt oft fantastische Szenerien, denn die **Sonnenuntergänge** von Surin zählen zu den fotogensten auf Phuket. Äußerste Vorsicht ist allerdings beim Schwimmen angebracht, das in Surin zu keiner Jahreszeit gefahrlos ist. Sehr gefährlich ist es während des Monsuns.

Unterkunft

●Ca. 100 m hinter dem Strand steht das **Surin Sweet Hotel****** (107/ 5-6- Mu 3, Choerng Thale, Tel. 076-270863/4, Fax 076-270865). Gute Wohnmöglichkeit mit Swimmingpool für Leute, die es gerne ruhig haben. Bei Monatsaufenthalten wird's erheblich billiger. Ab 800 Baht.

●Ca. 300 m Inland vom Strand, etwas abseits der Straße nach Bang Tao, steht die sehr gute **Pen Villa******-ᴸᴸᴸ (91 Srisoothorn/Sri Sunthorn Rd., Tel. 076-271100-1, Fax 076-324221, E-Mail: penvilla@samart.co.th). Dies war ursprünglich ein Privathaus, das sich ein Deutscher hierhin gebaut hatte, jetzt hat es eine thailändische Familie übernommen und zu einem Hotel umfunktioniert. Die Zimmer (AC, TV, Kühlschrank) sind urgemütlich, mit viel duftendem Edelholz ausgestattet und dazu blitzsauber. Ab 1200 Baht. Eine tolle Wohnmöglichkeit! Ein kleiner Swimmingpool mit Garten drum herum ist vorhanden. Eine riesige Familien-Suite ist auch vorhanden. Mahlzeiten sind im Haus erhältlich.

●Das **Tiw-Too Guest House*****-**** liegt an der südlichen Seite der Hauptstraße (Srisoonthorn Rd., Tel. 076-270240-1), fast 10 Min. Fußweg vom Strand entfernt. Es ist eine gute Mittelklasse-Option, mit ordentlichen Zimmern (AC, TV, Kühlschrank) zu 800 Baht in der Nebensaison, ca. 1000 Baht in der Hauptsaison.

●Gleich links daneben (von der Straße aus gesehen) das noch etwas bessere **Surin Sunset Inn*****-ᴸᴸᴸ, mit sehr komfortablen und sauberen Zimmern (AC, TV, Kühlschrank, Balkon) ab 800 Baht in der Nebensaison, 1200 Baht in der Hauptsaison. Von den Balkons in den oberen Stockwerken ergibt sich ein guter Ausblick auf den Strand und – wie der Name richtig angibt – die dortigen Sonnenuntergänge. Außerdem sehr geräumige Familienzimmer für 2000-3000 Baht. Adresse: 13/18 Srisoonthorn Rd., Tel./Fax 076-324264.

●Das **Twinpalms Phuket**ᴸᴸᴸ (105/46 Mu 3, Surin Beach Road, Phuket 83110, Tel. 076-316500, Fax 076-316599, E-Mail: book@twinpalms-phuket.com, www.twinpalms-phuket.com) ist ein 5-Sterne Boutique Hotel vom Feinsten. Mit Spa, zwei großen Swimmingpools (einer 1600 m^2 groß), Bibliothek, High-Speed-Internetanschluss und schwerer Marmor und Bronze Ästhetik. Das Twinpalms beschreibt sich als Mitglied der „Millionaire's Row" Phukets. Das *Oriental Spoon Restaurant* ist angeschlossen und serviert Thai und westliche Speisen zu gehobenen Preisen. Zimmer offiziell ab 5300 Baht. Auf der Website des Hauses gibt es günstige „Last Minute"-Angebote. Sehr empfehlenswert.

●Gleich südlich anschließend befindet sich das **Manathai Resort**ᴸᴸᴸ, ein gediegenes „Boutique-Hotel" (Surin Beach

Rd., Tel. 076-270900, Fax 076-270909, E-Mail: reservations-phuket@manathai.com, www.manathai.com), mit Luxus-zimmern ab 8000 Baht.

● Das **Surin Bay Inn******-LLL südlich an der Südseite der Strandstraße, ist eine sehr gute Option in der oberen Mittelklasse, mit gutem Ausblick auf den Strand. Saubere, helle Zimmer mit TV, AC, Mini-Bar und Internetanschluss ab 1200 Baht in der Nebensaison, ansonsten ca. 2400. Dazu größere Deluxe- oder Familienräume ab 1800 in der Nebensaison, ansonsten ca. 3600 Baht. Um Weihnachten/Neujahr eventuell noch etwas mehr. Frühstück jeweils inklusive. Kostenloses Internet für Gäste in der Lobby. Adresse: 107/1 Mu 3, Surin Beach, Tel.076-271601, 076-325815, Fax 076-271599, E-Mail: surbay@loxinfo.co.th.

Essen

● Nahe dem *Surin Sweet* bietet das **Carmen Restaurant** (Tel. 076-325713) gute post-moderne italienische Küche.
● Das **Lemongrass Restaurant** (Tel. 076-326790) nebenan ist auch nicht schlecht – Thai-Küche. Ausgezeichnete Meeresfrüchte zu mäßigen Preisen im Nok Seafood, mit wunderbarem Ausblick aufs Meer.
● Hochklassige, innovative Thai-Feinschmeckerkost im **Silk Restaurant & Bar** (www.silkphuket.com) im Shopping Center *The Surin Plaza* an der Srisoonthorn Road neben dem *Surin Sunset Inn*. Hohe Preislage ab 1500 Baht/2 Pers.

Anreise

Songthaews vom Markt in Phuket kosten 30 Baht. Die letzten Songthaews fahren gegen 17 Uhr zurück. Gecharterte Tuk-Tuks ab Phuket City kosten ca. 450-500 Baht für die einfache Fahrt.

Strände

166ph Foto: rk

Paak Tai oder Süd-Thai — fast eine Sprache für sich

Die Bewohner Südthailands sprechen einen stark vom
Standard-Thai abweichenden Dialekt (siehe auch Kapitel
„Insel und Bewohner", Sprache). Neben einer „eigenwilli-
gen" Aussprache verfügt das Südthailändische oder Paak
Tai über zahlreiche Vokabeln, die sich gänzlich von den
entsprechenden Worten im Standard-Thai unterscheiden.
Zudem gibt es innerhalb Südthailands noch Unterschie-
de im Vokabular. Thais aus anderen Regionen verstehen
Süd-Thai nur unvollkommen und sind in Südthailand oft
genauso verwirrt wie ein Deutscher in der Schweiz oder
Österreich. Zur Illustration einige Vokabel-Beispiele:

Deutsch	Hoch-Thai	Süd-Thai
gestern	müa-wan	thää-waa
morgen	prüng-nii	thon-chao
übermorgen	marün-nii	tho-rü
groß	yai	tua-thörp
klein	lek	tua-iat
hungrig	hiu-khao	haonüay-khao
faul	ki-kiyet	ki-klaan
ängstlich	ki-gua	ki-klaat
nach Hause gehen	glap baan	lop baan
heraus-, weggehen	ork	yik
sehen	duu	lää
Guava	farang	ya-mu
Ananas	sapparot	ya-nat
Mango	ma-muang	luuk-muang
Rambutan (in Phang-Nga)	gnor	luuk-motan
Frittierte Teigkrapfen (beliebteter Snack)	pha-tong-gho	ja-guy
Süßigkeit aus klebrigem Reis und Bananen	khao-tom-mat	niu-ho-gluay
Schuh	long-tao	khüak
Betrüger, Gauner	ki-gong	ki-choo
Chines. Tempel (in Phuket)	sanjao	am
ganz, ganz und gar	chang-löy	chang-huu
voll, ganz, (schon) beendet (in Nakhon Si Thammarat)	mot	met

Pan Sea Bay

An der Nordseite von Surin schließt sich die kleine, exklusive und von Felsen eingeschlossene Bucht von Pan Sea an (sprich etwa *panssii*). Die Pan Sea Bay wurde 1989 durch den Bau des hochklassigen *Pan Sea Resorts* für den Tourismus erschlossen, das heute allerdings **The Chedi** heißt. Bald gesellte sich das sündhaft teure *Amanpuri Resort* dazu, eine der nobelsten Unterkünfte Thailands. Die beiden Resorts blockieren zwar den Zugang zum wunderschönen Strand der Pan Sea Bay, nach thailändischem Gesetz aber ist jeder Strand öffentliches Eigentum, und die Unterkünfte können den Zugang dazu niemandem verwehren – man kann also einfach durch die Resorts hindurchmarschieren und sich dann gemächlich an den Strand legen! Am einfachsten kommt man durch *The Chedi* dorthin; im *Amanpuri Resort* wird man möglicherweise sowohl von den wohlbetuchten Gästen als auch dem Personal von Kopf bis Fuß gemustert. Einen anderen Weg zum Strand als durch die Unterkünfte gibt es nicht, es sei denn, man schippert per Boot ein.

Wer sich die teuren Resorts an diesem Strand leisten kann, wohnt an einer der allerschönsten Stellen auf Phuket – äußerst empfehlenswert!

Als **Wohnalternative** zu den teuren Resorts bieten sich die Unterkünfte in Surin an, die nur einen kurzen Fußweg entfernt sind. Man kann so also den elitärsten Strand Phukets genießen, ohne die astronomischen Unterkunftspreise zu berappen.

An ihrer Nordseite wird die Bucht vom „Kasuarina-Kap", **Laem Son,** begrenzt, an das sich weiter nordwärts der Strand von Bang Tao anschließt.

Stände

Unterkunft

●**The Chedi**LLL bietet sehr komfortable, an einen Hang gebaute Bungalows, die die Bucht überblicken. AC, TV, Mini-Bar und *Bose*-Stereoanlage (mit iPod-Dock) in allen Wohneinheiten. Swimmingpool und Restaurants vorhanden. Anfragen oder Buchungen unter *The Chedi* (118 Mu 3, Tambon Choerng Talay, Thalang, Pan Sea Beach, Phuket 83110, Tel.

076-324017-20, Fax 076-324252, E-Mail: hotel@chedi-phu
ket.com, www.ghmhotels.com). Preise ab ca. 13.000 Baht.
● Das **Amanpuri Resort**ᴸᴸᴸ ist eine der allerbesten Wohnmöglichkeiten auf Phuket und besteht aus 40 luxuriös eingerichteten Wohneinheiten (AC, TV, Mini-Bar, etc.), die in
typischer Thai-Holzbauweise errichtet sind. Jeder Wohneinheit ist eine Angestellte zugeteilt, die dem Gast einen –
wie es in der Hotelbranche heißt – „personalized service"
garantiert, d.h. einen auf den betreffenden Gast zuge-
schnittenen Rund-um-die-Uhr-und-nichts-ist-unmöglich-
Service. Swimmingpool und Restaurants sind vorhanden.
Neben zahlreichen Auszeichnungen, die das Resort erhalten hat, wurde es vom Magazin *Conde Naste* 2009 zu einem der 710 besten Unterkünfte der Wekt erklärt. Kostenpunkt allerdings stolze 840-7700 US$ in der Nebensaison,
ansonsten ca. 25 % mehr. Das können sich Leute wie *Mick
Jagger, David Bowie* oder die *Scorpions* leisten, die alle
schon mal da waren. Der indisch-britische Tycoon *Gulu Lal-
wani*, zehntreichster Asiat mit britischem Pass, hat hier eine
Dauerwohnung. Bei einem Vermögen von umgerechnet
700 Mio. Euro kann er sich das leisten. Buchungen und Anfragen unter Tel. 076-324333, Fax 076-324100, E-Mail:
amanpuri@amanresorts.com, www.amanresorts.com.

Anreise

Wer sich in einer der o.g. Luxusherbergen eingemietet hat,
wird mit einem Bus des betreffenden Unternehmens vom
Flughafen oder auch sonstwo auf Phuket abgeholt.
   Songthaews ab Phuket City fahren nur bis zum Surin
Beach (30 Baht), von dort sind es ca. noch 500 m bis zum
Chedi. Aus Fahrtrichtung gesehen an der Kreuzung vor
dem Golfplatz in Surin rechts herunter gehen, bis links ein
Schild *Chedi* erscheint. Die Straße daran führt links einen
Hügel hoch und spaltet sich nach 100 m in eine Abzwei-
gung zum *Chedi* (links) und eine zum *Amanpuri Resort*.
Der günstigste Weg zum Strand ist der durch *The Chedi*.
   Die letzten Songthaews fahren gegen 17 Uhr zurück nach
Phuket City, vom Halteplatz vor dem Golfplatz in Surin.
   Gecharterte Songthaews von Phuket City zur Pan Sea
Bay kosten ca. 450-500 Baht für die einfache Fahrt.

Bang Tao Beach

Die **Ortschaft** Bang Tao, ca. 22 km von Phuket City entfernt, ist eine der wichtigsten Moslem-An-
siedlungen auf der Insel, und die große Moschee
des Ortes bildet dessen unübersehbaren Mittelpunkt (siehe Kapitel „Sehenswertes auf der Insel").

Die meisten Einwohner von Bang Tao sind die Nachkommen indischer, pakistanischer oder malaiischer Einwanderer, und besonders nach Malaysia pflegen die Einwohner noch so manch familiäre Bande. Alkohol gibt es – gemäß moslemischer Tradition – im ganzen Ort nicht zu kaufen, und nach Bier lechzende Touristen müssen auf den östlichen Nachbarort Choerng Thale (sprich *tschörng thalé*) ausweichen, in dem hauptsächlich Buddhisten wohnen. Am Strand von Bang Tao und in den dort gelegenen Unterkünften gibt es aber sehr wohl Alkohol zu kaufen.

Bang Tao ist an seiner Südseite von mächtigen Hügeln umgeben, die mit Gummibäumen bepflanzt sind und folglich auch erklommen werden können (siehe den Abschnitt über Bang Tao in „Fotografieren").

Etwa auf halbem Wege zwischen Bang-Tao-Ortsmitte und Surin befindet sich der hübsche, kunterbunte kleine Tempel Wat Anamai Kasem, der

„Tempel der Gesundheit und Zufriedenheit", der der buddhistischen Minderheit von Bang Tao als Gebetsort dient.

Der **Strand** von Bang Tao ist gut 2 km vom Zentrum des Ortes entfernt. Hier gibt es kaum Touristen und entsprechend wenig Unterkünfte. Er ist dennoch recht schön, und am Bootspier, von dem die Fischer zu ihren Muschel- und Fischfang-Fahrten aufbrechen, lassen sich Boote mieten. Der Preis richtet sich nach der zurückzulegenden Entfernung, der Anzahl der Passagiere und dem Verhandlungsgeschick der potenziellen Passagiere. 300 Baht/Std. sind eigentlich angemessen.

Der Strand ist mit Kasuarina-Bäumen gesäumt, unter denen sich zahlreiche Fischer ihre bescheidenen Unterkünfte errichtet haben. Dazu gibt es ein paar **Restaurants,** die von einigen derben, trinkfesten Fischersleuten frequentiert werden, den meisten Touristen aber sicher eine Stufe zu schlicht sein dürften.

Ansonsten bieten sich die einfachen Restaurants am Surin Beach oder die kleinen Moslem-Restaurants in Bang-Tao-Zentrum (nahe der Moschee) an. Besonders am Freitag, wenn viele Gläubige in die Moschee strömen, offerieren die Restaurants eine Vielzahl leckerer südthailändischer Snacks. Manche Touristen fahren extra nach Kamala, um in den dortigen sehr guten Seafood-Restaurants zu speisen.

Die meisten der u.g. Unterkünfte sollten unter ihrem offiziellen Preis über Reiseagenturen zu buchen sein.

Unterkunft

●Die derzeit einzige einigermaßen preiswerte Unterkunft sind die **Blue Lagoon Bungalows****** (72/2 Mu 3, Tambon Choerng Thale, Tel. 076-324260; Fax 076-324168). Die Bungalows (eig. Bad) liegen an einem sehr ruhigen und schönen Strandabschnitt, umgeben von zahlreichen Kasuarina-Fichten. Es gibt einen Swimmingpool.

Das Sheraton Grande Laguna Beach Resort am Bang Tao Beach

●Weiter nördlich der Blue Lagoon Bungalows befindet sich das noble **Amora Beach Resort Phuket*******-LLL (322 Mu 2, Bang Tao, Tel. 076-324021-2, 02-9972681-2, Fax 076-324243, 02-5352534, www.phuket.com/amora), eine der angenehmsten Wohnmöglichkeiten in Bang Tao. Die sehr schöne, aber nicht protzige Anlage ist um einen Swimmingpool arrangiert, drum herum Palmen, Kasuarinen und eine sehr entspannte Atmosphäre. Nicht umsonst ist das Hotel häufig ausgebucht. Ab 2000 Baht. Für die Zimmer (AC, TV, Video, Mini-Bar, Kühlschrank etc.) ist zwischen dem 20.12. und 20.2. jeweils noch ein Saison-Bonus von 1500 Baht draufzulegen, zudem ist die Teilnahme an Fest-Diners zu Weihnachten, Silvester und dem Chinesischen Neujahr Pflicht. Diese müssen gesondert bezahlt werden.

●Die älteste der Luxusherbergen von Bang Tao ist das **Dusit Laguna**LLL, das Haus ist in den letzten Jahren aber gründlich renoviert und verbessert worden (390 Sri Sunthorn Rd., Tel. 076-362999, Fax 076-362900, E-Mail: dlp@dusit.com, www.dusit.com). Das Haus verfügt über einen Privatstrand, einen Swimmingpool, Tennisplatz, mehrere Restaurants etc. Das Hotel ist fest in der Hand von Pauschaltouristen.

●Architektonisch sehr gelungen ist die Luxusanlage des **Sheraton Grande Laguna Beach Resort**LLL, die um eine künstlich angelegte Lagune herum platziert ist (16 Mu 4, Sri Sunthorn Rd., Tel. 076-362300, Fax 076-362301, E-Mail: info@lagunaphuket.com, www.lagunaphuket.com/hotels/sheraton. Preise ab 255 US$. Die preiswertesten Zimmer sind gar nicht mal so toll.

Strände

●Nahebei finden sich noch **The Allamanda Laguna Phuket**LLL (Tel. 076-362700, Fax 076-324360, E-Mail: allamanda@lagunaphuket.com, ab 2900 Baht in der Nebensaison) und das Banyan Tree PhuketLLL (Tel. 076-324374, Fax 076-324356, E-Mail: sales-bangkok@banyantree.com, www.banyantree.com). Letzterem ist ein Golfplatz angeschlossen (*Laguna Phuket Golf Club*), oder besser gesagt, es ist ein Golfclub, der auch Unterkunftsmöglichkeit bietet. Siehe auch Kapitel „Golf" im Kapitel „Reisetipps". Die Zimmer kosten ab 650 US$; gelegentlich „Last Minute"-Angebote über die Website des Hauses, dann vielleicht ab 400 US$.

●Am Nordende der Bucht von Bang Tao schließt die kleine Layan-Bucht an. An dieser Stelle befindet sich das **Layan Beach & Spa Resort**LLL. Der nahe gelegene Strand ist nichts besonderes, die Lage aber ist außerordentlich ruhig, von viel Grün umgeben, und somit für einen richtigen Entspannungsurlaub geeignet. Ohne eigenes Fahrzeug ist man hier aber ziemlich von der Außenwelt isoliert. Das Resort hat sehr gemütliche Zimmer (Satelliten-TV, AC, Kühlschrank), angeschlossen sind Swimmingpool und das immer mehr fast obligatorisch werdende Spa. Angeboten werden Yoga- und Meditationskurse, Thai-Kochkurse, Thai-Boxen und diverse Wassersportarten, dazu wöchentlich eine Stunde kostenlosen Thai-Unterrichts. Aufgrund der abgeschiedenen Lage ist ein Mietfahrzeug anzuraten. Zimmerpreise in der Hauptsaison ab 6000 Baht, in den Monaten März bis Oktober ab 5500 Baht. Adresse: 62 Mu 6, Layan Village, Thalang, Phuket 83110, Tel. 076-313412-4, Fax 076-313415, E-Mail: info@layanphuket.com, www.layanphuket.com.

Essen

●Der weit gereiste deutsche Koch *Harald Schwarz* betreibt das **Tatonka Restaurant and Bar,** das seit seinem Beginn im Jahre 1996 ständig an Beliebtheit gewonnen hat. In seinen Gerichten verarbeitet der Besitzer Einflüsse der Länder, die er bereits hat, und heraus kommt dabei „Globetrotter Cuisine" – ein kulinarisches Weltereignis. Das Restaurant befindet sich an der Zufahrt zum *Dusit Laguna Hotel* (382/19 Mu 1, Choerng Talay, Tel./Fax 076-324349, E-Mail: tatonka@e-mail.in.th, www.phuket.com/tatonka).

●Sehr beliebt ist auch das **Saffron** im *Banyan Tree Phuket,* mit kontinentumspannenden Gerichten aus dem Mittleren Osten oder anderen Teilen Asiens – Thailand, Vietnam, Indonesien, Indien und Sri Lanka. Exzellente Qualität zu gehobenen Preisen (Tel. 076-324375).

●Das im *Dusit Laguna* angesiedelte **Ruen Thai** ist ein klassisches, hochklassiges Thai-Restaurant, romantisch neben einer Lagune gelegen. Tel. 076-324324.

●**La Trattoria** im *Dusit Laguna* kredenzt italienische Haute Cuisine, sehr gut, aber ebenfalls in gehobener Preislage. Tel. 076-324324.

●**Puccini** im *Sheraton Grande Laguna* ist auf norditalienische Speisen spezialisiert, und auch hier muss der Umgebung angemessen etwas tiefer in den Geldbeutel gegriffen werden. Tel. 076-324101 bis -7.

●Ebenfalls im *Sheraton* befindet sich das **Chao Lay,** das sich auf Seafood spezialisiert. Die Gerichte entstammen der „königlichen Küche", die am thailändischen Königshof kreiert wurde, dazu gibt es traditionelle südthailändische Gerichte. Tel. 076-324101 bis -7.

●**Toto's** an der Zufahrt zum Dusit Laguna ist eine weitere Zweigstelle der bekannten Kette. Ausgezeichnete italienische Küche zu moderaten Preisen (Tel. 076-271430).

Aktivitäten

●**Pferdereiten** beim *Phuket Laguna Riding Club:* Der Parcours führt vorbei an Lagunen, Golfplätzen und dem langen Strand von Bang Tao, sowie durch Marschland. Auch Reitneulinge sind willkommen. Adresse: 394 Mu 1, Bang Tao Beach, Tel. 076-324199, 081-3973267, Fax 076-324099, E-Mail: pchaowanich@yahoo.com, http://phuketdir.com/lagunariding/.

●Der **18-Loch-Golfplatz** des *Banyan Tree Phuket,* der *Laguna Phuket Golf Club,* entworfen von *Max Waxler* und *David Abbell,* ist einer der Top-Golfplätze der Insel. Hotelgäste zahlen eine Green Fee von 2635 Baht (9-Loch 1606 Baht), Nicht-Gäste zahlen 50 % mehr. Caddy Fee 220 Baht (obligatorisch). Ausrüstungsmiete (18-Loch/9-Loch): Golfschläger 500/200 Baht, Schuhe 250/150 Baht, Schirm 200/120 Baht, Übungsbälle (50), 70 Baht/–). Anfragen unter Tel. 076-324350, 076-324358, 076-270989, 076-270991/2, Fax 076-324351, E-Mail: golf@lagunaphuket.com.

Massage

●Das **Hideaway Spa** betreibt eine Zweigstelle in Bang Tao, die allerdings teurer ist als der Ableger in Patong. Tel. 076-271549, Fax 076-342553, E-Mail: john@phuket-massage.com, www.phuket-hideaway.com. Professionelle Massagen, Sauna und Dampfbäder.

Einkaufen

Eine einmalige, beinahe museumshafte Sammlung von Antiquitäten bietet **The Palace of Arts,** an der Straße vom Heroines' Monument nach Bang Tao gelegen, ca. 1 km westlich des Monuments (103/3 Mu 4, Ban Bangjoe, Tambon Srisoonthorn, Thalang, Phuket 83110, Tel. 076-273533, Fax 076-273535, E-Mail: shahe@thaiart.com, www.thaiart.com). Der armenisch-stämmige Besitzer ist hauptberuflich Innenarchitekt, und sein ästhetisches, offenbar sehr geschultes Auge schlägt sich sowohl in der Auswahl seiner Waren, als auch in deren Präsentation nieder. Geboten werden hauptsächlich Antiquitäten aus Thailand, Myanmar und Kambodscha, wunderbare Sachen, aber verständlicherweise nicht gerade billig. Das Geschäft hat viele wohlhabende Stammkunden, die einmal im Jahr einfliegen, nur um hier einzukaufen.

Strände

Anreise

Zum Strand von Bang Tao fahren keine öffentlichen Verkehrsmittel, mit Songthaews gelangt man bestenfalls von Phuket City zur Ortsmitte von Bang Tao (bei der Moschee; 25 Baht). Alle Songthaews Richtung Surin oder Kamala fahren durch den Ort. Von dort könnte man gegenüber der Moschee von der Hauptstraße aus, zwischen den hölzernen Wohnhäusern hindurch und dann querfeldein zwar auch zum Strand gelangen (ca. 2 km), aber das Risiko, sich zu verlaufen, ist groß – und mit Gepäck sicher kein Urlaubsspaß.

Ansonsten bis zum Surin Beach fahren (30 Baht) und von dort aus an der Straßenkreuzung rechts herunterlaufen, wo man nach ca. 1,5 km den Strand und die *Blue Lagoon Bungalows* erreicht. Wer im *Dusit Laguna* wohnt, kann vom Hotel-Bus abgeholt werden.

Selbstfahrer fahren am besten über die Ortschaft Choerng Thale (von Phuket City aus gesehen noch vor Bang Tao), von wo aus rechts eine gut ausgeschilderte Straße zum *Dusit* abzweigt. Gecharterte Tuk-Tuks ab Phuket City kosten ab ca. 450-500 Baht für die einfache Fahrt bis zum Strand; bis zur Ortsmitte von Bang Tao sollten 400 Baht genügen.

Nai Thon Beach

Dieses Strandgebiet zwischen Bang Tao und Nai Yang ist eines der **abgelegensten und ruhigsten der Insel,** dazu ausgesprochen schön. Der Strand von Nai Thon wird von Kasuarin-Fichten flankiert und im Hinterland erheben sich dicht bewachsene Hügel. Bisher tut sich touristisch hier nur wenig, und wer einen herrlichen, ruhigen Strand sucht, ist in Nai Thon bestens aufgehoben. Manchem dürfte es hier aber fast schon zu einsam sein. Die Speisemöglichkeiten außerhalb der Unterkünfte sind relativ begrenzt, aber sicher ausreichend. Wer mobil sein will, benötigt ein eigenes Fahrzeug, denn Verkehrsmittel gibt es hier keine.

Im Umfeld von Nai Thon sind einige Wohn- und andere Bauprojekte im Gange; man darf gespannt sein, wie die Entwicklung hier weitergehen wird.

Statt von Bang Tao aus ist Nai Thon auch über den Highway 402 (Thepkasattri Road), der Phuket von Nord nach Süd durchkreuzt, zu erreichen;

vom Highway zweigt eine ausgeschilderte Straße in Richtung Nai Yang und Nai Thon ab, dann gelangt man durch die Ortschaft Ban Sakoo nach Nai Thon. Einige Kilometer vor Nai Thon führt der Weg durch dichte Kautschukplantagen.

Etwa 2,5 km südlich von Nai Thon befindet sich eine winzige Bucht mit einem **wunderschönen kleinen Strand,** genannt Banana Rock Beach. Von der Hauptstraße aus kann man ihn kaum sehen, da Bäume die Sicht versperren. Um hin zu gelangen, muss man unter einem Stacheldraht durchklettern und dann eine steile Böschung heruntergehen. Vorsicht, man kann leicht abrutschen! Der Strand ist ansonsten auch per Boot zu erreichen. Es befindet sich dort eine kleine Brutzelhütte, und man kann einen Liegestuhl mieten. Ein hübsches kleines Idyll.

Unterkunft

●Das **Nai Thon Beach Resort*****-LLL (Mu 4, Tambon Sakoo, Tel. 076-205379-80, Fax 076-205381, E-Mail: nai thon_beach_resort@hotmail.com) besteht aus 14 Bungalows (Bad, teilweise AC), die einem ehemaligen Parlaments-

Stände

abgeordneten von Phuket gehören. Die Bungalows, direkt an der am Strand vorbeiführenden Straße gelegen, sind von viel Grün umgeben. Ab 1200 Baht.

● Etwas weiter nördlich liegt das **Phuket Naithon Resort*******-ᴸᴸᴸ (Tel. 076-205233, 076-205030, 076-205214, Fax 076-205214, 076-213233, E-Mail: naithon@phuket. cir.com). Zimmer mit AC in verschiedenen Preisstufen; ab 1000 Baht.

● Die **Naithon Beach Villa** *****-ᴸᴸᴸ wird von einem Deutschen, dem Besitzer der *Grillhütte* in Patong, und seiner thailändischen Frau geleitet (Tel. 076-205407, Fax 076-205326, E-Mail: naithon@loxinfo.co.th, www.naithon.com). Es gibt verschieden große, sehr geräumige und gut ausgestattete Apartments und Zimmer, z.T. mit eigener Kochgelegenheit. Das Badewasser wird durch Solarzellen aufgeheizt. Apartmentpreise in der Nebensaison, je nach Größe, 1800-2500 Baht, in der Hauptsaison etwa 50 % mehr. Rabatte bei Langzeitaufenthalten.

● Das **Naithonburi Resort**ᴸᴸᴸ am Nordende von Nai Thon (Tel. 076-318700, Fax 076-318777, www.naithonburi.com) ist eine sehr schöne Anlage, mit Swimmingpool, nett eingerichteten Zimmern (AC, TV, Kühlschrank etc.) und viel Ruhe. Offiziell beginnen die Preise bei 2500 Baht, bei Internetbuchungen kommt man jedoch oft mit etwas mehr als der Hälfte davon. In diesem Falle eine sehr empfehlenswerte Unterkunft.

● Das **Andaman White Beach Resort**ᴸᴸᴸ hat sich einen Platz an einer wunderschönen kleinen Bucht südlich von Nai Thon reserviert. Die Unterkünfte sind aber nur teilweise ihren hohen Preis wert. 3750 Baht für relativ kleine, wenn

153ph Foto: rk

auch komfortabel eingerichtete Bungalows, dazu etwas teurere Bungalows mit Jacuzzi und Open-Air-Dusche; größere Villen zu 6000 Baht. Mit zwei Restaurants, einer Bar, Swimmingpool, Fitness-Center, Spa und WLAN-Internet in bestimmten Bereichen. Der Lage ist großartig, das Resort hat den Strand für ganz sich alleine; man sollte sich jedoch zuvor vergewissern, ob einem die Bungalows zusagen. Tel. 076-316300, Fax 076-316399, E-Mail reservation@ andamanwhitebeach.com, www.andamanwhitebeach.com.

●Ende 2004, kurz vor dem Tsunami, wurde das **Trisara**LLL an der Straße zwischen Bang Tao und Nai Thon gelegen, eröffnet. Das Trisara ist Phukets neueste V.I.P.-Herberge, die sich anschickt, dem *Amanpuri* Konkurrenz zu machen. Und das kann es durchaus: Das Hotel hat fantastisch stilvoll eingerichtete Villen, dazu Badezimmer, die so groß sind wie ein normales Wohnzimmer – und beinahe ebenso wohnlich – und der besondere Clou sind die „Infinite View"-Swimmingpools vor jeder Villa. Die Pools sind so angelegt, dass man, wenn man davor sitzt, erst mal nur das Blau des Pools sieht, und dann dahinter gleich das Blau des Meeres und des Himmels; das Resort liegt etwas vom Strand erhöht, so dass man den Strand von der Villa aus nicht sieht, eben nur den Pool, das Meer und den Himmel – unendlicher Blaublick also. Die erhöhte Lage des Trisara ließ es auch beim Tsunami mit nur sehr geringen Schäden davonkommen. Prominenter Gast während des Tsunami war *Adam Clayton,* Bassist bei U2. Das Hausrestaurant bietet sehr gute Kost, mediterran ebenso wie Thai, serviert in Kleinstportionen, aber dafür auf sehr originellem Geschirr. Angeschlossen sind Spa, Sportraum und Tennisplatz. Da das Gelände weitläufig und auch etwas hügelig ist, wird man auf Wunsch per Golfbuggy zu seiner gewünschten Destination gefördert. Das Wohnen in einer so noblen Herberge hat seinen Preis: ab ca 750 US$ in der Nebensaion. Die teuersten Villen kosten bis zu knapp 10.000 US$. Wer etwa ab 1 Mio. Euro übrig hat kann sich eine permanente Luxusvilla zulegen: Neben dem Resort stehen fantastische Villen zum Kauf, Größe 750-1.500 qm. Besser kann man auf Phuket nicht wohnen. Adresse: 60/1 Mu 6, Srisoonthorn Rd., Choerng Thale, Phuket 83110, Tel. 076-310100, Fax 076-310300, www.trisara.com.

Essen

●Im zentralen Bereich des Strandes liegt das **Pinocchio Restaurant,** das sehr gute deutsche, österreichische und italienische Speisen offeriert – darunter ausgezeichnete Steaks, Meeresfrüchte, Salate, Pizzen und Pastagerichte, oft in magensprengenden Großportionen. Zur Unterkunft stehen zudem **zwei Zimmer*******-LLL zur Verfügung; 1500

Strände

Kleine Bucht bei Nai Thon

Baht in der Nebensaison, sonst 2500 Baht. Adresse: 23/23 Mu 4, Nai Thon Beach, Tel. 089-8683584, Fax 076-205 326, E-Mail: info@pizzaphuket.com. Restaurant geöffnet 9-23 Uhr.

● Sehr leckere thailändische und südthailändische Curries und Meeresfrüchte im nahe gelegenen **Coconut Tree Restaurant;** moderate Preise.

Anreise

Am besten mit einem gecharterten Tuk-Tuk; ab Phuket City ca. 500 Baht für die einfache Fahrt.

Nai Yang Beach

Etwa 35 km nordwestlich von Phuket City befindet sich der Strand von Nai Yang, dessen nördlicher Teil zum **Sirirat National Park** erklärt worden ist. Nai Yang ist einer der Strände, an dem von November bis Februar die akut vom Aussterben bedrohten Meeresschildkröten ihre Eier ablegen (mehr zu diesen im Kapitel „Mai Khao Beach"). Dem Strand vorgelagert sind große Korallenbänke, zu denen man bei Ebbe waten kann.

Das Wasser ist sehr sauber und gut zum Schwimmen geeignet, und das anschließende Hinterland ist dicht mit **Kasuarinen und Pinien** bewachsen, die ausgiebigen Schatten spenden, aber eine für die Tropen „untypische" Szenerie zu kreieren scheinen. Die wogenden Kokospalmen, die zum Klischeebild eines Tropenstrandes gehören, sind nur vereinzelt sichtbar. Ein tropischer Traumstrand ist dies nicht, dafür aber auch längst nicht so hektisch wie Patong, Karon und Konsorten.

Am Südende des Strandes, südlich des Indigo Pearl Hotels, wird die Vegetation zunehmend dichter und zieht sich zu einem hübschen Wald zusammen. An der Nordseite befindet sich das Verwaltungsbüro des Nationalparks, in dem es eine Vielzahl von kostenlosen Informationsbroschüren und auch käufliche Literatur zum Thema Thailand oder Phuket gibt.

Etwa 200 m nördlich des Büros befindet sich das **Visitor Center** des Nationalparks, ebenfalls ein

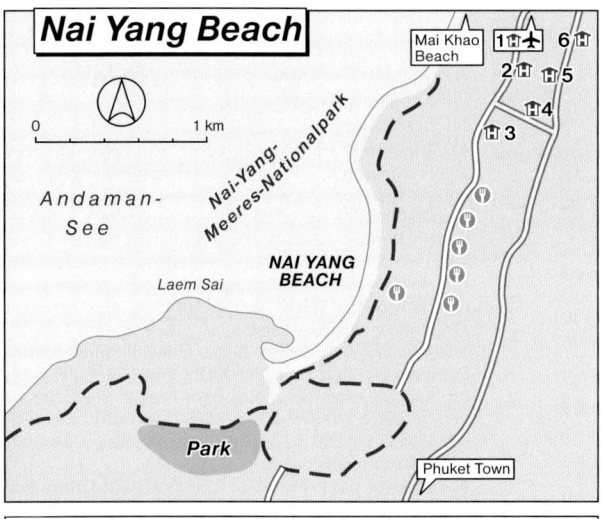

Nai Yang Beach

0   1 km

Andaman-
See

Nai-Yang-
Meeres-Nationalpark

*NAI YANG
BEACH*

Laem Sai

Mai Khao
Beach

1   2   5   4   3   6

Park

Phuket Town

🏠	**1**	Nationalpark-Bungalows, Visitor's Centre, Airport	🏠 **4**	Golddigger's Resort Nai Yang
🏠	**2**	Crown Nai Yang Suite Hotel	🏠 **5**	Garden Cottage
🏠	**3**	Indigo Pearl Village Hotel	🏠 **6**	Nai Yang House
			🍴	Restaurants
			▬ ▪	Nationalpark Grenze

Strände

kleines Informationsbüro, das u.a. kostenlose Broschüren ausgibt. Im Center ist ein kleines **Museum** untergebracht, in dem Korallen, Muscheln,
Schmetterlinge und andere Kleintiere aus der
Umgebung ausgestellt sind. Geöffnet täglich
8.30-12 Uhr und 13-16.30 Uhr; der Eintritt zum
Museum ist frei (Tel. 076-5790529).

Der Park ist gut für Wanderungen geeignet; das
Terrain ist einfach zu begehen. Im Park befindet
sich ein **Gibbon Rehabilitation Center,** in dem
Gibbons, die von Wilderern gefangen worden
waren, wieder auf ein Leben in freier Natur vor-
bereitet werden. Das Center kann besucht werden. Ihm angeschlossen ist ein kleiner Laden, in

dem zur Finanzierung des Centers Postkarten, T-Shirts u.a. Souvenirs verkauft werden. Die Mitarbeiter sind allesamt Volontäre. Der Eintritt zum Park kostet 200 Baht.

Unterkunft

●Das **Indigo Pearl Village**ᴸᴸᴸ (zuvor Pearl Village). Es liegt an der Südseite des Strandes, und darum hat sich ein bescheidenes touristisches Dorf herangebildet, mit vielen kleinen Open-Air-Restaurants, Souvenirhändlern, Batikherstellern, Portraitmalern etc. Die mit Abstand meisten Gäste sind Deutsche oder Österreicher, und viele der Händler sprechen ein paar Brocken Deutsch. Das Stück Strand vor dem *Indigo Pearl Village* ist recht lebendig, aber dennoch alles andere als „überlaufen".

Das *Indigo Pearl Village* bietet jeden Komfort – vom Swimmingpool bis zum Tennisplatz. Preise ab 6000 Baht, bei Buchung einer Pauschalreise wird's aber erheblich billiger. Tel. 076-327006-9, 076-327015, 02-5612919, Fax 076-327338/9, 02-2601027, E-Mail: info@indigo-pearl.com, www.indigo-pearl.com.

●Nördlich an das Pearl Village schließt sich das **Crown Nai Yang Suite Hotel**ᴸᴸᴸ an (Nai Yang Beach, Tel. 076-327420 bis -9, Fax 076-327322/3, E-Mail: crown@samarts.com), eine weitere Luxusanlage mit Swimmingpool, Tennisplatz etc. Ab 3500 Baht.

●Das **Airport Resort******-ᴸᴸᴸ liegt an der Südseite des Nationalparks und ist eine nette kleine Anlage, die sich um einen Swimmingpool gruppiert. Es hat sehr saubere Zimmer mit AC und TV. Tel. 076-327697, Fax 076-327698, www.phuketairportresort.com.

●Der Park selber bietet einige Wohnmöglichkeiten. **Bungalows** kosten 400-1000 Baht, **Zelte** 100-200 Baht. Mit dem eigenen Zelt kostet die Übernachtung nur 20 Baht. Vorbuchung empfohlen (Tel. 076-328226, 076-3327152, oder in Bangkok beim Royal Forest Department, Tel. 02-5612919, E-Mail: sirinath_np@yahoo.com).

●Eine schöne, gepflegte Bungalow-Anlage mit Swimmingpool ist das schweizerisch-australisch geführte **Golddigger's Resort Nai Yang******-ᴸᴸᴸ (74/12 Surin Rd., Tel. 076-328424, Fax 076-205458, E-Mail: golddigger_pghuket@hotmail.com, www.golddigger-resort.com), das sich allerdings etwas vom Strand zurückversetzt befindet. Zur Verfügung stehen saubere und wohnliche Bungalows (Bad, TV, Kühlschrank). Ein kleines Restaurant ist angeschlossen, so dass man sich den wenige Minuten beanspruchenden Weg zu den Strandrestaurants sparen kann. Motorräder und Jeeps können angemietet werden. Zimmer ohne AC in der Nebensaison 1000 Baht, mit AC ab 1200 Baht, in der Hauptsaison 1200/2100 Baht respektive. Dazu gibt es teurere Suiten und Familienzimmer.

134ph Foto: rk

• Das **Garden Cottage******-LLL liegt ebenfalls vom Strand zurückversetzt (53/1 Mu 1, Nai Yang, Tel. 076-327293, Fax 076-327292, www.garden-cottage.com); die sehr sauberen und wohnlichen Bungalows (AC, TV; Kühlschrank nur in den AC-Zimmern) sind von einer gepflegten kleinen Gartenanlage umgeben. Zimmer ohne AC ab 1200 Baht, mit AC ab 1600 Baht.

• Saubere, akzeptable Zimmer die in einer Art Reihenbungalow untergebracht sind, bietet das **Nai Yang House*****-**** (6/1 Nai Yang – Saku Rd., Tel. 076-327488, Fax 076-205061, E-Mail: naiyanghouse@hotmail.com). Ab 450 Baht.

Anreise

Gäste des *Indigo Pearl Village* Hotel werden bei Vorbuchung mit einem hauseigenen Bus vom Flughafen, der nur ca. 3 km entfernt ist, abgeholt.

Ansonsten fahren vom Markt in Phuket City Songthaews für 40 Baht, die Frequenz ist aber nicht sehr hoch. Nach 12 Uhr gibt es kaum noch Songthaews. Die letzten Songthaews zurück nach Phuket City fahren auch etwa gegen 12 oder 13 Uhr. Mit einem gecharterten Tuk-Tuk kostet die einfache Fahrt ab Phuket City ca. 450-500 Baht.

Mai Khao Beach

Der Strand von Mai Khao ist der nördlichste von Phuket und mit **10 km Länge** auch der ausgedehnteste. Entlang des Sandstrandes reiht sich ge-

Strände

strüppartige Vegetation, die nur relativ zaghaft mit Bäumen durchsetzt ist. Der Strand ist nicht sensationell schön, in einem Strandschönheitswettbewerb würde er einen guten Mittelplatz belegen. Dafür ist er fast menschenleer und ruhig und stellt so eine gute Bade-Alternative zu den touristischen Stränden dar. Er bietet sich ausgezeichnet für lange Spaziergänge an.

Richtig lebendig wird es in Mai Khao ansonsten nur in den Nächten der Monate November bis Februar, wenn hier die **Meeresschildkröten** an Land gehen, um ihre Eier im Sand zu vergraben, aus denen ihre Jungen ausschlüpfen sollen. Das Naturschauspiel zieht zahlreiche Thais an, die die Eiablage beobachten. Einige machen sich aber auch an die Eier heran, die eine geschätzte Delikatesse darstellen, und zweifelsohne hat diese Tatsache zur Dezimierung der Art geführt. Auch das Fleisch der Tiere wird zu Speisen verarbeitet. Vermutlich existieren nur noch etwa 100 Meeresschildkröten in den Gewässern vor Phuket, einige weitere in der Provinz Phang-Nga. Paradoxerweise wird auch das ehrliche Naturinteresse vieler Thais den Tieren zum Verhängnis: Bei ihren nächtlichen Schildkröten-Beobachtungen benutzen die Besucher Taschenlampen, die die ausgeschlüpften Jungtiere in den Tod locken. Nach dem Schlüpfen orientieren sie sich naturgemäß am Mond, der über dem Wasser steht und ihnen so den Weg in ihr Element weist. Viele der Tiere folgen aber dem Licht der Taschenlampen und verenden so, ohne jemals das Meer erreicht zu haben.

Zum thailändischen Neujahrstreff Songkran werden hier alljährlich ca. 2000 Jungtiere im Meer freigelassen, die im Marine Biological Research Center aufgezogen wurden.

Unterkunft

● Das **Mai Khao Beach Bungalows***** besteht aus fünf kleinen Hütten zu je 200 Baht, vier Bungalows zu je 800 Baht, dazu werden Zelte vermietet (je nach Größe 100-200 Baht). Für Budget-Reisende eine sehr gute Unterkunft in untouristischer Umgebung. Adresse: 194 Mu 3, Mai Khao, Thalang, Phuket 83140, Tel. 081-8951233, E-Mail: bmaikhao_beach@hotmail.com, http://maikhaobeach.wordpress.com.

●**The Phuket Campground** (Tel. 081-6764318, E-Mail: campground@phuketmall.com), etwas hinter dem Strand gelegen, vermietet Zelte zu 100 Baht/Pers. Bodenmatten, Kissen, Decken und eine Taschenlampe sind inbegriffen. Die Anlage ist bei der Länge des Strandes nicht leicht zu finden.

●Das Non-Plus-Ultra eines Hotels ist das **J.W. Marriott Resort and Spa**LLL in Mai Khao. Die Anlage ist ein architektonisches Meisterwerk, an jedes Detail ist gedacht. Abends kann man an einem malerisch beleuchteten, riesigen Lotusteich sitzen, und die Auffahrt zum Hotel wird dramatisch durch Fackeln auf den Begrenzungsmauern beleuchtet. Die Zimmer sind hervorragend eingerichtet, die Badezimmer sind riesengroß, und von der Badewanne aus lässt sich aufs Meer und den angrenzenden Palmengarten blicken. Zimmer mit AC, Kühlschrank, Mini-Bar, TV und DVD-Player. Zwei Swimmingpools stehen zur Verfügung, eine Sauna, Fitness-Club, Tennisplatz, dazu 4 Restaurants, eine Delikatessen-Bar und mehrere Geschäfte. Vor der Anlage breitet sich ein kilometerlanger Strand aus, weit und breit ist bisher kein anderes Gebäude zu sehen. Dem Hotel selber gehören 600 m Strandfront. In den Monaten Mai-September fallen die Preise für die Standardzimmer gelegentlich auf 3500 Baht, maximal 5000 Baht. In der Hauptsaison kosten die Zimmer ab 7000 Baht, bei Buchung übers Internet wird es aber zumeist ein wenig billiger. Adresse: J.W. Marriott, 231 Mu 3, Mai Khao, Phuket 83110, Tel. 076-338000, Fax 076-348348, www.jwmarriottphuket.com. Ab Flughafen benötigt man ca. 15 Min. bis zum Hotel.

●Etwas südlicher befindet sich das 2007 eröffnete **Sala Phuket Resort & Spa**LLL (Tel. 076-338888, Fax 076-338889, www.salaphuket.com), eine kühl-nüchterne Anlage, die eine zenhafte Schlichtheit präsentiert. Gleichzeitig sieht sie aber auch kalt und funktionell aus, es ist eine sehr merkwürdige, gewagte Konstruktion. Klare, glatte Linien und kalter Marmor und Beton dominieren das Bild, dazu Farben wie grau und weiß, sicher nicht Jedermanns Sache, zumal sie auch sehr, sehr teuer bezahlt werden muss. Die Unterkunft hier besteht aus kleinen Villen mit eigenem Swimmingpool, eigentlich luxuriös, aber irgendwie sieht's wenig einladend aus. Kostenpunkt in der Hauptsaison ab ca. 15.000 Baht. Entweder man liebt es oder man hasst es.

Anreise

Songthaews ab Phuket City fahren nur selten, und dann auch nur bis ca. 12 Uhr. Kostenpunkt 40 Baht. Die letzten Songthaews fahren ebenfalls etwa gegen Mittag zurück.

Gecharterte Songthaews ab Phuket City kosten ab ca. 500 Baht für die einfache Fahrt.

Strände

Ausflüge in die Umgebung

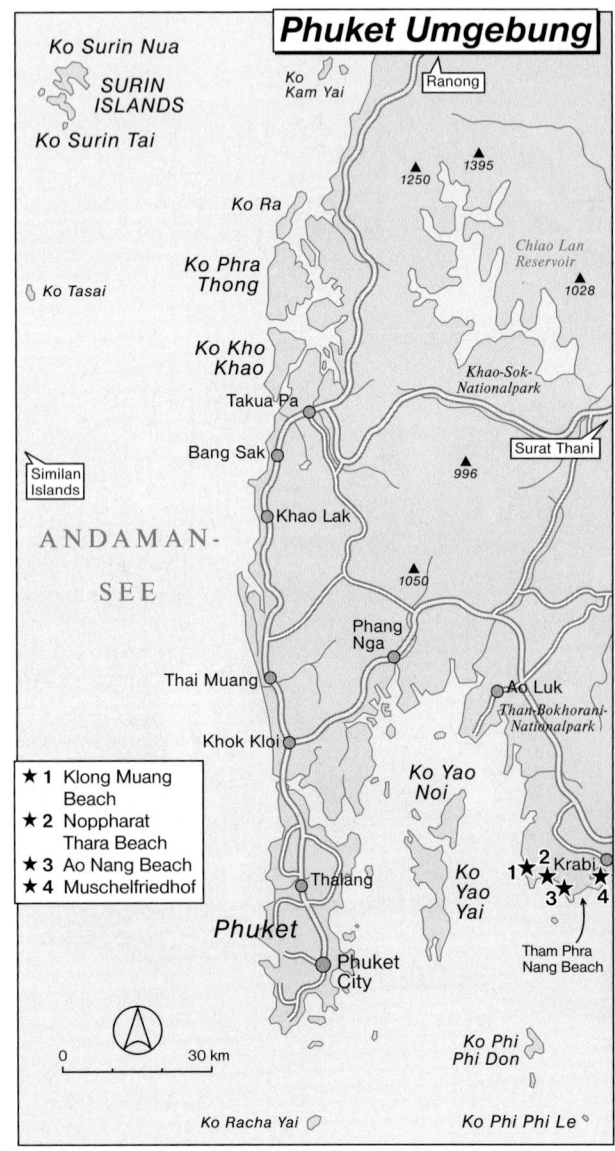

Phuket Umgebung

Ko Surin Nua

SURIN ISLANDS

Ko Surin Tai

Ko Kam Yai

Ranong

▲ 1250

▲ 1395

Ko Ra

Chiao Lan Reservoir

Ko Phra Thong

▲ 1028

Ko Kho Khao

Khao-Sok-Nationalpark

Takua Pa

Bang Sak

Surat Thani

Similan Islands

▲ 996

ANDAMAN-SEE

Khao Lak

▲ 1050

Phang Nga

Thai Muang

Ao Luk

Tham-Bokhorani-Nationalpark

Khok Kloi

Ko Yao Noi

★ 1 Klong Muang Beach
★ 2 Noppharat Thara Beach
★ 3 Ao Nang Beach
★ 4 Muschelfriedhof

Ko Yao Yai

1 ★ ★ 2 Krabi
       ★ 3   ★ 4

Thalang

Tham Phra Nang Beach

Phuket

Phuket City

0   30 km

Ko Phi Phi Don

Ko Racha Yai

Ko Phi Phi Le

Strände nördlich von Phuket

Nachdem sich Phuket in den letzten Jahrzehnten zu Thailands meistbesuchtem Reiseziel nach Bangkok entwickelt hat, schwappte ein vermehrter Besucherstrom auf die nördlich davon gelegenen Strände über, auf der Suche nach der Abgeschiedenheit und Ruhe, die man auf Phuket vermisste. Die in der **Provinz Phang-Nga** gelegenen Strände waren bis in die 1990er Jahre noch ein gut behütetes Geheimnis, dann brach aber auch hier die touristische Entwicklung ein – und dann kam der Tsunami, dazu später mehr.

Verlässt man Phuket über die Sarasin-Brücke, erreicht man nach ca. 25 km den kleinen Ort **Thai Muang,** der seine Existenz hauptsächlich der zuvor in der Umgebung angelegten Zinnminen verdankt. Einige noch erhaltene alte chinesische Wohnhäuser deuten darauf hin, welche Bevölkerungsgruppe sich hier ursprünglich niedergelassen hatte. Bei vielen Thais ist Thai Muang als ein Ort bekannt, in dem bis in die jüngste Vergangenheit hochgefährliche Krokodile in den Tümpeln lauerten. Viele kennen die Geschichte eines jungen Mädchens aus Thai Muang, das sich vor etwa 30 Jahren aus Liebeskummer den Krokodilen zum Fraß vorgeworfen haben soll. Die Geschichte wurde sogar verfilmt. Die Krokodile sind mittlerweile jedoch nur noch in der Erinnerung vorhanden.

Etwa 2 km westlich der Stadt erstreckt sich der **Thai Muang Beach;** vom Highway, der durch die Stadt führt, zweigt eine Straße dorthin ab. Der Strand hat sehr weißen Sand, ist absolut ruhig und ausgezeichnet zum Sonnenbaden geeignet – nicht allerdings zum Schwimmen. Das Wasser fällt unmittelbar nach dem Ufer tief ab (die Anwohner sagen, in einer Art *ang* oder „Becken"), und es gibt gefährliche Strudel. Schwimmen ist lebensgefährlich, und das eine oder andere unscheinbare

Ausflüge

Schild weist darauf hin. Der Strand ist jedoch so malerisch, dass er sich durchaus für einen Tagesausflug (oder mehr) von Phuket aus lohnt. Unterkunft findet sich im Thai Muang Beach Resort & Marina*****–LLL, das sich auf dem Gelände eines an den Strand angrenzenden Golf-Clubs befindet. Die Lage ist absolut ruhig, und mancher, der hier für einen Kurzaufenthalt einkehrte, blieb viel länger als geplant. Die 48 Bungalows des Resorts haben Bad, AC und Satelliten-TV; ein Swimmingpool ist vorhanden. Gäste können den Golfplatz (18 Löcher) zum halben Preis benutzen. Tel. 076-571533/4, Fax 076-5711224 oder Bangkok Tel. 02-6933247-8, Fax 02-6933249. Für die nahe Zukunft war an dieser Stelle ein touristisches Großprojekt geplant, momentan aber ist es ungewiss.

Ca. 20 km nördlich von Thai Muang zweigt von der Straße, Highway Nr. 4, links eine Seitenstraße ab, die nach 4½ km nach Thap Lamu führt. Vom Pier fahren Boote in 4-5 Stunden schneller und preiswerter als von Phuket zu den **Similan Islands.**

Weitere 5 km nördlich findet sich an der Westseite des Highway der Zugang zum Khao Lak National Park, ein dichtbewaldetes Areal mit einem attraktiven Strand. Von hier aus nordwärts erstrecken sich ca. 30 weitere Strandkilometer mit einer Reihe von Bungalow-Kolonien und Resorts.

Khao Lak Beach

Khao Lak und Bang Niang waren einst idyllische Strandstreifen, die in den neunziger Jahren des letzten Jahrhunderts zu einer touristischen, ruhigeren und von Bars und Disco freigehaltenen Alternative zu Phuket wurden – bis am 26.12.04 der **Tsunami** zuschlug. **Khao Lak und Bang Niang waren (mit Ko Phi Phi Don) die in Thailand am heftigsten betroffenen Gebiete** (siehe auch Exkurs „Zerstörung, Tod und Geisterplage – der Tsunami in Thailand"). Nach dem Tsunami sah es auf einer Strecke von 3 bis 4 Kilometern so aus, als wären die Strände bombardiert worden; es herrschte beinahe komplette Verwüstung. Über 4.000 Menschen kamen ums Leben, darunter viele Deutsche.

Die Flutwellen in Khao Lak sollen etwa 12 m hoch gewesen sein, und das Wasser drang bis zu 1½ km ins Binnenland vor, über die Hauptstraße Richtung Ranong und Phuket hinweg. Die ungeheure Kraft der Wassermassen wurde durch ein etwa 10 m langes Patrouillenboot der thailändischen Marine deutlich: das stählerne Schiff wurde mehr als einen Kilometer ins Land geschleudert. Bei der ungeheuren Kraft der Flutwelle lässt es sich leicht erahnen, was mit den Menschen geschah, die ihr im Weg waren.

Das Patrouillenboot war abkommandiert, über den (bis zu der Zeit) einzigen Enkel des thailändischen Königs zu wachen, der am Morgen des Tsunami auf dem Meer Jet-Ski fuhr. Der Enkel, der zwanzig Jahre alte *Poom Jensen,* war mit seiner Mutter, Prinzessin *Ubolratana,* in Khao Lak im Ur-

Ausflüge

laub und wohnte im Resort La Flora. Die Leiche des aus der Ehe der Prinzessin mit einem Amerikaner hervorgegangenen jungen Mannes wurde einige Tage nach dem Tsunami gefunden; seine Mutter befand sich zur Zeit der Katastrophe in sicherer Entfernung zum Meer und überlebte. Das Boot wurde bis heute an seiner Stelle an Land belassen und dient als Mahnmal, aber ebenso als guter Orientierungspunkt.

Anfang 2005 begannen die Aufräumarbeiten in Khao Lak, und sie sind bis heute im Gange. Es bestehen noch einige Lücken in der einst randvollen Strandreihe von Hotels, doch diese werden langsam aber sicher aufgefüllt. So malerisch wie zuvor ist es bisher jedoch noch nicht. Vor allem das kleine Zentrum des Ortes entlang der Hauptstraße macht einen sehr unaufgeräumten, ungeplanten Eindruck. Vieles wurde scheinbar wieder aufgebaut ohne ästhetische Aspekte im Auge zu behalten.

Khao Lak ist dennoch immer noch interessant für Leute, denen der Bartrubel auf Phuket nicht zusagt. Die Verwaltung des Ortes ist darauf bedacht, weiterhin ein ruhiger Gegenpol zu Phuket zu verbleiben. Anders als auf Phuket dürfen hier auf dem Strand auch nicht die Reihen von Sonnenschirmen aufgestellt werden, die das Bild auf Phuket oft stören. Einen sehr guten Ausblick auf Khao Lak ergibt sich am Süden des Strandes – nahe dem **Khao Lak National Park** – von einem Aussichtspunkt aus.

Unterkunft

Derzeit ist nicht abzusehen, wie sich die Region – oder Thailand allgemein – touristisch weiterentwickeln wird. 2008 fanden sich schon wieder viele Besucher in Khao Lak ein; 2009 dann erlebte Thailand durch seine innenpolitischen Querelen wieder einen Einbruch. Die Preise dürften im Einklang mit der touristischen Lage in der nahen Zukunft vorerst fluktuieren. Viele der Hotels sind hochpreisig. Die Saison in Khao Lak ist relativ kurz – etwa Mitte Okt./Anf. Nov. bis Februar/März – außerhalb dieses Zeitraums sind die Hotel am ehesten geneigt, große Rabatte zu geben. Insgesamt gibt es derzeit ca. 3000 Hotelzimmer; vor dem Tsunami sind es über 8000 gewesen.

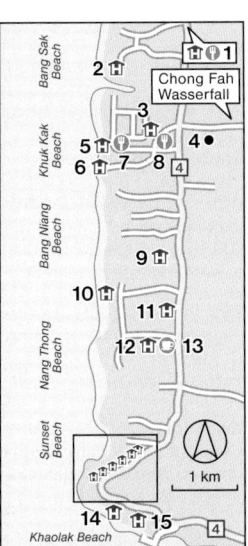

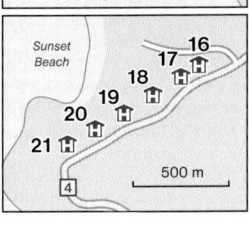

Khao Lak

🏠 1 The Sarojin,
🍴 Fiscus Restaurant
🏠 2 Khao Lak Orchid Beach Resort
🏠 3 Ladda Resort
● 4 Patrouillenboot
🏠 5 Mukdara Beach Villa
🏠 6 La Flora
🍴 7 Chong Fah Restaurant
🍴 8 Joe's Steak House
🏠 9 Andaburi Resort
🏠 10 Gerd & Noi Khao Lak Bungalow
🏠 11 Khratom Khao Lak Resort
🏠 12 Happy Lagoon
🍴 13 Stempfer Café
🏠 14 Khao Lak Merlin Resort
🏠 15 Poseidon Bungalows & Similan Tour
🏠 16 Khao Lak Laguna Resort
🏠 17 Khao Lak Resort
🏠 18 Khao Lak Paradise Resort
🏠 19 Khao Lak Bayfront Resort
🏠 20 Baan Krating Khao Lak
🏠 21 Khao Lak Sunset Resort

● **Andaburi Resort*******-ᴸᴸᴸ, Tel. 076-423255-62, Fax 076-423263-4, www.theandaburi.com.
● **Baan Krating Khao Lak**ᴸᴸᴸ, Tel. 076-423088-91, Fax 076-423087, www.baankrating.com.
● **Gerd & Noi Khaolak Bungalow*****-ᴸᴸᴸ, ab 400 Baht, Tel. 076-485145, www.gerd-noi.com, www.similan-scuba.com.
● **Happy Lagoon*****-****, Tel. 076-485409, ab 600 Baht.
● **Khao Lak Bayfront Resort**ᴸᴸᴸ, Tel. 076-420111-17, Fax 076-420118, www.khaolakbayfront.com.
● **Khao Lak Merlin Resort**ᴸᴸᴸ, Tel. 076-428300, 076-443300, 076-595300, Fax 076-443200, www.merlinphuket.com. Gut geführtes Luxusresort, bei derzeitigen Internetpreisen ab ca. 75 US$ eine großartige Wahl.
● **Khao Lak Resort******-ᴸᴸᴸ, Tel. 076-420060-3, Fax 076-420636, www.khaolakresort.com.

Ausflüge

- **Khao Lak Sunset Resort******-LLL, Tel. 076-4420075-77, Fax 076-420147, www.khaolaksunset.com.
- **Khratom Khao Lak Resort*****-****, Tel. 076-485149, www.krathom-khaolak.com.
- **Khao Lak Laguna Resort******, Tel. 076-455200, www.khaolaklaguna.com.
- **Khao Lak Orchid Beach Resort**LLL, Tel. 076-417170-1, Fax 076-417173, www.khaolakorchid.com.
- **Khao Lak Paradise Resort*******-LLL, Tel. 076-429100-28, Fax 076-429129, www.khaolakparadise.com.
- **La Flora,** Tel. 076-423499-500, 076-428000 -28, Fax 076-423499, www.khaolak-hotels.com/laflora. Sehr gutes Boutique-Hotel, ab ca. 5.000 Baht.
- **Ladda Resort******, Tel. 076-486294, www.ladda.net.
- **Mukdara Beach Villa**LLL, Tel. 076-429999, Fax 076-486199, www.mukdarabeach.com.
- **Phu Khao Lak Resort*****-****, Tel. 076-485141, E-Mail: phukhaolak@hotmail.com.
- **Poseidon Bungalows & Silmilan Tour******-*****, Tel. 076-443258, 087-8959204, www.similantour.nu. Unter skandinavischer Leitung, gute Bungalows ab 900 Baht, dazu Bootstouren. Abgeschiedene Strandlage, sehr empfehlenswert.

Essen

Die Auswahl ist riesig, neben Thai-Speisen und Seafood gibt es an jeder Ecke europäisches oder gar deutsches Essen.
- Das von einem Deutschen gemanagte **Stempfer Café** bietet großartige Kuchen und sehr gutes Frühstück.
- Ebenfalls einem Deutschen gehört das gute, preiswerte **Joe's Steak House** (ca. 150 m südöstl. des Ladda Resort).
- Auf gleicher Höhe, aber weiter westlich direkt am Strand, liegt das sehr gute **Chong Fah Restaurant** (nördl. des Chong Fah Resort); Thai-Küche und Seafood.
- Der beste Ort für ein romantisches Dinner ist das stilvolle **Ficus** im Luxusresort *The Sarojin* am Pakweep Beach (zwischen Laem Pakarang, dem „Korallen-Kap" im Norden Khao Laks, und Bang Sak). Gelegen an einem Lotusteich und unter den Zweigen eines altehrwürdigen, großen Feigenbaums, serviert man innovative Kreationen thailändischer und internationaler Küche, auch aus verschiedenen Regionen Thailands, und bietet zudem eine Weinkarte mit 450 Weinen. Sehr empfehlenswert. Das gleiche gilt für das wunderbare Resort selbst, das bei Preisen ab 9150 Baht für die billigsten Unterkünfte in der Nebensaison (22.500 Baht in der Spitzensaison um Weihnachten) nicht für jedermann erschwinglich ist. Die teuersten Villen kosten saisonbedingt bis zu 35.000 Baht. Tel. 076-427900-4, www.sarojin.com.

Tauchkurse

Khao Lak ist in Sachen Tauchen eine preiswerte Alternative zu Phuket; *Sea Dragon* war das erste Tauchunternehmen am Ort, inzwischen gibt es einige weitere. Seit dem Tsunami haben einige Unternehmen wieder geöffnet.

●Das deutsch-geleitete **Manta Point Dive Center** (Khuk Khak Beach, Tel. 076-42057, www.mantapoint.com) bietet PADI-Kurse und längere Tauch-Trips zu den Similan und Surin Islands an.

●**IQ Dive,** Tel. 076-420208, info@iq-dive.com; unter deutsch-skandinavischer Leitung, hauptsächlich deutsche Pauschal-Klientel; längere Tauch-Trips auf mehreren Booten.

●**Sea Dragon Diving Center,** Tel. 076-420420, info@sea dragondivecenter.com; preiswert und oft gelobt; ein Drei-Tages-Exkurs (2 Nächte) mit 9 Tauchgängen kostet 10.800 Baht. Alle PADI-Kurse und preiswerte Probe-Tauchgänge werden angeboten.

Ausflug von Khao Lak

Etwa 7 km landeinwärts von Khao Lak befindet sich der **Chong Fah-Wasserfall.** Der Weg dorthin (mit Jeep oder Motorrad gut passierbar) führt durch wunderschöne, dichte Waldlandschaft. Am Wasserfall (Eintritt 200 Baht) ist eine Art Picknickplatz mit rustikalen Holztischen und -bänken eingerichtet.

Bang Sak Beach

An seinem Nordende geht der Khao Lak/Bang Niang Beach in den Bang Sak Beach über, der weit weniger besucht ist als erstgenannter. Der Strand ist von Palmen und Kasuarbäumen gesäumt, ist ein guter Platz für Muschelsammler und bietet herrliche Sonnenuntergänge. Bang Sak wurde ebenso wie Khao Lak sehr stark vom Tsunami betroffen. Aufgrund der geringeren Dichte von Unterkünften gab es hier jedoch nur „relativ" wenige Todesopfer.

Unterkunft

Die Unterkünfte in Bang Sak liegen relativ weit auseinander; man achte bei der Anreise auf die an der Westseite der Straße aufgestellten Hinweisschilder. Einige Unterkünfte wurden im Tsunami teilweise zerstört und wieder aufgebaut.

●Nur wenige Wochen vor dem Tsunami war **Le Méridien Khao Lak**LLL (Tel. 076-427500, Fax 076-427504, www.phu ket.com/lemeridienkl/) eröffnet worden, das sich dem Namen zum Trotz in Bang Sak befindet, ca. 10 km nördlich von Khao Lak. Der Strandabschnitt heißt Khuk-Kak. Im Resort kamen etwa 30 Menschen ums Leben. Die wiedereröffnete Anlage ist toll und sehr großzügig angelegt, man hat viel Platz und Auslauf, der davor gelegene Strand ist

Ausflüge

ebenfalls sehr schön. Die Zimmer sind nicht so großartig, wie man bei den hohen Preisen ab. ca. 7000 Baht annehmen sollte. Das in Preis und Lage ähnliche *J.W. Marriott* in Mai Khao, Phuket, ist in dieser Beziehung fraglos besser.

● Nördlich an das Meridien anschließend liegt das sehr nette **Similana Resort*******-ᴸᴸᴸ (Tel. 081-2112564 oder Tel. Bangkok 02-37945 86, Fax Bangkok 02-7316844, www.similanaresort.com). Die wunderschönen, in traditioneller Holzbauweise errichteten Bungalows (Bad, AC) stehen auf Pfählen und sind von satter tropischer Vegetation umgeben – oder besser gesagt, sie wirken, als wären sie völlig natürlich in die Umgebung hineingewachsen. Absolute Ruhe und Idylle! Das Resort wird zzt. renoviert.

● Ganz in der Nähe befindet sich das neue **Bangsak Beach Resort**ᴸᴸᴸ (Tel. 076-593204, 02-9311066, Fax 076-446520, 02-5300495, bbr@bangsakbeachresort.com). 39 große AC-Bungalows in einer schönen bewaldeten Gartenanlage in Strandnähe, mit Swimmingpool, Massage, Autovermietung und zwei Restaurants.

Anreise

● Alle **Busse,** die die Route Phuket – Surat Thani oder Phuket – Ranong befahren, passieren Khao Lak, Bang Sak und Takua Pa. Die Strecke Phuket – Takua Pa kostet ca. 80 Baht (ca. 2½ Std.), bis Khao Lak oder Bang Sak je nach Aussteigepunkt einige Baht weniger. Die Strecke Takua Pa – Bang Sak kostet 20 Baht.

● **Limousinen** von Thai Airways ab dem Flughafen von Phuket kosten bis Khao Lak ca. 1000 Baht, bis Bang Sak, je nach Zielort, etwa 100-300 Baht mehr.

Weiterreise

Einfach einen **Bus** an der Straße anhalten; alle Busse in Richtung Süden fahren bis Phuket City; die Busse in Richtung Norden fahren entweder bis Takua Pa, Ranong oder Surat Thani – je nach Bus und Ziel muss eventuell in Takua Pa umgestiegen werden (z.B. wenn der Bus nach Ranong fährt, man aber zum Khao Sok National Park will, also Richtung Surat Thani).

Takua Pa

Takua Pa ist eine relativ wohlgeordnete, wohlhabende Bezirkshauptstadt, mit einer streckenweise auffallend großzügig angelegten Hauptstraße (Phetkasem Road). Die Stadt ist praktisch in zwei sehr unterschiedliche Stadtteile geteilt, einen sehr modernen und einen alten. Letzterer weist einige interessante **chinesische Wohnhäuser** auf, teilweise noch aus Holz. Takua Pa war einst ein Zentrum des **Zinnabbaus,** und die darin beschäftigten Arbeiter waren fast ausschließlich Chinesen. Die Thais verweigerten die schmutzige Arbeit in Sand und Schlamm (genauso wie bei der Verlegung der ersten Bahngleise in Thailand, wozu sich ebenfalls nur Chinesen bereit fanden!). Anfang des 20. Jh. gab es unter den chinesischen Arbeitern eine Revolte – das Opium, mit dem von ihrem Arbeitgeber beliefert wurden, war offenbar von minderer Qualität. Die Pfeife nach Feierabend war fester Bestandteil des Tagesablaufs, und die Kenner ließen sich nicht leicht foppen. Kostensparende Verschnitte kamen nicht sehr gut an, und ein gewaltsamer Aufstand war vorprogrammiert. Per Gesetz war Chinesen das Opiumrauchen erlaubt, nicht aber den Thais.

Einen Blick wert ist der **Utthayan Phra Narayan,** ein angenehmer kleiner Park an der Westseite der Phetkasem Road. In diesem sind Kopien von **hinduistischen Götterstatuen** ausgestellt, die in der Umgebung gefunden wurden. Die zentrale Figur ist ein über 3 m hoher Vishnu (Narayan; auf Thai Phra Narai oder Phra Visnu), die Kopie einer Vishnu-Statue aus dem 9. Jhd., die bei Takua Pa gefunden wurde. Eine tamilische Inschrift an der Statue berichtete, dass sie von indischen Händlern gestiftet worden war, und dass man neben ihr einen Wassertank angelegt hatte, finanziert von einem tamilischen Händler. Das Original der Statue befindet sich heute im Nationalmuseum in Thalang auf Phuket und gilt als einer der **wichtigsten archäologischen Funde** in Thailand (siehe auch Exkurs „Die hinduistische Vergangenheit – indische Funde in der Gegend von Phuket").

Sieben Kilometer südlich der Stadt erstreckt sich der sehr schöne und menschenleere **Diamond Beach.** Das Hinterland des Strandes ist allerdings etwas trist.

Takua Pa ist für den Reisenden vor allem aufgrund seiner Lage nahe der Kreuzung von High-

Ausflüge

Die hinduistische Vergangenheit –
indische Funde in der Gegend von Phuket

Zahlreiche **archäologische Funde** indischen Ursprungs weisen auf ehemals florierende indische Siedlungen auf dem Gebiet der heutigen Provinzen Phuket, Phang-Nga, Krabi und Trang hin. Diese hatten wahrscheinlich um **900 n. Chr.** ihre Blütezeit.

Die meisten und wichtigsten Funde wurden in der Gegend um **Takua Pa** gemacht, das einen idealen Hafenplatz bot, der vor beiden Monsunströmen geschützt war. Noch wichtiger waren aber wohl die enormen **Zinnvorkommen,** die die Inder dort abzubauen trachteten. Besonders bei Takua Pa und Phang-Nga wurden alte Zinnminen entdeckt, die schon längst wieder von dichtem Urwald überwuchert waren; dieser Urwald deutet darauf hin, dass die Minen schon vor vielen hundert Jahren verlassen wurden. Die Zinnminen bestanden aus in die Erde getriebenen Schächten, in denen die Inder arbeiteten; die Thais hingegen, die erst in der ersten Hälfte des 17. Jahrhunderts die Herrschaft über das Gebiet gewonnen hatten, bauten den Zinn nie in Schächten, sondern nur im Tagebau ab, eine Tatsache, die ein gutes Indiz dafür ist, dass die vorgefundenen alten Minen die der indischen Siedler gewesen sind.

Der Ortsname *Takua Pa* bedeutet in seiner heutigen Thai-Schreibweise soviel wie „Bleiwald", wohl eine Missinterpretation der Zinnvorkommen. Der Name stammt in Wirklichkeit aber von der alten Ortsbezeichnung *Takkola* ab, was „Kardamom-Markt" bedeutet. Von hier aus fuhren indische Schiffe weiter in die südlicheren Gefilde der malaiischen Halbinsel, nach Sumatra und Java. Zudem ließ sich über den zu jener Zeit befahrbaren Takua-Pa-Fluss gut das ansonsten undurchdringliche Hinterland erreichen. Der Fund eines 25 m langen Schiffes bei der Ortschaft Pong (um 1870) deutet aber darauf hin, dass der Fluss damals einen anderen Verlauf hatte als heute. Bereits Ende des 19. Jahrhunderts war es mit dessen guter Navigierbarkeit vorbei, denn die beim Zinnabbau anfallenden Schlickmassen hatten das Flussbett weitgehend verstopft.

Bei Pong wurde außerdem ein Messing-Tablett gefunden, das wahrscheinlich indischer Herkunft ist, sowie Goldschmuck und andere kleinere Objekte gleicher Herkunft.

Nahe der Mündung des Takua-Pa-Flusses wurde die in schwer zugänglichem Gebiet auf einem Hügel stehende Statue eines wahrscheinlich indischen Mannes entdeckt. Diese Statue wies vier Arme auf und zeigte einen Mann in typisch südindischem Wickelgewand, mit einem hohen runden Hut, ähnlich einem türkischen Fez. Als im Jahre 1899 Chinesen am Fuße des Hügels Zinn abbauten, träumte einer der Arbeiter von einem ungeheuren Schatz, der sich unter der Figur befinden sollte. Daraufhin ließen die Chinesen den Zinn beiseite, verrückten die Figur und begannen, darunter zu graben. Der Traum ihres Mitarbeiters erwies sich aber nicht als prophetisch: Nach vielen Anstrengungen konnten die Chinesen nur ein paar für sie wertlose alte Krüge auffinden – der vermeintliche Schatz aber blieb ein Traum.

Weitere indische Funde in der Umgebung waren ein Bronzebuddha mit Sanskrit-Inschrift und Goldschmuck (beides bei Phang-Nga), Teile einer Halskette (bei Krabi) und zahlreiche handgroße Platten aus gebranntem Ton, die mit den Bildnissen hinduistischer Gottheiten, mit Buddhas und Sanskrit-Inschriften versehen waren (bei Trang). Aufgrund der verwendeten Sanskrit-Zeichen wurde die Herkunft der Platten auf das 11. Jahrhundert n. Chr. datiert.

Die **wichtigsten indischen Funde** waren jedoch drei Statuen der hinduistischen Hauptgottheiten Brahma, Vishnu und Shiva. Diese übermannshohen und filigran ausgeführten Figuren standen nahe Takua Pa am Fluss und am Fuße eines Hügels, der von der örtlichen Bevölkerung Khao Phra Narni genannt wird, der „Berg des Vishnu".

Als die Burmesen Anfang des 19. Jahrhunderts in das Gebiet eingedrungen waren, versuchten sie, die Figuren mit sich zu nehmen. Der Legende nach wurden sie dabei – obwohl zur trockenen Jahreszeit – von einem so starken Regenguss überrascht, dass sie ihr Vorhaben aufgeben und die Figuren zurücklassen mussten. Sie stellten die Figuren an die Stämme zweier junger Bäume, deren Wachstum die Figuren aber später erheblich beschädigte.

Die wichtigste Figur des Dreigestirns, Vishnu, stand lange im Nationalmuseum von Nakhon Si Thammarat und wurde dann im Museum in Thalang auf Phuket ausgestellt. Mittlerweile ist sie aber im Nationalmuseum von Bangkok zu Hause. In Takua Pa stehen heute Nachbildungen der drei Statuen im Uthayan Phra Narai („Garten des Gottes Vishnu"), einem gepflegten kleinen Park südlich der Stadtmitte, der speziell diesen drei Götterfiguren gewidmet ist. Jedes Jahr im März findet hier ein großes Hindu-Fest statt, zu dem auch Hindus aus Indien und Singapur anreisen.

Takua Pas indisches Erbe besteht jedoch nicht nur aus Stein. Die hinduistischen Siedler hatten auch ihrer Tradition gemäß zahlreiche Kühe und Büffel eingeführt. Infolgedessen machte in der Umgebung noch Anfang dieses Jahrhunderts das Wort die Runde, dass es in Takua Pa „genauso viele Büffel wie Menschen" gäbe.

Ausflüge

way 401 (in Richtung Khao Sok National Park und Surat Thani) und Highway 4 (die Verbindung zwischen Phuket und Ranong) von Bedeutung. Ab dem Busbahnhof in Takua Pa fahren Busse in alle der o.g. Richtungen. Wer beispielsweise von Khao Sok kommt und nach Ranong will, muss hier umsteigen. Außerdem kann Takua Pa Ausgangspunkt für Reisen nach Ko Kho Khao sein. Gleich neben dem Busbahnhof befindet sich ein lebhafter Markt, auf dem man sich mit Snacks und Obst eindecken kann. Dazu stehen einige preiswerte Restaurants zur Verfügung. Englischsprachige Tageszeitungen für die Kurzweil auf der Weiterreise gibt's in einem Geschäft an der Südseite des Busbahnhofs.

Unterkunft

● Das **Extra Hotel****-*** an der Hauptstraße im Ortszentrum (46 Soi Sanarat, Phetkasem Rd., Tel. 076-421062, 076-0431469, Fax 076-421412) wird den meisten Traveller-An-

233ph Foto: rk

sprüchen gerecht werden. Akzeptable Zimmer, zum Teil mit AC, dazu ein Restaurant. An dem Restaurant halten auch einige Langstreckenbusse.

●Notfalls bietet sich noch das anspruchslose **Tanprasert Hotel*** an (23/1-2 Klungaew Rd., Tel. 076-421173).

●Wer lieber am Strand wohnen möchte, könnte z.B. zur 12 km weiter südwestlich gelegenen **Sun Splendour Lodge** fahren (siehe Abschnitt Bang Sak Beach).

An-/Weiter-reise

●**Busse** fahren u.a. von/nach Phuket (55 Baht, AC 75 Baht), Khuraburi (50 Baht), Ranong (65 Baht, AC 90 Baht), Surat Thani (65 Baht, AC 90 Baht) und dem Khao Sok National Park (25 Baht).

●Von einem Pier am Takua Pa-Fluss in der Stadt lassen sich **Langschwanzboote** nach Ko Phra Thong und Ko Kho Khao anheuern. Nach Ko Phra Thong kostet's ca. 3000 Baht; nach Ko Kho Khao lohnt sich die teure Charter hier nicht, denn ab einem Pier in Ban Nam Khem, wenige Kilometer westlich von Takua Pa, fahren regelmäßige Langschwanzboote für 10 Baht nach Ko Kho Khao. Fahrzeit von dort nur 10 Min. Von Takua Pa fahren Songthaews für 10 Baht nach Ban Nam Khem.

Ko Kho Khao

Ko Kho Khao liegt wenige Kilometer südwestlich von Takua Pa an der Mündung des Takua Pa-Flusses. Die kleine Wasserstraße, die die Insel von Festland trennt, ist nicht das Meer, sondern das etwas ausufernde Flussdelta.

Die Insel bietet im südlichen Teil nur karge Vegetation, im Norden hingegen Wald und Weideland. In den Wäldern sind **zahlreiche Vogelarten** zu beobachten. Ko Kho Khao ist ein Geheimtipp für Leute, die gerne an ganz unberührten Stränden verweilen: An der Südostseite der Insel erstreckt sich ein sehr schöner, weißer Strand. Nach Norden hin ist dieser nicht mehr ganz so ansehnlich, trotzdem aber immer noch gut genug für lange, einsame Spaziergänge. Insgesamt ist Ko Kho Khao sehr empfehlenswert für Leute, die **absolute Ruhe** wünschen.

An einigen Strandabschnitten legen von November bis Februar **Meeresschildkröten** ihre Eier ab.

Ausflüge

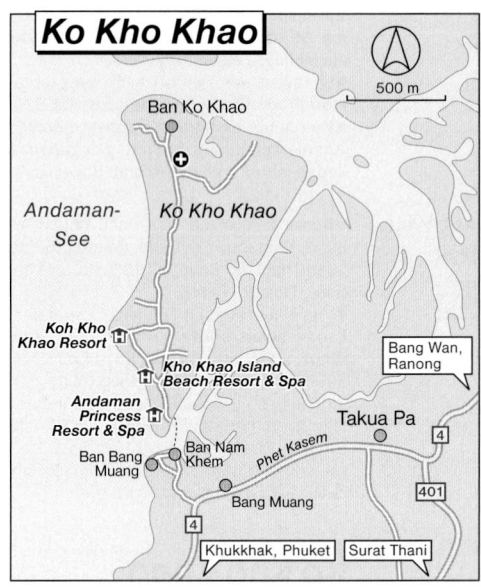

In Ban Thung Tuk an der Ostseite der Insel, unweit des Piers, befinden sich die Überreste der **ersten indischen Siedlung** in dieser Region, die in den ersten Jahrhunderten unserer Zeitrechnung entstanden sein muss. Zu sehen sind eigentlich nur ein paar Steinhaufen, Überreste alter Mauern und eines Teiches, eine „Sehenswürdigkeit" im touristischen Sinne ist es nicht.

Der **Tsunami** beschädigte bzw. zerstörte viele der vorhandenen und im Bau befindlichen Unterkünfte. An der Südwestküste waren schon viele Areale aufgekauft, auf denen weitere touristische Unternehmen entstehen sollten, und alles deutete auf einen anstehenden kleinen Boom hin. Der Tsunami setzte den Plänen vorläufig ein Ende, doch ging auch hier schon bald nach der Katastrophe zügig der Aufbau voran. Geplant sind neben weiteren Unterkünften auch Tauch- und Tourunternehmen. Hier wird sich sicher noch viel tun.

Unterkunft/ Essen

Die Unterkünfte befinden sich alle auf der Südseite der Insel.

●Das **Koh Kho Khao Resort*******–LLL (Tel. 076-417171, Fax 076-417006, www.kkkresort.com) hat komfortable, geräumige Steinbungalows sowie Zimmer in einem dreistöckigen Hotelgebäude. Alle Zimmer mit AC, TV und Kühlschrank. Das Resort steht an einem sehr malerischen Strandabschnitt. Preise in der Nebensaison ab ca. 1700 Baht – für diese zunehmend teurer werdende Insel kein schlechtes Angebot. Ein Restaurant ist angeschlossen, Swimmingpool.

●Das **Kho Khao Island Beach Resort & Spa**LLL (Tel. 076-592666, Fax 076-592678, www.khokhaoislandbeach.com) bietet sehr komfortable Steinbungalows (AC, Mini-Bar), die um einen Swimmingpool angesiedelt sind. Mit Restaurant. Bei Buchung über die Website des Unternehmens in der Off-Season Preise ab ca. 2500 Baht. In der Hauptsaison sind die Preise bis zu 50 % höher.

●Das **Andaman Princess Resort & Spa**LLL (Tel. 076-592 200-28, Fax 076-592229, www.andamanprincessresort. com) ist die erste Nobelherberge am Ort. Sie befindet sich am südlichen Zipfel der Ostküste, an einem sehr schönen Strandabschnitt. Die opulente Anlage umfasst 82 Bungalows und Villen, allesamt sehr geschmackvoll eingerichtet. Bei Buchung über die Website des Unternehmens beginnen die Preise in der Off-Season bei 3600 Baht. Die Anlage ist es wert. Alle Zimmer haben AC und TV.

Dieses Resort, wie auch das *Kho Khao Island Beach Resort,* sind der beste Beweis, dass auch hier, ähnlich wie zuvor in Khao Lak, eine „alternative" Travellerdestination ganz schnell zum noblen Touristenziel wird und wie sich aus einfachen Bungalowunterkünften ganz schnell feudale Strandresorts entwickeln können.

Als **Essensmöglichkeit** außerhalb der Unterkünfte gibt es nur ein paar einfache **Brutzelhütten** am Bootspier.

Anreise

●Ab dem Pier von Ban Nam Khem, ca. 7 km südwestlich von Takua Pa, setzen **Fähren nach Ko Kho Khao** über. Ban Nam Khem war eine der am meisten vom Tsunami verwüsteten Ortschaften – die meisten Häuser wurden zerstört. Die Überfahrt kostet 20 Baht und dauert ca. 15 Min. Das Mitnehmen eines Motorrads kostet 50 Baht, eines Autos 300 Baht (jeweils hin und zurück). Die letzte Fähre geht gegen 17 Uhr.

●Vom Pier auf Ko Kho Khao gelangt man per **Motorradtaxi zu den Unterkünften.** Die Straßen auf der Insel sind überraschend gut ausgebaut, und die Fahrt zu den Unterkünften dürfte ca. 50-60 Baht kosten.

●Um zum Pier von Ban Nam Khem zu kommen, nehme man **vom Busbahnhof in Takua Pa** ein Songthaew (20 Baht) oder Motorradtaxi.

Ausflüge

• Wer **mit eigenem Fahrzeug** aus Richtung Phuket oder Khao Lak/Bang Sak kommt, braucht nicht bis Takua Pa zu fahren; ca. 5 km vor Takua Pa geht links eine gut ausgeschilderte Straße in Richtung Ban Nam Khem ab.

Similan Islands

Zu Phang-Nga gehören die Similan Islands, etwa 100 km nordwestlich von Phuket gelegen. Dieser aus neun Inseln bestehende Archipel – der Name stammt vom malaiischen *sembilan* für „neun" – wurde 1984 zum Meeresnationalpark erklärt und zieht seit Jahren Taucher aus aller Welt an. Die **Unterwasser-Szenerie** dürfte in Thailand kaum zu übertreffen sein, aber auch wer nur baden oder schnorcheln möchte, wird begeistert sein. Die Korallen der Similan Islands sind nach dem Tsunami noch weitgehend intakt.

Unterkunft

• Die Übernachtung ist offiziell nur auf Ko Miang gestattet, auch Insel Nr. 4 genannt (jede der Inseln hat einen Namen und eine Nummer). Die einfachen Bungalows kosten je nach Größe 600-2500 Baht, für 400 Baht gibt es Zeltunterkünfte (Zwei-Personen-Zelte).

Anreise

Jedes Reisebüro auf Phuket bietet ein- oder mehrtägige Touren zu den Similans an, die Transport, Unterkunft, Verpflegung und nach Wunsch auch Tauchkurse beinhalten; Kostenpunkt ab ca. 2500 Baht/Tag, mit Tauchkurs mehr. Fahrtdauer ca. 4 Std.

Des Weiteren Touren ab der Küste von Phang-Nga, vom Pier in Thap Lamu aus: Kostenpunkt für eine 3-Tagestour (2 Übernachtungen) ca. 7500 Baht alles inklusive. Empfehlenswert sind die Touren von *Poseidon Bungalows* nahe Thap Lamu (1/6 Khao Lak, Laem Kaen, Tel. 076-443258, 087-8959204, www.similantour.com).

Der Eintritt zum Meeresnationalpark kostet 400 Baht, die Hälfte für Kinder bis 12 Jahre. Die Similan Islands sind nur von Mitte November bis Mitte Mai erreichbar.

Surin Islands

Gut 50 km nördlich der Similan Islands befinden sich die relativ wenig besuchten Surin Islands, die

1981 zum **Nationalpark** wurden. Der Archipel gruppiert sich um die zwei Hauptinseln, Ko Surin Nuea und Ko Surin Tai, und bietet ausgezeichnete Tauch- und Schnorchelgründe. Auf der Nord-Insel ist das Hauptquartier des Nationalparks eingerichtet, mit dazugehörigen Bungalows von 400 bis 2000 Baht; Zeltmöglichkeit auf der Süd-Insel zu 300 und 450 Baht.

Zahlreiche **Moken Seezigeuner** leben seit Hunderten von Jahren auf Ko Surin Tai. Die Moken haben aufgrund einer alten Legende die bevorstehende Katastrophe am 26. Dezember 2004, kurz bevor die Welle einschlug, erkannt und retteten sich und viele Touristen vor den Fluten. Die Korallen haben durch den Tsunami etwas gelitten und die Fischbestände haben in den letzten Jahren abgenommen – Haie werden zum Beispiel an den Surinriffen kaum mehr gesichtet. Dies mag an den Hunderten von Booten liegen, die knapp außerhalb der Parks fischen. Zudem wurde Anfang 2005 bekannt, dass lokale Regierungsangestellte vom Festland ohne Erlaubnis im Park fischen. Dennoch ist das Tauchen auf Surin noch immer eindrucksvoll.

Tauchgänge zu **Richelieu Rock** und den **Riffen um Surin** werden vom Nationalpark auch angeboten, sind aber bei 3000 Baht für zwei Flaschen zu teuer.

Unterkunft

● Unterkunft in **Bungalows***** der Parkverwaltung,** zu buchen unter Tel. 02-5620760. Bei Vorbuchung muss allerdings binnen zwei Tagen nach der Buchung bezahlt werden. Es kann zwei Monate im Voraus vorgebucht werden.

Anreise

Fahrten zu der Inselgruppe werden von den meisten Reisebüros in Phuket angeboten oder – preiswerter – von den Tauchunternehmen in Khao Lak. Gelegentlich werden kombinierte Similan/Surin-Touren geboten.

Die kürzeste Entfernung zu den Inseln ergibt sich jedoch ab dem Pier Phae Chumphon in Ban Hin Lad, 7 km nördlich von Khuraburi, wo sich ein Büro der Parkverwaltung (Tel. 076-491378, Fax 076-491583, E-Mail: surin_island-np@yahoo.com) befindet. Von hier fahren Boote für 1500 Baht retour; Fahrzeit 4 Std. Buchungen der Boote wie auch

Ausflüge

der Bungalows im Büro des Nationalparks am Pier von Phae Chumphon. Speedboote (ab ca. 5000 Baht retour) können privat angemietet werden und schaffen die Strecke in einer Stunde. Die Surin Inseln sind sehr nahe der Grenze zu Myanmar. In der Regenzeit von Mai bis Oktober werden sie nicht angefahren. Der Nationalpark betreibt eine **Kantine** auf der Hauptinsel, die einzige Essmöglichkeit im Park. Der Eintritt zum Meeresnationalpark kostet 400 Baht, Kinder bis 12 Jahre 200 Baht.

Kanu-fahrten

Touren in Schlauchbooten und Kajaks zu ungewöhnlichen Zielen in den Gewässern um Phuket bietet das Unternehmen *Sea Canoe Thailand*. Adresse: 125/461 Mu 5, Baan Tungka-Baan Sapam Rd., Tel. 076-528839-40, Fax 076-528841, www.seacanoe.net.

Bei den Paddeltouren werden vor allem so genannte *hong* oder „Zimmer" besucht, von kleinen Felsinseln eingeschlossene Meereslagunen, die mit größeren Booten nicht erreichbar sind. Die Anfahrt mit leisem Paddelboot erlaubt auch das Beobachten von zahlreichen Wasservögeln. Die meisten Touren führen von Phuket aus in die zerklüftete Inselwelt in der Bucht von Phang-Nga.

Eine Zweigstelle von *Sea Canoe* befindet sich am Strand von Ao Nang bei Krabi.

Phang-Nga

Die Gegend um Phang-Nga, die kleine Hauptstadt des gleichnamigen Distriktes, ist eine der markantesten Thailands. Zu allen Seiten erheben sich schroffe, bizarre Kreidefelsen, die zum Teil dicht bewachsen sind. Sie sind das untrügliche Erkennungszeichen dieser Gegend.

Phang-Nga selbst ist eine entspannte und erholsame Stadt, in der nicht viel zu passieren scheint. Der lebendigste Ort ist der nicht gerade turbulente Markt in der Innenstadt.

Drei Kilometer westlich der Stadt befindet sich der **Somdet Phrasi Nakharin Park,** benannt nach der Mutter König *Bhumipols.* Er ist um einige sehenswerte Kalksteinhöhlen angelegt. Eine der Höhlen wird von der Statue eines *russi* oder „Weisen" bewacht, die von der örtlichen Bevölkerung besonders verehrt wird. Die Höhle wird nach der

Figur auch **Russi-Höhle** genannt. Ab dem Markt in Phang-Nga fahren Songthaews für 5 Baht.

Vier Kilometer östlich von Phang-Nga weist ein Hinweisschild an der Straße zum **Sra Nang Manora Forest Park** (das Schild besagt in falscher Transkription Sar statt Sra), der von der Abzweigung noch weitere 4 km entfernt liegt. Dieser urwüchsige, dichte Wald beherbergt einen hübschen Wasserfall, der nahe dem Parkeingang in ein kleines Becken mündet. Hier darf gebadet werden! Zur Anfahrt hierhin empfiehlt sich ein Mietfahrzeug, ansonsten nimmt man ein Songthaew ab Phang-Nga (ca. 5 Baht) und geht die restlichen Kilometer ab der Abzweigung zu Fuß.

Etwa 13 km westlich der Stadt entfernt befindet sich die **Khuha-Sawan-Höhle,** die zahlreiche Buddhafiguren beherbergt. Diese Figuren zeigen stehende, sitzende als auch liegende Buddhas, und da auch diese Höhle ein Pilgerziel der Umgebung

Ausflüge

An der Straße nach Phang-Nga

ist, hat sich hier eine ganze Reihe von Getränke- und Essständen niedergelassen. Ab dem Markt in Phang-Nga fahren Songthaews für 10 Baht bis zu einer Kreuzung in Nähe der Höhle, von wo es noch 1 km zu Fuß ist.

Unterkunft

● Links neben dem kleinen Markt liegt das freundliche **Rattanapong Hotel****-*** (111 Phetkasem Rd., Tel. 076-411247) mit ordentlichen Zimmern (Bad) in verschiedenen Kategorien. Im Erdgeschoss gibt es morgens auch einen Restaurantbetrieb mit einfachen, preiswerten Gerichten.

● **Muang Thong Hotel***-**** (128 Phetkasem Rd. Tel. 076-412132) bietet saubere Zimmer, z.T. sehr preiswert (ab 150 Baht), dazu teurere mit AC.

● Sehr beliebt bei Budget-Reisenden ist das **Thawisuk Hotel*** (77-79 Phetkasem Rd., Tel. 076-412100), das preiswerteste von Phang-Nga. Die Zimmer (Bad) sind billig, ein allzu hoher Standard sollte aber dafür nicht erwartet werden.

● Das **Lak Muang 1****-*** (1/2 Phetkasem Rd., Tel. 076-412125) am Ostrand der Stadt hat einfache Zimmer (Bad).

● Besser ist das am Westrand gelegene, neuere **Lak Muang 2*****-**** (540 Phetkasem Rd., Tel. 076-411500). Die Zimmer sind sauber; AC, teurere Zimmer mit TV und Kühlschrank.

● Kurz vor dem Bootspier von Phang-Nga stehen links die **Phang-Nga National Park Bungalows*****-**** (Tha Dan Rd., Tel. 076-412188). Diese bieten selbst einer thailändischen Großfamilie genügend Platz. Bad ist jeweils vorhanden, aber kein Ventilator.

● Wenige Meter weiter, etwas rechts des Piers, überblickt das komfortable **Phang-Nga Bay Resort******-***** (20 Tha Dan Rd., Tel. 076-411067-70) die schmale Wasserstraße, die hinaus in die Phang-Nga-Bucht führt. Die idyllische Lage hat aber ihren Preis. Standardzimmer, Deluxe-Räume sowie Suiten haben AC und TV.

● Das **Phang-Nga Valley Resort*****-***** (5/5 Phetkasem Rd., Tel. 076-412201, 076-411393) befindet sich ca. 4 km westl. der Innenstadt, etwas zurückversetzt von der Straße nach Phuket, und ca. 1 km westl. des Somdet Phrasi Nakharin Parks. An der Abzweigung von der Hauptstraße weist ein Schild den Weg. Das Resort ist die beste Unterkunft im näheren Stadtbereich. Es gibt ein Restaurant und 13 komfortable, unterschiedlich große Bungalows (Bad, AC).

Essen

Hier gibt es nichts Besonderes zu vermelden, Phang-Nga ist der falsche Ort für verwöhnte Gourmets. Im Markt neben dem Rattanapong Hotel servieren einige Essensstände thailändische und chinesische Hausmannskost ab 20 Baht.

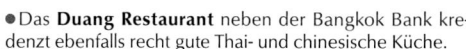
●Das **Duang Restaurant** neben der Bangkok Bank kredenzt ebenfalls recht gute Thai- und chinesische Küche.

Anreise

●**Busse** ab Phuket (2½ Std.) kosten 36-65 Baht, Busse ab Krabi (2 Std.) 46-82 Baht; Busse ab Surat Thani (3 Std.) für 60-150 Baht.
●**AC-Busse ab Bangkok** um 19.30 Uhr zu 441 Baht, V.I.P. 685 Baht, Fahrzeit 12 Std.

Weiterreise

●**Songthaews** vom Markt in Phang-Nga zum Bootspier Tha Dan kosten 10 Baht; Abfahrt direkt vorm Markt in der Phetkasem Road. Songthaews innerhalb der Stadt 5 Baht.
●Die **Busse** nach Phuket und Krabi fahren ab der Phetkasem Road in Höhe des Rattanapong Hotels ab.

Inseln vor Phang-Nga

Die Hauptattraktion von Phang-Nga ist sicherlich die **Bootsfahrt durch die vorgelagerte Inselwelt** mit zahllosen bizarren Felsen, die überall schroff aus dem Wasser ragen. Zu dieser Bootsfahrt nehme man zunächst ein Songthaew vom Markt in Phang-Nga zum Pier Tha Dan (10 Baht). Dort lassen sich Boote anmieten. Eine dreistündige Fahrt kostet ca. 300 Baht, die Bootsleute beginnen den Handel aber meist mit eklatant höheren Summen. Wer Schwierigkeiten bei der Bootsmiete bekommen sollte, kann die direkt am Pier gelegene Unterabteilung der TAT um Vermittlung bitten. Oder man wende sich an *Khun Hassim* (Tel. 076-412132), einen Bootslenker, der seine Dienste über das Muang Thong Hotel anbietet; eine vier- bis fünfstündige Fahrt kostet ab 200 Baht/Person, eine Ganztagestour kostet 500 Baht. Ebenfalls als zuverlässig gilt *Khun Sayan* (Tel. 076-430348), der über das Thawisuk Hotel zu buchen ist. Am Busbahnhof betreibt er auch eine kleine „Tourist Information", die aber wohl, wie alle derlei privat betriebenen Informationsstellen, kaum selbstlos agiert.

Die Bootsfahrten führen zunächst durch einen schmalen Kanal, den Klong Khao Thalu. Danach erreicht man **Ko Pannyi,** eine winzige, von Moslems bewohnte Insel. Hier kann man einen Stopp einlegen und durch einen Irrgarten von dicht aneinander gedrängten, auf Stelzen ins Wasser gebauten Holzhäusern schlendern. Die Insel ist aber mittlerweile voll auf Tourismus eingestellt und zahlreiche Textilgeschäfte lauern auf Kunden. Zu warnen ist vor den am Pier gelegenen Seafood-Restaurants, die mäßige Qualität zu Wucherpreisen bieten: 500 Baht für eine halbwegs sättigende Mahlzeit sind keine Seltenheit.

Die Fahrt führt weiter zum **Khao Khian,** dem „Malberg", einem mit prähistorischen Malereien versehenen Felsen. Die Malereien sind ca. 3.000-4.000 Jahre alt und zeigen Menschen und Tiere.

Zu guter Letzt besichtigt man **Khao Phingan,** besser bekannt unter dem Namen „James Bond Island". Hier wurden Teile des James Bond-Films „The Man with the Golden Gun" gedreht, und seither sonnt sich die Insel in diesem Ruhm. Der Insel vorgelagert ist der wohl markanteste Fels Thailands, der „Nagelberg", **Khao Tapu.** Er sieht aus wie ein Nagel, den irgendwer mit überdimensionalem Hammer in den Meeresboden gerammt hat.

Khao Phingan und Khao Tapu werden tagtäglich von Hunderten von Touristen besucht, und Dutzende von Souvenir- und Getränkehändlern auf Khao Phingan sorgen für ein extrem kommerziell geprägtes Flair. Die Insel wurde durch Sandaufschüttung sogar vergrößert, um noch mehr Verkaufsständen und Touristen Platz bieten zu können! Wer auf der Suche nach Ruhe und Einsamkeit ist, ist hier fehl am Platze.

**Boots-
touren**

Neben den o.g. individuellen Veranstaltern von Boots-Touren gibt es auch einige größere Unternehmen. Die Preise für eine Halbtages-Tour betragen üblicherweise 200 Baht/Pers., für einen ganzen Tag 450-500 Baht/Pers. Nachfragen, ob Mahlzeiten o.Ä. bei der gebuchten Tour inbegriffen sind!
●**Kean Tours,** Tel. 076-430619

Ko Yao Noi

Die Insel Ko Yao Noi in der Bucht von Phang-Nga ist eine der wenigen relativ „unentdeckten" Ecken in dieser Region. Ko Yao Noi, „Die kleine lange Insel", ist dicht mit Gummiplantagen bepflanzt, es finden sich noch Wälder und Palmenhaine, und die Insel bietet ausgezeichnete Wander- oder Radelmöglichkeiten. Außerdem gibt es einige sehr schöne Strände; besonders der Küstenstreifen von Ban Pa Sai im Südosten bis nach Ban Sai Thao, circa 5 km weiter nördlich, ist äußerst malerisch. Auf Ko Yao Noi ist noch die **absolute Ruhe** zu Hause, und wer von den überlaufenen Strandorten genug hat, findet hier die perfekte Alternative. Hier wird sich sich in Zukunft touristisch vielleicht noch einiges tun. Zu beachten ist, dass es noch **keine Bank** oder sonstige Geldwechselmöglichkeit auf der Insel gibt, man sollte also genügend Bargeld von Phuket oder Krabi aus mitbringen. Mittlerweile gibt es zwar schon mindestens einen Bankautomaten (am 7-Eleven-Laden im Hauptdorf, Ban Yai), aufgrund der hohen Gebühren, die beim Ab-

Ausflüge

heben von einem ausländischen Konto entstehen (150 Baht), ist das Mitbringen von Bargeld immer noch empfehlenswert (siehe auch Abschnitt „Reisekasse" im Kapitel „Vor der Reise").

Ko Yao Noi hat 9.000 Einwohner, die weitaus meisten davon sind Moslems. Wie fast überall, wo noch nicht der große Tourismus Fuß gefasst hat, ist die Bevölkerung freundlich und hilfsbereit.

Der Tsunami verursachte einige Schäden auf der Insel. Beim Wiederaufbau halfen drei deutsche Handwerksgesellen mit, die in voller traditioneller Handwerkerkluft aufkreuzten – den meisten Leuten auf Ko Yao Noi werden sie ob ihrer seltsamen Montur, aber auch wegen ihrer Hilfsbereitschaft in Erinnerung bleiben.

Strände und Unterkünfte

Der wohl schönste Strand auf der Insel ist der **Hat Klong Jaak** oder „Long Beach", 7 km vom Hauptdorf der Insel entfernt. Hier stehen die etwas abgewohnten Bungalows (mit Bad) des **Long Beach Village****** (Tel. 081-6077912), vor denen sich allerdings der schönste Strand der Insel ausbreitet. Der Strand ist weiß, fast unwirklich ruhig, bei Flut aber leider nur sehr schmal. Vor dem Ufer ragen bizarre Felsinseln aus dem Meer. Im Long Beach Village lässt sich möglicherweise auch ein Motorrad oder Wagen mieten. Aufgrund der großen Entfernungen auf der Insel ist ein Fahrzeug viel wert. Ansonsten gibt es nur Motorrad-Taxis.

Etwa 1 km weiter südlich von Hat Klong Jaak erstreckt sich der Strand **Hat Pa Sai**. Hier steht das **Sabai Corner***-LLL**, das von einer seit Jahren auf der Insel lebenden Italienerin und ihrem Thai-Mann geleitet wird. Es gibt acht Bungalows (Gemeinschaftsbad) ab 500 Baht und ein Restaurant. Tel. 081-8921827. Es werden Fahrräder ausgeliehen, und die Besitzer organisieren Touren zu einigen vorgelagerten Inseln, die zum Teil sehr schöne Strände haben.

Etwas weiter inland vom Sabai Corner liegt das **Lom Lae Resort****-******* mit relativ komforta-

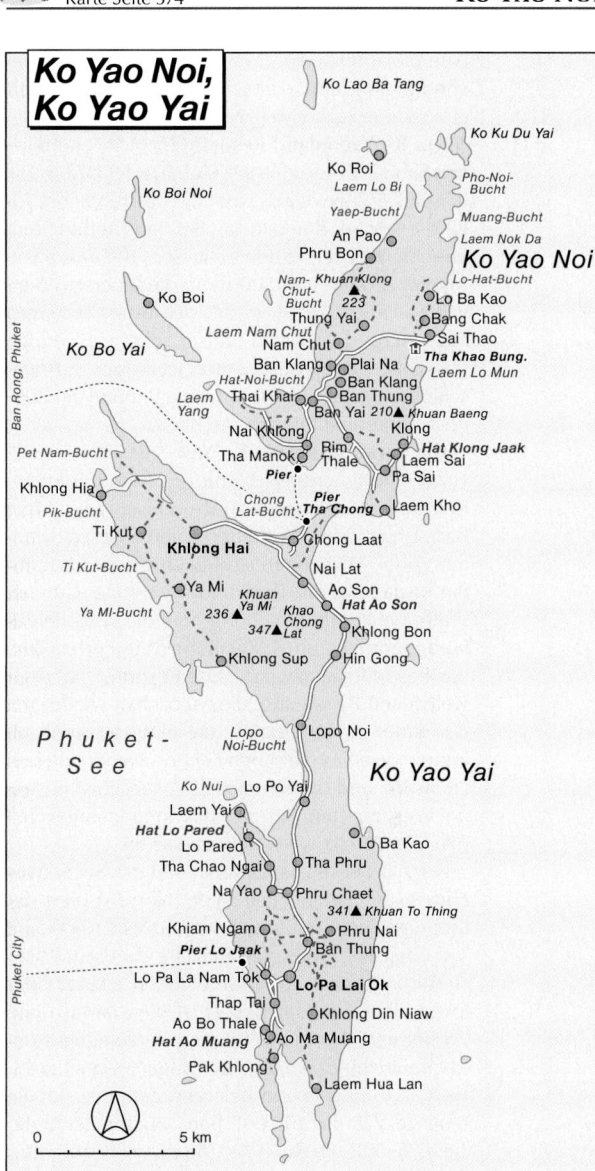

Ko Yao Noi, Ko Yao Yai

Ko Lao Ba Tang

Ko Ku Du Yai

Ko Roi
Laem Lo Bi
Pho-Noi-
Bucht
Yaep-Bucht
Muang-Bucht
An Pao
Laem Nok Da
Phru Bon
Ko Yao Noi
Nam- Khuan Klong
Chut- *223*
Bucht
Lo Ba Kao
Bang Chak
Lo-Hat-Bucht
Ko Boi Noi
Ko Boi
Thung Yai
Sai Thao
Laem Nam Chut
Nam Chut
Plai Na
Tha Khao Bung.
Ban Klang
Ban Klang
Ko Bo Yai
Hat-Noi-Bucht
Ban Thung
Laem Lo Mun
Laem
Thai Khai
Yang
Ban Yai *210*▲ *Khuan Baeng*
Nai Khlong
Klong
Tha Manok
Rim
Hat Klong Jaak
Thale
Laem Sai
Pier
Pa Sai
Chong
Pier
Laem Kho
Pet Nam-Bucht
Lat-Bucht
Tha Chong
Khlong Hia
Chong Laat
Pik-Bucht
Ti Kut
Khlong Hai
Nai Lat
Ti Kut-Bucht
Ya Mi
Khuan
Ao Son
Ya Mi
Hat Ao Son
Ya MI-Bucht
236▲ *Khao*
Chong 347▲
Lat
Khlong Bon
Khlong Sup
Hin Gong

Lopo
Noi-Bucht
Lopo Noi
Phuket-
See
Ko Yao Yai
Ko Nui
Lo Po Yai
Laem Yai
Hat Lo Pared
Lo Pared
Lo Ba Kao
Tha Chao Ngai
Tha Phru
Na Yao
Phru Chaet
341▲ *Khuan To Thing*
Khiam Ngam
Phru Nai
Pier Lo Jaak
Ban Thung
Lo Pa Lai Ok
Lo Pa La Nam Tok
Thap Tai
Khlong Din Niaw
Ao Bo Thale
Hat Ao Muang
Ao Ma Muang
Pak Khlong
Laem Hua Lan

Ban Rong, Phuket

Phuket City

0   5 km

blen Holzbungalows. Die Anlage ist sehr ansprechend, aufgrund eines benachbarten Tümpels gibt es aber relativ viele Moskitos.

Das **Ko Yao Island Resort*******-*****, nördlich des Sabai Corner gelegen (Tel. 076-597474-6, Fax 076-597477, www.koyao.com) hat fünfzehn 50-82 qm große Bungalows. Bei Internetbuchung über die Website kosten sie in der Off-Season von Mai-September ab 6500 Baht, die teuersten Bungalows 15.000 Baht. Die Lage des Resort ist äußerst malerisch, die Saison-Preise scheinen jedoch überzogen, denn der Komfort ist begrenzt. Angeschlossen ist ein Restaurant, eine Bar und ein Business-Center mit Internetanschluss.

The Paradise Resort Ko YaoLLL ist ein superstilvoller „Designer-Resort" mit 46 Villen mit jedem Komfort (AC, Satelliten-TV, Kühlschrank, Mini-Bar). Einige der Villen haben einen eigenen Swimmingpool. Vorhanden sind auch ein Jacuzzi und ein Restaurant mit Thai- und Mittelmeer-Cuisine. Preise bei Internet-Buchung über die Website des Unternehmens ab 8.500 Baht. Wunderbar, wie das Resort für sich wirbt: „Das Resort ist Teil einer weltweiten Bewegung, die Menschen wieder mit der Natur zu verknüpfen, die einfache sinnliche Freude freien und frischen Lebens wiederaufleben zu lassen, und die Neugier des Menschen für seine Welt zu stimulieren." Buchungen unter Tel. 076-528919-20, www.theparadise.biz.

Noch größeren Luxus verspricht das **Six Senses Hideaway**LLL, abgelegen an der Nordostspitze der Insel gelegen. Die Bungalows und Villen sind zum Teil über eine dschungelähnliche Landschaft verstreut und haben teilweise eigenen Jacuzzi oder Swimmingpool. Das Resort ist eine fantastische Wohnmöglichkeit und bei den derzeitigen Internetpreisen ab ca. 14.000 Baht sogar „relativ" preiswert. In touristisch gut belebten Zeiten kostet die teuerste Villa ca. 100.000 Baht. Buchungen unter Tel. 076-418500, Fax 076-418518, www.sixsenses.com/Six-Senses-Hideaway-Yao-Noi/.

Weitere Unterkünfte

Im Hauptdorf der Insel, Ban Yai, gut fünf Kilometer vom nächsten nennenswerten Strand entfernt, stehen drei Unterkünfte, das Ko Yao Cabana, Amina G.H. und Vilai G.H.

● Das **Ko Yao Cabana**** befindet sich direkt in der Dorfmitte, in Greifweite mehrerer kleiner Brutzelhütten. Bungalows und Zimmer mit Bad.

● Das nahe gelegene **Amina Guest House** ** (Tel. 076-597278) ist von einer Art Garten umgeben und hat recht ordentliche Zimmer (Bad). Es werden auch Motorräder vermietet.

● Das **Vilai Guest House**** gehört demselben Besitzer wie das Amina G.H. und steht an der Straße in Richtung Hat Pa Sai. Einfache Zimmer mit Bad.

● Nahe Tha Khao, dem Pier (= *tha*), von wo die Boote nach Krabi ablegen (im Bereich der Ortschaft Ban Sai Thao), stehen die sehr guten **Tha Khao Bungalows*****-**** (Tel. 076-212172, 076-212252, 081-9564689). Die Bungalows (Bad) sind auf Stelzen gebaut und haben eine Art Terrasse, von der sich ein wunderbarer Ausblick auf das Meer und die daraus herausragenden Felsen ergibt. Allerdings ist der vorgelagerte Strand nicht zum Schwimmen geeignet. Neben den regulären Bungalows gibt es eine Art Doppel-Bungalow, das aus mehreren Zimmern besteht und bis zu sechs Personen Platz bietet.

Eine sehr gute Art, das Inselleben aus der Nähe zu erleben, ist der Aufenthalt in einem **Homestay,** d.h. die Unterbringung bei einer Familie. Mehrere Familien auf Ko Yao Yoi bieten diese Gelegenheit, und da die meisten der Bewohner Fischer sind, wird man wahscheinlich auch auf eine Fischfangfahrt mitgenommen. Die Unterbringung kostet ab ca. 150 Baht Baht/Tag, gelegentlich gibt es auch Package-Angebote inkl. Mahlzeiten oder besonderen Touren. Siehe www.kohyao-cbt.com.

Fahrrad-touren

Einige Tourunternehmen in Phuket bieten **Fahrrad-Touren** auf Ko Yao Noi an, wobei auch für die Anreise ab Phuket gesorgt wird.

● **Tropical Trails,** Phuket, Tel. 076-282914, 076-248239.

● **Siam Safari,** Phuket, Tel. 076-280116.

● **Outtabounds,** Phuket, Tel. 076-270936.

Anreise

● Ab dem Pier von Laem Sak in Ao Luk (sprich Aao Lück) bei Krabi fahren um 11.30 **Boote** für 100 Baht nach Ko Yao Noi. Anfahrt nach Ao Luk per Bus ab Krabi oder Phang-Nga. Gecharterte Boote ab Laem Sak oder auch ab dem Pier in Phang-Nga kosten ca. 1500 Baht für die einfache Fahrt.

Ausflüge

●Mehrere Boote fahren zudem ab dem Pier in Bang Rong im Nordosten von Phuket (Fahrt nach Bang Rong mit Songthaew ab Phuket City). Abfahrt meist um 10/11 Uhr und 12/13 Uhr. Kostenpunkt 120 Baht.

Falls die Passagierboote schon abgefahren sind, kann man versuchen, auf einem Frachtschiff mitgenommen zu werden. Gecharterte Boote ab Bang Rong kosten ca. 2.500 Baht einfach bzw. 4000 Baht für einen Tages-Return-Trip. Für ca. 1500-2000 Baht kann man sich gleich zum Hat Klong Jaak (Long Beach) übersetzen lassen. Fahrzeit im Charter-Boot bis Tha Manok ca. 45 Min., ansonsten je nach Bootstyp 1½-2 Std. Weitere Boote fahren ab Phang-Nga (Tha Dan); Abfahrt täglich gegen 7 Uhr; Preis 100 Baht.

Bei allen größeren Booten kann man auch **Motorräder mitnehmen,** was bei den spärlichen Verkehrsmitteln auf Ko Yao Noi sicher keine schlechte Idee ist. Der Mitnahmepreis ist in der Regel genau so hoch wie der Fahrtpreis für eine Person.

●Vom Pier beim Tha Len Beach fährt eine **Fähre** nach Koh Yao Noi und Koh Yao Yai (13 Uhr, 50 Baht). Tha Len liegt zwischen Krabi und Ao Luk, ca. 30 km nordwestlich von Krabi. Ohne eigenes Fahrzeug hinzukommen ist nicht einfach; man muss versuchen, in Krabi ein Songthaew zu bekommen.

●Ko Yao Noi hat mehrere **Piers:** Die Boote aus Phuket legen üblicherweise am Tha Manok im Süden der Insel an, von wo es ein relativ kurzer Weg zum Hat Klong Jaak als auch nach Ban Yai ist. Die Boote aus Ao Luk kommen am Tha Khao im Nordosten der Insel an, in Sichtweite der Tha Khao Bungalows.

An allen Piers finden sich Motorrad-Taxis und Tuk-Tuks für die Weiterfahrt. Die Tuk-Tuks fahren zu einem „Festpreis", der auf einer Liste in den Fahrzeugen ausgehängt ist. Die Motorrad-Taxis sollten etwas preiswerter sein, oft muss aber lange um den Preis gefeilscht werden.

Weiterreise

●Von Ko Yao Noi gelangt man leicht zur größeren **Nachbarinsel Ko Yao Yai** (s.u.). Von Tha Manok auf Ko Yao Noi zum Norden von Ko Yao Yai (Pier Chong Laat) ist es nur eine kurze Überfahrt, die Inseln liegen hier in Sichtweite. Es fahren täglich zahlreiche Boote zwischen den beiden Piers hin und her (Preis 10 Baht).

Zum Hauptpier von Ko Yao Yai, Tha Lo Jaak, an der Südwestseite der Insel gelegen, ist es eine längere Überfahrt. Außerdem fahren hierhin keine Linienboote, sondern man muss sich ein Boot chartern; Preis ca. 1200-1500 Baht für die einfache Fahrt.

Einsamer Strand südlich des Elixir Resort, Ko Yao Yai

● Die normalen **Linienboote** von Ko Yao Noi zurück nach
Bang Rong auf Phuket oder nach Laem Sak fahren alle
morgens ab. Bei der Rückfahrt per Charterboot nach Bang
Rong ist darauf zu achten, dass man möglichst bei Flut dort
eintrifft. Bei Ebbe sinkt der Wasserpegel in der Nähe des
Piers stark ab und die Boote müssen einige hundert Meter
davor im Schlick anhalten. Die restliche Strecke muss man
dann durchwaten. Mit großem Gepäck ist das kein Vergnügen.

Ko Yao Yai

Ist die obige Ko Yao Noi noch immer relativ unbe-
kannt, so liegt ihre größere Schwesterinsel noch
im Geheimtipp-Stadium. Ko Yao Yai ist etwa dreimal so groß wie Ko Yao Noi, aber noch dünner
besiedelt und „rückständiger" als letztere, und
vielleicht der letzte wirkliche Hort von Ruhe in dieser so touristischen Region – ursprünglicher geht
es kaum.

In den neun Dörfern der Insel leben etwa 6000
Menschen, hauptsächlich Moslems. Die Insel ist
beinahe lückenlos mit Gummi- und Kokosplanta-

gen und sonstiger Vegetation bedeckt und bis vor nicht allzu langer Zeit führten nur einige staubige Landstraßen durch das urwüchsige Gelände. Erst 1999 wurde mit der Asphaltierung der (wenigen) Straßen begonnen. Es gibt nur eine „Hauptraße", die die Insel von Nord nach Süd durchkreuzt, und von dieser gehen einige kleine Straßen seitlich ab; ansonsten finden sich immer noch reichlich Trampelpfade.

Ko Yao Yai bietet dichte Vegetation, satt bewachsene Hügel, und dazu einige sehenswerte Strände, vor allen an ihrer Westseite. Der schönste Strand ist der absolut einsame **Ao Muang Beach** *(Hat Ao Muang)*, ca. 3 km südlich des Piers in der Ao (Bucht) Lo Jaak, der aufgrund steinigen Untergrunds allerdings nicht so gut zum Schwimmen geeignet ist. Weiter südlich davon finden sich einige weitere, sehr malerische kleine Buchten; diese sind nur über Pfade, die von der Hauptraße aus abgehen, zu erreichen.

Am Südende der Insel liegt **Laem Hua-Laan**, das „Glatzen-Kap", so genannt wegen seiner mangelnden Vegetation. Angrenzend befindet sich die kleine **Ao Sai** mit einem recht schönen Strand sowie die **Ao Luuk Phlu,** in der sich zahlreiche Affen tummeln.

Etwa 7 km nördlich von Tha Lo Jaak erstreckt sich der **Lo Pared Beach** *(Hat Lo Pared)*; dieser ist besser zum Schwimmen geeignet als der Ao Muang Beach, aber nicht ganz so malerisch. Nördlich schließt sich **Ao Lopo** an, die größte Bucht der Insel; an dessen Südseite liegt die winzige **Ko Nui,** eine Insel, auf der einige Fischerfamilien leben.

Einige Strände finden sich noch an der Nord- und Nordostseite der Insel. Die besten davon sind der **Hua Hat Chong Laat** im Norden (östlich des Piers von Chong Laat und gegenüber Ko Yao Noi gelegen) und der Strand in der **Ao Son** im Nord-

Ausflüge

osten. Ao Son ist eine weite Bucht, in deren Umgebung einige buddhistische Thais und Thai-Chinesen wohnen.

Weiter südlich, an der Ostseite der Insel, erstreckt sich eine weitere, jedoch nur wenig ansehnliche Bucht, Ao Hin Gong. Hier befindet sich ein Pier, der der günstigste Ankunftspunkt für gecharterte Boote aus Richtung Krabi wäre.

Neben zahlreichen Buchten und Stränden bietet Ko Yao Yai jedoch vor allem eine Aura völliger Weltabgeschiedenheit – der ideale Platz für Aussteiger und Entdecker! Genau wie auf ihrer Schwesterinsel findet sich auch hier keine Geldwechselmöglichkeit. Einen Bankautomaten gibt es ebenfalls nicht.

Unterkunft

Etwa 250 m nördlich von Tha Lo Jaak, dem Pier, wo die Schiffe aus Phuket anlegen, steht das Long Island Family Resort*** (Tel. 081-9792273). Die Lage ist sehr gut, die Bungalows mit Bad sind schlicht, aber annehmbar. 450 Baht. Freundlicher und hilfreicher Besitzer.

●Etwa 1 km nördlich des Piers von Lo Jaak finden sich auf einer Anhöhe mit Meerblick die **Halawee Bunga-lows***-****** (Tel. 081-6073648), Zimmer ab 300 Baht. Angeschlossen ist ein Restaurant.

●Ein sehr schönen Strandabschnitt am Lo Pared Beach hat sich das **Yao Yai Resort****-******* reserviert (Tel. 076-480514). Die Bungalows (ab 800 Baht) sind aber für die „Qualität" überteuert und das Restaurant ist sehr schlecht.

●Besser ist das **Heimat Gardens & Restaurant***-******, das sich an der Zufahrtsstraße vor obigem Resort befindet, also etwas inland vom Strand. Die Besitzerin kann etwas Deutsch, kredenzt in ihrem Restaurant sehr gutes und preiswertes Essen. Dazu gibt es einige saubere Zimmer zu mieten (teilweise AC, TV). Am preiswertesten sind die Zimmer ohne AC; 800 Baht.

●An der wenig befahrenen „Hauptstraße" im Bereich von Pru Nai, dem zentralen Dorf der Insel, liegt das **Nuttdeeya Apartment***-****** (Ostseite der Straße; 54/7 Mu 2, Pru Nai, Tel. 089-9704073, Fax 0864713186). Das neue Gebäude hat kleine, aber saubere Zimmer (Bad, TV, Kühlschrank) zu 500 Baht ohne AC bzw. ab 600 Baht mit AC. Von den Zimmern auf der Rückseite bieten sich gute Ausblicke auf Reisfelder und grüne Hügel. Die Zimmer sind an sich in Ordnung, was aber nerven könnte, sind die rosafarbenen, dünnen Vorhänge, die alles in ein rosa Licht tauchen, sobald die Sonne hindurchscheint. Das Personal ist nett, und es gibt preiswerte Monatsmieten; es werden auch Touren um und auf Ko Yao Yai angeboten. Als Unterkunft zu erwägen ist das Apartment sicher.

●Im Nordosten der Insel, am Strand in Ao Som, stehen die renovierten und verbesserten **Tewson Bungalows***-******* (mit Bad, teilweise AC, TV); Tel. 081-7374420. Res-taurant angeschlossen. Tolle, abgeschiedene Lage! Das nächstgelegene Pier ist Tha Chong Laat im Norden der Insel. Hierhin fahren direkte Boote ab Bang Rong auf Phuket (siehe „Anfahrt").

●Die bisher einzige Luxusunterkunft ist das **Elixir Resort & Spa**^{LLL} an der Bucht Ao Bo Thale im Südwesten der Insel. Vom Bootspier liegt das Hotel ca. 2 km in südliche Richtung. Das kleine, intime Resort hat komfortable Zimmer AC, TV, Kühlschrank, ein gutes (etwas überteuertes) Restaurant und einen Swimmingpool. Es besteht erst seit wenigen Jahren, doch es machen sich schon Verschleißerscheinungen bemerkbar. Die offiziellen Preise beginnen bei 6000 Baht, mehr als 3000 Baht sind die Zimmer aber nicht wert. Oft bekommt man Reduktionen. Die Lage des Resorts ist schön, der davor gelegene Strand ist einer der besten der Insel.

Essen

● Einige **einfache Restaurants** finden sich in der Umgebung von Tha Lo Jaak und im Hauptdorf Ban Pru Nai. Dazu agieren einige fliegende Händler mit Handkarren, die *roti,* indisch-malaysische Fladenbrote, zubereiten.

Verkehrs-mittel

● Bei der Ankunft der Boote an Tha Lo Jaak oder Tha Chong Laat stehen **Motorrad-Taxis** parat. Einige Fahrer sind auch bereit, ihre Motorräder an Touristen tageweise auszuleihen, falls sich das für sie rentiert. Nebenbei findet sich an Tha Lo Jaak der eine oder andere alte **Pick-Up-Truck** zur Weiterfahrt nach der Ankunft. Wer die Insel in einem Tagesausflug (siehe „Anreise/Rückreise") erkunden will, zahlt für einen Pick-Up-Truck ca. 500–600 Baht. Energisch handeln!
● Die ideale Lösung ist, **Motorräder oder Fahrräder von Phuket aus mitzubringen.** Siehe dazu unten, „Anreise/Rückreise".

Anreise/Rückreise

● Ab dem **Pier Tien Sin,** am Ostrand von Phuket City und vor Ko Siray gelegen, fahren um 10 Uhr (außer Fr) und 14 Uhr reguläre Boote zum Tha („Pier") Lo Jaak auf Ko Yao Yai. Tha Lo Jaak befindet sich an der Südwestseite der Insel. Kostenpunkt 100 Baht, die Fahrzeit beträgt je nach eingesetztem Bootstyp 1 bis 1½ Std. Die Boote fahren zurück nach Phuket um 8 und 15 Uhr (Fr ca. 14.30 Uhr; es fahren zwei Boote innerhalb weniger Minuten ab, das zweite ist das schnellere).

Ausflüge

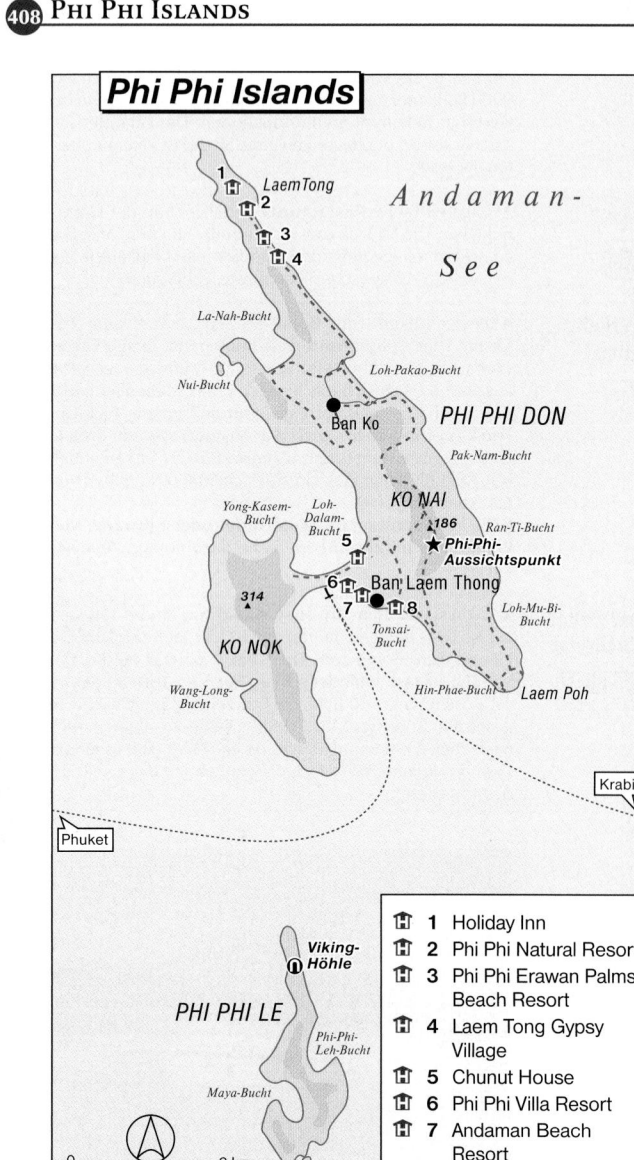

Phi Phi Islands

Andaman-See

LaemTong

1
2
3
4

La-Nah-Bucht

Loh-Pakao-Bucht

Nui-Bucht

PHI PHI DON

● Ban Ko

Pak-Nam-Bucht

KO NAI

Yong-Kasem-Bucht

Loh-Dalam-Bucht

▲186
★ Phi-Phi-
Aussichtspunkt

Ran-Ti-Bucht

5

6
7

Ban Laem Thong
8 ●

▲314

Loh-Mu-Bi-Bucht

KO NOK

Tonsai-Bucht

Wang-Long-Bucht

Hin-Phae-Bucht

Laem Poh

Krabi

Phuket

*Viking-
Höhle* ○

PHI PHI LE

*Phi-Phi-
Leh-Bucht*

Maya-Bucht

0   2 km

*Loh-
Samah-Bucht*

🏠	1	Holiday Inn
🏠	2	Phi Phi Natural Resort
🏠	3	Phi Phi Erawan Palms Beach Resort
🏠	4	Laem Tong Gypsy Village
🏠	5	Chunut House
🏠	6	Phi Phi Villa Resort
🏠	7	Andaman Beach Resort
🏠	8	Bay View Resort

Nimmt man das Boot nach Ko Yao Yai um 10 Uhr, kann man die Insel gut in einem Tagesausflug besuchen; bis zur Rückfahrt um 15 Uhr bleiben einem 3½ Std. (Fr 3 Std.) Die Mitnahme eines Motorrads auf den Booten kostet 100 Baht.

● Ab dem **Pier von Laem Hin,** ca. 6 km nördlich von Phuket City in der Ao Sapam gelegen, lassen sich „Langschwanzboote" anheuern. Die einfache Fahrt kostet ab 2000 Baht, retour in einem Tagesausflug ca. 2500–3000 Baht. Fahrzeit ca. 1 Std. Von Laem Hin fahren auch reguläre Boote. Diese legen jedoch erst nachmittags ab (gegen 14 Uhr) und fahren am nächsten Morgen (ca. 8 Uhr) zurück nach Laem Hin. „Langschwanzboote" lassen sich auch in Krabi anheuern; aufgrund der relativ großen Entfernung bis Tha Lo Jaak ist mit vielleicht 2500 Baht zu rechnen. Fahrten von Krabi bis zur näher gelegenen Ostküste von Ko Yao Yai müssten billiger sein.

● Ab dem **Pier von Bang Rong** im Nordosten von Phuket fahren Schiffe nach Tha Chong Laat im Norden von Kao Yao Yai. Abfahrt 12.30 und 17 Uhr; 100 Baht. Von Tha Chong Laat zurück nach Phuket geht's um 7 und 14.30 Uhr.

Phi Phi Islands

Die Phi Phi Islands, die aus den Inseln **Phi Phi Don** und **Phi Phi Le** bestehen, haben eine enorme touristische Entwicklung durchgemacht. In den 1980er und 1990er Jahren waren sie so etwas wie der ultimative Geheimtipp, ein Paradies, das nur wenigen Eingeweihten bekannt war. Doch die herrlichen weißen Strände und das glasklare, türkisfarbene Wasser ließen sich nicht lange vor der Welt verbergen.

Die Abertausenden von Besuchern, die die Inseln besuchten, waren aber auch eine Art Heimsuchung, und unter der Last der Besucher drohte die Ökologie zugrunde zu gehen; Rufe wurden laut, die Inseln für einige Jahre für den Tourismus zu sperren, um der Natur eine Erholung zu ermöglichen.

Daraus wurde jedoch nichts – am 26.12.2004 brach der **Tsunami** mit verheerender Wirkung über die Inseln. Die meisten Unterkünfte auf Phi Phi Don wurden zerstört, über 700 Menschen ka-

Ausflüge

men ums Leben. Inoffiziell liegt die Zahl bei ca. 2000, denn zahlreiche Personen galten auch Monate nach der Katastrophe noch als „vermisst". Nach Khao Lak war Phi Phi Don das Gebiet mit den meisten Todesopfern in Thailand.

Der Tsunami hinterließ ein Feld der Zerstörung. Nur einige wenige der solider gebauten Unterkünfte konnten den Fluten widerstehen. Leichen wurden im Schlamm gefunden, in Palmen hängend, und natürlich im Meer. Thailändische Arbeiter, die beim Wiederaufbau dabei waren, wurden nachts permanent von „Geistern" aufgeschreckt; Geistergeschichten machten die Runde und ließen vor allem den Thais die Nackenhaare zu Berge stehen.

Die unbewohnte Insel Phi Phi Le bietet mit ihrer **Maya Bay** ein ehemals sehr beliebtes Ausflugsziel; die Bucht, mit ihrem seichten, glasklaren Wasser und weißen Sand, dazu flankiert von Felsen, ist immer noch ein Bild wie aus der Hochglanzbroschüre. 1999 wurden in der Bucht Teile des Films „The Beach" mit *Leonardo DiCaprio* gedreht, und 2005 posierten die Teilnehmerinnen des Miss Universe Wettbewerbs in der Bucht, um so den Phi Phi Islands wieder ein wenig aus der Nach-Tsunami-Depression zu helfen.

Der Tourismus auf den Inseln ist derzeit wieder im Aufschwung, auch wenn an vielen Stellen auch nach Jahren noch Bauarbeiten im Gange sind. Wer sich nicht sicher ist, ob er auf der Insel länger verweilen will, kann sie erst einmal in einem Tagesausflug von Phuket aus besuchen.

Im Mai 2009 kam es zu zwei Todesfällen von Touristen, scheinbar durch Vergiftung. Beide hatten im *Laleena Guest House* übernachtet, das daraufhin geschlossen wurde. Was genau den Tod verursacht hatte, ob von verdorbenen Lebensmitteln oder aus anderer Quelle, blieb bis zur Drucklegung ungeklärt.

Die Phi Phi Islands sind im Grunde ein wunderschönes Reiseziel, mit dem das Schicksal es nicht immer gut gemeint hat. Wem das alles etwas zu viel ist, der findet eine gute, fast ebenbürtige (wenn auch kleinere) Alternative auf Ko Raya Yai.

Unterkunft

Am Laem Hin Beach in der Ton Sai Bay
- **Phi Phi Andaman Legance*****, Tel. 075-601106-8
- **Jong G.H.*****, kein Tel.
- **Phi Phi Dream******, Tel. 075-601072
- **Phi Phi Hotel******, Tel. 075-620599
- **Rim Khao G.H.*****, Tel. 075-601030
- **Phi Phi Barthai G.H.*****, Tel. 075-601210
- **Phi Phi Villa Resort******, Tel. 076-5623343
- **Andaman Beach Resort******-*****, Tel. 081-2717739, 089-8734259, Fax 075-621427, www.andamanbeachresort.com
- **Bay View Resort**ᴸᴸᴸ, Tel. 075-601127-31, www.phiphibayview.com
- **Chong Khao Bungalow******, Tel. 081-8941233

In der Loh Dalam Bay
- **Chunut House*****-****, Tel. 081-3707848

In der Laem Thong Bay
Dieser Strand, im hohen Nordosten der Insel, wurde vom Tsunami nur wenig in Mitleidenschaft gezogen. Er befindet sich an der der Flutwelle abgewandten Seite, und die meisten Unterkünfte waren schon kurz nach der Katastrophe wieder in Betrieb.
- **Holiday Inn Resort**ᴸᴸᴸ, Tel. 075-621334, 075-620798, Fax 076-215090, reserv@phiphi-palmbeach.com
- **Phi Phi Natural Resort******-ᴸᴸᴸ, Tel. 075-613010-1, Fax 075-613000, www.phiphinatural.com
- **Phi Phi Erawan Palms Resort & Spa**ᴸᴸᴸ, Tel. 075-613010-1 extension 171, Fax 075-613000
- **Laem Tong Gypsy Village*****, Tel. 081-2291674
- **Zeovola**ᴸᴸᴸ, Tel. 075-627000, www.zeavola.com. Die teuerste Luxusherberge am Ort, Zimmer ab 11.000 Baht.

Anreise

- Am günstigsten ist die Anfahrt **ab dem Hafen von Phuket.** Es fahren die Boote verschiedener Unternehmer, mit unterschiedlicher Fahrzeit und unterschiedlichem Preis. Die Fahrzeit beträgt zwischen 45 Min. und 1½ Std. Gemäß dem bei Drucklegung gültigen Fahrplan müssten die folgenden Boote fahren:
- **Andaman Wave Master,** 8.30 Uhr (Hinfahrt), 14.45 Uhr (Rückfahrt), 500 Baht (einfach)/850 Baht (retour)
- **Paradise Cruise,** 8.30 Uhr, 14.45 Uhr, 200/500 Baht
- **Phi Phi Cruise,** 8.30 oder 9.00 Uhr (Hinfahrt), 14.30 Uhr (Rückfahrt), 400/850 Baht

Ausflüge

- **Phi Phi Family,** 8.30 Uhr, 14.30 Uhr, 350/850 Baht
- **Phi Phi Marine,** 8.30 Uhr, 14.30 Uhr, 300/400 Baht
- **Royal Fern,** 8.30 Uhr, 14.30 Uhr, 450/950 Baht
- **Seatran Travel,** 8.30 Uhr, 14.30 Uhr, –/800 Baht

Verwirrend ist die Tatsache, dass der Retourpreis der Tickets zumeist mehr als doppelt so hoch ist wie der Einfachpreis! Das kann vielleicht auf thailändische Logik zurückgeführt werden, demgemäß es einfacher ist, gleich Hin- und Rückticket zu kaufen und deshalb wird ein höherer Preis kassiert, oder aber man kann sich verwirrt den Kopf kratzen und das Phänomen in dem prall gefüllten Aktenordner „Unergründliches Thailand" abheften. Andere Länder, andere Verkaufsstrategien!

- **Außerdem fahren Boote ab der Ao Nang-Bucht** bei Krabi (Abfahrt 9 Uhr, Fahrzeit 1½ Std., 250 Baht) und dem **Hafen von Krabi** (Abfahrt 10.30 und 14.30 Uhr, Fahrzeit 1½ Std., 300 Baht). Aufgrund mangelnder Nachfrage werden möglicherweise auch hier einige Abfahrten gestrichen.

Krabi

Krabi (30.000 Einw.) ist eine angenehme, verschlafene, kleine Provinzhauptstadt, 867 km von Bangkok entfernt, die in den letzten Jahren einen kontinuierlich wachsenden Strom von Touristen kommen sah. Der Ort ist der Transitpunkt für einige sehr attraktive Strände, die immer noch zu den schönsten des Landes zählen – auch wenn sie nicht mehr so einsam und ruhig sind wie zuvor. Insbesondere die Inbetriebnahme des Flughafens (1999) hat den Besucherstrom stark ansteigen lassen. Derzeit besuchen jährlich ca. 2 Mio. ausländische Touristen die Provinz Krabi. Viele davon fahren allerdings direkt vom Flughafen oder der Bushaltestelle zu einem der nahe gelegenen Strände.

In Krabi selber gibt es nicht viel zu tun, wenn man einmal von Spaziergängen entlang des Krabi-Flusses zum idyllischen **Tara-Park,** am Südende des Ortes gelegen, absieht. Ansonsten bietet der **Morgenmarkt** interessante Szenerien, auffällig ist die Präsenz zahlreicher moslemischer Marktfrauen. Krabi hat einen hohen Bevölkerungsanteil von

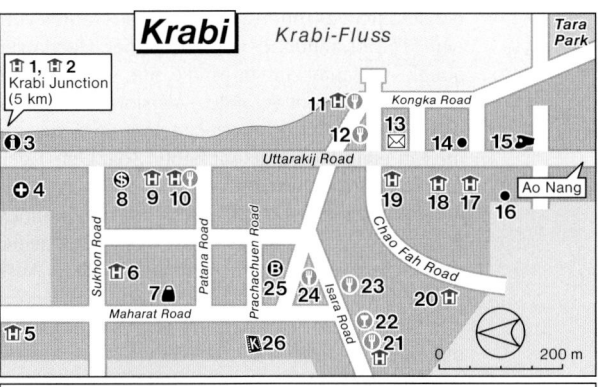

🏠	**1**	Maritime Park & Spa Resort	➤ **15**	Polizei
🏠	**2**	Krabi Royal Hotel	● **16**	Stadthaus
❶	**3**	TAT Büro	🏠 **17**	Cha Guest House
✚	**4**	Krankenhaus	🏠 **18**	Chan Cha Lay
🏠	**5**	Greenery Hotel	🏠 **19**	Grand Tower Hotel
🏠	**6**	City Hotel	🏠 **20**	Chao Fah Valley Bungalows
🔒	**7**	Vogue Shopping Center	🍴 **21**	Café Europa,
💲	**8**	Bank	🏠	Restaurant und Hotel
🏠	**9**	Vieng Thong Hotel	🍴 **22**	Good Day und
🏠	**10**	Chan Phen G.H. und	🍴	Popeye's Bar
🍴		Restaurant	🍴 **23**	Hassana Rest.
🏠	**11**	Thammachart G.H. und	🍴 **24**	May & Mark Rest. und
🍴		Restaurant	🍴	Baan Thai Issara
🍴	**12**	Pizzeria Firenze	Ⓑ **25**	Busstation
✉	**13**	Post	🎞 **26**	Kino
●	**14**	Immigration		

Ausflüge

Moslems, eine Tatsache, die auch eine Anzahl moslemischer Restaurants hat entstehen lassen.

Etwa 8 km außerhalb der Stadt befindet sich das bekannte **Höhlenkloster Wat Tham Suea** oder der „Tigerhöhlentempel", der von einem Mönch namens *Achaarn Jamnien Silasettho* gegründet wurde. Der Wat, einer der wichtigsten Meditationstempel des Landes, erhielt seinen Namen von einer Felsformation, deren Form einer Tigerkralle ähnelt – so lautet zumindest die eine Version. Eine andere – und gern erzählte – Version spricht von einem Tiger, der hier mit *Achaarn Jamnien* zusammen in einer Höhle gelebt haben soll. Den Tiger gibt es heute nicht mehr, aber der *Achaarn* (Lehrmeister) ist noch wohlauf, aber nur selten in seiner Stammhöhle anzutreffen. Meist besucht er seine Anhänger irgendwo in Thailand oder auch im Ausland. Im Tempel leben dafür heute etwa 250 Mönche und Nonnen. In Abwesenheit des Meisters ist das Gelände um den Tempel ein wenig verkitscht worden, so wurde z.B. eine Statue der chinesischen Göttin Kuan Yin errichtet, die eigentlich gar nichts mit der Meditationslehre *Jamniens* zu tun hat. Dafür erfreut sie chinesische Besucher und öffnet möglicherweise so manchen Spendenbeutel.

Von Krabi aus fahren Songthaews für 20 Baht nach Wat Tham Suea. Falls man keines erwischt, das direkt bis zur Höhle fährt, nehme man eines der vielen Songthaews, die zur Krabi Junction fahren (auf Thai Talaat Gau – „Alter Markt"), Kostenpunkt 10 Baht, und dort ein Motorrad-Taxi für die Weiterfahrt (ca. 20–30 Baht). An der Zufahrtsstraße zum Tempel befindet sich eine recht ordentliche Unterkunft, Tiger House** (80/2 Tham Suea Rd., Tel. 075-631635); die teureren Zimmer haben AC.

Die bestpublizierte Sehenswürdigkeit Krabis ist der **Muschelfriedhof Susaan Hoy.** Hier, 17 km südlich der Stadt, haben sich Muschelfossilien, die auf ein Alter von 75 Mio. Jahren datiert werden, zu riesigen Platten formiert. Nach offiziellen Angaben gibt es auf der Welt nur noch zwei vergleichbare „Muschelfriedhöfe", und zwar in Japan und den USA. Dennoch ist das ganze optisch nicht gerade sensationell, und manchen Besucher erinnern die Muschelformationen eher an weggeworfene Betonplatten. Von Krabi fahren Songthaews für 25 Baht zum Susaan Hoy.

Interessanter als der Muschel-Friedhof sind wahrscheinlich **Touren auf dem Krabi-Fluss,** die vom Chan Phen Restaurant & Guest House organisiert werden. Bei den halbtägigen Touren werden die Mangrovenwälder entlang des Flusses besucht, in der eine Vielzahl von Wasservögeln und andere Tiere zu Hause sind. Derartige Touren können auch mit den Bootsfahrern am Pier von Krabi vereinbart werden; Kostenpunkt je nach Teilnehmerzahl ca. 200 Baht/Pers. Handeln!

Information

●In der Utarakij Road unterhält die **TAT** ein kleines Büro. Es gibt jede Menge Informationsmaterial, allerdings wirkt das Personal – wie in vielen TAT-Büros – gelegentlich etwas hilflos. Angeschlossen ist die **Tourist Police** (Tel. 075-637308). Das TAT-Büro befindet sich zwei- oder dreihundert Meter nördlich der Innenstadt, an der Flussseite der Straße, Tel. 075-622163, Fax 075-622164, E-Mail: tatkrabi@tat.or.th.

●In der Stadt blenden zahlreiche **Tourunternehmen** mit dem Schild „Tourist Information", die hier gegebenen Informationen sind jedoch nicht ganz selbstlos.

●Das **Immigration Office** für Visumsverlängerungen befindet sich am Südende der Uttarakij Rd., Tel. 075-611097. Geöffnet Mo–Fr 8.30–16.30 Uhr, außer an Feiertagen.

Unterkunft

●Sehr nette und saubere Bungalows hat das **Chao Fah Valley**** (50, Chao Fah Rd., Tel. 075-612499). Das besonders Positive ist, dass man hier zwar fast noch mitten in der Stadt ist, die Unterkunft (mit eigenem Bad) aber eher ländlich wirkt, mit viel Grün drum herum. Bei Preisen ab 300 Baht ganz ausgezeichnet.

●Das **Grand Tower Hotel****–*** (9 Chao Fah Rd., 075-622322-3, 075-621456, Fax 075-611741, E-Mail: grandtoweronline@hotmail.com) an der Ecke Uttarakij Rd./Chao Fah Rd. hat akzeptable Zimmer mit Bad. Eine Renovierung wäre angebracht, aber bei Preisen ab 300 Baht eine Alternative, falls die obigen Bungalows voll sein sollten.

●Wenige Meter weiter die Uttarakij Road entlang findet sich das einfache, aber sehr preiswerte **Cha Guest House***–*** (45 Uttarakij Rd., Tel./Fax 075-621125, E-Mail: chaguesthouse@hotmail.com). Die preiswerteren Zimmer haben Gemeinschaftsbad. Sie sind zudem wenig komfortabel, zum Teil sehr winzig, kosten aber auch nur ab 120 Baht. Teurere Zimmer mit AC.

●Das **Chan Cha Lay****–**** (55 Uttarakij Rd., Tel. 075-620952, 075-612114, E-Mail: chanchalay@_krabi@hotmail.com) ist ein sehr sauberes, modernes kleines Guest House

Ausflüge

mit Restaurant und Internet-Café, ideal für Budget-Reisende. Zimmer ohne Bad ab 300 Baht, mit AC bis zu 800 Baht. Die Badezimmer haben nur kaltes Wasser. Schön sind die „Open-Air-Duschen" in einigen Zimmern. Sehr empfehlenswert.

●Das **City Hotel*****-ᴸᴸᴸ (15/2-3 Sukhon Rd., Tel. 075-621280-1, Fax 075-611282, www.yourkrabi.com/city-hotel-krabi), mit z.T. nicht sehr großen, aber sauberen Zimmern, ist das beste und größte Hotel in der Innenstadt (124 Zimmer). Alle Zimmer mit Bad, in der höheren Preislage mit AC und TV, guter und freundlicher Service. Das Haus besteht aus einem neuen und einem alten Flügel und die Qualität der Zimmer ist unterschiedlich, also Zimmer vorher ansehen. Preis im alten Flügel in der Nebensaison ab 450 Baht ohne A.C., im neuen ab 700 Baht für Zimmer mit A.C. und TV. In der Saison ab 550/950 Baht.

●Zimmer unterschiedlicher Qualität hat das **Vieng Thong Hotel*****-***** (155 Uttarakij Road; Tel. 075-620020-3, Fax 075-612525, E-Mail: viengthong2001@hotmail.com). Zimmer mit Bad, teurere mit AC ab 500 Baht. Generell zeigen sich starke Abnutzungserscheinungen, also Zimmer vorher ansehen.

●Das **Greenery Hotel*****-**** (167/2 Maharat Rd., Tel. 075-623648-50, E-Mail: krabi_greenery@hotmail.com) hat 30 große Zimmer und bietet TV, Minibar, einen Coffee Shop und eine Reiseagentur im Haus. Zimmer ohne A.C. 600 Baht, mit AC ab 800 Baht. Empfehlenswert.

●Krabis Luxusherberge ist das etwa 2 km nördlich der Innenstadt an der Thung Fah Road gelegene **Maritime Park & Spa Resort**ᴸᴸᴸ (zuvor Krabi Maritime Hotel; Tel. 075-620028-46, Fax 075-612992, www.maritimeparkandspa.com). Es ist von einer fantastischen Gartenanlage umgeben und überblickt den Krabi-Fluss und die daran gelegenen Felsformationen. Zimmer mit allem Komfort (AC, TV, Kühlschrank), Deluxe-Zimmer und Deluxe-Suiten. 1999 wohnte *Leonardo DiCaprio* in dem Hotel und wurde zu den Dreharbeiten zu „The Beach" täglich nach Ko Phi Phi Le hinübergeschippert. Preise für Zimmer mit allem Komfort ab ca. 3.000 Baht. Empfehlenswert.

●Schräg gegenüber der Zufahrt zum Maritime Park & Spa Resort liegt das **Krabi Royal Hotel******-***** (403 Uttarakit Rd., Tel. 075-620028, Fax 075-612992, E-Mail: krabiroyal@lemononline.com). Die Zimmer haben AC, TV und Kühlschrank und sind sehr sauber und komfortabel; die zur Straße hinaus gelegenen Zimmer sind aber wohl zu laut. Die Zimmer sind teuer, wahrscheinlich kann man den Preis aber herunterhandeln. Falls ja, ist dieses Hotel eine gute Alternative zu den zumeist etwas gealterten Mittelklasse-Hotels in der Innenstadt.

Essen

●Eine sehr umfangreiche Speisekarte hat das **May & Mark Restaurant** schräg gegenüber dem Thai Hotel. Es gibt westliches Frühstück (Toast, Müsli, Porridge u.a.), zahlreiche westliche, mexikanische und Thai-Speisen, wie auch eine Reihe von vegetarischen Gerichten. Hier werden auch Bus- und Bootstickets angeboten.

●Gleich rechts daneben liegt das **Baan Thai Issara,** das sehr gute Backwaren, darunter auch Vollkornbrot anbietet.

●Seit vielen Jahren ein beliebter Traveller-Treff ist das **Chan Phen Restaurant & Guest House** (Tel. 075-612661) in der 145 Uttarakij Road, was zum großen Teil an der Besitzerin, Mrs. *Lee Hongyot,* liegt. Sie kredenzt gutes Essen und hat jede Menge Informationen zu Krabi parat.

●Das **Restaurant des Thammachart Guest House** (*thammachart* = „Natur") serviert thailändische vegetarische Gerichte.

●Sehr gute Pizzen, Crêpes, Spaghetti und andere italienische Gerichte serviert die von einem Italiener geleitete **Pizzeria Firenze** gegenüber dem Thammachart Guest House. Die Preise sind etwas gehoben, mit Pizzen ab 110 Baht, Crêpes ab 65 Baht; eine Tasse Beuteltee kostet 25 Baht.

●Das **Café Europa** (1/9 Soi Ruamjit, 81000 Krabi, Tel. 089-5910584, www.krabidir.com/cafeeuropa) bietet preiswerte Gerichte aus Skandinavien, und Besitzer *Henrick* und seine Frau *Thip* sind eine Goldgrube an Informationen über die Region. Das Café vermietet auch ein paar schöne, saubere und sehr europäisch einrichtete Zimmer ab 350 Baht. Direkt gegenüber ist ein Biergarten.

●Das **Kwan Café** (Tel. 075-611706) in der 30 Kongka Road serviert gesundes Essen in spartanisch moderner Atmosphäre – Tofu-Burger und guter Kaffee.

●Gute Curries mit malaysischem Einschlag macht das moslemische **Hassana Restaurant** (nur in Thai und Arabisch ausgeschildert), das sich in der Isara-Road befindet. Morgens gibt es Roti, Teigfladen, die mit einer Fleisch-Soße serviert werden.

●Am **Morgenmarkt** etwas westlich der Maharat Road gibt es Snacks wie den berühmten *khao niu* oder „sticky rice" oder *khanom taan,* eine Köstlichkeit aus Grieß und dem Saft von Palmherzen, der für die Süße sowie für die gelbe Färbung sorgt.

●Ein **Nachtmarkt** findet sich jeden Abend gegen 18 Uhr in der Uferstraße am Pier ein. Zahlreiche Straßenstände bieten ein umfangreiches Programm, vom gerösteten Huhn *(gai yaang)* bis zum getrockneten Tintenfisch *(plaa mük)* und zu zahlreichen Süßspeisen.

●Wer nicht anders kann, findet auf der Maharat Road im recht bescheidenen Vogue Shopping Center einen **KFC** und **Swensen's Ice Cream.**

Ausflüge

Unterhaltung 	● **Popeye's Bar,** direkt neben dem Café Europa, hat bis spät in die Nacht geöffnet. Laute Rockmusik, Pool und Bier stehen auf dem Programm. ● Neben dieser kleinen Bar liegt der viel größere **Good Day?** Nachtclub, in dem am Wochenende vor vollem Haus Cover-Rockbands ihr Bestes geben. Das einheimische Publikum ist laut und jung.
Ortsverkehr 	● **Songthaews** nach Ao Nang und zum Noppharat Thara Beach fahren alle paar Minuten ab der Patana Road, nahe der Einmündung in die Utarakij Road. Songthaews nach Ao Luek fahren von einem Haltepunkt schräg gegenüber, nahe der Kreuzung Patana Rd./Preuksa Uthit Rd. ab. Songthaews zum Muschelfriedhof ab der Maharat Road. ● **Langschwanzboote** nach Ao Nang und Tham Phra Nang ankern an der Nordseite des Chao-Fah-Piers an der Kongka Rd.; hier können auch Boote zu anderen Fahrten angeheuert werden. ● **Motorräder und Autos** (Jeeps ab 1000 Baht pro Tag) gibt's bei *Thaimit Rental,* Utarakij Road, Tel. 075-632054. In der Nebensaison lässt sich gut handeln.
Anreise 	● AC-Busse **ab Bangkoks Southern Terminal** fahren um 19 und 20 Uhr, Kostenpunkt 1. Kl. ca. 650 Baht. V.I.P.-Busse fahren um 18.30 und 19.30 Uhr zuca. 1000 Baht. Die Reisebüros in der Khao San Road bieten oft günstige Angebote, inklusive den Transfer von der Straße zum Busbahnhof in Bangkok.

Busse **ab Ko Samui** 300-450 Baht (inklusive Bootsticket), ab Surat Thani 126 Baht, beides jeweils AC. Normalbusse ab Surat Thani 61 Baht.

Busse **ab Phuket** kosten 65/117 Baht, ab Hat Yai 96 Baht. AC-Busse ab Hat Yai für 173 Baht.

● 2006 wurde Krabis neues Flughafengebäude in Betrieb genommen, **Thai Airways** fliegt je nach Saison 2–4 mal täglich per Direktflug aus Bangkok (Suvarnabhumi) ein, Kostenpunkt offiziell 3360 Baht, Business Class 4360 Baht. Flugzeit 1. Std. 10 Min. Oft gibt es Sondertarife, die etwa nur halb so hoch sind, man sollte im Reisebüro oder bei der Airline danach fragen. Zwei Flüge täglich mit der Budget-Airline **Air Asia,** die ebenfalls ab Suvarnabhumi fliegt. Preise gelegentlich ab ca. 1000 Baht; je früher man bucht, desto günstiger der Preis. Buchungen online unter www.airasia.com. Ähnliche Preise bei der Budget-Airline **Nok Air** (www.nokair.com). **Bangkok Airways** fliegt je nach Saison von Ko Samui nach Krabi, siehe www.bangkokair.com.

Direkte Auslandsflüge **ab Kuala Lumpur** (Air Asia), siehe www.airasia.com.

Zur **Weiterfahrt vom Flughafen** stehen Limousinen bereit, zu buchen an einem Schalter im Flughafen (Tel. 075-692073). Fahrten nach Krabi-Stadt kosten (überteuerte) 500 Baht, zum Strand von Ao Nang 800 Baht und nach Phuket 2500 Baht. Wer nur wenig Gepäck hat, kann vor dem Flughafen ein Motorrad-Taxi ausfindig machen und kommt damit weitaus billiger davon. Eine Fahrt in die Stadt sollte nicht mehr als 100 Baht kosten.

Weiterreise

● Die **Busse** fahren alle von Krabi Junction ab, wo sie ihre festen Halteplätze haben.

Busse mit AC fahren täglich wechselnd vom Bus-Stand in der Stadt oder dem Vieng Thong Hotel ab.

Fahrten mit dem Songthaew zur Krabi Junction kosten 10 Baht, innerhalb von Krabi dagegen nur 5 Baht.

Hier einige Preise für AC-Busse ab Krabi: Ko Samui 300-450, Penang 550, Kuala Lumpur 750, Singapur 1050, Surat Thani 126, Hat Yai 173, Phuket 117 Baht.

● Von der Krabi Junction fahren ebenfalls **Gemeinschaftstaxis** nach Hat Yai (100 Baht pro Person) und Trang (50 Baht).

● **Boote** zu den Phi Phi Islands kosten 200 Baht (90 Min.). Tickets bei *Phi Phi Family* (Tel. 075-630165) oder *Andaman Wave Master* (Tel. 075-612463). Am einfachsten ist es, Tickets direkt am Pier zu kaufen oder übers Hotel buchen zu lassen.

Boote nach Ko Lanta kosten 250 Baht. Zu buchen sind die Tickets in den zahlreichen Reisebüros von Krabi oder direkt am Pier. Krabis (neues) Bootspier für Personenfähren liegt an der Tharua Road, ca. 3 km außerhalb der Stadt. Anfahrt per Motorrad-Taxi oder Songthaew.

Ausflüge

●**Songthaews** zu den Stränden in der Umgebung fahren ab dem Markt, drehen dann aber erst noch ein paar Runden, ehe sie endgültig abfahren. Am besten an der Uttarakij Road anhalten und zusteigen.

●**Flugverbindungen** bestehen nach Bangkok (Thai Airways, Air Asia, unter Umständen Nok Air, s.o. „Anreise") und Ko Samui (Bangkok Airways, je nach Saison). Der Flughafen befindet sich 15 km nordöstlich von Krabi.

Thai Airways, Tel. 075-622439-41; Bangkok Airways, Tel. 02-2293456-63.

Strände um Krabi

Klong Muang Beach

Ein ruhiger Strand, 22 km westlich von Krabi mit vegetationsreichem Hinterland. Dieser Strand zählt nicht zu den allerschönsten der Umgebung, nicht zuletzt weil eine gigantische Zementfabrik inmitten mehrerer teurer Resorts die Landschaft völlig verunstaltet. Dennoch wird hier weiter emsig gebaut. Die Abgeschiedenheit des Ortes zieht dennoch viele Leute an, die der überlaufenere Strände überdrüssig geworden sind.

Unterkunft

●Sehr beliebt bei Travellern sind die **Pine Bungalows****-**** (Tel. 075-644332, Fax 075-623085), auch wenn der Strand hier nur mittelmäßig ist. Die Bungalows kosten ab 300 Baht und sind in eine schöne Gartenanlage eingebettet. Angeschlossen ist ein recht gutes Restaurant, dazu Motorradverleih. Empfehlenswert.

●Das von einem Deutschen geführte **Klong Muang Inn****-**** (Tel. 075-637290, webmaster@klong-muang-inn.de), bietet saubere Zimmer ab 300 Baht und deutsches Essen. Eine Thai Speisekarte gibt es auch.

Ansonsten bietet Klong Muang Beach eine ganze Reihe **eingezäunter, isolierter Resorts.** Wer hier Urlaub macht, kann wirklich Frieden und Abgeschiedenheit erwarten. Die Preise sind zum Teil jedoch gesalzen.

●Das **Andaman Holiday Resort**LLL (Tel. 075-644321, Fax 075-644320, info@andamanholiday.com) ist wohl eher für Pauschaltouristen konzipiert, der daran gelegene Strandabschnitt ist aber wohl der beste von Klong Muang, Swimmingpool vorhanden. Ab ca. 5000 Baht.

●Das **Nakamanda Resort und Spa**LLL (Tel. 075-628200, Fax 075-644389, www.nakamanda.com) ist wohl derzeit das teuerste Resort in Krabi. Große und größere Villen in einem tropischen Garten, ein Pool direkt am Meer, ein umfangreiches Spa und absolute Ruhe kosten in der Hauptsaison ab 11.500–16.500 Baht, in der Nebensaison 9200 Baht. Das Design dieses Resorts nennt sich „Modern classic oriental" – Marmor, Sandstein, Harthölzer, Seide und Baumwolle sind integrale Elemente einer wunderschönen, exklusiven Ästhetik. Ein Restaurant ist angeschlossen. Sehr empfehlenswert.

●Gleich nebenan ist das **Sheraton Krabi Beach Resort**LLL (155 Mu 2, Nong Thale, Tel. 075-628000, 02-6209889, www.sheraton.com/krabi), das nicht ganz so exklusiv und sehr viel größer ist. Das Resort bietet jeden erdenklichen Wassersport – Windsurfing, Kanus, Segeln und Tauchen (das Sheraton hat ein eigenes Dive-Center). Yoga-Kurse und Sightseeing werden ebenfalls angeboten.

●Ein weiteres teures Resort in der Gegend ist das **Phulay Beach Krabi**LLL (111 Mu 3, Nong Thale, Tel. 075-628111, Fax 075-628100). Der Strand ist nicht schlecht und der Blick auf die vorliegenden Inseln ist spektakulär. Villen ab 800 US$ haben auch einen privaten Jacuzzi. Zimmer ab 220 US$

●Wenn man direkt durch das Zementwerk bis ans Ende von Klong Muang weiterfährt, endet die Straße im **Tup Kaek Sunset Resort**LLL (109 Mu3, Nong Thale, Tel. 075-628600-99, Fax 075-628666, www.krabi-hotels.com/tupkaeksunset) einer wunderschönen Bungalowanlage inmitten eines dichten Kasuarinawaldes. Die Preise sind je nach Jahreszeit und Bungalow gestaffelt. Bungalows, die in der Regenzeit 1900 Baht kosten, kosten am Weihnachten und Neujahr 4900 Baht. Die Bungalows sind etwas klein, aber der Strandblick ist sehr schön und verglichen mit den Preisen der Nachbarn hat das Tap Kaek durchaus etwas zu bieten. Angeboten werden auch Kanutrips.

Anreise

Öffentliche Verkehrsmittel hierher gibt es nicht. Bei der Buchung einer der oben genannten Unterkünfte übernimmt das betreffende Unternehmen den Transport.

Noppharat Thara Beach

Dieser „Sternenstrand der neun Juwelen" – so lautet der Name auf Deutsch – befindet sich je nach eingeschlagener Route 17 bzw. 19 km von Krabi entfernt (letzteres beim Weg über Ao Nang). Er ist Teil des **Phi Phi National Marine Park,** ein beliebter Platz für Muschelsammler als auch für einheimische Picknick-Gesellschaften. Der Strand bietet sauberen, weißen Sand und klares Wasser, das Umfeld lässt aber ein wenig die tropische Szenerie vermissen, somit ist er nicht so attraktiv wie sein Nachbarstrand. Obwohl der Tsunami diesen Strand kaum beschädigt hat, sieht ein Teil der Hinterlandschaft wie eine permanente Baustelle aus.

Unterkunft

● Aufgrund des Nationalpark-Status sind die Baumöglichkeiten theoretisch begrenzt, es gibt nur wenige Unterkunftsmöglichkeiten, z.B. das **Cashew Nut****-*** (Tel. 075-637560) und das **Andaman Inn****-***, dennoch wird auch hier emsig an neuen Projekten gebaut. Preise jeweils ab 200 Baht.

● *Nui*, der mit seiner kanadischen Frau auf Ko Yao Noi eine Bungalowunterkunft betrieb, hat sich an diesem Strand eine neue Bleibe geschaffen, die **Laughing Gecko Bungalows** *-** (Tel. 075-695115, 081-2705028, laughinggecko 99@hotmail.com). Die aus Holz gebauten Bungalows sind recht schlicht, aber das nette Besitzerpaar macht dies allemal wett. Zudem ist dies eine der preiswertesten Unterkünfte in der Gegend (150 Baht im Schlafsaal, Bungalows ab 200 Baht). Für Reisende mit geringem Budget ist dies die günstigste und freundlichste Unterkunft. Abends wird oft spontan zusammen gekocht und gegessen oder Musik gemacht. Die Besitzer zahlen Schleppern keine Kommission und so wird oft behauptet, das Haus gäbe es nicht mehr. Im Zweifelsfall anrufen.

Unterhaltung

● Die **Luna Bar** am östlichen Ende des Strandes zieht bis in die frühen Stunden Touristen und Expats an.
● Die **Bad Habit Bar** ist etwas ruhiger und liegt vom Strand über die Strandstraße zurückversetzt ca. Strandmitte.

Anreise

● **Songthaews** ab Krabi für 20 Baht/ Person.

Ao Nang (Ao Phra Nang)

17 km von Krabi entfernt ist dies wohl der schönste Strand, den man, ohne auf Boote umsteigen zu müssen, von Krabi aus anfahren kann. Der Sand ist weiß, das Wasser klar, und an seiner Südseite wird er von schroffen, imposanten Felsen flankiert. Nicht umsonst hat sich der Tourismus hier von Jahr zu Jahr vervielfacht, was auch das Preisniveau

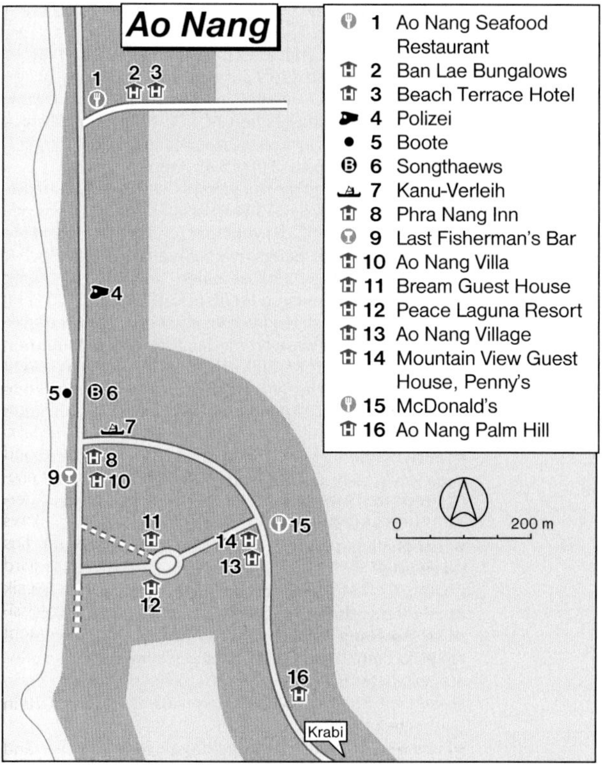

Ao Nang

♥	1	Ao Nang Seafood Restaurant
🏠	2	Ban Lae Bungalows
🏠	3	Beach Terrace Hotel
⚓	4	Polizei
●	5	Boote
Ⓑ	6	Songthaews
⚓	7	Kanu-Verleih
🏠	8	Phra Nang Inn
♥	9	Last Fisherman's Bar
🏠	10	Ao Nang Villa
🏠	11	Bream Guest House
🏠	12	Peace Laguna Resort
🏠	13	Ao Nang Village
🏠	14	Mountain View Guest House, Penny's
♥	15	McDonald's
🏠	16	Ao Nang Palm Hill

0   200 m

Krabi

stark hat ansteigen lassen. Zwar ist es hier noch nicht so teuer wie auf Phuket, die Zeiten der 50-Baht-Hütten sind aber vorbei. Inzwischen gibt es gar einen *McDonald's* und *Starbucks*. Ao Nangs etwas unattraktive Strandballustrade hat den Tsunami größtenteils aufgehalten – Hotels und Geschäfte sind der Zerstörung hier entkommen. Zuvor waren viele über das wenig ästhetische Gebilde verärgert gewesen.

Unterkunft

Wie überall, wo plötzlich die Touristenzahlen rapide steigen, werden auch die Unterkünfte teurer, aber auch komfortabler, oft sogar verschwenderisch luxuriös.

Ausflüge

● Eine der originellsten Unterkünfte ist das **Phra Nang Inn**ᴸᴸᴸ (P.O. Box 25, Krabi, Tel. 075-612173-4). Das Haus ist so geschickt mit Holz verkleidet, dass man es auf den ersten Blick für eine etwas groß ausgefallene Waldhütte halten könnte. Es fügt sich nahtlos in die palmenreiche Umgebung ein. Die Zimmer haben AC, TV, Mini-Bar; Frühstück für zwei Personen inklusive; Swimmingpool. Bei Internetanbietern Preise ab ca. 2.000 Baht. Empfehlenswert.

● Wunderschön sind die Bungalows des **Peace Laguna Resort******-ᴸᴸᴸ (Tel. 075-637344-6, Fax 075-637347, www.peacelagunaresort.com), die vor einer schroffen Felswand angelegt sind. Vor den Bungalows befindet sich ein idyllischer kleiner Teich, dazu gibt es einen Swimmingpool und W-LAN-Internet. Sehr gut! Preise offiziell ab ca. 2.300 Baht, es lohnt, nach günstigen Internetangeboten zu suchen.

● Ebenfalls empfehlenswert für den Preis ist das **Mountain View Resort*****-**** (Tel. 075-622610-3, Fax 075-622 613). Es gibt einfache, ältere Bungalows und neuere, komfortablere (alle mit Bad), ab 800 Baht ohne AC, ab 1.200 Baht mit A.C.

● Einige hundert Meter vom Strand entfernt, an der Straße nach Krabi, steht das **Ao Nang Palm Hill******-***** (Tel. 075-637207). Sehr gemütliche und saubere Bungalows mit AC, TV und Kühlschrank.

● Sehr gepflegte Zimmer mit Balkon bietet das **Beach Terrace Hotel*******-ᴸᴸᴸ. Buchungen unter Tel. 075-637180-3, Fax 075-637184, krabibeachterrace@yahoo.com, Frühstück ist im Preis enthalten. In der Nebensaison ab 1100 Baht.

● Das **Ao Nang Villa**ᴸᴸᴸ (Tel./Fax 075-637270-4, www.aonangvilla.com) hat eine Vielzahl superkomfortabler, luxuriös ausgestatteter Bungalows in verschiedenen (hohen) Preisklassen. Bei Buchungen über Internetagenturen ab ca. 2000 Baht, sehr lohnenswert.

● Preiswert: **Ao Nang Ban Lae Bungalows****-*** (Tel. 075-637189) hat ein deutsches Restaurant; **Bream Guest House**** (Tel. 075-637555), jeweils ab 250 Baht.

● In der **Last Fisherman's Bar** trifft sich Ao Nangs Strandszene bis spät in die Nacht.

Anreise   ● **Songthaews ab Krabi** für 30 Baht/Person.

Inseln vor Ao Nang

Ko Poda   Schon von Ao Nang aus sichtbar ist die **wunderbare Kokos-Insel** Ko Poda, ca. 20 Bootsminuten entfernt. Sie ist an ihren flachen Stellen mit Kokospalmen übersät, besteht ansonsten aus einem Fels-

Ausflüge

massiv und besitzt einen traumhaften weißen Strand. Beste Bade- und Schnorchelmöglichkeiten!

●Als Unterkunft stehen die **Poda Bungalows****** (Tel. 075-637051-2) zur Verfügung, mit Restaurant. Zimmer ohne AC ab 900 Baht.
●**Anfahrt** ab Ao Nang in gecharterten Booten, ab ca. 500 Baht, retour 700-800 Baht inklusive einem längeren Badeaufenthalt. Um 10 Uhr fahren Pendler-Boote zu 200 Baht/Pers. ab Ao Nang; Rückfahrt ca. 16.30 Uhr.

**Ko
Hua Khwan**

Ko Hua Khwan oder auch **„Chicken Island"** verdankt ihren Namen einer Felsformation, die an einen Hühnerkopf erinnert. Sie ist nicht bewohnt und aufgrund des herrlichen Strandes ein beliebtes Ziel für Badeausflüge.

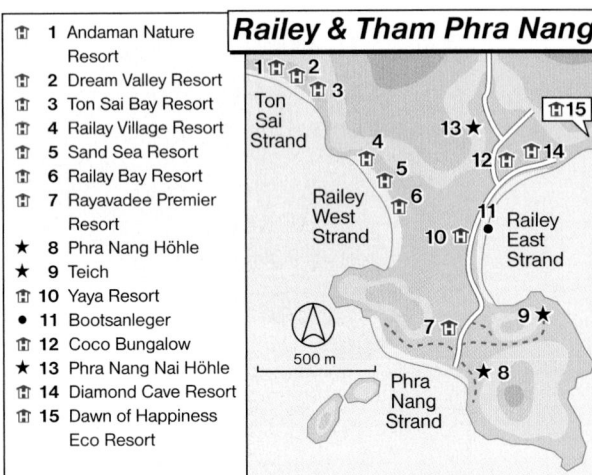

Railey & Tham Phra Nang

🏠 1 Andaman Nature Resort
🏠 2 Dream Valley Resort
🏠 3 Ton Sai Bay Resort
🏠 4 Railay Village Resort
🏠 5 Sand Sea Resort
🏠 6 Railay Bay Resort
🏠 7 Rayavadee Premier Resort
★ 8 Phra Nang Höhle
★ 9 Teich
🏠 10 Yaya Resort
● 11 Bootsanleger
🏠 12 Coco Bungalow
★ 13 Phra Nang Nai Höhle
🏠 14 Diamond Cave Resort
🏠 15 Dawn of Happiness Eco Resort

●**Anreise:** Der Bootscharter ab Ao Nang kostet ca. 800-1000 Baht, darin ist auch eine mehrstündige Badepause enthalten. Pendler-Boote ab Ao Nang zu 250 Baht/Pers.

Tham Phra Nang Beach

Dieser wahrscheinlich schönste Strand in der Umgebung von Krabi erhielt seinen Namen von einer Höhle *(tham),* in der einst eine himmlische Prinzessin *(nang)* gebadet haben soll. Darin soll sie auch ihrem irdischen Geliebten ein Kind geboren haben, weswegen die örtlichen Fischer dort Holzphalli opfern, um ihren Segen zu erhalten.

Aber Legende bei Seite – der mit abertausenden Kokospalmen gesäumte, feine weiße Sandstrand von Tham Phra Nang ist wohl der attraktivste der Umgebung und hat demzufolge in den letzten Jahren eine ungeheure Popularität erlebt. Seinen besonderen Charakter verdankt er den Felswänden, die sich an seinem Ostende auftürmen, und die die Sonnenbadenden aus der Entfernung betrachtet zu Winzlingen zu degradieren

scheinen – eine massive Wand aus Stein, die von Alpinisten gelegentlich zum Abseil-Training genutzt wird!

Leider ist dieser fantastische Strand auch **touristischen Großunternehmen** nicht verborgen geblieben, und so wurde das Luxushotel *Rayavadee Premier Resort* (www.rayavadee.com) in Betrieb genommen. Das führte jedoch gleich zur Kontroverse: Das Resort soll zum Teil Land in Beschlag genommen haben, das unter Naturschutz steht. Seltsamerweise waren im Grundamt sämtliche Papiere, die die Eigentümerrechte hätten klären können, spurlos verschwunden. Abgesehen davon fügen sich die Bungalows recht dezent in die tropische Umgebung ein. Kostenpunkt ab ca. 23.000 Baht in der Hauptsaison. Wer um Weihnachten eintrifft und die beste Villa anmieten will, zahlt ca. 150.000 Baht.

Weniger attraktiv als der Tham Phra Nang Beach sind die an der West- und Ostseite des Landzipfels gelegenen Strände **Railey (Ray Ley) West** und **Railey (Ray Ley) East.** Hier sind die Bademöglichkeiten nicht so gut wie in Tham Phra Nang, das Wasser ist etwas trübe. Dafür breiten sich zwischen den Stränden Kokoshaine aus, die Südsee-Flair verbreiten.

Banken oder Geldautomaten gibt es hier nicht, in den meisten Resorts lässt sich jedoch Bargeld wechseln, wenn auch zu sehr ungünstigen Kursen.

Ausflüge

Unterkunft

Zwischen den beiden Railey-Stränden reihen sich mehrere Bungalowanlagen aneinander. Auch hier sind die Unterkünfte merklich smarter und teurer geworden. Man merkt es auch am Namen, denn was sich früher „Hut" oder „Bungalow" nannte, wurde oft in „Resort" umgetauft. Die am Railey West gelegenen Unterkünfte sind im Prinzip empfehlenswerter, da dort der Strand schöner ist, aber finanzielle Aspekte kommen sicher mit ins Spiel – egal wo man hier wohnt, die Entfernungen sind klein und man kommt leicht zu einem guten Strandabschnitt. In **Railey West:**
● **Sand Sea Resort**LLL (Tel. 075-622574, Fax 075-622608, www.krabisandsea.com). Luxusresort mit Zimmer im günstigsten Fall in der Nebensaison ab ca. 1900 Baht.

●**Railay Village Resort**^{LLL} (Tel./Fax 075-622578-80, www.railayvillage.com). Opulentes Luxusresort mit allen Schikanen, Bungalows im günstigsten Fall in der Off-Season ab ca. 3000 Baht.

●**Railay Bay Resort**^{LLL} (Tel. 075-622998-9, www.railaybayresort.com). Luxusresort, Zimmer in der Off-Season ab 2000 Baht.

Weitere Unterkünfte finden sich in der wunderschönen **Ton Sai-Bucht** nördlich von Railey West. Der Strand ist allerdings etwas steinig und nicht sehr gut zum Schwimmen geeignet. Dafür darf hier in Felsen geklettert werden, und viele Leute kommen einfach zum Abhängen. Es gibt jede Menge kleine Beach-Bars und oft herrscht Party-Stimmung am Strand und in den Unterkünften, unterstützt vom Qualm merkwürdiger grüner Blätter. Dies scheint der letzte Rückzugsort der Low-Budget-Traveller in Krabi zu sein, wenn auch hier schon teure Unterkünfte Einzug gehalten haben. Einen Bankautomaten gibt es auch schon.

Der Strand ist durch einen Felszipfel von Railey West getrennt; bei Ebbe kann man aber zwischen beiden Stränden hin- und herlaufen. Der Nachteil hier ist, dass bei Ebbe Boote weit draußen halten müssen, und man muss durch das Wasser waten. In der Regenzeit ist man oft vom Rest des Festlands abgeschnitten.

●**Andaman Nature Resort****-**** (Tel. 075-637092, 075-695111-2, Fax 075-637094) ist eine empfehlenswerte Option im höheren Low-Budget-Bereich, einfache, aber solide und saubere Holzbungalows mit Bad, dazu ein beliebtes Restaurant und Bar. Das Resort liegt ein Stück vom Strand zurückversetzt am Fuße der Klippen. Bungalows in der Off-Season zu 300 Baht oder sogar darunter; in der Hauptsaison 800 Baht. Guter Gegenwert.

●**Dream Valley Resort****-**** (Tel. 075-621772, Fax 075-636757), rustikale Bungalows, ab 300 Baht in der Off-Season, ansonsten teurere AC-Bungalows. Einige Minuten Fußweg vom Strand entfernt.

●**Ton Sai Bay Resort*******-^{LLL} (Tel. 075-622584, www.tonsaibayresort.com), Luxusanlage, ab ca 1400 Baht in der Nebensaison.

●Dazu gibt es einige weitere sehr einfache, preiswerte Bungalowanlagen, diese haben jedoch kein Telefon bzw. nehmen keine Buchungen an. Die Preise liegen bei ca. 100/150 Baht, dafür gibt es nur primitive Hütten ohne Strom und ohne eigenes Bad.

Der Strand von **Railey East,** und weiter östlich dem von Hat Nam Mao, ist ziemlich verschlickt. Hier stehen etwas preiswertere Unterkünfte als in Railey West zur Auswahl:

●**Coco Bungalow***-^{LLL} (Tel. 075-612730), das zwar komfortable und teure Bungalows bietet, aber auch noch fünf primitive Hütten zu 150 Baht betreibt, beinahe als wäre es eine Hommage an die guten alten (spottbilligen) Travellerzeiten. Die Hütten haben sogar Bad und in der Regenzeit fällt der Preis auf 100 Baht oder weniger. AC-Bungalows kosten ab 1400 Baht.

●**Yaya Resort*****-ᴸᴸᴸ (Tel. 02-6730966, 02-2119654, Fax 02-2119656, www.yaya-resort.com), rustikale Bungalows, in der Nebensaison ab 600 Baht ohne AC, ansonsten ab 750 Baht. Es gibt auch geräumige Familienbungalows mit AC, TV und DVD-Player.

●**Diamond Cave Resort*******-ᴸᴸᴸ (Tel. 075-622589, Fax 075-622590, www.diamondcave-railay.com), im Nordosten von Railey East, hat sehr schöne, moderne Bungalows mit AC ab 1400 Baht.

●**Dawn of Happiness Eco Resort****-**** (Tel. 075-695157, 081-0911168) an einem relativ malerischen Strandabschnitt in Ao Nam Mao, mit nicht sonderlich komfortablen, aber akzeptablen Holzbungalows, hergestellt aus Materialien der Umgebung und umrahmt von satter tropischer Vegetation. Passend dazu gibt es Hängematten, die man sich zwischen die Bäume spannen kann. In der Nähe des Muschelfriedhofs Susaan Hoy gelegen. Zwischen Krabi und Ao Phra Nang, ein bisschen im Niemandsland, und für Leute, die Ruhe wollen vielleicht genau das richtige. Geboten werden Thai-Massage und Kochkurse.

Anreise

●Ab Ao Nang fahren **Boote** für 60 Baht/Person in 15 Minuten nach Railey West, nach Tham Phra Nang in ca. 20 Minuten. Gecharterte Boote kosten ab ca. 400 Baht für die einfache Fahrt. Von Railey West ist es eine kurze Bootsfahrt zur Bucht von Ton Sai, Preis ca. 50 Baht/Pers. Boote zwischen Railey und Tham Phra Nang kosten ca. 60 Baht/Person. Im Monsun (Mai–Sept.) muss der Bootsverkehr teilweise eingestellt werden.

Umgebung von Krabi

Than-Bokhorani-Nationalpark

Dieser kleine Nationalpark befindet sich 45 km nördlich von Krabi (oder 40 km südlich von Phang-Nga) nahe der Distrikt-Hauptstadt **Ao Luk,** die von einer großen Straßenkreuzung, der Ao Luk Junction, markiert wird. Das waldreiche Gelände des Parks ist mit Felsformationen durchsetzt, die ihrerseits zahlreiche attraktive Grotten aufweisen. Aus einer entspringt ein Bach, der sich in

Ausflüge

mehrere Zweige aufteilt, die in einem Netzwerk von erfrischenden Wasserbecken münden. Hier darf auch gebadet werden! Das Gelände eignet sich aber genauso für Spaziergänge unter den hohen, dicht an dicht stehenden Baumriesen. Der Park ist ganz nett, für sich alleine aber vielleicht nicht die Anfahrt von Krabi aus wert. Wer mit eigenem Fahrzeug auf der Strecke Phang-Nga–Krabi unterwegs ist, kann gut einen Abstecher dorthin machen. Der Eintritt kostet 200 Baht, Kinder bis 12 Jahre 100 Baht.

● Direkt am Parkeingang gibt es **AC-Bungalows***, auch stundenweise zu mieten.
● Zur **Anfahrt** eignet sich jedweder Bus, der auf der Strecke Krabi – Phang-Nga, Trang – Phuket, Hat Yai – Phuket etc. verkehrt. Alle diese Busse fahren entlang des Highway Nr. 4 und passieren die Ao Luk Junction. Dort aussteigen und an der Kreuzung die Straße Nr. 4039 in südwestliche Richtung gehen, wo nach knapp 1½ km der Park liegt. Ab der Kreuzung fahren Songthaews (10 Baht).

Tham-Khao-Phra-Höhle

Etwa 100 m weiter südwestlich von Than Bokhorani zweigt eine holprige Straße in nördlicher Richtung von Straße Nr. 4039 ab, die nach ca. 500 m zur **Tham Khao Phra** führt, der „Höhle im Mönchsberg". Diese durchzieht einen steilen, hohen, rundgeformten Felsen und birgt einige Buddha-Figuren. Die umgebende, dichte Vegetation macht dieses Fleckchen zu einer erholsamen Idylle, zumindest solange die dort lebenden Mönche die laut plärrende Lautsprecheranlage ausgeschaltet lassen. Von der Höhle führt ein ausgeschilderter Weg nach über 1 km zu einer weiteren, aber weniger interessanten Höhle, der **Tham Khao Rang.**

Ko Lanta Yai

Parallel zum wachsenden Tourismus in Phuket und den Phi Phi Islands begann vor etwa anderthalb

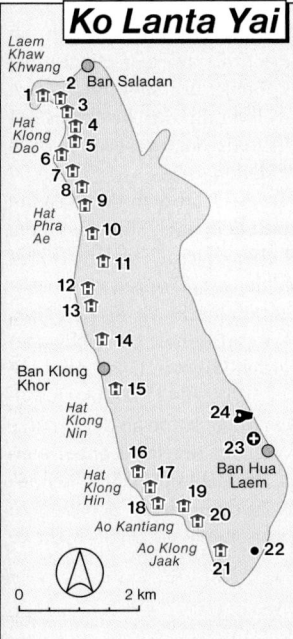

Ko Lanta Yai

🏠	1	Khaw Khwang Bungalows
🏠	2	Nobel House
🏠	3	Sun, Fun & Sea Bungalows
🏠	4	Diamond Sand Palace
🏠	5	Southern Lanta Resort
🏠	6	Lanta Villa Resort
🏠	7	Lanta Sea House
🏠	8	Sayang Beach Bungalows
🏠	9	Lanta Long Beach Resort
🏠	10	Papillon Resort
🏠	11	Freedom Estate
🏠	12	Lanta Marina Bungalows
🏠	13	Relax Bay Resort
🏠	14	Where Else Resort
🏠	15	Sunset Bungalows
🏠	16	Lanta Miami Bungalows
🏠	17	The Narima
🏠	18	Dream Team Bungalows
🏠	19	Kantiang Bay View Resort
🏠	20	Pimalai Resort & Spa
🏠	21	Anda Lanta Bay Resort
●	22	Nationalpark-Hauptquartier
✚	23	Krankenhaus
➤	24	Polizei

Jahrzehnten die zaghafte Entwicklung von Ko Lanta als „alternatives" Reiseziel. Die Insel bietet einige nette Strände, diese können aber mit vielen der bekannteren in der Region um Krabi und Phuket nicht mithalten. Was viele Reisende ab hier festhält, ist die relative Ruhe, die Abwesenheit von Discos, Hochhaus-Hotels und smarten Supermärkten. Die Erfahrung aber zeigt, dass dies nicht so bleiben wird. Der Anschluss Ko Lantas ans Stromnetz vor einigen Jahren war ein Sprung in die Zukunft, von dem man erahnen kann, was er mit sich bringt – die Insel entwickelt sich in letzter Zeit rapide in Richtung Hochpreistourismus, so wie man es auch auf vielen anderen Inseln erlebt hat. Die preiswerten Unterkünfte machen immer mehr teuren Anlagen Platz.

Ausflüge

Ko Lantas einzige „Stadt" ist das aus zwei Straßen bestehende **Ban Saladan,** wo auch die Boote aus Phi Phi oder Krabi anlegen. Hier finden sich auch eine Bank, Bankautomaten und einige Geschäfte. Die Bevölkerung der Insel besteht hauptsächlich aus Moslems, dazu gesellen sich ein paar „Seezigeuner" oder *chao 'le.*

Der beste Strand ist der 2 km von Ban Saladan entfernte **Klong Dao Beach;** nach Süden wird die Küste felsiger, bietet aber dennoch vielerorts kleine Idyllen. Zu empfehlen sind Touren zu einigen der kleinen vorgelagerten Inseln wie Ko Rok Nok, Ko Ngai und Ko Muk, zu denen Langschwanzboote gechartert werden können. Das Unternehmen *Canoe Tours* (Tel. 081-2284213) bietet Kanufahrten durch die Mangrovenhaine an der Ostküste. Elefanten-Treks, die auf der Insel angeboten werden, kosten etwa 500 Baht pro halber Stunde.

Ko Lanta hatte im Tsunami einige Schäden zu verzeichnen, davon ist nun rein gar nichts mehr zu bemerken.

Unterkunft

Eine Reihe von Bungalow-Anlagen befindet sich an der Westseite von Ko Lanta Yai, die nur durch eine sehr schmale Wasserstraße von ihrer kleineren Schwesterninsel Ko Lanta Noi getrennt ist.

In der Regenzeit – also von Juni bis September – fallen die Preise oft sehr dramatisch. Häufig kann gehandelt werden.

Am Laem Khaw Khwang

Dies ist die nordwestlichste Landzunge der Insel, nach ihrem Aussehen „Hirschhals-Kap" genannt". Die „Hauptstadt" Ban Saladan liegt 2 km weiter östlich.

●**Khaw Khwang Bungalows*****-ᴸᴸᴸ (Tel. 089-474706), zahlreiche Bungalows unterschiedlicher Ausstattung, recht gut, teilweise mit AC. Sehr gute Strandlage.

Am Klong Dao Beach

●**Nobel House******-***** (Tel. 075-684096), ganz im Norden des Strandes, gute Bungalows zum Teil AC und Kühlschrank, in netter Anlage, sehr gutes Essen und Swimmingpool. Angeschlossen ist ein Büro von *Lanta Diver* (www. lantadiver.com).

●**Sun, Fun & Sea Bungalows Dive Resort******-***** (Tel. 075-684025, Fax 075-684026, www.thailand-bungalows. com), schweizerisch-thailändisches Management, gut ausgestattete Bungalows in netter Gartenlage, in der Off-Season ab günstigen 500 Baht. Tauchbasis, Reisebüro, Bar und Restaurant sind angeschlossen. Thai-Massage wird angeboten, Internet vorhanden.

●**Diamond Sand Palace*****-***** (Tel. 075-684135), recht gute Bungalows, die meisten mit AC, mit sehr unterschiedlichen Preisen je nach Jahreszeit. In der Regenzeit von Mai bis September geschlossen.

●**Lanta Villa Resort*****-*****, einige hundert Meter weiter südlich (Tel. 075-684129, 081-5362527, www.lantavillaresort.com), sehr gute, solide Bungalows, z.T. mit AC und Kühlschrank, in gartenähnlicher Umgebung, Swimmingpool.

●**Lanta Sea House*****-***** (Tel. 075-6840 73, Fax 075-684113), gute Anlage mit komfortablen Bungalows, einige aus Holz, z.T. AC. In der Off-Season fallen die Preise auf die Hälfte. Swimmingpool.

●**Southern Lanta Resort******-ᴸᴸᴸ (Tel. 076-684174-7, Fax 075-684174, www.southernlanta.com), 74 sehr gute Bungalows mit AC, ein gutes Restaurant, Swimmingpool. Frühstück im Preis inbegriffen. Empfehlenswert.

●**Hans Restaurant & Bungalows****-*** (Tel. 075-684152, hanskohlanta@hotmail.com), geleitetet von einem Deutschen und seiner Thai-Frau; die Anlage war zunächst nur ein Restaurant, dem wurden später Bungalows hinzugefügt. Einige sind aus Stein, andere aus Bambus, für den niedrigen Preis insgesamt jedoch sehr gut. Motorradverleih und Internet.

Am Phra-Ae Beach

An seinem Südende geht der Klong Dao Beach in den Phra-Ae Beach über, beinahe ebenso schön wie obiger.

●**Sayang Beach Bungalows******-ᴸᴸᴸ (Tel. 075-684156), sehr schöne Bungalows zu diversen Preisen, z.T. AC, dazu gute Strandlage.

●**Lanta Long Beach Resort******-***** (Tel. 075-684198, Fax 075-684673, lantalongbeach@hotmail.com), die Saison-Preise sind vielleicht etwas überzogen; besser in der Off-Season.

●**Papillon Resort****-***** (Tel./Fax 075-684308), akzeptable Bungalows mit Bad und Minibar. Skandinavisches Management. Jeep- und Motorradverleih.

●**Freedom Estate******-***** (Tel. 075-684252, 089-86630 36, Fax 075-864252, freedomestate1@hotmail.com), auf einem kleinen Hügel 300 m landeinwärts gelegen, mit Balkon und gutem Ausblick aufs Meer; ordentliche, solide Bungalows, teilweise AC. Thailändisch-Schweizerisches Management. Preise in der Off-Season ab 850 Baht.

●**Relax Bay Resort*******-ᴸᴸᴸ (Tel. 075-684194-5, Fax 076-684196, www.relaxbay.com), diverse Bungalows, gemütlich und urig, teilweise mit AC, relativ preiswert in der Nebensaison.

Ausflüge

●**Where Else Resort****-*** (Tel. 081-5364870), Low-Budget-Hütten aus Kokosnussholz und Bambus, simpel aber wohnlich, in der Off-Season ab 200 Baht.

●**Lanta Marina Resort****-**** (Tel. 075-684168, www.lantamarina.com), einfache Bambushütten etwas landeinwärts gelegen, eine beliebte Low-Budget-Unterkunft. Die Preise liegen in der Off-Season bei 300-500 Baht, ansonsten 500-1000 Baht.

Am Hat Klong Nin & südl.

Etwa 5 km südlich vom zentralen Bereich von Phra-Ae gelegen, erstreckt sich der Strand von Klong Nin, der sich bestens zum Schwimmen eignet. Hier finden sich einige relative preiswerte Unterkünfte, aber auch sündhaft teure.

●**Dream Team Bungalows******-ᴸᴸᴸ (Tel. 075-618171, 081-2284184), ordentliche Bungalows in Gartenlage mit Terrasse oder Balkon und teilweise AC. Swimmingpool. Günstigste Zimmer in der Off-Season 500 Baht.

●**The Narima******-ᴸᴸᴸ (Tel. 075-607700, Fax 075-6077 09, www.narima-lanta.com), gemütliche Holzbungalows mit Balkon, teilweise mit AC, sehr nettes Besitzerpaar und angenehmes Ambiente. Preise in der Off-Season ab 1000 Baht. Swimmingpool und Jacuzzi. Insgesamt sehr empfehlenswert.

●**Sunset Bungalows*****-**** (Tel. 081-7362760, 081-533 6288), gute Bungalows zu vernünftigem Preis (ab 400 Baht). Guter Gegenwert.

●**Lanta Miami Bungalows******-ᴸᴸᴸ (Tel. 075-697081, www.lantamiami.com), Bungalows aus Holz und Zement, aber gar nicht schlecht, teilweise mit AC. Motorrad- und Autoverleih. In der Off-Season ab 400 Baht.

●**Kantiang Bay View Resort*****-***** (Tel. 081-7875192), in der Ao Kantiang, ca. 3 km südöstlich von Klong Nin, Zementbungalows z.T. mit AC.

●**Pimalai Resort & Spa**ᴸᴸᴸ (Tel. 075-607999, Fax 075-607998, www.pimalai.com) supertolle, weit auslaufende Anlage mit luxuriösen Bungalows und Häusern und 900 m Strand vor der Tür. Mit Swimmingpool, Fitness-Club, Spa und Tauchladen. Bei Buchung Abholung per Boot. Preise: 8.500-40.000 Baht in der Off-Season, und bis zu 12.000-80.000 Baht in der Spitzensaison um Weihnachten. Die teuersten Unterkünfte sind 3-Zimmer-Bungalows. Bei Aufenthalten von mehr als drei Tagen werden die Preise etwas gesenkt. Frühstück jeweils inbegriffen. Paare auf Hochzeitsreise erhalten eine Flasche Champagner, einen Hochzeitskuchen und einige andere kleine Aufmerksamkeiten – Voraussetzung ist, dass sie mindestens vier Tage bleiben.

●Das **Anda Lanta Bay Resort**ᴸᴸᴸ (ehemals Waterfall Bay Beach Resort; Tel. 075-607555, Fax 075-607599, www.andalanta.com), kurz vor dem Südwestzipfel der Insel gelegen und aufgrund der auf- und absteigenden Straße etwas schwer zu erreichen. Saubere und komfortable Bungalows mit AC, die teuersten für 7900 Baht, Reduktionen um ca. 40 % in der Off-Season. Mit Swimmingpool und Jacuzzi.

Anreise

●**Boote ab Krabis** neuem Pier an der Tha Ruea Road (3 km außerhalb der Stadt) fahren um 8 und 13 Uhr, Kostenpunkt 300 Baht, Fahrzeit ca. 1½ Std. Weiterhin direkte Boote ab den Phi Phi Islands, Abfahrt 15 Uhr, Kostenpunkt 300 Baht, Fahrzeit 1½ Std.

Vom Rasada-Pier **in Phuket City** fahren Boote um 13 Uhr für 600 Baht nach Ko Lanta (mit Stop in Ko Phi Phi). Fahrzeit ca. 3 Std. Reiseagenturen in Phuket bieten kombinierte Bus- und Bootsfahrten nach Ko Lanta zu ebenfalls etwa 600 Baht. Fahrzeit insgesamt 4-5 Std. Kombinierte Bus-/Bootsfahrten gibt es auch ab Trang; zu buchen bei dortigen Reiseunternehmen; Preis ca. 300 Baht, Fahrzeit insgesamt 2-3 Std.

Alle Boote fahren nur außerhalb der Regenzeit, in den Monaten Oktober bis April. Bei Ankunft der Boote finden sich Schlepper ein!

●Ab Ban Hua Hin auf dem Festland an der Route 4206 legen **Fähren** nach Ban Saladan ab. Diese kosten 10 Baht/ Pers. Die Mitnahme eines Motorrads kostet 10 Baht, eines Autos 50 Baht. Die Boote fahren zwischen 7 und 22 Uhr etwa alle halbe Stunde.

Rück- und Weiterreise

●Einige Reiseunternehmen in Ban Saladan verkaufen **Bustickets** nach Hat Yai, Krabi, Pak Bara, Phuket und Bangkok. Einige Traveller haben über schlechten Service bei *Anut Tours & Travel* berichtet. Eine andere Agentur ist *Lanta Transport*. Hier gibt's Tickets nach Krabi (ca. 300 Baht), Trang (ca. 300 Baht) und Phuket (ca. 500 Baht). Außerdem unterhält das Unternehmen Kleinbusse, die nach Trang und Krabi fahren, dazu einen Motorrad- und Jeepverleih.

●Von Ban Saladan fahren **Motorradtaxis** zu allen Zielen auf der Insel; Kostenpunkt 30-150 Baht.

Ausflüge

Anhang

Lesetipps

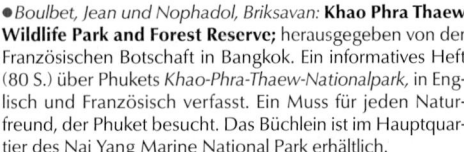

●*Boulbet, Jean und Nophadol, Briksavan:* **Khao Phra Thaew Wildlife Park and Forest Reserve;** herausgegeben von der Französischen Botschaft in Bangkok. Ein informatives Heft (80 S.) über Phukets *Khao-Phra-Thaew-Nationalpark*, in Englisch und Französisch verfasst. Ein Muss für jeden Naturfreund, der Phuket besucht. Das Büchlein ist im Hauptquartier des Nai Yang Marine National Park erhältlich.

●*Krack, Rainer und Vater, Tom:* **Thailand-Handbuch** und **Thailands Süden;** u.a. vom Autor dieses Buches; REISE KNOW-HOW Verlag, Bielefeld.

●*Gerini, G.E.:* **Old Phuket – Historical Retrospect of Junkceylon Island;** The Siam Society, Bangkok 1986. Die Zusammenfassung von Journalen der *Siam Society* aus den Jahren 1905-6. Diese geben anhand zeitgenössischer Berichte einen Einblick in das Phuket vergangener Jahrhunderte. Das womöglich einzige englischsprachige Buch, das sich ausschließlich mit der Geschichte Phukets beschäftigt.

●*Kaewcum, Supatra und Richter, Gottfried:* **Phuket – Die Tropeninsel wie sie wirklich ist;** Chalermnit, Bangkok. Handgroßes Bändchen, das offensichtlich von zwei Phuket-Liebhabern geschrieben ist. Es enthält eine Menge allgemeiner Informationen, ist aber kein Reiseführer. Das Buch ist beim selben Verlag auch in Englisch unter dem Titel *„Phuket – The Tropical Island as it Really is"* erschienen.

●*Krack, Rainer:* **Bangkok und Umgebung –** Handbuch für eine der faszinierendsten Metropolen der Welt und die Umgebung; REISE KNOW-HOW Verlag, Bielefeld.

●*Houellebecq, Michel:* **Plattform.** Französischer, kontroverser Bestseller (u.a. über den Sextourismus in Thailand), in dem die „Bali-Bombe" in Krabi hochgeht.

●*Versch. Autoren:* **Guide to South Thailand;** Shilpa Co., Bangkok. Farbiger Reiseführer, der zweimonatlich erscheint und jeweils Reiseziele in Südthailand beschreibt, darunter regelmäßig Phuket. Die Themen der Bände scheinen sich aber laufend zu wiederholen.

●*Rainer Krack:* **KulturSchock Thailand.** REISE KNOW-HOW Verlag, Bielefeld. Fundiertes Hintergrundwissen, praxisnah auf die Situation des Reisenden ausgerichtet.

●*Thaewchatturat, Aroon und Vater, Tom:* **Thailands Bergvölker und Seenomaden;** farbiger Bildband aus der Reihe PANORAMA, REISE KNOW-HOW Verlag, Bielefeld. Eine Bilderreise in die Welt der ethnischen Minderheiten Thailands.

Video

●**Pearl of the Andaman – Phuket and Southern Thailand;** Create Video Co., Bangkok. Recht gut gemachtes Reisevideo, das alle wichtigen Sehenswürdigkeiten Phukets, aber auch der Umgebung (bis einschließlich Krabi) vorstellt. 60 Min., Preis 600 Baht. Das Video ist in besser bestückten Videoläden Bangkoks zu finden, so z.B. bei Mang Pong im Mah Boonkrong Center, Phyathai Road.

●**The Beach;** Hollywood Film mit Leonardo Di Caprio, basierend auf dem gleichnamigen Bestseller von Alex Garland. Viele Szenen des Films sind auf Ko Phi Phi und in Krabi gedreht worden.

●**The Butterfly Man;** großartiger low-budget Film über die Affäre eines Rucksackreisenden und einer jungen Thai, mit schwerwiegenden Konsequenzen. In Ko Samui gefilmt.

CD

●**The Moken – Sea Gypsies of The Andaman Sea;** Topic Records (UK), Web: www.topicrecords.co.uk. Die Lieder der Seezigeuner Thailands. Mit Texteinlage und Farbfotos.

Magazine

●**Phuket Magazine;** Artasia Press, Bangkok. Ansprechend aufgemachtes Monatsmagazin, das sich ausschließlich mit Phuket und dessen Umgebung befasst. Es gibt viele Informationen über die unbekannteren Seiten Phukets, setzt sich aber auch kritisch mit durch Tourismus verursachten ökologischen Negativauswirkungen auseinander. Liegt in vielen besseren Hotels kostenlos aus.

●**Gazette Guide,** *The Phuket Gazette Co.* Ein von der zweiwöchentlich erscheinenden Zeitung „Phuket Gazette" herausgegebenes Adressenverzeichnis, also eine Art „Gelbe Seiten" von Phuket. Sehr hilfreich.

●**Farang Magazine,** englischsprachiges Monatsreisemagazin von der *Bangkok Post* vertrieben. Bietet eine regelmäßige Rubrik zum Tourismus in Phuket.

●**LIFESTYLE+TRAVEL,** englischsprachiges Hochglanz-Reisemagazin mit regelmäßig erscheinenden Fotos und Artikeln zu Phuket und Umgebung.

●**Tip,** alle zwei Wochen erscheinende deutschsprachige Zeitung. Präsentiert viele frei übersetzte Artikel aus der *Nation.* Eine Lokalausgabe „Phuket" ist in den Buchläden der Insel zu finden.

●**The Flyer** ist ein kleines, kostenloses Listenmagazin, das seit einiger Zeit in Krabi erscheint – Restaurant und Hoteltipps, Artikel, Landkarten.

Sprache

●*Lutterjohann, Martin:* **Thai – Wort für Wort;** Kauderwelsch-Band 19, REISE KNOW-HOW Verlag, Bielefeld. Ein Sprachführer, der dem Reisenden die sofortige Verständigung mit seinen Gastgebern ermöglicht. Dazu gibt es eine CD und einen **AusspracheTrainer,** mit denen man sich bereits zu Hause am PC mit der Sprache beschäftigen kann. Die akustische Hörhilfe ist gerade beim Thai sehr wichtig.

●**The Fundamentals of the Thai Language** von *Stuart Campbell* und *Shuan Shaweevongs;* erschienen im Selbst-

Anhang

verlag. Das wahrscheinlich beste Lehrbuch des Thai für den ernsthaften Einstieg in die Sprache. In jeder besseren Buchhandlung in Bangkok oder Phuket City erhältlich.

●**The System of Thai Writing** von *Mary R. Haas*; erschienen bei Spoken Language Services, Inc. Für denjenigen, der auch lesen lernen möchte. Ein relativ leichter Einstieg in ein kompliziertes Thema. Erhältlich in jeder besseren Buchhandlung in Bangkok; in Phuket City nur selten.

Karten

Für den Überblick: Die Thailand-Karte des world mapping projects, erschienen im REISE KNOW-HOW Verlag

●**Periplus Travel Map – Phuket & Southern Thailand** mit Ko Samui. Aktuelle Karte von Phuket und Südthailand.

●**Phuket Island Map;** D.K. Art, Bangkok. Eine brauchbare Karte von Phuket City, der gesamten Insel (1:100.000) und den wichtigsten Stränden. Erhältlich in den besseren Buchhandlungen Bangkoks und bei den Zeitschriftenhändlern in Phuket City.

●**Phuket Island – Tourist Map;** Prannok Witthaya, Bangkok. Enthält ebenfalls eine Karte der gesamten Insel (1:89.600) und eine von Phuket City (1:6.640). Letztere ist allerdings sehr unübersichtlich und kaum brauchbar. Zur Karte gehört ein winziges Büchlein mit Informationen zu Phuket und wichtigen Adressen, das wiederum ganz nützlich ist.

●**Complete Edition Guide – Map of Phuket;** Issara Thep Siri Amnuay, Phuket. Dies ist wahrscheinlich die übersichtlichste Karte von der Insel und Phuket City, die in Thailand erhältlich ist (keine Maßstabsangabe). Zu kaufen bei vielen Zeitschriftenhändlern in Phuket City.

●Zahlreiche hochinteressante **Detailkarten**, z.B. Südthailand, bietet *Därr's Expeditionsservice,* Theresienstr. 66, 80333 München. So eine Pilotenkarte (1:500.000), auf der sogar noch größere Mangrovenwälder oder Reisfelder eingezeichnet sind (für die Notlandung?) – Kartennummer TPC K-9C. Karte Nr. TPC L-1OA (1:500.000) – verzeichnet penibel jede Überlandstromleitung, Wälder, Lichtungen u.v.m. Unentbehrlich für jeden Geografie-Freak.

Praktische Tipps

●*Werner, David:* **Wo es keinen Arzt gibt.** REISE KNOW-HOW Verlag, Bielefeld, Paperback. Medizinisches Gesundheitshandbuch für unterwegs.

●*Hanewald, Roland:* **Das Tropenbuch.** Jens Peters Verlag, Berlin 1996 Paperback. Gute Tipps vom Leben und Überleben in tropischen und subtropischen Gebieten.

●*Hermann, Helmut:* **Praxis Reisefotografie** und *Heinrich, Volker:* **Reisefotografie digital,** REISE KNOW-HOW Verlag, Bielefeld. Zwei ausgezeichnete Handbücher für bessere Fotos und sensibles Fotografieren. Ein Muss für alle Fotointeressierten und Liebhaber der Reisefotografie.

●*Kuster, Reto:* **Was kriecht und krabbelt in den Tropen?,** REISE KNOW-HOW Verlag, Bielefeld. Der Ratgeber zum Schutz vor tropischen Giftieren und Plagegeistern.

Natur

● *George, Uwe:* **Regenwald,** GEO Buch. Umfangreiches Buch über den tropischen Regenwald. Viele sehr gute Fotos vervollständigen das Buch.

● *Devivre, Beate:* **Das letzte Paradies,** Fischer Verlag, Frankfurt/Main, Taschenbuch. Engagiertes Buch, das sich mit der Problematik der Regenwaldzerstörung und deren Folgen beschäftigt.

● *Lötschert W./Beese, G.:* **Pflanzen der Tropen,** BLV Verlag, München. Sehr gute Bestimmungshilfe für häufig vorkommende Pflanzen, die zudem auch den Nutzwert der Pflanzen mitbeschreibt.

Informationen aus dem Internet

● **http://weather.yahoo.com/regional/THXX.html**
Wettervoraussagen zu zahlreichen Orten Thailands

● **www.accesstoinsight.org**
Informationen zum Theravada-Buddhismus

● **www.ancientthaitravel.com**
Reisebuchungen für deutschsprachige Gruppen und Individualreisende maßgeschneidert. Spezialist in Südthailand

● **www.asiatravel.com/thailand.html**
Landesinformation, Tipps und Hotelbuchungen

● **www.auswaertiges-amt.de**
Die Website des Auswärtigen Amtes, mit Länder- und Gesundheitsinformationen, konsularischen Adressen etc.

● **www.baanthai.com**
Allgemeine Informationen über Thailand, Message-Board

● **www.bangkokpost.net**
Die Web-Ausgabe der Tageszeitung *Bangkok Post*

● **www.distinctivespas-phuket.com**
Eine Auswahl der besten Spas auf Phuket

● **www.der-farang.com**
Thailands bestes Reisemagazin auch online. Jeden Monat neue Informationen zu Phuket

● **www.nationmultimedia.com**
Die Web-Ausgabe der Tageszeitung *The Nation*

● **www.ethailand.com**
Webportal mit Zugang zu zahlreichen Zeitungen, dazu Infos, Hotel- und Apartmentbuchung u.v.m.

● **www.ehotelbooking.com, www.hoteleasy.com**
Landesweite Hotelbuchungen

● **www.gophuket.com, www.phuket.com, www.phuket-hotels.com, www.hotels-phuket.com**
Hotelbuchungen auf Phuket

● **www.krabigolftours.com**
Golftouren in Phuket und Umgebung

● **www.phuket-discovery.com, www.phuket-phuket.com**
Hotel- und Tourbuchungen, Infos

● **www.thailand.com**
Allgemeine Informationen, Hotelbuchungen u.v.m.

● **www.phuketgazette.com**
Nachrichten aus Phuket, Features, Wetter u.v.m.

● **www.seacanoe.net**
Ökologisch ausgerichtete Kajak- und Bootstouren, das erste Unternehmen dieser Art in Thailand, mittlerweile oft kopiert.

● **www.siam-society.org**
Die Website der Siam Society, die sich dem Erhalt thailändischer Kultur widmet, mit interessanten Vorträgen und inmteressanten Tour-Angeboten.

● **www.thaigov.go.th**
Die offizielle Website der thailändischen Regierung, mit Pressemitteilungen und Veranstaltungskalender.

● **www.thailandlife.com**
Ausgezeichnete Website eines thailändischen Studenten, der über sein Land erzählt.

● **www.stickmanbangkok.com**
Informationen und Reflektionen eines in Bangkok ansässigen westlichen Expats, auch über das berüchtigte Nachtleben der Stadt, Beziehungen zu Thais und andere Aspekte.

● **www.thailandtourismus.de**
Die Website des thailändischen Fremdenverkehrsamts in Frankfurt, mit zahlreichen Landesinformationen.

● **www.thailife.de**
Nachrichten um die thailändische Gemeinde in Deutschland, Adressen thailändischer Tempel, allgemeine Hinweise

● **www.thaivisa.com**
Alles Neue zur Visa-Situation in Thailand, Thailand-Forum u.v.m.

● **www.wheretoeat-phuket.com**
Restaurants in Phuket

● **www.yellowpages.co.th**
Thailands Gelbe Seiten online

Gesundheitsinformationen Thailand

Stand: 13.07.2009
©Centrum für Reisemedizin

Die nachstehenden Angaben dienen der raschen Orientierung, was für eine geplante Reise in das Land an Gesundheitsvorsorgemaßnahmen zu berücksichtigen sind. Die Informationen wurden uns freundlicherweise vom *Centrum für Reisemedizin* zur Verfügung gestellt. Auf der Homepage: **www.crm.de** werden diese Informationen stetig aktualisiert. Es lohnt sich, dort noch einmal nachzuschauen.

Klima:
Tropisches Monsumklima mit Regenzeit von Mai bis Oktober; winterliche Trockenzeit; heißeste Jahreszeit von März bis Mitte Mai; durchschnittliche Temperatur in Bangkok im Dezember 25,7 °C, im April 30,1 °C.

Einreise-Impfvorschriften:
Bei Direktflug aus Europa sind keine Impfungen vorgeschrieben.

Bei einem vorherigen Zwischenaufenthalt (innerhalb der letzten 6 Tage vor Einreise) in einem der unten aufgeführten Länder (Gelbfieber-Endemiegebiete) wird bei Einreise eine gültige Gelbfieber-Impfbescheinigung verlangt (Kinder unter 9 Monaten sind davon ausgenommen).

Gelbfieber-Impfbescheinigung erforderlich bei Einreise aus:
Angola, Äquatorialguinea, Argentinien, Äthiopien, Benin, Bolivien, Brasilien, Burkina Faso, Burundi, Ecuador, Elfenbeinküste, Franz. Guayana, Gabun, Gambia, Ghana, Guinea, Guinea-Bissau, Guyana, Kamerun, Kenia, Kolumbien, Kongo, Rep., Kongo, Dem. Rep., Liberia, Mali, Mauretanien, Niger, Nigeria, Panama, Paraguay, Peru, Ruanda, Sao Tomé & Principe, Senegal, Sierra Leone, Somalia, Sudan, Suriname, Tanzania, Togo, Trinidad & Tobago, Tschad, Uganda, Venezuela, Zentralafr. Republik

Empfohlener Impfschutz:
Generell: Tetanus, Diphtherie, Hepatitis A
Je nach Reisestil und Aufenthaltsbedingungen im Lande außerdem zu erwägen:

Impfschutz	Reisebedingung 1	Reisebedingung 2	Reisebedingung 3
●**Typhus**	x	x	
●**Hepatitis B** [1]	x		
●**Tollwut** [2]	x		
●**Jap. Enzephalitis** [3]	x		

[1]bei Langzeitaufenthalten u. engerem Kontakt mit der einheimischen Bevölkerung
[2]bei vorhersehbarem Umgang mit Tieren
[3]bei besonderen Aufenthaltsbedingungen in bestimmten ländlichen Gebieten. Impfstoff in Deutschland nicht zugelassen. Beschaffung über Apotheken mit entsprechenden Erfahrungen.

Reisebedingung 1:
Reise durch das Landesinnere unter einfachen Bedingungen (Rucksack-/Trekking-/Individualreise) mit einfachen Quartieren/Hotels; Camping-Reisen, Langzeitaufenthalte, praktische Tätigkeit im Gesundheits- o. Sozialwesen, enger Kontakt zur einheimischen Bevölkerung wahrscheinlich.

Anhang

Reisebedingung 2:
Aufenthalt in Städten oder touristischen Zentren mit (organisierten) Ausflügen ins Landesinnere (Pauschalreise, Unterkunft und Verpflegung in Hotels bzw. Restaurants mittleren bis gehobenen Standards).

Reisebedingung 3:
Aufenthalt ausschließlich in Großstädten oder Touristikzentren (Unterkunft und Verpflegung in Hotels bzw. Restaurants gehobenen bzw. europäischen Standards).

Wichtiger Hinweis:
Welche Impfungen letztendlich vorzunehmen sind, ist abhängig vom aktuellen Infektionsrisiko vor Ort, von der Art und Dauer der geplanten Reise, vom Gesundheitszustand, sowie dem eventuell noch vorhandenen Impfschutz des Reisenden.

Da im Einzelfall unterschiedlichste Aspekte zu berücksichtigen sind, empfiehlt es sich immer, rechtzeitig (etwa 4 bis 6 Wochen) vor der Reise eine persönliche Reise-Gesundheits-Beratung bei einem reisemedizinisch erfahrenen Arzt oder Apotheker in Anspruch zu nehmen.

Malaria
- Malaria-Risiko: ganzjährig
- **mittleres Risiko** mit den höchsten Inzidenzen (> 5 auf 1000) im nordwestlichen Grenzgebiet zu Myanmar, vor allem in den Provinzen Tak und Mae Hong Son, im westlichen Grenzgebiet in der Provinz Ranong sowie im Süden in der Provinz Yala; weniger ausgeprägt (Inzidenzen > 1 bis < 5 auf 1000) im westlichen Grenzgebiet zu Myanmar mit den Provinzen Chumphon, Prachuab Khiri Khan, Kanchanaburi und Petchaburi, im Süden mit den Provinzen Narathiwat und Songkhla, im südöstlichen Grenzgebiet zu Kambodscha mit den Provinzen Trat und Chantaburi sowie auf einigen Inseln, z.B. Ko Chang bei Ranong
- **geringes Risiko** (mehr in der Regenzeit, weniger in der Trockenzeit) in den Waldgebieten des mittleren Westens sowie der nördlichen und östlichen Landesteile; auf einigen Inseln, z.B. Ko Chang und Ko Mak vor Trat im SO, Similan-Inseln vor Surat Thani im SW
- **kein bzw. sehr geringes Risiko** in den zentralen Landesteilen und Küstengebieten, auf den meisten vorgelagerten Inseln sowie in den höheren Gebirgslagen
- Großstädte und Touristikzentren wie Bangkok, Pattaya, Hua Hin, Cha Am, Chiang Mai, Ko Samui, **Phuket, Krabi (Stadtgebiet),** Songkhla (Stadtgebiet) und Hat Yai **gelten als malariafrei.**
- **Vorbeugung:** Ein konsequenter Mückenschutz in den Abend- und Nachtstunden verringert das Malariarisiko erheblich (Expositionsprophylaxe).

Ergänzend ist die Einnahme von Anti-Malaria-Medikamenten (Chemoprophylaxe) dringend zu empfehlen. Zu Art und Dauer der Chemoprophylaxe fragen Sie Ihren Arzt oder Apotheker, bzw. informieren Sie sich in einer qualifizierten reisemedizinischen Beratungsstelle (s.u.). Malariamittel sind verschreibungspflichtig.

Aktuelle Meldungen

Dengue
- Während der Regenzeit, die etwa von Mai bis Oktober andauert, muss wie in der gesamten Region auch hier mit einem erhöhten Übertragungsrisiko gerechnet werden. Die maximale Transmissionszeit ist zwischen Juli und September. Schutz vor überwiegend tagaktiven Stechmücken beachten.

Darminfektionen
●Risiko für Durchfallerkrankungen, örtlich auch mit kleineren Cholera-Ausbrüchen ist landesweit zu rechnen. Hygiene beachten.

Vogelgrippe
●Durch intensive Kontrollmaßnahmen blieb die hochpathogene Vogelgrippe durch Influenza A(H5N1) seit 2007 auf wenige örtliche Auftritte in den zentralen und nördlichen Landesteilen beschränkt. Zuletzt wurde H5N1 im Oktober bei einem Ausbruch in einer Geflügelfarm in Sukhothai (NW) nachgewiesen. Von 2004 bis 2006 gab es auch eine Reihe menschlicher Erkrankungen und Todesfälle, seit dem letzten Jahr wurden keine weiteren Fälle bekannt. Die meisten Betroffenen hatten unmittelbaren Kontakt zu befallenen Tieren.

Chikungunya
●Seit Mitte 2008 werden aus dem äußersten Süden Thailands vermehrt Chikungunya-Fälle gemeldet. Auf der Ferieninsel Phuket wurden mehr als 2100 Erkrankungen registriert, davon 31 bei Ausländern, u.a. auch bei deutschen Reisenden. Bis Mitte Juni wurden bereits mehr als 28.000 Fälle gemeldet. Am stärksten betroffen sind die vier Provinzen Naratiwas, Songkla, Pattani und Yala an der Grenze zu Malaysia. Besonders hoch ist die Inzidenz bei Arbeitern auf den Kautschukplantagen. Schutz vor überwiegend tagaktiven Stechmücken beachten.

Tollwut
●Hohes Risiko landesweit, auch in Städten, vor allem durch streunende Hunde. Bei verdächtigen Kontakten, insbesondere nach einer Bissverletzung, sofort Arzt aufsuchen.

HIV/AIDS
●Hohe Durchseuchung besonders bei den Risiko-Gruppen (Prostituierte und Drogenabhängige) in größeren Städten. Sexuelle Kontakte mit unbekannten Partnern sind stark risikobelastet.

Privater Versicherungsschutz
Für die private Auslandsreise empfehlen wir Ihnen, grundsätzlich eine Auslandsreisekrankenversicherung abzuschließen. Auch in Ländern mit Sozialversicherungsabkommen sind für bestimmte Leistungen zum Teil erhebliche Eigenanteile zu zahlen.

Hinzu kommt, dass die Kosten für einen krankheits- oder unfallbedingten Rücktransport nach Deutschland nur durch eine private Auslandsreise-Krankenversicherung abgedeckt werden. Von der gesetzlichen Krankenversicherung werden Rückführungskosten nicht erstattet.

Die Auslandskrankenversicherung sollte nach Möglichkeit Beistandsleistungen beinhalten. Dies bedeutet, dass Sie im Krankheitsfall über eine Notrufnummer administrative und bei Bedarf auch ärztliche Unterstützung durch die Krankenversicherung erhalten.

Unter **www.crm.de** finden Sie Adressen von:
●Apotheken mit qualifizierter Reise-Gesundheits-Beratung (nach Postleitzahlgebieten).
●Impfstellen und Ärzte mit Spezialsprechstunde Reisemedizin (nach Postleitzahlgebieten).
●Abruf eines persönlichen Gesundheitsvorsorge-Briefes für die geplante Reise.

Anhang

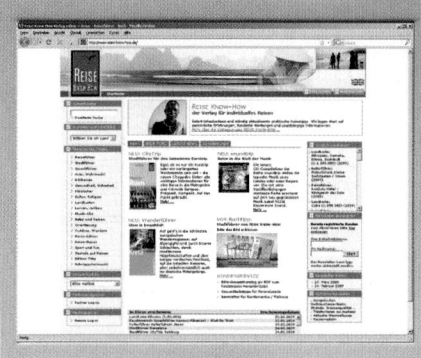

Anhang

HILFE!

Dieses Reisehandbuch ist gespickt mit unzähligen Adressen, Preisen, Tipps und Infos. Nur vor Ort kann überprüft werden, was noch stimmt, was sich verändert hat, ob Preise gestiegen oder gefallen sind, ob ein Hotel, ein Restaurant immer noch empfehlenswert ist oder nicht mehr, ob ein Ziel noch oder jetzt erreichbar ist, ob es eine lohnende Alternative gibt usw.

Unsere Autoren sind zwar stetig unterwegs und versuchen, alle zwei Jahre eine komplette Aktualisierung zu erstellen, aber auf die Mithilfe von Reisenden können sie nicht verzichten.

Darum: Schreiben Sie uns, was sich geändert hat, was besser sein könnte, was gestrichen bzw. ergänzt werden soll. Nur so bleibt dieses Buch immer aktuell und zuverlässig. Wenn sich die Infos direkt auf das Buch beziehen, würde die Seitenangabe uns die Arbeit sehr erleichtern. Gut verwertbare Informationen belohnt der Verlag mit einem Sprechführer Ihrer Wahl aus der über 220 Bände umfassenden Reihe „Kauderwelsch" (siehe unten).

Bitte schreiben Sie an: REISE KNOW-HOW Verlag Peter Rump GmbH, Postfach 140666, D-33626 Bielefeld, E-mail: info@reise-know-how.de
Danke!

Kauderwelsch-Sprechführer –
sprechen und verstehen rund um den Globus

Afrikaans ● Albanisch ● Amerikanisch - *American Slang, More American Slang,* Amerikanisch oder Britisch? ● Amharisch ● Arabisch - Hocharabisch, für Ägypten, Algerien, Golfstaaten, Irak, Jemen, Marokko, ● Palästina & Syrien, Sudan, Tunesien ● Armenisch ● *Bairisch* ● Balinesisch ● Baskisch ● Bengali ● *Berlinerisch* ● Brasilianisch ● Bulgarisch ● Burmesisch ● Cebuano ● Chinesisch - Hochchinesisch, kulinarisch ● Dänisch ● Deutsch - *Allemand, Almanca, Duits, German, Nemjetzkii, Tedesco* ● *Elsässisch* ● Englisch - *British Slang, Australian Slang, Canadian Slang, Neuseeland Slang,* für Australien, für Indien ● Färöisch ● Esperanto ● Estnisch ● Finnisch ● Französisch - für Restaurant & Supermarkt, für den Senegal, für Tunesien, *Französisch Slang, Franko-Kanadisch* ● Galicisch ● Georgisch ● Griechisch ● Guarani ● Gujarati ● Hausa ● Hebräisch ● Hieroglyphisch ● Hindi ● Indonesisch ● Irisch-Gälisch ● Isländisch ● Italienisch - *Italienisch Slang,* für Opernfans, kulinarisch ● Japanisch ● Javanisch ● Jiddisch ● Kantonesisch ● Kasachisch ● Katalanisch ● Khmer ● Kirgisisch ● Kisuaheli ● Kinyarwanda ● *Kölsch* ● Koreanisch ● Kreol für Trinidad & Tobago ● Kroatisch ● Kurdisch ● Laotisch ● Lettisch ● Lëtzebuergesch ● Lingala ● Litauisch ● Madagassisch ● Mazedonisch ● Malaiisch ● Mallorquinisch ● Maltesisch ● Mandinka ● Marathi ● Mongolisch ● Nepali ● Niederländisch - *Niederländisch Slang,* Flämisch ● Norwegisch ● Paschto ● Patois ● Persisch ● Pidgin-English ● *Plattdüütsch* ● Polnisch ● Portugiesisch ● Punjabi ● Quechua ● *Ruhrdeutsch* ● Rumänisch ● Russisch ● *Sächsisch* ● *Schwäbisch* ● Schwedisch ● *Schwiizertüütsch* ● *Scots* ● Serbisch ● Singhalesisch ● Sizilianisch ● Slowakisch ● Slowenisch ● Spanisch - *Spanisch Slang,* für Lateinamerika, für Argentinien, Chile, Costa Rica, Cuba, Dominikanische Republik, Ecuador, Guatemala, Honduras, Mexiko, Nicaragua, Panama, Peru, Venezuela, kulinarisch ● Tadschikisch ● Tagalog ● Tamil ● Tatarisch ● Thai ● Tibetisch ● Tschechisch ● Türkisch ● Twi ● Ukrainisch ● Ungarisch ● Urdu ● Usbekisch ● Vietnamesisch ● Walisisch ● Weißrussisch ● *Wienerisch* ● Wolof ● Xhosa

Anhang

Register

Achtfacher Pfad 148
AIDS 82
Alkoholsperre 212
Ananas 60
Ankunft 48
Anreise 27
Antiquitäten 19, 55
Ao Chalong 267, 286
Ao Makham 283
Ao Nang 422
Ao Phra Nang 422
Ao Por 268
Ao Sapam 275
Archäologie 384
Asanha Puja 165
Aufenthaltsgenehmigung 14
Ausflüge 373
Ausfuhr 18
Auslandsgespräche 86
Auslandsreisekrankenver-
    sicherung 44
Auswärtiges Amt 21
Autofahren 81

Baden 81
Bahn 32
Baht 33
Ban Saladan 432
Banane 64
Bang Rong 272
Bang Sak Beach 381
Bang Tao 256, 267
Bang Tao Beach 356
Bangkok 27, 31
Bang-Pae-Wasserfall 261
Banken 36
Batik 54
Be-First!-Karte 38
Behinderte 52
Bevölkerung 135
Bier 68
Bootsverleih 114
Botschaften 21, 93
Briefe 83
Bücher 211
Buddhafiguren 244
Buddhastatuen 101
Buddhismus 147

Bungalows 94
Bus 31, 108, 117, 118
Busbahnhof 51
Butterfly Garden 205

Cashew-Nüsse 61
CDs 58
Chakri Day 164
Chao 'le 138, 295
Chong Fah-Wasserfall 381
Christentum 156
Chulalongkorn-Tag 168
Curry 65
Custard Apple 64

Devisenbestimmungen 19
Diebstahl 40
Digitalfotografie 73
Diplomatische Vertretungen 21
Discos 230
Distrikte 183
Drogen 17
Durian 61

EC-Karte 34
Ein- und Ausreise-
    bestimmungen 14
Einfuhr Europa 19
Einfuhr Thailand 17
Einkaufen 53
Einkaufszentren 212
Einwohner 135
Elefanten 128
Entfernungen 111
Essen 65
Essensstände 70
Essstäbchen 67

Fauna 127
Feiertage 161
Fernsehen 144
Fest der hungrigen Geister 162
Feste 161
Flora 131
Flug 22, 27
Flugbuchung 26
Fluggesellschaften 116
Flughafen 48
Flughafengebühr 27
Flugpreise 23
Flugzeug 116

Flugzeug-Charter 115
Fotografieren 73
Fotospots 74
Fremdenverkehrsbüros 20
Füße 99

Geburt 152
Geld 33
Geldüberweisungen 38
Geografie 122
Gepäckversicherung 45
Gerichte 66
Geschichte 168
Gesundheit 78, 443
Getränke 66
Giant Buddha 240
Golf 82
Guave 63
Gummi 132

Handeln 59
Handy 87
Haustiere 17
Hepatitis 79
Heroines' Monument 247
Hin- und Rückflug 22
Hinayana 150
Hinduismus 159, 384
Hindu-Tempel 198
Hotels 95
Hubschrauber-Charter 115
Hygiene 70

Immigration Office 16
Impfungen 78
Informationsstellen 20
Inlandsflüge 30
Internet 22, 88, 441
Islam 154

Jackfruit 63
Jetlag 80

Kalim Beach 328
Kamala Beach 267, 343
Kamera-Reparatur 77
Kanu-Touren 115
Karma 149
Karon Beach 315
Karon Noi Beach 321
Kata Noi Beach 267, 305

Kata Yai Beach 267, 307
Kathu-Wasserfall 263
Kaufhäuser 56
Kautschuk 132
Khao Khian 396
Khao Lak Beach 377
Khao Lak National Park 377
Khao Phingan 396
Khao Rang 204
Khao Tapu 396
Khao Toh Sae 209
Khao-Phra-Thaew-Conservation
    Centre 259
Khuha-Sawan-Höhle 393
Kleidung 58, 101
Klima 125
Klong Muang Beach 420
Ko Bon 296
Ko Hae 296
Ko Hua Khwan 425
Ko Kaeo Phitsadan 297
Ko Khai Nai 275
Ko Khai Nork 275
Ko Kho Khao 387
Ko Lanta Yai 430
Ko Lone 291
Ko Mai Thon 292
Ko Maphrao 279
Ko Nakha Noi 270
Ko Nakha Yai 271
Ko Pannyi 395
Ko Poda 424
Ko Pu 307
Ko Rang 275
Ko Raya Yai 298
Ko Siray 281
Ko Tapao Yai 285
Ko Yao Noi 397
Ko Yao Yai 403
Kokosnuss 276
Kokospalme 134
Königsfamilie 100
Konsulate 21, 93
Konto 37
Kosten 42
Krabi 412
Krankenhäuser 79
Krankenversicherung 44
Kreditkarte 34
Kunsthandwerk 210
Kurierdienste 88

Anhang

Laem Panwa 283
Laem Promthep 299
Laem Singh 349
Laem Son 355
Laem Yamu 274
Lak Muang 254
Laptop 89
Last-Minute 26
Leihfahrzeug 108
Lesetipps 438
Longan 64
Loy Krathong 168, 207
Loy Rüa 295
Lychee 64

Maestro-Karte 34
Magazine 144
Mahayana 150
Mai Kao Beach 261
Mai Khao Beach 369
Makha Puja 163
Malaria 78
Mango 63
Mangostine 64
Marine Biological Research
    Center 258
Markt 210
Medien 143
Meeresschildkröten 370
Mekhong-Whisky 68
Mietfahrzeug 108
Milch 69
Mobil telefonieren 86
Moschee von Bang Tao 250
Moslems 154
Motorrad-Taxis 107
Muschelfriedhof 414
Muscheln 54

Nachtmarkt 71
Nai Harn 267
Nai Harn Beach 301
Nai Thon 267
Nai Thon Beach 362
Nai Yang 267
Nai Yang Beach 366
Nakhale Beach 329
Nationalfeiertag 165
Neujahr 162
Nirwana 148
Noppharat Thara Beach 421

Notrufnummern 92
Nui Beach 304

Obst 60, 80
Ok Phansa 165
Overstay 17

Paak Thai 354
Pakete 84
Pan Sea Bay 267, 355
Papaya 64
Patong 267
Patong Beach 322
Pearl Island 270
Penang 119
Perlen 54
Perlenzucht 271
Pflanzenwelt 131
Phang-Nga 281, 375, 392
Phi Phi Islands 119, 409
Phuket City 190
Phuket Orchid Garden 205
Polizei 92
Pomelo 64
Post 83
Preise 42
Preiskategorien 96
Privatunterkünfte 97
Prostitution 224

Radio 143
Rama-9.-Park 208
Rambutan 64
Rang Hill 204
Rawai 267
Rawai Beach 292
Ray Ley 427
Regenperiode 127
Reisekasse 34
Reiserücktrittskosten-
    versicherung 45
Reisezeit 125
Religion 147
Restaurants 72
Riesenmeeresschildkröten 130
Rose Apple 64
Roti 224

Sanjao Kwanim Teng 200
Sanjao Ma-Jor-Por 199
Sanskrit 140

Sapan Hin 206
Sart 162
Schiff 119
Seezigeuner 138, 295
Shrine of the Serene Light 202
Sicherheit 90
Sikhismus 158
Sikh-Tempel 198
Similan Islands 390
Soi Rommani 192
Somdet Phrasi Nakharin Park 392
Songkran 164
Songthaews 102
Sonnenschutz 81
Souvenirgeschäfte 56
Souvenirs 53
Speisekarten 72
Sprache 139, 354
Sra Nang Manora Forest Park 393
Strände 266
Straßen 112
Supermarkt 57
Surin 267
Surin Beach 350
Surin Islands 390
Susaan Hoy 414

Takua Pa 382, 384
TAT 235
Tauchschulen 93
Taxi 50, 107
Teehaus 258
Telefon 85
Telefonnummern, wichtige 85
Thai 139
Thai Airways 28, 116
Thai Hua Museum 202
Thai Muang 375
Thai Muang Beach 375
Thai Village 205
Thaksin, Shinawatra 178
Thalang National Museum 249
Tham Khao Rang 430
Tham Phra Nang Beach 426
Tham-Khao-Phra-Höhle 430
Than-Bokhorani-Nationalpark 429
Thap Lamu 376
Theravada 150
Tierwelt 127
Ting Kwan Teng 102
Toh Sae Hill 209

Tollwut 78
Ton-Sai-Wasserfall 261
Tourismus 184
Tourist Police 92, 235
Trinken 65
Trinkgeld 72, 102
Tropenkrankheiten 78
Tsunami 174, 180, 327, 345, 377
Tuk-Tuks 105

Unterkunft 94
Unterwasserströmungen 81

Vegetarian Festival 166
Vegetarier 73, 229
Verhaltensregeln 99
Verkehrsmittel 102
Verkehrsregeln 114
Versicherungen 44
Verwaltung 183
Visakha Puja 165
Visum 14
Vorwahlnummern 85

Währung 33
Wasser 68, 80
Wat Chalong 238
Wat Don 253
Wat Gao Phra Kao 254
Wat Lang Saan 196
Wat Mae Yanang 199
Wat Phra Nang Sang 249
Wat Phra Thong 241
Wat Sawang Arom 293
Wat Siray 193
Wat Tha Rüa 244
Wat Tham Suea 413
Wechselkurse 37
Wechselstuben 36
Wein 58, 212
Weiterreise 116
Wirtschaft 178

Yacht-Charter 115

Zahnkliniken 79
Zeitungen 145
Zeitverschiebung 80
Zinn 38
Zoll 17

Anhang

Der Autor

Rainer Krack, Jahrgang 1952, lebt seit 1978 hauptsächlich in Asien. Etwa 5 Jahre verbrachte er in Indien, Pakistan, Sri Lanka und Bangladesh. Seit 1987 wohnt er in Bangkok, einer Stadt, die ihn auf Anhieb fasziniert hat.

Nach seinen ersten Indienreisen begann Rainer Krack, Waren von Indien nach Deutschland zu exportieren, um dadurch seine Reisen zu finanzieren. Währenddessen fing er an, über Gesehenes und Erlebtes zu schreiben und wurde so, eher ohne es zu beabsichtigen, zum Journalisten. Zwischendurch studierte er Indologie, lernte mehrere indische Sprachen und konnte seine Reportagen an internationale Agenturen und Magazine verkaufen. Seitdem arbeitet Rainer Krack als freier Journalist und beabsichtigt auch in Zukunft nichts anderes zu tun. Reisen und Schreiben – seine beiden Hobbies wurden zum Beruf. Mittlerweile sind von ihm im REISE KNOW-HOW Verlag außer dem vorliegenden Reiseführer eine Reihe weiterer Bücher über Thailand, Nepal, Indien und Sri Lanka erschienen.

Kartenverzeichnis

Thailand 29
Phuket City 194
Phuket City, Chinesische Altstadt & Umgebung 216
Phuket Umgebung 374

Strände auf Phuket:
Ao Chalong 288
Karon Beach / Kata Beach 308
Nai Harn Beach / Rawai Beach 303
Nai Yang Beach 367
Patong 324
Surin Beach / Kamala Beach 344

Umgebung:
Ao Nang 423
Khao Lak 379
Ko Kho Khao .388
Ko Lanta Yai .431
Ko Yao Noi 399
Krabi 413
Phi Phi Islands 408
Tham Phra Nang 426